铁路职工岗位培训教材

铁路报话员

铁路职工岗位培训教材编审委员会

中国铁道出版社

2018年·北 京

内 容 简 介

本书为铁路报话员岗位培训教材，按照铁路报话员国家职业技能标准和铁路职业技能培训规范编写。全书分为基本知识和职业技能两部分。

基本知识包括：基础知识、专业知识、相关知识。基础知识包括：铁道概论、电工电子技术基础、报务基础知识、话务基础知识、计算机基础。专业知识包括：报务专业、电报通信系统、话务专业、智能电话人工台。相关知识包括：技术标准、技术规章。

职业技能包括：基本技能、专业技能、相关技能。基本技能包括：常用设备使用、计算机基本操作。专业技能包括：报务作业、电报通信设备操作、话务作业、智能电话人工台操作。相关技能包括：报话业务管理、网路活动。

每节列有思考题，每章列有复习思考题。

本书针对铁路职工岗位培训、职业技能鉴定进行编写，是各单位组织职工进行各级各类岗位培训、技能鉴定的必备用书，对各类职业院校相关师生也有重要的参考价值。

图书在版编目（CIP）数据

铁路报话员/铁路职工岗位培训教材编审委员会编著.—北京：中国铁道出版社，2018.10
铁路职工岗位培训教材
ISBN 978-7-113-18449-0

Ⅰ.①铁…　Ⅱ.①铁…　Ⅲ.①铁路通信-岗位培训-教材　Ⅳ.①U285

中国版本图书馆 CIP 数据核字（2014）第 084609 号

书　　名： 铁路职工岗位培训教材
铁路报话员
作　　者： 铁路职工岗位培训教材编审委员会

责任编辑： 李嘉懿　　**编辑部电话：**（路）021-73147　　**电子信箱：** dianwu@vip.sina.com
（市）010-51873147
封面设计： 薛小卉　崔丽芳
责任校对： 焦桂荣
责任印制： 高春晓

出版发行： 中国铁道出版社（100054，北京市西城区右安门西街 8 号）
网　　址： http://www.tdpress.com
印　　刷： 三河市宏盛印务有限公司
版　　次： 2018 年 10 月第 1 版　2018 年 10 月第 1 次印刷
开　　本： 787 mm×1 092 mm　1/16　**印张：** 17.25　**字数：** 432 千
书　　号： ISBN 978-7-113-18449-0
定　　价： 60.00 元

前　言

党的十六大以来，铁路事业蓬勃发展，大规模铁路建设全面展开，技术装备现代化实现重大跨越，尤其在高原铁路、机车车辆装备、客运专线、既有线提速和重载运输技术方面达到了世界先进水平。铁路职工队伍素质得到了相应提高，但距离铁路现代化发展的要求还有一定差距，铁路人才队伍建设和职工教育培训工作任重道远。

教材是劳动者终身教育和职业生涯发展的重要学习工具，教材建设是职业教育培训工作的重要组成部分，是提高教育培训质量的关键。加快铁路职工岗位培训教材建设，已成为加强和改进铁路职工教育培训工作的当务之急。为适应铁路现代化发展对技能人才队伍建设的需要，加快铁路职工岗位培训教材建设，中国铁路总公司决定按照铁道行业特有职业（工种）国家职业技能标准，结合铁路现代化发展的实际，组织开发铁路职工岗位培训教材。

本套教材由中国铁路总公司劳动和卫生部、运输局共同牵头组织，相关铁路局分工负责，集中各业务部门的专家和优秀工程技术人员编写及审定，多方合作，共同完成，涵盖了铁路运输（车务、客运、货运、装卸）、机务、车辆、工务、电务部门的80个铁路特有职业。教材坚持继承与创新相结合，充分体现了近几年来铁路新技术、新设备的大量运用及其发展趋势，特别是动车组系列教材填补了教材建设的空白，为动车组司机和机械师等铁路新职业员工提供了岗位培训教材；教材坚持科学性与规范性，依据铁道行业国家职业技能标准中的基本要求和工作要求编写，力争准确体现国家职业技能标准和有关作业标准、安全操作等规章、规范的要求；教材坚持实用可行的原则，重点突出实作技能、应急处理和新技术、新设备、新规章、新工艺等四新知识，对职业技能部分按照技能等级分层编写，便于现场职工的培训与自学。

本套教材适用于工人新职、转职（岗）、晋升的岗位资格性培训，也适用于各类岗位适应性培训，同时为职业技能鉴定提供参考。

《铁路报话员》一书由北京铁路局负责主编。主编人员：张丽华。参加编写人员：周重阳、张新苗、武凤香、刘俊芬、庞长刚、王蕾、杨艳、李哲、庞洁、孙力建。主要审定人员：闫永利、杨春燕、周万江、孙巍、王磊、傅水琴、张贤。本书在编写、审定过程中得到了有关厂家、设计单位的大力支持，在此一并表示感谢。

铁路职工岗位培训教材编审委员会

2015 年 5 月

目　录

基本知识

职业技能

基本知识

第一章 基础知识

第一节 铁道概论

铁路是国家重要的基础设施、国民经济的大动脉，是大运力、低成本、有利环保的交通运输方式，是现代运输主要方式之一，它在整个运输领域中占有重要的地位，并发挥着越来越重要的作用。中国铁路经过了一百多年的发展改革，成就了今天世界瞩目的变化，创造了多项世界第一。

一、铁路发展概述

(一)旧中国铁路概况

1876 年，英国侵略者采用欺骗和蒙混的手段在上海修建了上海至吴淞镇全长 14.5 km，轨距 762 mm 的窄轨铁路。这是中国领土上出现的第一条铁路，并于 1876 年 7 月在上海至江湾段通车营业。后因发生火车压死行人事故，激起民愤，以及清朝政府的腐败昏庸而将铁路拆毁。

1881 年，清朝政府为了解决开平矿务公司的煤炭运输，修筑了中国自己创办的第一条铁路——唐胥铁路(唐山—胥各庄)。铁路全长约 10 km，曾使用中国工人自己试制的“龙号”机车拉运煤炭，唐胥铁路的建成通车，是中国铁路建筑史的一件大事，但和世界上第一条铁路相比已经晚了 56 年。

在同一时期，我国建成的早期铁路还有 1891 年和 1893 年先后建成的基隆至台北和台北至新竹的两条铁路，全长 100 km。

1905 年 10 月，第一条完全由中国工程技术人员主持、设计、施工的铁路干线——京张铁路正式动工了。京张铁路南起北京丰台，北至张家口，全长 201 km，采用 1 435 mm 标准轨距。它是在有“中国铁路之父”之称的爱国工程师詹天佑的主持下，全部用中国人民自己的智慧和才能建成的，他创造的“竖井施工法”和“人”字形线路，震惊中外。

旧中国铁路具有浓厚的半封建半殖民地色彩，铁路分布极不均衡，而且技术设备陈旧落后，数量少，技术标准低，可概括为少、偏、低三个特点。从 1876 年至 1949 年 70 多年来，总共只有铁路 2.1 万 km(不包括台湾省铁路)，机车不过 1 700 多台，车辆也只有 3 万多辆。

(二)新中国铁路概况

1949 年新中国成立以来，在铁路的新线建设和原有铁路的技术改造方面做出了成绩。20 世纪 80 年代新建的大秦铁路(大同—秦皇岛)，全长 653.2 km，是我国第一条复线电气化开行单元式重载列车的运煤专用铁路。与之配套的技术装备，如“韶山 4”大功率电力机车，装有转动车钩的新型运煤专用敞车、光缆数字通信系统、微机化调度集中系统等，它代表了我国新建铁路 20 世纪 80 年代的水平。在我国南北铁路大动脉的京广线上修建了衡阳至广州段复线。其中全长 14 km 的大瑶山隧道，居世界双线隧道的第 10 位。大瑶山隧道的建成，结束了我国不能修建10 km以上长大隧道的历史，标志着我国隧道建设技术达到了世界先进水平。1989年在我国铁路网中赋有“铁路心脏”之称的郑州北站，建成了亚洲最大的铁路综合自动化编组站。货车的中转、解体、编组作业的一整套生产管理已经由电子计算机取代了手工操作。郑州北站运营管理综合自动化是由货车管理信息系统、驼峰作业过程控制系统、枢纽地区调度监督系统、站内无线通信系统、调车场尾部道岔微机集中联锁系统组成，它使我国铁路编组站现代化技术迈进了世界先进行列。

进入21世纪以后，我国铁路建设进入了黄金机遇期，铁路现代化建设事业发展更为显著，取得了世人瞩目的辉煌成就。粤海铁路的建成，结束了海南省与大陆间不通火车历史；青藏铁路的建成，突破了多年冻土、高寒缺氧、生态脆弱这三大世界难题，是世界铁路建设史上最宏伟的大工程。京津城际高速铁路的建成，标志着我国开始进入高速铁路时代。

2004年1月，我国铁路第一个《中长期铁路网规划》经国务院常务会议审议通过，并开始实施。2008年，国家发改委根据国家总体发展战略以及建设资源节约型和环境友好型社会的根本要求，对《中长期铁路网规划》确定的铁路网总规模和布局进行了优化调整。规划到2020年，全国铁路营业里程达到12万km以上。并提出建立省会城市及大中城市间的快速客运通道，规划建设以京沪、京广、京哈(含哈大)、沪厦深及徐州—兰州、上海—长沙、青岛—太原、沪汉蓉“四纵四横”铁路快速客运通道以及三个城际快速客运系统。

2011年，我国开始实施《国民经济和社会发展第十二个五年规划纲要》。“十二五”期间，我国铁路按照科学、可持续发展的原则，继续实施《中长期铁路网规划》；重点任务之一是继续发展高速铁路，建成4.5万km的快速铁路网，其中高速铁路将达到1.6万km。同时，进一步明确了高速铁路的建设标准和开通运营速度，以满足经济社会发展和人民群众的不同需求。

二、铁路通信发展概述

在铁路运输过程中，铁路通信已渗透到运输生产的全过程，作为运输生产指挥、安全正点行车、事故抢险救援、客货营销服务的重要手段，支撑着庞大的铁路系统，成为运输综合生产力的组成部分，是铁路运输指挥、运营管理和联络的重要基础设施。同时又是铁路职工相互联系、协调工作、对外联络不可缺少的通信工具。

铁路通信网是铁路的重要基础设施，是保证铁路运输、生产组织及公务联络的重要工具，是支撑铁路信息化的重要载体。铁路通信网是覆盖全国铁路的统一、完整的专用通信网，为运输生产和经营管理提供话音、数据和图像通信业务。铁路通信网主要由承载网、业务网、支撑网组成。承载网包括传输网和数据网等；业务网主要包括调度通信、电话交换、GSM-R数字移动通信、450 MHz列车无线调度、会议电视、综合视频监控、应急通信等；支撑网主要包括时钟及时间同步、通信综合网管系统等。随着运输业务的需要和通信技术的发展，铁路通信设备状况发生了巨大的变化：大量新型、先进的光传输设备、区段接入网设备、IP网络设备、数字调度通信设备、调度命令传送设备、无线车次号设备、会议电视设备等普遍被采用；强大的骨干通信网络结构、充足的电路能力，不仅使铁路运输通信的业务需求得以保证，而且极大地提高了铁路通信网的安全性和自愈性；实现了主要线路光缆化、交换设备程控化、会议设备可视化、调度设备数字化、信息系统IP化、重要电路多路由，基本满足了铁路运输通信的需求，较大幅度地提高了铁路通信设备的可靠性和运用质量。

铁路通信设备是铁路运输装备的重要组成部分，新建铁路同时配套建设铁路通信系统。建路初期，各铁路局(公司)在管辖区域内装设通信线路、设备，利用架空明线作为传输媒体，设备大多是进口器材。铁路局各自为政，铁路通信未能构成网络。民国时期铁路通信单项设备成线使用，提供电报电话业务。日伪时期，在被占领的东北、华北、华东地区，采用单路或3路载波组成一定范围的区域性铁路长途通信线路，也采用无线短波电台作为长途通信使用。1945年日本投降后，国民政府铁道部接管铁路，通信线路仍使用架空明线，很多区段的线路处于维持通信的状态。

中华人民共和国成立后，逐步建立起以铁道部为中心的全国铁路通信网，铁路沿线和站场单位装设各种专业通信设备，同时采用电报、地区电话、会议电话等通信手段，使铁路联结成一个整体。铁路通信网在国家电信网中具有重要的地位与作用，通过与公众通信网互联互通，成为国家通信网的组成部分。1958年邮电部、铁道部、解放军通信兵部组成中国12路载波机大会战，地点在上海弘江路邮电管理局内。1960年建成中国第一条自己设计、施工，由邮电、铁道、军委三家共用的高屏蔽对称长途电缆线路，在电气化铁道区间为架空明线转向电缆迈出关键性的一步。20世纪60年代末研制成功小同轴综合电缆、300路载波、纵横制交换机等产品。1988年底建成了大秦铁路第一期光缆数字通信工程，对国内其他部门的光缆数字通信建设起到带动作用。

铁路模拟通信网络在20世纪70至80年代成为国内最为常用的网络之一，尤其是点对点式长途自动电话系统，受到用户的欢迎。从1978年开始，铁路通信网开始采用电缆试行数字化试验。20世纪80年代中期后，逐步引入光纤通信技术、程控数字交换技术、数据通信技术、互联网技术以及多媒体信息技术等现代通信技术，使铁路通信网发生了质的变化。

从20世纪80年代起，铁路无线列调进入发展的高峰期。各种无线列调设备相继推出，“大三角”（列车调度员、车站值班员、机车司机之间的联控用电台）和“小三角”（车站值班员、运转车长、司机联控用的手持电台）无线通信制式设备填补了多处空白，400 MHz成为铁路无线列调的首选频率。铁道部部长办公会议1988年4月研究决定，用4～5年时间普及、完善、配套、发展机车“三大件”（列车监控装置、机车信号、列车无线调度通信设备）。1989年广州铁路集团公司引进一批寻呼机，在铁路局大楼内开通试验。陕西省无线电管理委员会1989年5月16日批准西安铁路分局院内设置100 W无线寻呼发射机1部，建立铁路分局的寻呼通信网。成都铁路分局1989年9月6日向四川省无线电管理部门提出建立铁路运输专用无线传呼机站的申请得到批准。后各铁路局先后建立寻呼台，较早的有哈尔滨、柳州、北京铁路局等。铁道部无委1992年8月召开北京昌平会议，确立全路寻呼组网的发展方向，12月在徐州召开铁道部电务工作会议，明确铁路寻呼通信向路内外开放与电务部门组网经营新政策，制定《铁路寻呼通信网技术体制（草案）》。铁路电务系统寻呼通信在北京泰戈电子公司配合下，建成国内第一家提供联网漫游服务的无线寻呼网。中铁寻呼有限公司1998年8月8日在北京钓鱼台国宾馆正式宣告成立。铁路数字移动通信（GSM-R）技术的发展冲击着传统寻呼技术，2005年9月12日，中国铁通集团有限公司第一届董事会第十次临时会议同意按照法律程序解散中铁寻呼有限公司。

2000年以后，铁路通信技术装备全面向数字化转型，通用设备技术标准与国际标准接轨，专用通信设备渐成系列，铁路通信网结构逐步完善，功能增强，成为铁路运输生产经营管理的重要支撑。到2010年，铁路建成了覆盖全国的密集波分复用（DWDM）光传输系统五大环网，提高了传输系统的可靠性；建成了程控交换数字网络，实现了全国长途直拨业务；建成了具有ATM骨干交换机和帧中继交换机的铁路数据通信网络；建成了高清电视会议网络，及时传达和部署铁道部及铁路局的重要信息；建成了数字调度专用通信系统，及时、准确的开展行车调度指挥作业；正在逐步建成铁路数字移动通信网络（GSM-R），在高速铁路的建设和运营中发挥重要的作用。

三、铁路电报发展概述

(一)旧中国铁路电报

1876年,英国人在上海修建一条长14.5 km的吴淞铁路,采用指针式闭塞电报机,架设一条单线对地的电报线路,成为中国铁路通信的开端。

1881年,唐山—胥各庄建成中国第一条自己修建的铁路,同时修建各站间的电报线路,采用架空明线作为传输媒体,使用莫尔斯电报机传输站间行车闭塞信息。清朝后期运营的铁路,采用架空明线作为传输线路,传递电报信号作为行车的闭塞凭证。

中国自有电报以来,汉字编码问题困扰信息的传输近120年,经历从1887年郑观应改编的《中国电报新编》及1921年谭耀宗发明的国音电报等时期。因铁路的承建国不同,采用的文种也多样,京奉铁路为英文,胶济铁路为德文,京汉铁路为法文,在日本占领区,铁路电报均改为日文。清朝后期电报归车站站长管理,民国时期电报电话业务划归车务处或工务处管理。日本侵略中国后,在沦陷区,电报电话业务管理由车务处设通信课管理,各车站均设电报房和电报员。

(二)新中国铁路电报

中华人民共和国建国初期,为尽快修复通信线路和电报电话等设备,在铁道部设立电务局,制定发展规划,使通信的发展出现新模式。铁道部实行汉语拼音电报及新版本四码电报等,逐步统一电报码型,采用"电报通话"方式缓解长途通话电路拥塞的困难。

1950年,铁道部制定《铁路有线电报规程和办理细则》,对电报报文按级别划分等级,区分轻重缓急,以保证重点电报的传递。同年,还制定北方、南方各铁路局间电报转报径路,缓解铁路直达电路紧张的局面。1951年试办列车确报业务,后发展成为提高铁路列车编组效率的重要手段。1953年铁道部制定电报电话办理办法,加强报话管理的力度。1954年重新制定《铁路有线电报规则》和《铁路有线电话通话规则》。

为满足铁路运输生产的需要,1984年从国外引进OKI FAX7700型传真机,决定在铁道部对各铁路局互相间进行试用传真电报业务,并制定《铁路传真电报传送办法的暂行规定》。1985年,铁道部重新公布全国铁路转报径路,并提出遇有灾害事故时或通信堵塞时,各有关电报所都必须从全局出发,承担临时转报任务。

由于铁路电报略号在路内车务、计统、电子计算机部门广泛采用,1991年重新修订铁路电报略号。1992年,铁路电报交换机系统开通运行,采用电报交换技术构建铁路电报交换网。1993年3月1日起,随着铁路开通自动转报系统,实现全程自动转报。全路运营系统有电报所490处,工程系统有94处,建总系统有40处,工业系统有2处,共计626个电报所采用电报交换机实现自主选叫直达通报,结束了从1949年起,办理人工转报44年的历史。铁路电报业务中,同文报(同份报发往多个单位收)较为普遍,电报员使用规定的统称语略号,减少报务员向各铁路局或逐个站发报约20%～60%的工作量。

2000年之后,在国家改革开放形势下,铁路通信全面实现数字化改造,传输和交换等通信能力已经能适应铁路运输的需求。这期间,铁路数据网和计算机信息系统快速发展,取消了确报业务,产生了TMIS等新的信息系统,使用计算机解放了大批电报电话员的手工操作,铁路通信成为铁路信息化的主要传输媒介。2012年,中软公司研制生产出CTT2010SW铁路电报通信系统,该系统采用先进的通信、多媒体、数据库及计算机技术,解决了铁路电报通信多种业务的接入问题,不仅实现了原电路文字的介入,同时将传统的传真电报(包括表格、图像)也融合到存储转发电报网业务中。

四、铁路电话发展概述

(一)旧中国铁路电话

中国最早使用的风拿波式各站电话机是在京奉路,创设于 1896 年,其电线系借用电报线路,有 18 处共 24 架,这是中国铁路使用电话最早的年代,但发展不大、使用数量不多、时间较短。1899 年山海关在两个火车站设点对点式行车联络用的电话,使用磁石式电话机,是一种在中国铁路使用较早、持续时间最长、数量最多的机型。清朝宣统二年(1910 年)正月京绥铁路由总局至西直门架设电话线一条,是京绥铁路设电话之始。1912 年 11 月京绥铁路由西直门至南口设电话线一条。

1937 年日军进驻天津,成立天津电话所,同年开设唐山、丰台、塘沽、北平等电话所。华北铁道株式会社规定了铁路电话交换所的位置和名称,共有天津、廊坊、保定、济南、太原、开封等 74 个电话交换所。

在国民党占领区的浙赣铁路局,规定长途通话种类及其适用范围,分为紧急通话、寻常通话和定时通话 3 种。

在解放区,东北铁路管理总局 1946 年 12 月颁布《电话通话暂行规则》。规定通话权、通话范围、通话种别等。1947 年东北铁路总局规定,通话种别分为特急通话、干部通话甲种和乙种、试验通话、定时通话和普通通话 5 种。发生重大运转事故及匪患火灾风灾水害等特别紧急的通话为特急通话;各部处长、办事处长以上及总局长特别指定者通话为干部通话甲种;各主要站段厂所及管理局长特别指定者通话为干部通话乙种;通信回线故障试验及其实施紧急措施的通话为试验通话;依业务的需要指定用户、指定时间的通话为定时通话;前述各项以外一般的通话为普通通话。

(二)新中国铁路电话

1949 年 4 月军委、铁道部颁布《铁路电话业务暂行办法》,规定有长途通话权的范围。铁路长途通话在实现自动拨叫以前,长期以来均采用人工转接方式,由两地中转时为三地电话员负责转接,因此需要申请长途通话的用户必须事前向电话所记录台进行登记。

为更好地保证部局间的长途通信,1950 年 1 月增加首长通话并对通话类别进行细分。通话类别分为特急通话、首长通话、试验通话、甲种通话、乙种通话、定时通话和丙种通话 7 种。1953 年制定长途电话改革办法,为提高长途通话效率,将特种通话用户由 1950 年规定的 31 个缩减为 24 个,其他的则改为甲种。1950 年规定的甲、乙、丙种通话应按定时的通话表执行,定组定时计划通话,以充分发挥设备效能。电务局长、电务处长每日掌握并研究电话员的工作质量、工作成绩以及回线运用率的情况。对于重大事故及大事故发生时的通报,采取由列车调度用纵向的长途电话向有关调度逐级上报并由当地电话所或列车调度用横向的地区电话向当地有关单位报告。报告发生重大事故或大事故的情况及恢复行车的时间等,值班电话员此时必须插断一般用户通话线路,优先接通。1954 年铁道部根据国际客协及国际货协参加者使用铁路通信设备的若干规定及中苏、中朝、中蒙、中越《关于国境车站的协定》,在满洲里、绥芬河、图们、集安、安东、二连、凭祥等 7 个国境站设立国际电话所并开办国际联运电话业务。

1962 年铁道部制定《做好首长长途通话的接转工作》。铁道部长、铁路局长及其同级的政治部主任在其管辖范围内均按首长通话办理。在设备上,设首长长途通话专用的记录号码,其记录通话票由电话领班亲自掌握并立即接通。

1970年交通部成立后，与各省、市、自治区的通信联络日渐增多。交通部要求机关各组(局)固定若干电话机接通铁路长途电话，并将电话号码及通话范围报部办公室审查批准，后交由发话电话所掌握，收话所应给予接通。因铁路长途话路数量有限，除海关、港务局、中远分公司外，其他单位互相间的长途通话均使用电信局设备。截至1971年底止，路外单位共装铁路电话1270余台，致使通信堵塞，为确保通信畅通进行了一次整顿。明确非交通部所属单位，除另有规定外，一般不得装用铁路电话；部属单位因某种特殊情况，需要使用时必须经过交通部批准，通话以地区通话为主；铁路局管内通话由铁路局批准，跨局通话由交通部批准，并实行收费制度。

铁道部电务局提出为适应全路长途自动电话的不断发展，便于用户记忆，减少长途查号的次数，提高长途自动回线的使用效率，1982年铁道部将铁路局、铁路分局及基层单位的主要电话统一编号，编制原则为：个位数区分车、机、辆、工、电等部门的业务性质，十位数和百位数是区分铁路局、铁路分局、基层站段、机关科室的业务性质和基层站段的名称。并规定2、3、4百门为基层站段；5、6百门为铁路分局；7、8、9、0、1百门为铁路局。千位数为不同的地区。个位数的排列规定如下，办公厅尾号为"0"，运输局尾号为"2"和"4"，机务局尾号为"3"，车辆局尾号为"4"，工务局尾号为"5"，电务局尾号为"6"。

1982年铁道部制定了《国境站联运电话暂行办法》，进一步强调了国际联运电话的涉外性和保密性，并制定了若干具体措施和要求。1983年铁道部电务局组织沈阳、成都、郑州等6个铁路局的报话业务主管及有关人员参照电报略号的编制方法，以常用、主要、简单为原则编制了部、局、院等字头代号，固定式、通用式、特定、调度专用、职名等8种记录略号。经铁道部电务局审定后，于1984年由铁道部电务局发布《关于实施铁路电话记录略号》的通知。全路电话统一记录略号，分为铁道部、铁道部工程指挥部、东北铁路办事处、铁路局、工程局、设计院、铁路分局等字头代号；部、局、院、分局机关和部分基层单位为固定式，处、科、室为通用式，特定和调度为专用，职名等8种记录略号。有关站名仍使用电报略号。全路各电话所执行统一的略号后，使记录工作达到规范化，提高了工作效率。

1988年，铁道部发出《关于重申统一编制用户电话号码的通知》，新编铁路系统主要单位电话号码编号表，铁道部、铁路局统一为四位，铁道部工程指挥部、各工程局统一为三位，铁路分局统一为二位。基层站段由铁路局、工程局比照部、局编号安排，同类部门按十位和个位编号相同的原则编制。1989年，随着铁道部通信枢纽开通5ESS型程控长市合一的电话自动交换机，各铁路局间从点对点局间汇接方式，逐步实现经铁道部进行长途自动拨号，铁道部编印铁道部、铁路局、工程局电话号码簿，供全路各单位使用。随着地区自动电话交换机的容量不断扩大，有些地区已超过万门，人工查号已不能适应业务要求，因而逐步实施了微机查号和微机联网查号。1990年试行全国铁路微机联网查号，以铁道部查号台为中心，各铁路局、铁路分局所在地的电话所查号台为终端构成。用户可在本地查询铁道部、各铁路局、各铁路分局所在地的用户电话号码。微机查号应答迅速、报号准确、语言规范，极大地方便了用户且减轻了电话员的劳动强度。微机联网查号系统至今仍在发挥作用。

1991年铁道部在修订的《铁路电话管理规则》中规定地方铁路与铁路通信的连接办法，即在条件许可时，地方铁路可以装设铁路电话或以中继线沟通。其长途通话范围在铁路局管内由铁路局长核定批准，涉及到铁路局管外的由铁道部长核定批准，其收费标准按路外单位办理。

进入20世纪90年代后，全路程控交换机大量投入使用，长途自动电话开通，人工话路只保留极少数话路，有关行车调度等重要部门都有专用的通话实施，经人工转接的话务量大为减少，电话所的工作环境和劳动条件得到进一步改善，其服务质量和转接速度有很大提高。

2000年后，全路都采用程控电话交换机组成长途电话自动交换网，实现了全路长途自动电话的统一编号，用户直拨，微机查号，电话所和电话员的数量大幅减少。

五、铁路行车设备

铁路运输具有高度集中的特点，各工作环节须紧密联系、协同配合，从而确保铁路安全正点、方便快捷、高速高效。下面介绍铁路行车设备和主要工种。

(一)铁路线路

铁路线路是机车车辆和列车运行的基础。它直接承受机车车辆轮对传来的压力，因此铁路线路必须经常保持完好状态。铁路线路是由路基、桥隧建筑物和轨道组成的一个整体工程结构，铁路线路分为正线、站线、段管线、岔线及特别用途线。正线是指连接车站并贯穿或直股伸入车站的线路；站线是指到发线、调车线、牵出线、货物线及站内指定用途的其他线路；段管线是指机务、车辆、工务、电务、供电等段专用并由其管理的线路；岔线是指在区间或站内接轨，通向路内外单位的专用线路；特别用途线是指安全线和避难线。

路基是轨道的基础，是铁路线路的重要组成部分。它直接承受轨道的重量，承受轨道传来的机车车辆及其荷载的压力，路基工程主要由路基本体、路基防护和加固建筑物、路基排水设备三部分建筑物组成。

当铁路线路要通过江河，溪沟、谷地以及山岭等天然障碍，或要跨越公路、铁路时，就需要修建桥隧建筑物，以使铁路线路得以继续向前延伸。桥隧建筑物包括桥梁、涵洞、明渠、隧道等。

在路基、桥隧建筑物修成之后，就可以在上面铺设轨道。轨道由钢轨、轨枕、联结零件、道床、防爬设备和道岔等主要部件组成。它起着机车车辆运行的导向作用，直接承受由车轮传来的巨大压力，并把它传递给路基或桥隧建筑物。

在列车运行和自然条件作用下，铁路线路会发生各式各样的变形或损坏。为了确保列车的正常运行，以及延长线路各组成部分的使用寿命，必须加强线路设备的养护和维修工作，使线路设备经常保持完好状态，这就是铁路工务部门的基本任务。线路设备的维修养护工作主要包括线路设备的经常维修和线路设备的大中修。

铁路工务部门配备有大型养路机械及线路、桥隧施工机械，承担线路、桥、隧设备的大中修任务，以及无缝线路的铺设工作。

线路设备维修实行检修分开制度，检修分开的基本原则是实行专业检查和机械化集中修，实现检查与维修的异体监督。

线路设备的移动检测设备是利用安装在移动设备上的安全装置实现对线路设备的监测。包括机车车载式轨道监测装置、轨道检查车、钢轨探伤车、地质结构检测车、桥隧检查车等。

线路设备的在线自动监测设备是通过安装在地面上的装置实现对线路设备的监测。如轨温检测与报警系统、桥梁长期监测系统等。

(二)铁路车辆

铁路车辆是运送旅客和货物的工具。

1. 车辆的种类

铁路车辆按用途可分为客车、货车和特种用途车。为了运送各种不同的货物,货车有平车、敞车、棚车、冷藏车、罐车等不同的类型。

按轴数分车辆有四轴车、五轴车、六轴车和多轴车。四轴车的四根轴分别组成两个相同的转向架,能相对于车底架作自由转动,因此,缩短了车辆的固定轴距,使之能顺利通过曲线。我国铁路上的大部分车辆均采用这种形式,对于载重量较大的车辆,为使每一车轴加在线路上的重量不超过线路强度所规定的吨数(称为"轴重"),可以做成六轴车或多轴车。

按载重量分,货车有 50 t、60 t、70 t、75 t、90 t 等多种类型。

(1)客车

常见的客车有硬座车、软座车、硬卧车、软卧车、简易代用座车、餐车、行李车、邮政车等数种。

(2)货车

通用货车:能装运多种货物的车辆。如通用敞车、平车、棚车等。

专用货车:专供装运某一(或某些)种类货物的车辆。如家畜车、罐车、冷藏车、水泥车、漏斗车、自翻车、集装箱专用平车、运煤专用敞车等。

特种货车:运送特大、特长、特重货物的车辆。如凹型车、长大平车、落下孔车、钳夹车等。

(3)特种用途车

有特殊用途的车辆。如文教车、试验车、发电车、救援车、各类作业车、轨道检查车、电务检查车、检衡车、除雪车等。

2. 车辆的型号

车辆的型号用汉语拼音字母表示,代表车辆种类。客车用两个字母表示,货车一般用一个字母表示。主要车辆的基本型号见表 1-1 和表 1-2。

表 1-1　部分客车基本型号

顺号	车种	基本型号	顺号	车种	基本型号
1	软座车	RZ	10	厨房车	CF
2	硬座车	YZ	11	医务车	Y1
3	软卧车	RW	12	试验车	SY
4	硬卧车	YW	13	维修车	WX
5	行李车	XL	14	文教车	WJ
6	邮政车	UZ	15	特种车	TZ
7	餐车	CA	16	代用座车	ZP
8	公务车	GW	17	代用行李车	XP
9	卫生车	WS	18	简易座车	DP

表 1-2 部分货车基本型号

顺号	车种	基本型号	顺号	车种	基本型号
1	守车	S	9	罐车	G
2	棚车	P	10	保温车	B
3	敞车	C	11	家畜车	J
4	砂石车	A	12	通风车	F
5	平车	N	13	活鱼车	H
6	长大货物车	D	14	水泥车	U
7	煤车	M	15	特种车	T
8	矿石车	K	16	自翻车	KF

(三)铁路机车

机车是铁路运输的牵引动力。由于铁路车辆大都不具备动力装置,需要把客车或货车连挂成为车列,由机车牵引沿着钢轨运行。在车站上,车辆的转线以及货场取送车辆等各项调车作业,也都要由机车完成。因此,为了完成客、货列车的牵引和车站的调车工作,铁路必须保证提供足够数量、牵引性能良好的机车,同时,还必须加强对机车的保养与检修工作,正确组织机车的合理运用等。

铁路采用的机车类型很多。从运用上分,有客运机车、货运机车。

按牵引动力分,可分为内燃机车和电力机车。

1. 内燃机车

内燃机车是以内燃机(柴油机)作为原动力的一种机车。内燃机车的热效率可达30%左右,是机车中效率较高的一种。内燃机车的整备时间短,持续工作的时间长,适用于长交路,也适于多机牵引,但其最大的缺点是对大气和环境有污染。

2. 电力机车

电力机车的牵引动力是电能,但机车本身没有原动力,而是依靠外部供电系统供应电力,并通过机车上的牵引电动机驱动列车前进。

采用电力机车牵引的铁道称为电气化铁道。电气化铁道由牵引供电系统和电力机车两部分组成。

3. 机车的检修和运用

机车的检修和运用是铁路运输工作的重要组成部分,也是机务部门的基本任务。质量良好地检修机车,确保机车的完好状态,经济、合理地运用机车,对完成铁路运输任务具有十分重要的意义。为保证机车良好的技术状态,应有进行检修和整备作业的机车修理工厂、机务段。机车只要离开机务段,就要受行车有关人员的调度和指挥,所以机务部门和行车部门的关系特别密切,必须协调配合才能安全、优质地完成运输任务。

(四)铁路车站

车站是铁路办理客、货运输的基地,除办理旅客和货物运输的各项作业以外,还办理和列车运行有关的各项工作,如列车接发、会让、越行,列车的解体与编组,机车的换挂与车辆的检修等。为完成上述作业,车站上设有客货运输设备及与列车有关的各项技术设备,还配备了客运、货运、行车、装卸等方面的工作人员。

1. 区间与分界点

为了保证行车安全和必要的线路通过能力,铁路上每隔一定距离需要设置一个车站,把铁路线划分成若干个长度不同的段落，每一段落叫做一个区间，而车站就成为相邻区间之间的分界点。

2. 车站的分类

根据所担负的任务量和在国家政治、经济上的地位，车站共分为6个等级，即特、一、二、三、四、五等站。车站按技术作业的不同可分为编组站、区段站和中间站。编组站和区段站总称为技术站。按业务性质又分为货运站、客运站和客货运站等。

3. 主要设备

车站根据业务性质、运量大小及技术作业的需要，设置下列主要设备：

(1)到发线。

(2)调车线。

(3)牵出线。

(4)机车运转整备线、车辆站修线及救援列车停留线、大型养路机械停留线等。

(5)办理货物装卸作业的车站，应有货物装卸线，并根据需要设置高架货物线、换装线、轨道衡线、货车洗刷线、油罐列车整备线、机械保温车加油线及特殊危险货物车辆停留线。

(6)机务段所在地车站，应设有机车出入段专用的机车走行线和机待线。

(7)通信、信号、联锁、闭塞设备。

(8)编组站、区段站应根据作业需要，修建简易驼峰、非机械化驼峰、机械化驼峰、半自动化驼峰或自动化驼峰，设置车辆减速器、减速顶、加速顶、停车器等调速设备。

(9)根据接发列车、调车作业的需要设置隔开设备等安全设施。

(10)调车作业繁忙的车站，应设置站场扩音设备、站场无线通信设备、货运票据和调车作业通知单传递(输)装置，车场内线路间、牵出线和推峰线调车人员经常走行区域应填平(不得高于道床)，并设有排水和高架照明设备，车场间应有硬路面的通道。

(11)列车预确报、现在车管理等信息系统设备。

(12)无线调车设备及无线调车机车信号监控系统。

(13)设置货物列车尾部安全防护装置(以下简称货车列尾装置)主机的维修、检测设备等。

(14)编组站应设超偏载等检测设备。

(15)机车乘务组进行中途换乘作业的车站，应配备值班室、休息室和必要的配套设施。

(16)高速铁路客运站根据需要设置动车组折返线、停留线。

(五)铁路信号设备和通信设备

铁路信号设备和通信设备是组织指挥列车运行，保证列车安全，提高运输效率，传递信息，改善行车人员劳动条件的关键设施。

1. 铁路信号设备

(1)铁路信号的分类

铁路信号是指示行车和调车运行条件的命令，包括听觉信号、视觉信号两大类。用手拿信号灯、信号旗或用手势显示的信号叫手信号；临时设置的信号牌、信号灯等为移动信号；在固定地点安装的信号设备为固定信号。固定信号是铁路信号的主要信号。

铁路信号通常用不同的颜色来显示其意义，我国规定有红、黄、绿三种基本颜色。其代表意义为：红色代表停车；黄色代表注意或减速行驶；绿色代表按规定速度行驶。

(2)铁路信号设备的作用

铁路信号设备是车站信号联锁、区间闭塞、驼峰信号、机车信号、列车运行控制系统、列车调度指挥系统、调度集中系统等设备的总称。

铁路信号设备的主要作用是监督车站和区间设备的运用状态，向有关行车和调车人员发布行车指示和命令；反映铁路行车运输信息，实现信号机、轨道电路、道岔之间的相互制约关系，及时、准确、迅速地排列列车进路和指挥行车，为列车运行与调度作业提供安全保障，提高列车通过能力；完成车列的解体和编组作业；同时对提高铁路运输效率、改善铁路职工劳动条件也起着重要作用。

（3）铁路信号装置的分类

信号装置一般分为信号机和信号表示器两类。

信号机按类型分为色灯信号机、臂板信号机和机车信号机。信号机按用途分为进站、出站、通过、进路、预告、接近、遮断、驼峰、驼峰辅助、复示、调车信号机。

信号表示器分为道岔、脱轨、进路、发车、发车线路、调车及车挡表示器。

2. 铁路通信设备

铁路通信按传输方式可分为有线通信和无线通信两大类。按服务区域可分为长途通信、地区通信、区段通信和站内通信等。按业务性质不同可分为公用通信、专用通信及数据传输等。铁路通信必须执行国家通信保密和信息安全等有关规定。

（1）铁路有线通信系统的概念和特点

铁路有线通信系统主要包括：通信线路、传输网与接入网、数据通信网、调度通信、会议通信、广播与站场通信、电报及电话通信、应急通信、综合视频监控、通信电源、电源及机房环境监控等。铁路有线通信系统具有点多线长、布局成网、分散维护、集中使用的特点。

（2）铁路无线通信系统的概念和特点

铁路专用无线通信系统主要包括：列车无线调度通信（简称无线列调，含承载的列车无线车次号校核信息传送、调度命令无线传送）、列车无线防护报警通信、列尾通信等。铁路专用无线通信系统具有移动方便、使用分散、全程全网的特点。

（3）铁路通信主要业务需配置相应通信设备

①普通电话（固定、移动）；

②专用电话（固定、移动），包括调度电话、车站（场）通信、站间行车电话、各工种专用电话等；

③会议电话；

④广播；

⑤数据承载；

⑥数据终端（铁路电报、列车调度命令无线传送、列车进路预告、无线车次号校核、列车尾部风压信息反馈、列车接近通知、列车防护报警、道口报警、调车数据传送等）；

⑦图像通信（电视会议、监视图像传送等）；

⑧客运综合信息（列车到发通告、引导显示、查询、广播、时钟、监视、视讯等）；

⑨应急通信；

⑩安全预警等。

（4）铁路数字移动移动通信系统（GSM-R）

铁路数字移动通信系统（以下简称 GSM-R 系统）主要包括：移动交换子系统、移动智能网子系统、通用分组无线业务子系统、无线子系统、运行与支持子系统、终端及相关配套设备等。

GSM-R 系统是在现行技术比较成熟的公网移动通信系统（GSM）的基础上，根据铁路的特点，增加了铁路调度通信功能和铁路高速运行环境适应能力而形成的。

GSM-R 是一个比较完善的、具有综合业务的铁路数字移动通信平台。装备 GSM-R 数字移动通信系统能将铁路现有的各类移动通信业务融合到统一的网络平台上，可减少通信系统的集成和运行费用，并能提供高速载体与地面的通信业务。可以涵盖目前铁路各种无线通信系统业务；取代传统无线列调，进而与有线调度通信互通，实现有线与无线调度的两网有机结合；满足区间公务移动、紧急求援、调车编组作业、站场无线等移动语音通信的需求；满足TDCS无线车号、列车尾部风压、机车状态信息、红外轴温监测、线路桥隧监护、铁路供电状态监视、道口防护等移动和固定无线数据传输的需求；满足铁路安全信息的发布和预告警系统的需求，确保铁路的畅通和沿线施工、养护工人、车辆、机械的安全。

铁路的提速和客运专线的建设，铁路运输能力的提高，铁路信息化的飞速发展都要求我们要积极推进GSM-R建设，逐步建立覆盖全路的数字移动通信系统，满足调度指挥、公务通信、信息传输、列车运行控制的需要。

(5)铁路应急通信系统

①铁路应急通信系统的概念

铁路应急通信系统是铁路发生自然灾害或突发事件等影响铁路运输的紧急情况时，为确保实时救援指挥通信需求，在发事现场与救援中心之间、各相关救援中心之间以及现场内部建立的语音、图像、数据通信系统。

②铁路应急通信系统工作要求

接到事故抢险命令后30 min内(不算路程)，开通事故现场对行调台直通电话、事故现场自动电话、事故现场至“117”事故抢险救援台，1 h内(不算路程)开通事故现场静像传输，事故现场广播等。设有专人值机、直到事故救援结束。

(六)铁路供电系统

铁路供电系统分为两部分，一是为铁路电力机车提供电能的牵引供电系统，其任务是保证质量良好并不间断地向电力机车供给牵引用电能；二是承担牵引供电以外所有铁路负荷的供电任务，包括信号系统、生产、车站、供水系统以及生活等铁路用电负荷的铁路电力系统，其供电可靠性不仅直接影响铁路运输系统的正常安全运行，还关系到很多铁路职能部门的正常工作。

电力系统是由发电厂、输电网、配电网和电力用户组成的整体，是将一次能源转换成电能并输送和分配到用户的一个统一系统。输电网和配电网统称为电网，是电力系统的重要组成部分。

铁路电力系统由于应用的特殊性，在系统构成和功能上都有一些有别于一般电力系统的特点，主要体现在三个方面：

(1)电压等级低；

(2)系统接线形式简单；

(3)供电可靠性要求高。

铁路电力系统可以看作是整个电力变电系统的自动化改造，不仅能够大大改进铁路电力系统自身的运行和管理水平，提高劳动生产率，而且对整个铁路系统的运行大有益处。

(七)铁路旅客运输

铁路旅客运输是整个铁路运输的组成部分。它的基本任务是：最大限度地满足广大人民群众在旅行上的需要；安全、迅速、准确、便利地输送旅客、行李、包裹和邮件；在旅行中为旅客创造舒适愉快的环境和享受文化生活上的优质服务。在我国现代化交通运输网中，铁路旅客运输具有运量大、速度高、安全好、费用低等优点。

1. 旅客列车的分类

对不同的客流和不同的铁路线路技术设备条件，铁路开行了不同种类、不同等级的列车。

列车运行距离在一个铁路局范围内时称为管内旅客列车，列车运行距离超过一个及以上铁路局范围时称为直通旅客列车。

(1)动车组列车。动车组列车采用国外先进技术与我国机车车辆制造技术相结合，生产制造了 CRH1 型、CRH2 型、CRH3 型、CRH5 型动车组，车内设备、服务水准国际水平，运行速度在 200 km/h 及其以上，实现了牵引动力与运输载体的一体化。

（2）直达特快旅客列车。列车采用先进的庞巴迪和 25 型客车，最高运行速度达 160 km/h，途中不停车，主要安排在客流较大的城市所在站始发、终到，实现大城市间旅客快捷运输。

（3）特快旅客列车。特快列车分为直通特快列车和管内特快列车，也是目前国内速度较高、停站少、车内设备完善、服务质量较好的列车，在首都与各大城市及国际之间开行。

（4）快速旅客列车。列车分为直通快速列车和管内快速列车，等级仅次于特快旅客列车，开行于各大、中城市间。

（5）普通旅客快车。列车分为管内和直通两种普通快车，比特快、快速旅客列车慢，编组辆数和停站次数较多，运行各大中城市间。

（6）普通旅客慢车。分为跨局和管内两种普通旅客慢车，编组辆数多，定员多，速度较低，用于输送沿线各中间站的客流。

（7）旅游列车。在名胜古迹、游览胜地和大、中城市间开行，用于输送旅游客流。

（8）临时旅客列车。铁路运输企业为了适应客运市场需求而临时开行的旅客列车。

（9）回送客车底列车。为回送空客车底而开行的列车。

（10）因故折返旅客列车。

2. 旅客列车的车次

为区别不同方向、不同种类、不同区段和不同时刻的列车，铁路运输部分为每一列车用字母和数字编定了代码，这就是车次。为保证行车安全，维护运输秩序和车次编码的规范，规定以向北京、支线向干线或指定方向为上行，车次编为双数，反之为下行，车次编为单数。

（八）铁路货物运输

铁路货物运输具有运输能力大、运送速度快、运输距离长、安全程度较高、运输准时方便、运输成本低廉、对环境污染小以及受气候条件影响较小等特点，有着其他运输方式不可替代的优势，是我国交通运输业的骨干。

1. 集装箱运输

集装箱是一种现代化运输设备，使用集装箱进行的货物运输称为集装箱运输。集装箱适用于运输精密、贵重、易损、怕湿的货物。

2. 超限货物运输

一件货物装车后，在静止或运行的条件下，货物的任何部位超出机车车辆限界或特定区段装载限界，均称为超限货物。

3. 危险货物运输

在铁路货物运输中，凡具有爆炸、易燃、毒害、感染、腐蚀、放射性等特性，在运输、装卸和储存保管过程中，容易造成人身伤亡和财产毁损而需要特别防护的货物，均属危险货物。

4. 鲜活货物运输

鲜活货物是指在铁路运输过程中需要采取制冷、加温、保温、通风、上水等特殊措施，以防止腐烂变质或病残死亡的货物以及托运人认为须按鲜活货物运输条件办理的货物。

保证铁路所运货物的安全，是铁路的一项重要责任。铁路货运基础工作要规范管理，依法办理铁路货运业务，正确处理铁路货运纠纷，切实保障货主的正当利益，维护铁路运输企业的合法权益。

为了适应国民经济发展，促进社会进步，铁路运输组织、机车车辆、信号通信、工务工程、行车安全等部门，应充分发挥铁路技术经济优势，依靠科技进步，突出技术创新，积极采用高新技术，扩大运输能力，以满足国民经济和社会发展需要。

思考题

1. 铁路线路由哪三大部分组成？
2. 机车从运用上分为哪两种类型？
3. 铁路车站的作用是什么？
4. 铁路信号有哪三种颜色？
5. 旅客列车的车次是如何规定的？

第二节　电工电子技术基础

一、电　　流

任何一种物质都是由许多极微小的分子所组成，分子又由原子组成，而原子又由更小的东西——原子核和电子组成，电子分布在原子核的外层。原子核和电子都具有一定数量的电荷，习惯上把原子核所带的电荷叫做正电(用"+"表示)，电子所带的电荷叫做负电(用"−"表示)。

在通常情况下，一个物体的原子核及外围的电子所带的电荷相等，所以这个物体没有带电现象。如果由于外力的作用，使得电子脱离了原来的轨道游离出去，此时原子核的正电荷多于外围电子的负电荷，这个物体就呈现带正电的现象，反之当原子得到额外的电子时，各电子的负电荷多于原子核的正电荷，这个物体就呈现带负电的现象。

流动的电子流叫做电流。电流用字母 I 表示。实验表明，任何电流都是负电荷在移动，因此应该认为电流方向是从负极流到正极，但是为了不改变习惯，规定外电路电流的方向是由正极流到负极。如图 1-1 所示。

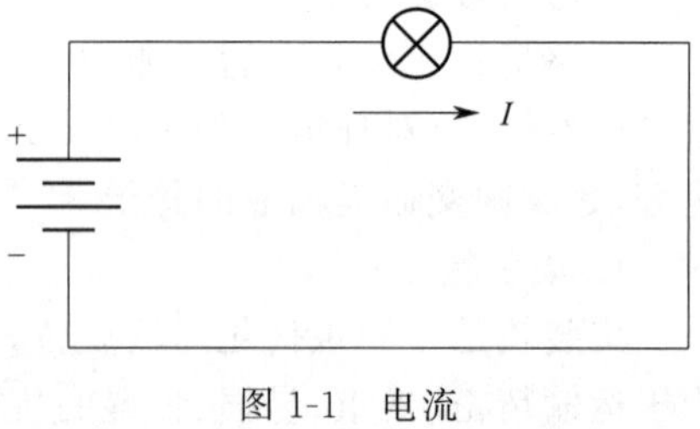

图 1-1　电流

电流的单位是安培(A)、毫安(mA)、微安(μA)，其关系为：1 A=1 000 mA；1 mA=1 000 μA。

二、电　　压

电位的概念与水位的概念类似，高水位的水向低水位的地方流，正电荷也是从高电位移向低电位，而负电荷则相反。

任何两点间的电位差称为此两点间的电压，电压用字母 U 表示。

电压的方向规定从高电位指向低电位。

电压的单位是伏特(V)、毫伏(mV)、微伏(μV)，其关系为：1 V=1 000 mV；1 mV=1 000 μV。

三、电　　阻

流动的电子所遇到的阻力叫做电阻，或者说阻碍电子流动的力量叫做电阻，电阻用字母 R 或 r 表示。如图 1-2 所示。

电阻的单位是欧姆(Ω)、千欧(kΩ)、兆欧(MΩ)，其关系为：1 kΩ = 1 000 Ω；1 MΩ =

1 000 kΩ。

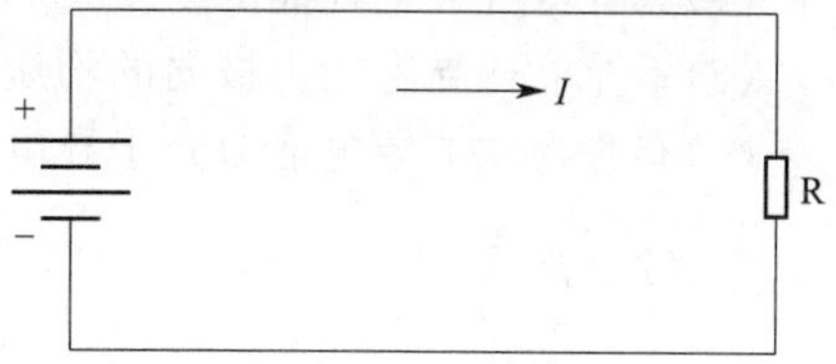

图 1-2 电阻

电阻在电路中有以下作用：

(1)控制电路中电流的大小。

(2)防止电路发生短路。

(3)用分流电阻使负载获得适当的电流。

(4)利用电阻发热而做功(如灯、电炉、电烙铁等)。

(5)用大电阻物体(绝缘体)防止高压电路漏电，保障设备和人身安全。

四、直流电、交流电

直流电的大小和方向是不随时间变化的，而交流电的大小和方向则是随时间不断变化的，把随时间不断变化的电压或电流叫做交流电压或交流电流统称交流电。如图 1-3(a)(b)所示。

图 1-3(a) 直流电

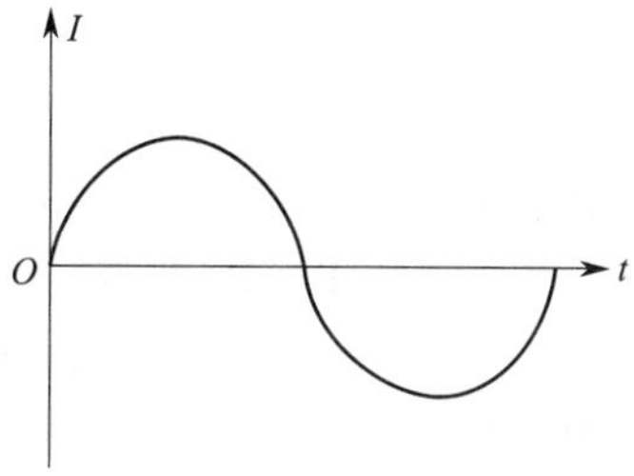

图 1-3(b) 交流电

如果交流电的电压、电流的大小和方向都是随时间按正弦规律变化的，那么这样的交流电叫做正弦交流电，我们日常生活中使用的交流电均为正弦交流电。

图 1-3 中画出了直流电和正弦交流电的曲线，图 1-3(a)说明直流电 I 不随时间 t 变化，图 1-3(b)说明交流电流 I 值随时间 t 变化，其大小都是按照正弦曲线规律变化。

五、电源的空载、负载、短路、断路

(1)空载：电源不向负载供电的状况，称为电源的空载状况，在这种情况下，电路中电流等于零，电源内部电压降也等于零，所以此时电源电势等于其端电压，即 $E=U$。

(2)负载：电源向负载供电时的状况，称为电源的负载状态，在这种情况下，电源内部存在着电压降(I_r)，它与负载电流(I)有关，负载电流越大，电源内部电压降越大，则电源的端电压减少，电源内部的电压降与内阻(r)也有关，所以要把电源的内阻控制的尽量小以减少电源内部的电压降。

(3)短路：电源两端被电阻极小的导体连接时称为短路状况，在电源被短路时，由于导线电阻很小，所以电流会增到很大的数值，会烧毁电源及电器设备或使通信中断。

(4)断路：当电路发生断开而不能正常工作时，称为断路。

在断开的电路中，电流为零，但断开处与电源连接的一端仍有电压存在。

六、导体、半导体、绝缘体

根据导电能力不同，物质可以分三类：

(1)具有良好导电性能的物质,称为导电体,如铜、银等。

(2)不导电或导电能力极弱的物质,称为绝缘体,如橡胶、陶瓷等。

(3)有些物质的导电能力介于导电体和绝缘体之间,称为半导体,如硅、锗等。

七、欧姆定律

(一)欧姆定律的含义

凡电源以外的电路或电路中的一段称为部分电路,在部分电路中通过任何一个电阻的电流(I)与它两端的电压(U)成正比,而与其电阻(R)成反比,即:

$$I=\frac{U}{R}$$

包括电源的闭合电路称为全电路。

在全电路中,电流(I)的大小与电源电压(E)成正比,而与电路的总电阻(电源内阻 r 与外电路电阻 R 之和)成反比,即:

$$I=\frac{E}{r+R}$$

这就是欧姆定律。

(二)电阻的串联、并联

在图 1-4 中设有两个电阻 R_1、R_2 串联,它的总电阻 R_0 为:

$$R_0=R_1+R_2$$

这就是说串联电阻的总电阻等于各电阻之和,如图 1-4 所示。

图 1-4　电阻的串联

图 1-5 中的两个电阻 R_1 和 R_2 并联,它的总电阻 R_0 为:

$$\frac{1}{R_0}=\frac{1}{R_1}+\frac{1}{R_2} \quad 或 \quad R_0=\frac{R_1R_2}{R_1+R_2}$$

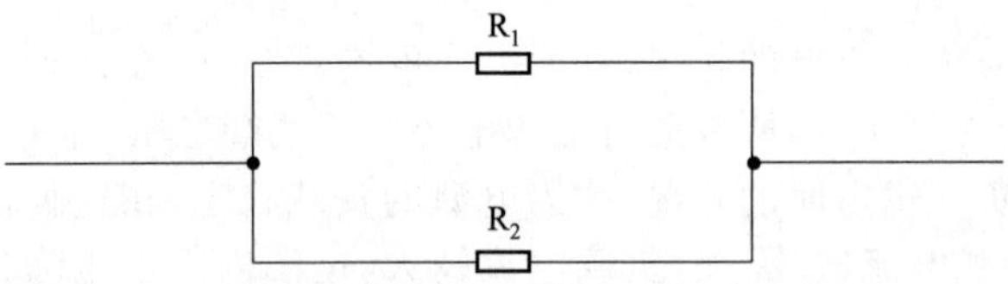

图 1-5　电阻的并联

这就是说并联电阻的总电阻的倒数等于各个电阻倒数之和,并联的总电阻比并联电路中任一个电阻的阻值都小,如图 1-5 所示。

八、电　　容

电容器是一种能储存电能的元件,电容器内所储存的电能的数量叫做电容量,简称电容。

两块金属板相对平行而不相接,就构成一个最简单的电容。如果把金属的两端分别接到电池的正、负极,那么接正极的金属板上的电子就会被电池的正极吸引去,而接负极的金属板就会从电池的负极得到大量的电子，这种现象就叫电容“充电”，充电的时候，电路中就有电流流动（实际上电流并不从电容两块金属板之的介质流过）。当两块金属板所充的电荷形成的电压与电池的电压相等时，充电就停止、电路中就没有了电流，相当于一个电阻极大的电路接在电源上，成了断路状态，这就是电容能隔断直流电的道理。

如果将电容从电池断开，用导线把电容两金属板连接起来，则在刚接通的一瞬间，电路中便有电流流通，这个电流与原充电时的电流方向相反，随着电流流动，两金属板之间的电压也逐渐降低，直到两金属板上的正负电荷完全消失，这种现象叫做电容“放电”。

如果电容的两金属板接上交流电，因为交流电的大小和方向不断变化，电容两端也必然交替地进行充电和放电，电路中就不停地有电流流动，这就是电容能“通交流”的道理。

电容的单位是法拉(F)，因为法拉的单位太大不实用，故取它的一百万分之一，称为微法(μF)，或微法的百万分之一，称为皮法(pF)为实用单位，即：1 F=1 000 000 μF；1 μF=1 000 000 pF。

电容串联就等于增加电介质的厚度，也就是加大了电容两极板之间的距离，电容量因而减少。

电容 C_1、C_2、C_3 串联后的总电容 C_0 为：

$$C_0=\frac{C_1C_2C_3}{C_1C_2+C_2C_3+C_1C_3}$$

这就是说电容串联后的总电容量的倒数，等于各个电容量倒数之和。

改变电容的联接法，可以改变电容的容量和工作电压。

电容串联后的工作电压为各个电容工作电压之和。

电容并联就等于极片面积加大，因此并联后的电容是各个电容的总和。

$$C_0=C_1+C_2+C_3$$

并联的各个电容如果工作电压不同，就必须把其中最低的作为并联后的工作电压。

九、电　　磁

电磁的基本概念是电流通过一条导线或一个线圈就会产生磁场，通过的电流越大所产生的磁场越强，换句话说通过的电流大小与所产生的磁场强度成正比。

电能产生磁场的方向可用右手螺旋定则来确定，方法是：用右手握着一根导线，如果大拇指指的是电流方向，则其余四指为磁场方向。

用右手握着一个线圈，大拇指的方向与线圈的中心线平行，如四个手指指的是电流方向，则大拇指指的方向为磁场的北极即 N 极。

电器设备上的继电器、电铃都是利用电生磁的原理制成的。一个单独的线圈（特别是有铁芯的线圈），当线圈通电或断电的瞬间，线圈内的电流从无到有（通电）或从有到无（断电），电流发生变化，产生的磁场也发生变化，这种变化的磁场通过线圈，线圈也一定会产生相反的感应电动势，这种现象叫做自感现象。

自感电动势的大小，与磁场的变化率有关，而磁场的变化率取决于原通过线圈的电流变化率。

在日光灯回路里的镇流器，电流滤波回路里的扼流圈，电子电路的高频线圈等都是铁芯线圈，这些都是自感现象的具体运用。

自感现象产生感抗对交流电具有较大的阻力，如果通过线圈的是直流电则无感抗发生，电流所遇到的阻力只是线圈的电阻。

甲乙两个互不相通的线圈放在一起，如果甲线圈里通以交变电流，伴随着交电流而产生的交变磁场就会使得乙线圈产生感应电动势,这种现象称为互感现象。

互感电动势的大小取决于甲线圈电流变化率的大小,而与两个线圈的大小、形状、匝数、周围介质材料等及相对位置都有密切的关系。

各种变压器、电话机里的感应线圈都是由一个铁芯上绕制两个或多个线圈所组成,这些都是互感现象的具体运用,因为各线圈互不相通直流电不能通过,利用互感现象传递了交流电功率把电压或电流改变成所需要的数值。

十、安全用电常识

(一)安全用电方法

(1)经常对用电设备进行检查,防止用电设备破皮裸露后对人身安全造成危险。

(2)不了解通电设备性能不得任意拆卸,以免造成损坏。

(3)电设备要正确地接地线。

(4)电设备要正确地安装熔断器。

(5)为保证人身安全,有条件时要用安全电压,所谓安全电压是指人体偶然触及后没有生命危险的电压,安全电压一般不超过 36 V。

(二)熔断器的作用

熔断器俗称"保险丝",在电路中用字母 RD 代表,熔断器在电路中是用来保护电源或用电设备的一种保安装置。当电源发生过负载或外电路发生短路时,因电路中电流增大,使熔断器的熔断体发热过大而熔断,从而切断电路,起到保护作用,所以在电源设备与用电设备相连接处,应设有熔断器。

在选用熔断器时应注意它的额定电流和额定电压,以及熔断体的额定电流、熔断时间等是否与它所保护的设备相适应,以免选用不当起不到应有的保护作用。

思考题

1. 什么叫电流?
2. 电流的单位是什么?
3. 什么叫电压?
4. 电压的单位是什么?
5. 什么叫电阻?

第三节　报务基础知识

铁路电报通信是铁路通信的主要业务之一,为保证铁路电报的准确性,报务员在电报作业过程中,应掌握业务资料的查找使用方法,同时应对中国铁路总公司内设组织机构及所属各单位的概况有所了解。

一、常用业务资料的编制原则和使用方法

(一)《铁路电报站名略号》的编制原则和查找方法

《铁路电报站名略号》正文中以站名首字拼音顺序排列。

《铁路电报站名略号》编排由五项组成，第Ⅰ项代表站名，第Ⅱ项代表站名略号，第Ⅲ项代表该车站隶属的铁路局(公司)，第Ⅳ项代表负责办理电报的电报所名，第Ⅴ项代表办理电报所的所名略号。

(1)第Ⅰ项站名为铁路总公司正式公布的铁路车站名称。

(2)第Ⅱ项站名略号是指铁路电报中车站名称的代号。站名略号由三个字母组成，按A、B、C……顺序编排，尾部字母代表局名(铁路站名略号局尾代字见附录1)。

例如：古冶站，站名略号为GYP，其局尾代字为P，说明古冶站隶属北京铁路局。

下城子站，站名略号为XCB，其局尾代字为B，说明下城子站隶属哈尔滨铁路局。

站名略号编排按该站名文字拼音的首字母顺序排列，当首字母占满时，按下列规定排列：

①B部占满时，编入F部；

②D部占满时，编入R部；

③H部占满时，编入K部；

④J部占满时，编入M部；

⑤L部占满时，编入U部；

⑥S部占满时，编入O部；

⑦T部占满时，编入P部；

⑧X部占满时，编入E部；

⑨Y部占满时，编入A部；

⑩其他或代用部字母也占满时，一律编入V部；

⑪V部占满时，编入I部。

例如：下板城站，站名略号为EBP，说明X部已占满，编入E部。

阳泉站，站名略号为AQP，说明Y部已占满，编入A部。

(3)第Ⅲ项，该车站隶属局(公司)仅填写简称，铁路局只写“地名”不加“局”字。

例如：“广铁(集团)公司”、“青藏铁路公司”分别写作“广铁”、“青藏”，“呼和浩特局”写作“呼和浩特”。

(4)第Ⅳ项办理电报所名，铁路局电报所只写“××局”。

例如：“北京铁路局”、“广州铁路(集团)公司”、“青藏铁路公司”电报所分别写作“北京局”、“广铁集团“、“青藏公司”。

同一城市有多个电报所的，办事处电报所名后加“办”字。

例如：“长春铁路办事处”电报所写作“长春办”。

(5)第Ⅴ项所名略号是指办理铁路电报的电报所所名代号。

(6)《铁路电报站名略号》的修改原则：

①站名首字笔画检字表按笔画顺序修改。

②站名首字汉语拼音检字表按站名首字汉语拼音四声顺序修改，同声按笔画多少排列。

③增加站名略号时按站名略号第Ⅲ项局尾编排顺序增加，属于同一投递所的站名应编排在一起。

④站名略号页边目录按站名首字汉语拼音同声四音顺序增加。

(7)站名略号查找方法：

①按站名第一个字的笔画，从“站名首字笔画检字表”查找。

②按站名第一个字的拼音，从“站名首字汉语拼音检字表”查找。

③按正文中页眉右上角站名首字母 A、B、C、D……及页边目录站名首字查找。

(二)《铁路电报统称语通电略号及各电报所投递范围》的查找方法

铁路电报统称语是同一类别铁路单位的统称。通电略号是办理铁路电报业务时使用统称语的表示符号。电报统称语分为铁路总公司所属单位统称语和局属单位统称语。

(1)2012 年出版的《铁路电报统称语通电略号及各电报所投递范围》中,第一项为铁路总公司所属单位及其他单位统称语通电略号表。

(2)按照第二项"全路各电报所所名略号及投递范围表索引"中各电报所投递范围页码,查找所需电报所投递范围表。

(三)《标准电码本》的编制原则和使用方法

《标准电码本(修订本)》是报务员录入电报时输入的电码。目前使用的《标准电码本(修订本)》由中华人民共和国邮电部编制,分上、下两编,上编按部首排列,下编按汉语拼音音序排列。

1. 上编

上编内的电码以每四个数码编成一组,每一组电码代表一个汉字。

拍发电报,由汉字译成电码,先查汉字的部首和部首的电码索引,然后查出相关电码。例如:"中"字部首为"丨",电码索引号码为"00",即可在第一页中查出"中"字的电码为"0022"。

经过简化和改变形体的三十五个部首,例如:"言"部改为"讠","金"部改为"钅"等,均按简化后的部首笔画顺序排列在"部首索引"的相关位置。

有些汉字简化后,部首改变了,这种变动部首的简化汉字共一百零四个,除将原电码的汉字改为简化字外,还采取部首归类方法,将这些字分别排列在各该简化字部首所在页边行的空白格内,便于查找。

原《标准电码本》中的一百五十九个未按部首排列的补充字,绝大部分按笔画顺序排列在相关部首所在页的空白格内。例如:"苯 0058"已加印在五十四页"苫 5390"字的左边。另有"钅"部首的四十八个补充字集中编在 69 字头后的副页内,便于查找。

月份、日期、钟点、标点符号、加减乘除符号、注音符号、阿拉伯数码、罗马字母、俄文字母、新增的罗马数码等代用电码,均可在"补遗"内查找。

附印在《标准电码本》内汉字下边的罗马字母只供国际电报通信之用。

2. 下编

下编按汉字读音查电码之用,各字按汉语拼音字母顺序排列。每个音节里的阴平、阳平、上声、去声、轻声分别用①、②、③、④、⊙表示。

保留异体字中的多音字只取一音。例如:姓氏用"於"字,读"yu"和"wu"两音,只取"yu"的一音。

多音字基本上按不同读音分别排列。例如:"行"字,分别排列在"HANG"和"XING"的音节里。

在拍发电报时,用户拍发电报使用电码本内未编入的汉字时,报务人员应按照《铁路电报管理规则》中的相关规定执行。

3. 使用方法

上编使用部首查字法,首先数出部首笔画,根据"标准电码本部首索引"中该部首所在页数即可查到使用该部首的所有汉字。例如:"杉"字,部首为"木",共四画,在"标准电报本部首索引"四画中查出"木"字旁在 26 页,在 26 页中查到"杉"字为"2619"。

下编按照汉语拼音字母顺序排列，可直接使用拼音查字法。例如："杉"字，在下编 163 页汉语拼音"shan"中查出"杉"字为"2619"。

二、组织机构

铁路的组织机构是报务员必须掌握的基础知识，内容以《铁路电报统称语通电略号及各电报所投递范围》为准。

思考题

1. 全路共有多少个铁路局？局尾代字是什么？
2. 哪些单位使用特定略号？
3. 站名略号的查找方法是什么？
4. 如何使用《标准电码本》查字？
5. 什么是铁路电报统称语？什么是通电略号？

第四节　话务基础知识

一、电话服务礼仪

礼仪是一门专门研究人交际行为规范的科学，作为一门综合性科学，礼仪与多门学科关系密切。服务礼仪通常指的是礼仪在服务行业之内的具体运用。一般而言，服务礼仪主要泛指服务人员在自己工作岗位上所应当严格遵守的行为规范，话务员的服务礼仪就是指在话务员工作岗位上应严格遵守的行为规范。

电话礼仪和电话服务理念贯穿在话务工作的方方面面，也是话务员职业道德的基本要求。

(一)电话服务礼仪

1. 电话服务礼仪的主要特点

(1)规范性。电话服务礼仪是话务员在为用户提供服务时，必须遵守的行为规范。

(2)限定性。电话服务礼仪适用于一般情况之下的话务员与用户之间的交流这个特定范围之内。

(3)可操作性。电话服务礼仪具有切实有效、实用可行、规则简明、易学易会、便于操作等特征。

(4)鲜明的特色。电话服务礼仪在本行业既往利益的基础上继承、发展起来的。

(5)变动性。电话服务礼仪在实践之中形成、发展、完善并不断进步，推陈出新，与时代同步。

2. 电话服务礼仪的原则

(1)遵守原则。在话务工作之中，每一位话务人员都必须自觉、自愿的遵守电话服务礼仪，以礼仪去规范自己在工作中的一言一行，一举一动。

(2)自律原则。要求话务员要自我要求、自我约束、自我控制、自我对照。

(3)敬人原则。要求话务员在工作中，与用户要互尊互敬、友好相待、和睦共处，更要将对用户的重视、恭敬、友好放在第一位。

(4)宽容原则。要求话务员在工作中运用服务礼仪时，既要严于律己、宽以待人。更要容忍、体谅、理解他人。

(5)平等原则。在具体运用服务礼仪时，允许因人而宜，根据不同的用户，采取不同的具体办法。

(6)从俗原则。要正确认识国情、民族、文化背景的不同，正确面对客观现实，不要随意批评否定其他人的习惯性做法。

(7)真诚原则。要求话务员在运用礼仪服务时，务必待人以诚、诚心诚意、诚实无欺。

(8)适度原则。要求话务员运用服务礼仪时注意技巧、合乎规范，特别要注意做到把握分寸，认真得体。

3. 电话服务礼仪的功能

遵守礼仪、应用礼仪将有助于净化社会的风气，提升个人乃至整个社会的精神品位。

4. 电话服务礼仪的学习

(1)学习电话服务礼仪的三大途径

学习电话服务礼仪有理论学习、实践学习、专人学习三大途径。

(2)学习电话服务礼仪的方法

电话服务礼仪学习的方法有理论联系实际、循序渐进、自我监督、多头并进等。

5. 话务行业职业道德

话务行业职业道德的核心思想是对用户负责，让用户对话务人员的服务质量称心满意，并通过全体话务人员的一言一行，传达出本单位对用户的体贴、关心与敬意，反映出本单位积极进取报效于国家与服务社会的精神风貌。

话务行业职业道德的具体内容主要包括对于话务人员在思想品质、服务态度、工作作风、职业修养等四个方面规范化的要求。只有掌握了话务行业职业道德的核心思想，才能够加深对其具体内容的理解；只有掌握了话务行业职业道德的具体内容，才能够加深对其核心思想的理解。

在日常工作中需要话务员用专业技巧和礼仪来化解用户的抱怨，并通过平时工作的积累提高话务员的服务水平。

在日常的工作中接到顾客抱怨电话的机会比较多，遇到这种情况话务员应按以下方法处理。

第一是倾听。倾听用户的抱怨本身就是对用户的一种尊重，是让用户对某件事情的发泄，也是一种缓冲，对抱怨的一种化解。

第二是微笑。声音是可以传递微笑的，你的微笑是对用户的一种理解、信任，通过电波传递的微笑使用户感觉到你的温暖与包容，是化解冲突的良药。

第三是给用户肯定的答复。对于用户的投诉、抱怨能解决的要及时解决，不要含糊其词，杜绝推诿。有些问题不是我们可以解决的，这时候一定要征询用户的意见，向用户说明我们的职责范围，给用户提供合理的诉求途径。

接听电话做到四不：

(1)不要接用户电话的同时又和同事讲话。一边跟用户讲电话，一边又跟同事讲话，一则不礼貌；二则透过电话声筒可能让顾客无意中听到不应该听的；三则跟用户断断续续地讲电话使思路无法连贯、用户一再重复已经询问过的问题，很容易引起用户的不满，直接引发用户的投诉。

(2)不要使用个人的口头禅。与用户讲电话，应以正式的语言应对，有些口头禅不是所有人都懂，而且不适合工作场所。

(3)不要任意使用专业术语。对用户使用专业术语，除了用户听不懂之外，还隐含了强迫用户认同专业的炫耀心理，会让用户听了心里很不是滋味或是感到不受尊重。所以尽量把话讲得明白一点，沟通的效果会比较好。

(4)不要在挂电话后谈论对方。背后谈论或事后批评是不符合话务员职业道德的行为，作为一名职业的话务人员，应该避免这样行为的发生。

(二)铁路电话服务理念、服务公约、服务承诺

铁路电话服务理念：追求精品服务，奉献铁路运输。

铁路电话服务公约：接待用户热心，办理业务细心，解答问题耐心，帮助用户尽心，接受意见虚心。

铁路电话服务承诺：提供全天候 7×24 h 服务。

二、电话号码编制原则

(一)统一编号的依据和编制原则

电话统一编号的主要依据是：现行铁路运营单位机构编制名称，铁路局、基层站段安装电话的数量，现行长途通话范围的规定和长途通话情况，现行设备门数和近期发展情况，以及交换机的特殊性能。

统一编号中的电话号码从个位、十位到百位、千位都代表着不同的含义，其编制原则是：个位是区分车、机、工、电、辆等部门业务性质的，十位是区分铁路局、基层站段机关科室的业务性质和基层站段名称的，百位是区分铁路局、基层站段单位的。除此之外，在编制电话号码地过程中，根据业务系统的电话忙闲情况自动总机的忙闲负荷平衡，四位号码在百位数变化，五位号码在千位数变化。

按照上述编制原则即可使一些单位的电话号码达到统一，这样从电话号码上就可看到一个单位的隶属关系、工作性质和业务性质，从而提高工作效率。

目前，各局受号码资源限制，放号实际情况与上述原则略有不同。

(二)电话号码的查找规律

了解了电话号码的编制原则以后，我们再查找、记忆电话号码时就相对很容易了。另外，根据各局的机构设置情况和话务员熟悉的电话统一编号的方法及规律，工作时就如虎添翼轻松多了。

电话号码查找规律：电话号码尾数安排和各单位业务性质相同的占用电话号码的十位数。

三、电话号码数据库的编制原则

电话号码数据库依据汉语拼音编制，首先学习汉语拼音。

(一)学习汉语拼音的重要性

我国是一个多民族的国家，各民族都有属于自己的语言，不同地区的语言都有明显的差异。语言上的不一致给人们在生产、生活中的相互交流带来了极大的不便。因此学好普通话、说好普通话已成为当今社会人们的一项必备能力。普通话与方言的最显著差异在于语音，语音的差别在于声母、韵母、声调上，只有汉语拼音能够科学地、简洁地、通俗地说明这些差异。学习汉语拼音，可以帮助说好普通话，会说普通话是对话务员岗位的基本要求。因此学好汉语拼音是做好话务工作的基础，掌握后有利于学好普通话和用好普通话，并有利于以后各种略号

的学习。

(二)汉语拼音知识

1. 汉语拼音字母

汉语拼音字母是我国1958年公布的《汉语拼音方案》所采用的一套拉丁字母,这套字母共二十六个。由于它是在分析普通话语音的基础上拟字的,所以只能用来记录普通话的语音。

数目:二十六个字母。实际上拼写普通话只需要二十五个字母,还有一个“V”仅用来拼写外来语、少数民族语言和汉语方言。

顺序:完全依照国际上通用的拉丁字母顺序。

名称:多数字母的名称音是在原来字母的前边或后边加“e”,名称音一般用来称说单个字母或读科技用语和工业产品的汉语拼音简称,用途很广,必须学会。

2. 声母

声母表按照发音部位分组列出了普通话的二十一个声母,声母下边的注音字母和汉字表明了声母的读音。这里有两点需要说明:第一,声母绝大多数只用一个拉丁字母表示,由于字母不够用,“zh、ch、sh”采用了两个字母,不过仍然表示一个音,后边的”h”只表示卷舌动作,有指示意义没有发音作用。第二,“Y、M”没有列入声母表,由于它永远处于声母的位置(一个音节形状的开头),小学教学时把它算做声母。这样,声母就成了二十三个。

3. 韵母

(1)知、蚩、诗、日、资、雌、思等字的韵母用“i”。

(2)韵母“儿”写成“er”,用做韵尾的时候写成“r”。

(3)韵母“ㄝ”单用的时候写成“ê”。

(4)i行的韵母前面没有声母的时候,写成yi(衣)、ya(呀)、ye(耶)、yao(腰)、you(忧)、yan(烟)、yin(因)、yang(央)、ying(英)、yong(雍)。u行的韵母前面没有声母的时候,写成wu(乌)、wa(蛙)、wo(窝)、wai(歪)、wei(威)、wan(弯)、wen(温)、wang(汪)、weng(翁),ü行的韵母跟声母j、q、x拼的时候写成ju(居)、qu(区)、xu(虚),ü上两点也省略;但是跟声母l、n拼的时候,仍然写成lü(吕)、nü(女)。

(5)iou、uei、uen前面加声母的时候写成iu、ui、un,如niu(牛)、gui(归)、lun(论)。

4. 声调符号

声调符号有四个:阴平 —、阳平/、上声 V、去声\。

声调符号标在音节的主要母音上,轻声不标。例如:妈(阴平)、麻(阳平)、马(上声)、骂(去声)、吗(轻声)。

5. 隔音符号

a、o、e开头的音节连接在其他音节后面的时候,如果音节的界限发生混淆,用隔音符号(')隔开,如pi'ao(皮袄)。

(三)拼音字母的编制原则

全路电话查询系统采用INFORMIX关系数据库,并以拼音字段作为查询号码的主关键字,为此,拼音字段采用拼音的声母及数字符号代字。

(四)拼音字段的层次结构

1. 拼音字段采用层次结构,按组织系统进行分层,如铁路总公司机关分两层:总公司、处;

铁路局机关分两层:处、科。总公司机关中部、厅、委、办均按总公司单位对待,局机关中处、部、委、办均按处级单位对待。

2. 凡表示行政级别的字(部、厅、局、处、科、室)一律不编。

3. 凡表示场、厂、站、段、院、校、所、公司、中心、学会、协会、委员会等单位时,取其单位的字头、字尾(即取两头)。

例:机车车辆工厂	JC
电务大修队	DD
乘警支队	CD
机务折返段	JD
装卸机械配件厂	ZC
电务段修配所	DDXS
物资供应段采购站	WDCZ

(五)地名、站名、局名的编制方法

凡遇有铁路站名命名的厂、段、工区等,均取其地名拼音和单位拼音。在全路查询中拼音字段一律不加局名。

例:北京丰台工务段调度	FTGDO
济南白马山通信工区	BMSTX

使用方法

话务员在进行本局电话查询时,按照本局的电话编制方法进行查号。

例:沈阳局查号:沈阳信号工厂生产科	XCSC
沈阳运输处技术科	YJ

四、铁路组织机构

(一)组织机构

铁路的组织机构是话务员必须掌握的基础知识,由于涉及铁路机构改革,内容以《铁路电报统称语通电略号及各电报所投递范围》为准。

(二)全路各电话所

全路有铁路总公司、北京局、天津、石家庄、哈尔滨局、沈阳局、长春、太原局、大同、临汾、呼和浩特局、包头东、郑州局、武汉局、西安局、济南局、上海局、杭州、南京、徐州、蚌埠、南昌局、广州、长沙、怀化、海口、南宁局、成都局、昆明局、开远、兰州局、银川、乌鲁木齐局、西宁、阿拉山(国际)等35个电话所。

五、英语常用句

英语是当今世界上主要的国际通用语言之一,随着社会生活的信息化和经济的全球化,英语的重要性日益突出。英语作为最重要的信息载体之一,已成为人类生活各个领域中使用最广泛的语言。许多国家在基础教育发展战略中,都把英语教育作为公民素质教育重要组成部分。

学习英语对话务员来说不仅是挑战,更是新的起点,也是对话务工作职业素养的提高。话务员每天面对着来自五湖四海的用户,更有来自海外的用户,这时如果能用简单的英语会话来与用户进行沟通,会对我们的工作将起到莫大的帮助,也会对话务员所从事的工作感到莫大的心慰！

英语常用句见表 1-3。

表 1-3　英语常用句

中　文	英　文	中　文	英　文
您好。	Hello.	欢迎您到××××地方来。	Welcome to the ××××.
对不起。	Sorry.	感谢您对我们工作的支持。	Thank you for your support of our work.
不客气。	You're welcome.		
请问您需要什么帮助？	Can I help you?	请您重复一遍。	Please repeat.
请问您要查哪里？	Where do you want to check?	请讲话。	Please speech.
		对不起，您要的电话没有登记。	Sorry, you do not want to register the phone.
请稍等。	Hold on, please.		
感谢您的来电。	Thank you for calling.	请您与××××电话联系。	Please call us with ××××.
您的电话多少号？	What's your telephone number?	您是询问车次吗？	You are asking trips you?
		祝您愉快！	I wish you happy!
请挂机。	Please hang up.	再见！	Bye!

思考题

1. 电话服务礼仪的主要特点是什么？
2. 电话服务礼仪的原则是什么？
3. 铁路电话服务理念、服务公约、服务承诺是什么？
4. 汉语拼音字母是按什么顺序排列？共有多少字母组成？
5. 拼写普通话需要多少个汉语拼音字母？

第五节　计算机基础

计算机是 20 世纪最伟大的科学技术发明之一。自计算机问世以来，它以强大的生命力飞速发展，已形成规模巨大的计算机产业，同时也带动了全球范围内的技术进步，由此引发了深刻的社会变革。计算机是人类进入信息时代的重要标志。

一、计算机的硬件

一个完整的计算机系统由硬件和软件两部分组成，硬件是指计算机的物理部件，从结构上看，计算机硬件主要包括主机、输入设备和输出设备。主机部分包括机箱、中央处理器(以下简称 CPU)、主板、存储设备等。常用的输入设备有键盘、鼠标等，输出设备有显示器、打印机等。

（一）主　　机

1. 机箱

机箱内安装有 CPU、内存储器、主板、硬盘及硬盘驱动器、光盘驱动器、软盘驱动器、机箱电源和各种接口卡等部件。主机箱面板上有一个电源开关(Power)。计算机主机箱的背面有许多专用接口，主机通过它与显示器、键盘、鼠标、打印机等输入、输出设备连接。

2. CPU

CPU 主要包括运算器和控制器两大部件，又称为微处理器，是计算机的核心部件。计算机的所有操作均受 CPU 控制，它的性能之间影响到计算机系统的性能。

CPU 的性能指标直接决定了由它构成的微型计算机系统的性能指标。指标有两个：字长和时钟频率。字长表示 CPU 每次处理数据的能力，字长越长，计算机的精度越高，速度越快。时钟频率就是 CPU 运算时的工作频率（1 s 内发生的同步脉冲数）的简称，单位是 Hz。它决定计算机的运行速度。

3. 主板

主板是整个计算机的核心部件，由微处理器、主存储器、各种接口电路及总线扩展槽组成，各种输入输出设备接口卡均安插在总线扩展槽内。现在有许多主板已将显示卡和声卡也集成其中了。主板的性能和稳定性直接影响整机的性能和稳定性。

主板的核心组成部分是芯片组，芯片组几乎决定了主板的功能。芯片组性能的优劣、能否与 CPU 良好地协同工作，决定了主板性能好坏和级别高低。

4. 存储器

存储器分为两类：一类是主机的内存储器，也叫内存，用于存放当前执行的程序和数据，它直接与 CPU 进行数据交换；另一类属于计算机外部设备的存储器，也叫外存，属于永久性存储设备，它通过内存与 CPU 进行数据交换，如软盘、硬盘、光盘等。

存储器的最小存储单位是字节（Byte，简称 B），描述存储器容量通常用的单位有 KB、MB、GB、TB，它们的关系如下：

$$\begin{aligned}1\ \text{TB} &= 1\,024\ \text{GB} = (1\,024\times 1\,024)\text{MB} = (1\,024\times 1\,024\times 1\,024)\text{KB}\\ &= (1\,024\times 1\,024\times 1\,024\times 1\,024)\text{B}\end{aligned}$$

（1）内存

内存也称为主存。内存一般按字节分成许多的存储单元，每个存储单元均有一个编号，称为地址。CPU 通过地址查找所需的存储单元。当 CPU 从存储器中读取数据时，不会破坏其中的信息，此操作称为读操作；把数据写入指定的存储单元称为写操作。读、写操作通常又称为“访问”或“存取”操作。

存储容量和存取时间是内存性能优劣的两个重要指标。存储容量指存储器可容纳的二进制信息量，在计算机的性能指标中，常用的为 512 MB、1 GB 等，即是指内存的容量。通常情况下，内存容量越大，程序运行速度相对就越快。存取时间指存储器收到有效地址到其输出端出现有效数据的时间间隔，存取时间越短，性能越好。

（2）外存

外存也称作辅助存储器，它通常是与主机相对独立的存储器部件。与内存相比，外存容量较大，关机后信息不会丢失，但存取速度较慢。外存不直接与 CPU 进行数据交换，当 CPU 需要访问外存中的数据时，需要先将数据读入到内存中，然后 CPU 再从内存中访问该数据，当 CPU 需要输出数据时，也是先写入内存，然后再由内存写入到外存中。

计算机常用的外存有两类：磁盘存储器和光盘存储器。磁盘存储器又分为软盘存储器和硬盘存储器。

①硬盘存储器

硬盘存储器又简称硬盘，通常机内安装的也称固定盘，硬盘是一个至关重要的部件，硬盘存储器盘片与驱动器为一体。计算机中的大量程序、数据和文件通常都保存在硬盘上。外存容量通常是指硬盘容量。外存容量越大，可存储的信息就越多，可安装的应用软件就越丰富。

②光盘驱动器

光盘是一种大容量辅助存储器,它具有体积小、容量大、可靠性高、保存时间长、价格低和便于携带等特点,是现在计算机中使用很多的一种存储设备。光盘存储系统由光盘、光盘驱动器和接口设备组成,计算机中配置的多为 DVD-R 光盘驱动器(简称光驱),它是多媒体电脑重要的输入设备,它内装小功率的激光光源,读取信息时根据光盘凹凸不平的表面对光反射强弱的变化来读出数据。

(二)输入设备

输入设备是指向计算机输入数据、程序及各种信息的设备。计算机中最常用的输入设备是键盘和鼠标。

1. 键盘(Keyboard)

键盘是人机对话的最基本的设备,用户用它来输入数据、命令和程序。键盘内部有专门的控制电路,当按下键盘上的一个按键时,键盘内部的控制电路就会产生一个相应的二进制代码,并将此代码输入到计算机内部。目前计算机中使用最多的键盘为 101 键和 104 键,键盘的主键盘区设置与英文打字机相同,另外还设置了一些专门键和功能键以便于操作和使用。从结构上分,键盘可分为机械式键盘和电容式键盘,电容式键盘的手感较好。

2. 鼠标(Mouse)

鼠标是计算机必不可少的输入设备。在图形环境下,鼠标可以通过光标定位来完成操作,速度较快。常见的鼠标从按键上分,有两键和三键的。从控制原理看,市场上流行的鼠标主要有机械鼠标(半光电鼠标)、轨迹球鼠标、无线光电鼠标等。

(1)机械鼠标

光学机械式鼠标结合纯机械鼠标和光电鼠标的优势,成本低,寿命长,精度也能达到较高的水平,以至于现在已经成为了“机械鼠标”的代名词。但机械鼠标最致命的弱点就是滚球很容易吸灰尘,在传感轴上形成厚厚一层污垢,导致光标使用不灵。

(2)轨迹球鼠标

轨迹球鼠标的工作原理和内部结构其实与普通鼠标类似,只是改变了滚轮的运动方式,其球座固定不动,直接用手拨动轨迹球来控制鼠标箭头的移动。

(3)无线光电鼠标

无线技术的发展最突出的表现就是使得鼠标“割”掉了小尾巴,利用光电技术进行通信,使得鼠标更灵活,也更自由,没有了线缆的束缚。接收器通常是插入电脑的 USB 接口,实现鼠标和接收器之间的通信。

(三)输出设备

输出设备是指从计算机中输出处理结果的设备,常用的输出设备包括显示器和打印机。

1. 显示器

显示器用来显示计算机输出的文字、图形或影像。使用最多的显示器有两种:阴极射线管显示器(Cathode Ray Tube,CRT)和液晶显示器(Liquid Crystal Display,LCD)。

(1)CRT 显示器

CRT 显示器具有可视角度大、色彩还原度高、色度均匀、价格便宜等优点。常见的分辨率有 800×600 像素、24×768 像素、1 280×1 024 像素等。分辨率越高,每行像素高,则图像显示就越清晰。

(2)LCD 显示器

液晶显示器的优点是体积小、功耗小、显示质量高、能降低用眼疲劳,且电磁辐射小,但是在色彩饱和度、明亮度、清晰度等方面要比 CRT 显示器略逊一筹。

2. 打印机

打印机可将计算机中的信息打印到纸张或其他特殊介质上,以供阅读和保存。打印机的类型很多,常用的打印机有:针式打印机、喷墨打印机和激光打印机。打印机的主要性能指标是打印速度和打印分辨率。

(1)针式打印机

针式打印机主要由打印头、运载打印头的小车装置、色带机构、输纸机构、控制电路等几部分组成。色带一般由高强度尼龙带上浸涂打印色料制成,打印针打印到色带上将颜色转印在纸张上来完成打印。针式打印机速度较慢,噪声较大,但成本较低。

(2)喷墨打印机

喷墨打印机是靠墨水通过精细喷头喷到纸面上来形成字符和图像。喷墨打印机的分辨率一般可达到 720 点/英寸(dot per inch,dpi),最高可达到 1 440 dpi。喷墨打印机的体积小,重量轻,价格便宜,但打印成本较高。

(3)激光打印机

激光打印机是一种高速度、高精度、低噪声的非击打式打印机。它的分辨率通常在 600 dpi,高档产品的分辨率可达到 1 200 dpi,是办公自动化设备的主流。

二、计算机的软件

计算机做任何事情均是由执行程序来实现的。程序是由一条条的指令有序的组合,习惯上将程序称作软件。软件是计算机系统的重要组成部分,没有软件的计算机称为“裸机”,不能进行任何工作和操作。通常非专业的计算机人员对计算机的学习,主要是学习如何使用计算机,且掌握如何使用相关的应用软件来完成工作和娱乐等。

计算机的软件分为两大部分:系统软件和应用软件。

系统软件是计算机必须具备的,用来实现计算机系统的管理、控制、运行和维护,并完成应用程序的装入、编译等任务的程序。它包括操作系统、语言处理系统、数据库管理系统、服务程序等。

(一)系统软件

1. 操作系统

(1)操作系统的概念

操作系统(Operating System,OS)直接控制和管理计算机硬件资源和软件资源,以方便用户有效地利用这些资源的程序集合。对操作系统的基本要求主要有以下三个方面:一是操作系统要方便用户使用计算机,为用户提供一个清晰、简洁、易于使用的友好界面;二是操作系统应尽可能地使计算机系统中的各种资源得到充分而合理的利用,提高系统资源的利用率;三是在开发软件时需要使用操作系统进行管理,调用有关的工具软件及其他软件资源提供软件的开发与运行环境。操作系统是计算机系统中系统软件的重要组成部分,它是最低层的系统软件,是对硬件系统功能的首次扩充。

操作系统实际上是一组程序,它们用于统一管理计算机资源,合理地组织计算机的工作流程,协调计算机系统的各个部分之间、系统与用户之间、用户与用户之间的关系。操作系统在计算机系统中占有特殊重要的地位,所有的其他软件(包括系统软件和应用软件)都建立在操作系统基础上,并得到它的支持和取得它的服务。从用户的角度来看,当计算机配置了操作系统后,用户便可以利用操作系统所提供的命令和服务去操作计算机。因此说操作系统是用户与计算机之间的接口。

(2)操作系统的功能

操作系统的功能是管理和控制计算机系统中所有的软、硬件和数据资源,合理地组织计算机的工作流程,并为用户提供一个良好的工作环境和友好的操作界面。计算机系统的资源通常被分为四类:中央处理器(CPU)、内部存储器、外部设备(磁盘、显示器、打印机等)及程序、数据。它的主要部分,如基本输出系统(Base Input&Output System,BIOS),驻留在主内存储器中,通常把这部分称为操作系统的内核或核心。

操作系统具有5个方面的管理功能:作业和进程管理、处理器管理、存储器管理、设备管理、文件管理。所谓作业,是用户在一次算题或事务处理过程中,要求计算机系统所做的工作的集合;所谓进程,是程序运行的动态过程。作业管理和进程管理分别是处理器管理的静态和动态两个方面。处理器管理主要解决对处理器的分配调度策略、分配实施、资源回收等问题。存储器管理主要管理内存资源,根据用户程序的要求给它分配内存,保护用户存放在内存中的程序和数据不被破坏,同时存储管理还解决内存的扩充问题。设备管理负责管理各类外围设备,包括分配、启动、故障处理等。文件管理是操作系统对计算机系统中软件资源的管理,通常由操作系统中的文件系统不定期完成这一功能,支持文件的存储、检索、修改等操作,解决文件的共享、保密和保护问题。

(3)操作系统的分类

运行在PC上的操作系统主要有Microsoft的MS-DOS、Windows、Windows NT、IBM的OS/2等。早期的PC用户普遍使用MS-DOS,因为这种操作系统对机器的硬件配置要求不高,而随着计算机硬件技术的飞速发展,硬件设备价格越来越低,人们可以相对容易地提高计算机的硬件配置,于是开始使用Windows、Windows NT等具有图形界面的操作系统。随着网络技术和应用的推广,网络操作系统也越来越被PC用户所接受。Linux是新近被人们所关注的操作系统,它正在逐渐为PC用户所接受。

根据操作系统使用环境的不同,操作系统一般可分为批处理操作系统、分时操作系统和实时操作系统;根据操作系统的用户数目的不同,操作系统一般分为单用户系统、多用户系统、单机系统和多机系统;根据计算机的硬件结构的不同,操作系统一般可分为网络操作系统、分布式操作系统和多媒体操作系统。

①DOS操作系统

DOS(Disk Operating System),称为磁盘操作系统,最初是为IBM-PC开发的操作系统,用户依靠DOS来使用和管理PC。从1981年问世至今,DOS经历了7次大的版本升级,从1.0版到7.0版,不断地改进和完善。但是,DOS系统的单用户、单任务、字符界面和16位的大格局没有变化,因此它对于内存的管理也局限在640 KB的范围内。最常用的是Microsoft公司的MS-DOS。

DOS的界面是文本界面,用户在屏幕上看到的是一个DOS提示符,通过从键盘输入命令来指挥计算机。大多数用户会因为记不住DOS命令的拼写和用法而苦恼,甚至对烦琐的DOS命令望而却步。Windows操作系统给计算机带来了图形用户界面(GUI),用户在计算机屏幕上看到的是一个桌面和一些图标,可以通过用鼠标点击屏幕上的图标来完成命令的输入,使计算机的操作变得简单直观。

②Windows操作系统

Windows是Microsoft公司在1985年11月发布的第一代窗口式多任务系统,它使PC开始进入了所谓的图形用户界面(Graphic User Interface,GUI)时代。

1990年,Microsoft公司推出了Windows 3.0,它的功能进一步加强,具有强大的内存管理,且提供了数量相当多的Windows应用软件,因此成为386、486计算机新的操作系统标准。

随后，Windows 发表 3.1 版，而且推出了相应的中文版。

1995 年，Microsoft 公司推出了 Windows 95。在此之前的 Windows 都是由 DOS 引导的，也就是说它们还不是一个完全独立的系统，而 Windows 95 是一个完全独立的系统，并在很多方面作了进一步的改进，还集成了网络功能和即插即用（Plug and Play）功能，是一个全新的 32 位操作系统。

1998 年，Microsoft 公司推出了 Windows 95 的改进版 Windows 98，Windows 98 的一个最大特点就是把 Internet 浏览器技术整合到了 Windows 95 里面，使得访问 Internet 资源就像访问本地硬盘一样方便，从而更好地满足了人们越来越多的访问 Internet 资源的需要。

2000 年，Microsoft 公司推出了 Windows 2000。2002 年又推出了 Windows XP 系统。对于 Windows XP，Microsoft 公司作了大量的改进，抛弃了 Windows 98 中不稳定的编码，转换为更快的、更可靠的 Windows NT 内核，同时崭新的界面也让 Windows 更漂亮、整洁，也更加容易使用，包含了流行的设备驱动程序，实现了即插即用。同时，它也成为现在 PC 的主流操作系统。

2006 年底，Microsoft 公司又推出了新的操作系统 Vista。Vista 实现了技术与应用的创新，在安全可靠、简单清晰、互联互通，以及多媒体方面体现出了全新的构想，努力地帮助用户实现工作效益的最大化。

③UNIX 系统

UNIX 是个多用户、多任务操作系统，1969 年问世，最初是在中小型计算机上运用，是最早移植到 80286 计算机上的 UNIX 系统，称为 Xenix。Xenix 系统的特点是短小精干，系统开销小，运行速度快。经过多年的发展，Xenix 已成为十分成熟的系统，最新版本的 Xenix 是 SCO UNIX 和 SCO CDT，当前的主要版本是 UNIX 3.2 V4.2 以及 ODT 3.0。

UNIX 系统一直是现代工程工作站的主流操作系统。UNIX 各版本的基本特性是一致的；开放性、多用户、多任务、功能强、实现高效、网络功能丰富。在 UNIX 的发展过程中，各大公司纷纷形成了自己的 UNIX 版本。1989 年末，转卖给 SCO 的 Xenix 版本受 UNIX SVR4 的冲击而终止了发展，SCO 开始推出 SCO UNIX 系列。1995 年 SCO 从 Novell 手中购买了 UNIXware，实力大增。Sun 拥有 Solaris，Digital、HP、IBM 也分别有各自的 UNIX 系统。

④Linux 系统

Linux 是一种可以运行在 PC 上的免费的开放式 UNIX 操作系统，它由芬兰赫尔辛基大学的学生 Linus Torvalds 在 1991 年开发出来，其源程序在 Internet 上公开发布，由此引发了全球电脑爱好者的开发热情，许多人下载该源程序并按自己的意愿完善某一方面的功能，再发回网上，Linux 也因此被雕琢成为一个全球最稳定的、最有发展前景的操作系统。

Linux 正在全球各地迅速普及推广，各大软件商如 Oracle、Sybase、Novell、IBM 等均发布了 Linux 版的产品，许多硬件厂商也推出了预装 Linux 操作系统的服务器产品，当然，PC 用户也可使用 Linux。另外，还有不少公司或组织有计划地收集有关 Linux 的软件，组合成一套完整的 Linux 发行版本上市，比较著名的有 RedHat、Slackware 等公司。Linux 作为一个稳定性、灵活性和易用性都非常好的软件，肯定会得到越来越广泛的应用。

2. 语言处理系统

计算机只能执行预先由程序安排去做的事情，因此，人们需要计算机来解决某个问题，就必须采用计算机语言来编制程序。程序编制的过程即称为程序设计。计算机语言又称为程序设计语言，程序设计语言大致分为三大类：机器语言、汇编语言和高级语言。

（1）机器语言

每一台计算机都有一套机器指令，指令即是该计算机所有能执行的基本操作的命令。通常指令包括两个部分:操作码和操作数。操作码用来规定计算机所要执行的操作,操作数表示参加操作的数的本身或操作数所在的地址码。这些指令的集合即称为指令系统或指令集。

机器语言是以二进制代码形式表示的机器指令的集合。用机器语言编写的程序称为机器语言程序,它能直接被计算机识别和执行,因此执行速度较快。但机器语言程序可读性较差,编程不方便,指令难记,修改也很困难,因此很少用机器语言编程。

(2)汇编语言

汇编语言采用了助记符号来代替机器语言的二进制编码。但计算机不能直接识别和执行汇编语言程序,因此,必须将汇编语言程序翻译成机器语言程序,然后才能执行。通常情况下用汇编语言来编写效率较高的实时控制程序和某些系统软件,但汇编语言仍离不开具体的机器的指令系统,程序的可移植性较差。

(3)高级语言

高级语言是与人类自然语言相近似,但不依赖于任何机器指令系统的程序设计语言。它的通用性较好,易于掌握,可读性和可维护性都较好。与汇编语言相同,高级语言所编写的程序(即源程序)也不能直接被计算机所接受,需要将它翻译成计算机所能识别的机器语(即目标程序)。通常高级语言程序的翻译有两种方式:编译方式和解释方式。编译方式是将整个源程序翻译成机器语言程序,然后让机器去执行此机器语言程序。解释执行是将源程序逐句解释执行,即解释一句就执行一句。

3. 数据库管理系统

在信息社会里,社会和生产活动产生的信息很多,使人工管理难以应付,人们希望借助计算机对信息进行搜集、存储、处理和使用。数据库系统(Data Base System, DBS)就是在这种需求背景下产生和发展的。

数据库是指按照一定关系存储的数据集合,可为多种应用共享。数据库管理系统(Data Base Management System, DBMS)则是能够对数据库进行加工、管理的系统软件。其主要功能是建立、消除、维护数据库及对库中数据进行各种操作。数据库系统主要由数据库(DB)、数据库管理系统(DBMS)以及相应的应用程序组成。数据库系统不但能够存放大量的数据,更重要的是能迅速、自动地对数据进行检索、修改、统计、排序、合并等操作,以得到所需的信息。这一点是传统的文件柜无法做到的。

数据库技术是计算机技术中发展最快、应用最广的一个分支。可以说,在今后的计算机应用开发中大都离不开数据库。因此,了解数据库技术尤其是计算机环境下的数据库应用是非常必要的。

4. 服务程序

服务程序能够提供一些常用的服务性功能,它们为用户开发程序和使用计算机提供了方便,像计算机上经常使用的诊断程序、调试程序、连接装配程序、编辑程序、防病毒程序等均属此类。

(二)应用软件

计算机的应用日益广泛,进入了社会工作和生活的各个方面,为了解决某个实际问题而编写的软件称为应用软件,如学校里的管理软件、铁路部门售火车票的售票系统、教学辅助系统等,各个软件公司也在不断开发各种应用软件,来满足各行各业的信息处理需求。应用软件的种类很多,发展速度很快,常用的应用软件主要有如下几种。

(1)办公与文字处理软件:如我国的华光和方正排版软件、金山公司的 WPS Office 和 Microsoft 公司的 Office 套装软件等。

(2)图形图像处理软件:用于绘制和处理各种复杂的图形图像等,常见的有 Photoshop、CorelDraw、Director、AutoCAD 和 3D STUDIO 等。

(3)多媒体制作软件:可以将文字、图像、声音等有机地结合在一起,制作出图文并茂、有声有色的多媒体作品,常见的有 Authorware、Flash、Photoshop 和 PowerPoint 等。

此外还有如教学辅助软件 CAI,网页制作软件 FrontPage 和 Dreamweaver,还有如电子表格软件 Excel 和 Lotus 1-2-3,以及财务软件、控制软件等专用软件,均属于应用软件。

三、计算机网络基础知识

(一)计算机网络概述

随着计算机应用的深入,特别是家用计算机越来越普及,一方面希望众多用户能共享信息资源,另一方面也希望各计算机之间能互相传递信息进行通信。个人计算机的硬件和软件配置一般都比较低,其功能也有限,因此,要求大型与巨型计算机的硬件和软件资源以及它们所管理的信息资源应该为众多的微型计算机所共享,以便充分利用这些资源。基于这些原因,促使计算机向网络化发展,将分散的计算机连接成网,组成计算机网络。

计算机网络将现代通信技术与计算机技术相结合,把分布在不同地理区域的计算机与专门的外部设备用通信线路互连成一个规模大、功能强的网络系统,从而使众多的计算机可以在相应通信协议和网络系统软件的支持下,方便地互相传递信息,共享硬件、软件、数据信息等资源。

因此,可以说计算机网络是计算机技术和通信技术互相渗透,不断发展的产物。计算机网络是把一定地理范围内的计算机通过通信线路互连起来,在相应通信协议和网络系统软件的支持下,彼此互相通信并共享资源的系统。

(二)计算机网络的功能

一般来说,计算机网络可以提供以下一些主要功能。

1. 资源共享

计算机应用中很多软、硬件资源是比较昂贵的,例如:规模大的计算中心、大容量的硬盘、数据库、某些应用软件以及特殊设备等。组建计算机网络的主要目标之一就是让网络中的各用户可以共享分散在不同地点的各种软、硬件资源。例如:在局域网中,服务器通常提供大容量的硬盘,用户不仅可以共享服务器硬盘中的文件,而且还可以独占服务器中的部分硬盘空间,这样,用户就可以在一个无盘的工作站上完成自己的任务。

2. 数据通信

在计算机网络中,各计算机之间可以快速、可靠地互相传送各种信息。例如:利用计算机网络可以实现在一个地区甚至全国范围内进行信息系统的数据采集、加工处理、预测决策等工作。

3. 分布式处理

对于一些综合型的大任务,可以通过计算机网络采用适当的算法,将大任务分散到网络中的各计算机上进行分布式处理;也可以通过计算机网络用各地的计算机资源共同协作,进行重大科研项目的联合开发和研究。

4. 提高计算机的可靠性和可用性

这是计算机网络的一个重要功能。网络中的每台计算机都可通过网络相互成为后备机,一旦某台计算机出现故障,它的任务就可由其他计算机代为完成。

(三)计算机网络的组成

一个计算机网络通常由传输介质和通信设备、终端设备、软件等组成。

1. 计算机网络的物理组成

计算机网络物理组成主要分为以下几部分。

(1)网络中的计算机设备

①网络服务器(Server)

网络服务器运行网络操作系统,为网上的用户提供通信控制、管理和共享资源。网络服务器是网络核心设备,可分为文件服务器、远程访问服务器、数据库服务器、打印服务器等,是一台专用或多用途的计算机。

通常,专用服务器的 CPU 速度快,内存和硬盘容量高,较大规模应用系统需要配置多个服务器,小型应用系统可以用高档的计算机作为服务器。

②工作站(Client)

工作站是连入网络的、具有独立运行功能并且接受网络服务器控制和管理的、共享网络资源的计算机。工作站通过网卡和通信线路连接到网络服务器上,每台工作站保持自己独立的计算机功能。

工作站上运行的软件包括工作站启动程序和工作站实用程序,通过网络对它的网络服务器进行访问,从网络服务器中取得程序和数据后,在工作站上运行,执行完成后,将数据放回服务器中。

(2)网络连接设备

①传输数据介质

传输数据介质是网络中发送方与接收方之间的物理通路。它对网络数据通信的质量有很大的影响。常用的网络传输介质有有线传输介质和无线传输介质。有线传输介质有双绞线、同轴电缆、光缆(光导纤维);无线传输介质有卫星通信、红外线与激光、微波等。

②网络适配器(NIC)

网络适配器又称网卡或网络接口卡,是计算机之间直接或间接通过传输介质进行通信的接口,是将各个节点上的设备连接到网络上的接口部件。它是一块插件板,使用时插到计算机主板的扩展槽中。网卡负责执行网络协议、实现物理层信号的转换等功能。

③集线器(Hub)

集线器是网络的专用设备,是实现网络连接使用的最常见的连接设备。

④中继器(Repeater)

中继器又称转发器或重发器,是一种扩展局域网覆盖范围的介质连接设备。当网络段长度超过允许范围时,必须利用中继器来延长网络距离。

中继器可以物理地再生接收到的信号,再将其发送出去,使信号可以传输更远的距离。

⑤网桥(Bridge)

网桥又称桥接器,可用于连接拓扑结构相同或不同的网络。网桥用于两个具有相同类型的网络操作系统的局域网的连接。

⑥路由器(Router)

路由器用于两个以上的局域网之间的连接。路由器比网桥更为复杂,功能更强。它有多个网络接口,包括局域网的网络接口和广域网的网络接口,每个网络接口连接不同的网络。

⑦交换机(Switch)

交换机是 20 世纪 90 年代出现的新型的网络互联设备,它主要用来组建局域网之间的互联。

交换机是一种多端口的网络部件,它能够接收由任一端口发来的数据帧,暂时存储,再将它转发到另一端口。交换机与网桥的区别是:交换机能在端口间建立多路连接,而网桥每次只能建立单路连接。

⑧网关(Gate Way)

网关可以用于不同网络操作系统的局域网之间的互联，它是一种协议转换器。

⑨调制解调器（Modem）

由于电话线传输的是模拟信号，计算机处理的是数字信号，为了让计算机能使用电话线路发送数字信号，就必须把数字信号转换成模拟信号，这个过程叫做调制；当模拟信号传输到对方计算机时，为了能让计算机处理这些模拟信号，又必须把模拟信号转换成数字信号，这个过程叫做解调。通常，一台计算机既要发送数据，又要接收数据，就需要兼顾此两个功能的设备。而调制解调器，就是兼顾了调制和解调两个功能的设备，习惯上称之为“猫”。

2. 网络拓扑结构

计算机网络的拓扑结构是指计算机网络硬件系统的连接形式。网络拓扑结构一般分为总线型、环型、星型、树型、混合型等。

（1）总线型结构

如图 1-6 所示，总线型结构是各台计算机或其他设备连接到一条公用总线上，各台计算机公用这条总线进行信息交流所形成的网络结构。

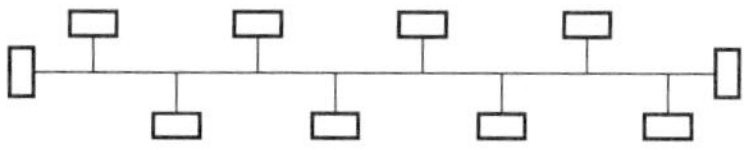

图 1-6 总线型结构

总线型结构的特点如下：

①总线主干两端必须安装终端器；

②一个节点发出的信息，其他节点均可收到；

③总线型结构使用的电缆较少，节点安装和拆卸比较方便；

④由于所有节点公用一条总线，在传输量大时，会造成传输阻塞，当总线出现故障时，会造成网络瘫痪。

（2）环型结构

如图 1-7 所示，环型结构也是将计算机或其他设备连接到一条公用的线上，但总线两端是连接起来的，形成一个封闭的环型。

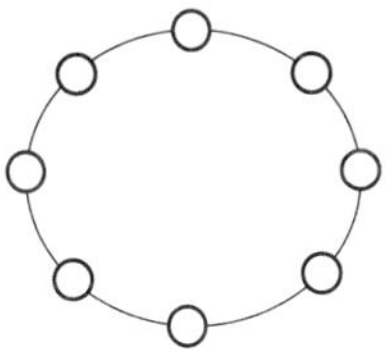

图 1-7 环型结构

环型结构的主要特点如下：

①各节点之间数据单向传输，即数据沿一个方向在网络中各个节点之间传输；

②在环路中发生断接也会造成整个网络的瘫痪。

（3）星型结构

如图 1-8 所示，星型结构是将计算机或其他设备通过中央集中设备为中心进行连接，把若干外围网络设备连接起来的辐射式结构。

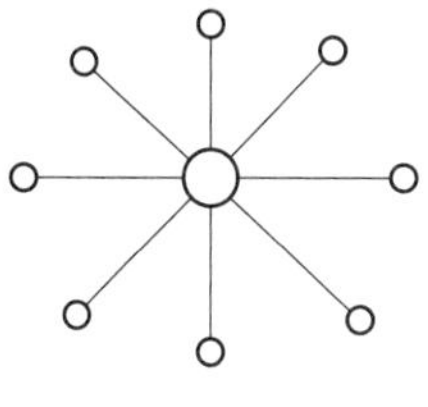

图 1-8 星型结构

星型结构的主要特点如下：

①网络上的计算机都通过通信电缆与中央集设备直接连接，任何两个节点之间的通信都要通过中央集中设备进行；

②中央集中设备如发生故障，将导致整个网络的瘫痪；

③在网络中，如果一台计算机与中央集中设备的连接出现问题，影响该计算机的通信，其余部分仍然可以正常工作。

星型结构便于管理、容易扩展，便于检测和隔离故障。

（4）树型结构

如图 1-9 所示，树型结构是星型网络拓扑结构的补充。在树型结构中，由多个星型级联组合成树型。例如：一个交换机和计算机的连接为星型，再由交换机和路由器的级联形成树。

（5）网状结构

如图 1-10 所示，网状结构是指在网络中，计算机与其他计算机至少有 3 条以上的直接线路连接的一种结构。

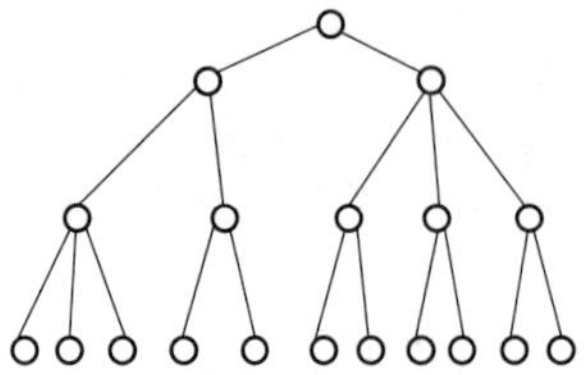

图 1-9　树型结构

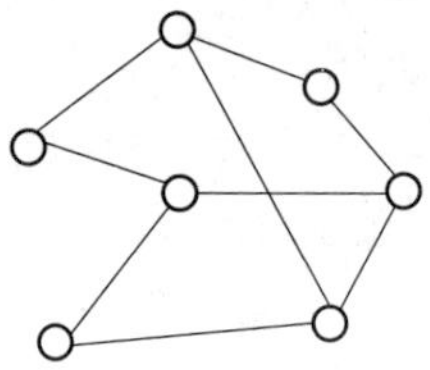

图 1-10　网状结构

网状结构的主要特点是一种容错能力最强的结构，如果网络中的一台计算机与其他计算机连接的电缆出现问题，数据仍然可以通过其他的计算机和线路达到目的，但组网成本高。

(6)混合型结构

混合型结构是将多种拓扑结构的网络连接在一起形成的网络结构。采用这种结构组建的计算机网络，兼容了不同拓扑结构的优点。

3. 网络操作系统

网络操作系统是为计算机网络配置的操作系统，网络中的各种计算机都配置有各自的操作系统，而网络操作系统将它们有机地联系起来。网络操作系统除了具有操作系统所应具有的功能外，还应具有网络管理功能，即网络通信功能、网络范围内的资源管理功能和网络服务功能等。

网络操作系统是整个网络的核心。目的是在用户和网络资源之间架起一座桥梁，形成一个操作管理机构。

按照网络操作系统的功能，网络分为两种体系结构。

(1)对等形网络(Peer-to-Peer)结构

该结构不需要有专用的服务器，每一台工作站都可以有自主权，计算机之间可以通过网络互相交换文件。前提是各台计算机要具有对等的操作系统，网络操作系统软件平等地分布在所有网络节点上。

(2)客户机/服务器(Client/Server)结构

客户机/服务器结构是指将需要处理的应用分配给客户机和服务器处理。客户机/服务器的区分完全按照其所有扮演的角色而定。一般情况下，客户机提出服务请求，服务器提供服务。只要响应需求方的请求而提供服务的计算机即为服务器。

在客户机/服务器结构中，客户机可以是一台计算机或工作站，直接和使用者交互。

网络操作系统由三个部分组成:网络适配器驱动程序、子网协议和应用协议。

4. 通信子网和资源子网

计算机网络首先是一个通信网络，各计算机之间通过通信介质、通信设备进行数字通信，在此基础上各计算机通过网络软件共享其他计算机上的硬件资源、软件资源和数据资源。

广域网中，通信子网由一些专用的通信处理机及其运行的软件、集中器等设备和连接这些节点的通信链路组成。资源子网由上网的所有主机及其外部设备组成。

(四)计算机网络的分类

通常按网络覆盖面积划分，计算机网络可以分为局域网、广域网(也称远程网)、城域网和互联网。

1. 局域网(Local Area Network，LAN)

(1)局域网的基本概念

局域网(LAN)是指在一个较小地理范围内的各种计算机网络设备互联在一起的通信网络，可以包含一个或多个子网，通常局限在几千米的范围之内。

局域网具有广泛的应用。将基于个人计算机的智能工作站连成局域网可以共享文件和相互协同工作,还可以共享磁盘、打印机等资源,这类网络的关键问题是联网的费用要低。若将大型计算机连成局域网,可以共享计算机机房中的贵重资源(如海量存储器等),这类网络的关键在于要高速传输数据。用于办公室自动化的局域网也是一个广泛的应用领域,其关键是要提高办公室的效率。

按照网络的拓扑结构,局域网通常可划分为总线型结构、环型结构和星型结构 3 种。按照网络的拓扑结构和传输介质来分,通常又可划分为以太网(Ethernet)、令牌环网(Token Ring)、光纤分布式数据接口(FDDI)、异步传输模式(ATM)等,其中最常用的是以太网。

(2)局域网的构成

计算机局域网(或环局域网)包括网络硬件和网络软件两大部分。它的基本组成部分有网卡、传输媒体、网络工作站、网络服务器、网络系统软件等几个部分。

局域网常用设备如下:

①网卡:负责计算机与网络介质之间的电气连接、比特数据流的传输和网络地址确认。主要技术参数为带宽速度、总线方式和电气接口方式。

②集线器:主要指共享式集线器。相当于一个多口的中继器,一条共享的总线,能实现简单的加密和地址防范。主要技术参数为带宽速度、接口数、智能化(可网管)和扩展性(可级联和堆叠)。

③交换机:指交换式集线器。交换机的出现是为了提高原有网络的性能同时又保护原有投资,降低网络响应速度,提高网路负载能力。交换机技术正在不断更新发展,功能不断加强,可以实现网络分段、虚拟子网(VLAN)划分、多媒体应用、CAD/CAM、Client/Server 方式的应用。

不同型号的设备可提供多种不同的网络接口,以适应不同的传输介质(如光缆、双绞线)和速率(10 Mbit/s 或 100 Mbit/s)。

2. 城域网(Metropolitan Area Network,MAN)

这一分类使用不多,它比局域网要大一些,通常覆盖一个城市或地区,地域范围从几十公里到上百公里。城域网是介于局域网与广域网之间的一种高速网络。

3. 广域网(Wide Area Network,WAN)

广域网即地域范围很大的网络。它通常是将多个分布在不同地区或省际的局域网或城域网连接而成,连接范围一般在上百公里到几千公里。

4. 互联网(Internet)

Internet 的前身是美国 1969 年国防部高级研究所计划局(ARPA)作为军用实验网络,名字为 ARPANET,初期只有 4 台主机,其设计目标是当网络中的一部分因战争原因遭到破坏时,其余部分仍能正常运行。20 世纪 80 年代初期,ARPA 和美国国防部通信局研制成功用于异构网络的 TCP/IP 并投入使用。1986 年在美国国会科学基金会(NSF)的支持下,用高速通信线路把分布在各地的一些超级计算机连接起来,经过十几年的发展形成 Internet。

Internet 代表着全球范围内一组无限增长的信息资源,其内容之丰富是任何语言也难以描述的。它是第一个实用信息网络,入网的用户既可以是信息的消费者,也可能是信息的提供者。随着一个又一个的连接,Internet 的价值愈来愈高,因此 Internet 以科研教育为主的运营性质正在被突破,商业化趋势日益明显,电子商务(EC)在 Internet 中的应用越来越广泛。

(1)网络通信协议

计算机网络中实现通信必须有一些约定,即通信协议,它对速率、传输代码、代码结构、传输控制步骤、出错控制等制定标准。

为了使两个结点之间能进行对话，必须在它们之间建立通信工具(即接口)，使彼此之间能进行信息交换。接口包括两部分：一是硬件装置，功能是实现结点之间的信息传送；二是软件装置，功能是规定双方进行通信的约定协议，通常由三部分组成：一是语义部分，用于决定双方对话的类型；二是语法部分，用于决定双方对话的格式；三是变换规则，用于决定通信双方的应答关系。

由于节点之间的联系可能是很复杂的，因此，在制定协议时，一般是把复杂成分分解成一些简单的成分，再将它们复合起来。最常用的复合方式是层次方式，即上一层可以调用下一层，而与再下一层不发生关系。通信协议的分层是这样规定的：把用户应用程序作为最高层，把物理通信线路作为最低层，将其间的协议处理分为若干层，规定每层处理的任务，也规定各层之间的接口标准。

由于世界各大型计算机厂商推出各自的网络体系结构，大家各不相同，因而国际标准化组织(ISO)于 1978 年提出“开放系统互联参考模型”(Open System Interconnection，OSI)，它将计算机网络体系结构的通信协议规定为物理层、数据链路层、网络层、传输层、会话层、表示层及应用层等七层，它受到计算机界和通信业的极大关注。经过十多年的发展和推进已成为各种计算机网络结构的靠拢标准。

不同的网络使用不同的标准，如以太网(Ethernet)使用 IEEE 802.1 标准，令牌环(Token Ring)网则使用 IEEE802.5 标准。

(2)网络地址协议 TCP/IP

Internet 是一个计算机网络的网络，或称网际网。它是通过硬件设备将不同的网络互联而成的。但 Internet 是不能只靠硬件的互联就能形成的，还需要软件才能形成可通信的 Internet。通信协议就是互联网上不同计算机之间用来通信和交流信息的一种公用语言的规范约定。TCP/IP 是 Internet 的最基本的网络协议。

①网际协议(Internet Protocol，IP)

网际协议是 Internet 使用中的一个关键协议，通常缩写为 IP。IP 非常详细地定义了计算机通信应该遵循规则的具体细节。它准确地定义了分组的组成和路由器如何将一个分组传递到目的地。

连接在 Internet 上的每台计算机都有一个唯一的地址，即发送方计算机必须知道接收方计算机的地址，通信才能实现。

a. IP 地址(Internet Protocol address)

Internet 上的所有计算机都必须有一个唯一的标识地址，即 IP 地址。IP 地址是用 32 位二进制数来表示，为了便于管理，将每个 IP 地址分为四段，每段为 8 位二进制，用一个十进制数来描述，即用一个 0～255 之间的数来表示，各段之间用圆点来分隔，如 202.112.11.5、202.112.10.1 等均为一个合法的 IP 地址。

IP 地址是由各级 Internet 管理组织分配给网上计算机的。

IP 地址又分为静态地址和动态地址两类。一般的用户拨号上网时得到的 IP 地址是动态的，而对于信息服务提供者或 DDN 专线的用户申请得到的是静态地址。

b. 子网

IP 允许在一个网络中划分子网。一个 IP 地址的主机标识部分又可分为两个部分，子网地址段和主机地址段。每个子网对应一个下属部门或一个地理范围，或对应一个局域网。为了确定一个 IP 地址是否属于本网络，就产生了子网掩码的概念。子网掩码也是一个 32 位的二进制数。

子网掩码分为 A 类网(标准子网掩码是 255.0.0.0)、B 类网(标准子网掩码是 255.255.0.0)和 C 类网(标准子网掩码是 255.255.255.0)。

c. 域名(Domain Name)

用数字代表各主机的 IP 地址不便于记忆,如果能用字符名称来代替 IP 地址,就能方便记忆和输入。域名即是用一组英文符号代替的 IP 地址。Internet 主机域名的一般格式是:主机名.单位名.类型名.国家代码。

主机域名中最后一个圆点后的国家代码为最高域名,它代表主机所在的国家与地区。国别代码由两个字母表示,如"cn"代表中国,"jp"代表日本,"uk"代表英国等。

类型名为二级域名,一般为本主机所隶属的行业,如"edu"为教育机构,"com"为商业机构,"net"为主要网络支持中心,"gov"为政府部门,"mil"为军事组织,"int"为国际组织,"org"为非营利组织等。

Internet 网络信息中心(NIC)管理顶级域名的划分。二级域名由各主管部门负责。如".edu"由教育部管理,".edu.cn"由教育部的 CERNET 信息中心管理,各个学校的域名均要向它提出申请。

例如:freemail.sina.com.cn,即是新浪公司的免费邮件服务器的域名,"freemail"即为主机的名称,为免费邮件服务器;"sina"为服务器所属公司的名称;"com"为该公司的属性,为商业公司;"cn"即表示中国。

d. 域名服务器(DNS)

域名服务器专门从事域名和 IP 地址之间的转换翻译工作。从域名到 IP 地址的转换过程称作域名的解析。

中国互联网络信息中心(CNNIC)受信息产业部的委托,从事中文域名的研究工作,现在已经开始实施。在 IE 的地址栏中,除了可以输入英文域名外,还可直接输入中文域名,方便直观。中文域名体系的顶级域名默认为中国。

②传输控制协议(Transmission Control Protocol,TCP)

为了解决 Internet 上分组交换通道中数据流量超载和传输拥塞的问题,Internet 设计人员发明了另外的通信软件,这就是 TCP。TCP 使 Internet 上的数据传输和通信更加可靠。

TCP 解决了在分组交换中可能出现的几个问题。

a. 由于经过路由器的数据报过多而超载,使一些数据报可能被丢弃。TCP 能自动检测丢失的数据报并加以恢复。

b. Internet 结构复杂,一个数据报可以有多条路径到达目的地。由于路径的变化,一些数据报到达目的地的顺序可能与数据报发送时不同了,TCP 能自动检测数据报到来的顺序并将它们按原来的顺序调整过来。

c. 网络硬件故障有时会导致数据报重复传送,使一个数据报的多个副本到达目的地。TCP 能自动检测重复的数据报并只接收最先到达的数据报。

TCP/IP 是一组高效率的软件,它的精心设计,使它的运行效率很高。有效的设计使得 TCP/IP 既能够在小型、低速的计算机上运行,也能够在大型、高速的计算机上运行,在个人机上也运行得很好。

(3)Internet 应用协议

Internet 基本协议还有如下几种。

①域名系统(Domain Name System,DNS)实现域名到 IP 地址之间的解析。

②文件传输协议(File Transfer Protocol,FTP)主机之间相互交换文件的协议。

③远程登录的虚拟终端协议（Telecommunication Network，TELNET）支持用户从本地主机通过远程登录程序向远程服务器登录和访问的协议。

④超文本传输协议（Hyper-Text Transfer Protocol，HTTP）在浏览器上查看 Web 服务器上超文本信息的协议。

⑤简单邮件传输协议（Simple Mail Transfer Protocol，SMTP）用于服务器端 SMTP 电子邮件服务程序与客户机端电子邮件客户程序共同遵守和使用的协议，用于在 Internet 上发送电子邮件。

⑥邮局协议（Post Office Protocol，POP）POP 服务器主要用于存放用户所接收的电子邮件。

(4) Internet 的接入方式

①光纤是速度最快的 Internet 接入方式，适用于对带宽要求较高的大型组织的 Internet 接入，接入技术和成本要求均较高，一般适用于大型企业和高校。

②数字数据网（Digital Data Network，DDN）是目前企业接入 Internet 最常见的方式，速度最高可以达到 2 Mbit/s。它的性能较为稳定，成本也较光纤低，较适合中型企业。

③综合业务数字网（Integrated Service Digital Network，ISDN）俗称“一线通”，电信部门在用户和电话局两端各增加一些终端设备即可在一条线上同时完成电话、传真、上网等多种服务。用户端需增加带来电显示屏的 NT1 Plus 或 ISDN PC 盒等终端设备，用户端的 ISDN 终端服务可以同时支持电话、传真和以 64 kbit/s 或 128 kbit/s 的速率访问 Internet。除了访问速率高外，ISDN 的数字传输比模拟传输更不会受到静电和噪声的影响，使数字通信中的错误更少，减少重新传输数据所花费的时间。

④非对称数字用户线路（Asymmetric Digital Subscriber Loop，ADSL）它的上行和下行速度不同，下行最快速度可达 8 Mbit/s，上行最快速度可达 10 Mbit/s。它采用电话线上网，但不需要拨号。ADSL 的费用低于 DDN，但速度高于 DDN，是现今企业接入 Internet 的一种常选方式。它的特点是：直接利用电话线，上网、打电话互不干扰，采用点对点的拓扑结构，用户可在局域网内共享接入。同时，由于 ADSL 较高的传输速度，可实现真正的多媒体服务。

⑤电缆调制解调器（Cable Modem，CM）又称线缆调制解调器。主要是利用有线电视网（CATV）进行数据传输的一种宽带网络。其网络结构采用树型或总线型，前端是小区光节点采用光纤传输，光节点到户，用户端采用同轴电缆。光节点内的所有用户共享带宽。

⑥普通电话线拨号上网。电话拨号上网方式有“注册用户拨号上网”和“直接拨号上网”两种。

注册用户拨号上网：用户到所选择 ISP 代理商处注册，同时得到用户名、密码、E-mail 地址等资料，按照资料进行设置后即可拨号上网。网络连接费和电话费分开支付。

直接拨号上网：用户不必进行注册，可直接通过拨打连接上网。网络连接费和电话费一同支付。

⑦局域网接入。通过局域网连接 Internet 是通过传输媒介将本地计算机与服务器连接，并利用服务器接入 Internet 的方式。最为常见的是小区的宽带接入。

用户从网络管理员处获得 IP 地址、子网屏蔽、网关及 DNS 参数并进行配置后，即可通过局域网连接至 Internet。

⑧无线接入。随着移动办公需求的增加，办公无线接入的需求也越来越大。无线宽带接入，以组网迅速、灵活的特点，越来越受到大家的欢迎。它采用的是点对多点微波技术，通过无

线访问节点(Access Point,AP)或AP组,在一定范围内构建无线网络区域,用户计算机只需要具有无线网卡,即可接入无线网络,可以进行网络通信,相互交流。

无线AP是无线网和有线网之间的沟通桥梁。它的覆盖范围是一个向外扩散的圆形区域。无线AP与无线客户端的直线距离最好不要太远,以避免因通信信号衰减而导致通信失败。

(5)WWW信息浏览

WWW(World Wide Web)称为万为网,简称3W。它是Internet上应用最为广泛的服务。WWW一般指以网页为基础的服务,提供丰富多彩的多媒体信息,操作简便。1991年瑞士日内瓦CERN(欧洲粒子物理实验室)的科学家创立了第一个万维网的文本浏览器。该技术把Internet上不同地点的相关信息有机地组织在一起,用户可以在计算机上对这些多媒体信息进行访问。

WWW的信息组织形式是超文本(Hyper Text)和超媒体(Hyper Media)。

①超文本。

传统的文本是以线性方式进行组织的,必须一页一页往下读,而超文本是一个非线性的网状结构,各个信息单元通过超级链接连接在一起。

超文本与多媒体的结合产生了超媒体。允许超文本的信息组织不仅仅包括文本信息,同时还包括图形、图像、音频、视频、动画等。

超文本标记语言(Hyper-Text Markup Language,HTML)是一种编写超媒体网页的格式化语言,它的文件扩展名为.html或.htm。

②超文本传输协议(HTTP),是WWW客户机和WWW服务器之间的应用层协议。HTTP协议的会话过程包括连接、请求、应答和关闭。

③统一资源定位器(Uniform Resource Locator,URL)用来定位HTML超级链接信息资源所在的位置。它描述浏览器检索资源所用的协议、资源所在的计算机和主机名,以及资源的路径和文件名。

④站点和主页。

网页是网上的基本文档,站点(网站)即是一系列网页的集合。站点既可保存在网络服务器中,也可保存在本地用户机上。每个站点的起始页被称为是主页,它一般包括文本、图像、表格和超级链接。用户可以通过主页访问相关的站点的信息资源。

⑤WWW浏览

WWW是以HTML和HTTP为基础,建立在客户机/服务器模型上的,提供一致用户界面、面向Internet服务的信息浏览系统。

WWW服务器采用超文本链接来链接信息页,这些信息页可以存放在一个主机上,也可存放在不同的主机上,文本链接由URL来表示。

WWW客户端软件负责信息的显示和向服务器发送请求。WWW服务器将各种信息按超文本的方式进行组织,形成存储在服务器上的文件集合,当客户机向服务器提出访问请求时,WWW器将信息发送到客户机,客户机程序将之解释并显示到客户机屏幕上。

WWW服务是通过客户端程序进行访问的,该程序叫做浏览器(Browser)。目前使用最为广泛的浏览器有Microsoft公司的Internet Explorer和Navigator公司的Netscape等。

(6)电子邮件。

电子邮件(Electronic Mail,简称E-mail),是用户通过Internet发送的信函。这些信函以文本内容为主,也可附加程序、其他格式的文档、图形、动画、图像、音频、视频等多媒体信息。电子邮件是Internet上最基本的服务之一,是网络用户之间进行快速、简便、可靠和低成本联络的通信手段。

用户只需拥有电子邮件客户程序，在某电子邮件服务器上登记注册，取得合法的账号，并获得自己的电子信箱和信箱容量、相应的负责接收和发送的电子邮件服务器的域名或 IP 地址，就可以在任何一台接入 Internet 的计算机上进行邮件的发送和接收。用户可正常发送与接收的邮件大小受邮箱容量的限制。

①电子邮件地址

电子邮件地址格式为：用户名@主机域名。如 txy@mail. cufe. edu. cn。其中，@读“at”，@前面的为邮箱的用户名，后面为邮箱的邮件服务器，表示邮箱 txy 是在邮件服务器 mail. cufe. edu. cn 上。

②电子邮件的格式

一封完整的电子邮件包括信头和信体两个部分。信头包括收信人、抄送和主题，信体包括信件内容和附件。

③电子邮件协议

传输和接收电子邮件需遵循统一的规则，即 SMTP 和 POP。

SMTP 是一个标准化的简单邮件传输协议，描述电子邮件的信息格式和传输方式。

POP 即邮局协议，它允许用户从任意一台计算机登录接入 Internet，下载所注册的 POP3 邮件服务器中自己电子邮箱中的邮件，并允许通过发送命令来保留或删除邮件服务器中的由B 件。

④基于 Web 的电子邮件(在线邮局)

是 Web 站点提供的电子邮件账号。只要接入 Internet，访问站点主页，即可通过输入用户账号和口令的方式登录，在 Web 页上显示自己的邮件信息，并在线进行邮件的阅读和收发等。

⑤电子邮件的特点

全球范围有效。可以在全球任何一台可接入 Internet 的计算机上进行邮件的接收和发送。

快速可靠。由于网络的高速传输，电子邮件可以快速地发送到对方的邮箱中，使对方能及时地接收到邮件。如果对方邮箱地址错误，邮件发送协议还会把邮件退回到自己的邮箱中，以保证邮件发送的可靠性。

方便。可传送电子文档，便于远程用户加工处理，方便协作。

(7)文件传输

文件传输协议(FTP)的主要功能是执行从一台计算机到另一台计算机的文件传送。用这种方式可直接进行文字和非文字信息的双向传输，非文字信息包括计算机程序、图像、照片、音乐、录像等。对于 FTP 服务器上面的各种文件，还可以使用各种索引服务进行查找。

文件传输分为上传和下载两种方式。下载是指用户从远程 FTP 服务器将文件传送到本地计算机，上传是指从本地计算机将文件传送到远程 FTP 服务器上。

文件传输需使用 login 名(账号)和 password(密码)，它将文件从一台机器传送到另一台机器。为保证传输的可靠性，要用到 TELNET 协议的功能和其他低层协议的功能，文件传输程序 FTP 是该协议的一个具体实现。

Internet 上有许多匿名的服务器，它使用公用匿名账号，网上的任何用户与 FTP 服务器建立连接后，用匿名访问方式登录到 FTP 服务器，即可实现文件下载。一般的匿名服务器只支持文件下载，不支持文件上传。

思考题

1. 从结构上看，计算机的硬件由哪几部分组成？
2. 中央处理器(CPU)主要包括哪两大部件？
3. 计算机的软件分为哪两大部分？
4. 计算机网络按网络覆盖面积可以划分为哪几类？
5. 计算机网络有哪些功能？

复习思考题

1. 铁路通信网主要由什么组成？
2. 铁路主要行车设备分为哪几大类？
3. 2012 年，中软公司研制生产出哪个铁路电报通信系统？
4. 欧姆定律的含义是什么？
5. 请举例说明站名略号的编排原则。
6. 铁路站名略号的编排分为哪五项内容？
7. 哪些电报所所名略号使用特定略号？
8.《铁路电报统称语通电略号及各电报所投递范围》的查询方法是什么？
9. 全路共有多少个电话所？
10. 什么是计算机的输入设备？你知道的输入设备有哪些？
11. 什么是计算机的输出设备？你知道的输出设备有哪些？
12. 计算机操作系统的功能有哪些？
13. 什么是计算机的拓扑结构？有几种？
14. 计算机局域网的基本组成有几部分？
15. Internet 的接入方式有几种？

第二章 专业知识

第一节 铁路通信业务的分类

铁路通信业务是指铁路运输生产和经营管理等活动中所使用的通信业务，主要包括话音通信业务、图像通信业务、数据通信业务、铁路电报业务和其他通信业务。

一、话音通信业务

话音通信业务分类

话音通信业务分类如图 2-1 所示。

(一)普通电话业务

在铁路运输生产、指挥中所使用的公众电话业务。普通电话具有公众性，普通电话用户分固定用户和移动用户两类。

普通电话业务包括固定电话业务、移动电话业务和电话查号、接转业务。

1. 固定电话业务

固定电话业务包括本地电话业务、国内长途电话业务和国际长途电话业务。

(1)本地电话业务

至少有一方用户在电话网内，并在一个长途区号内完成接续过程的电话业务。

(2)国内长途电话业务

至少有一方用户在电话网内，使用电话网长途区号完成接续过程的电话业务。

(3)国际长途电话业务

国家之间或国家与地区之间，使用国际长途区号完成接续过程的电话业务。

2. 移动电话业务

为铁路运输生产人员或管理人员提供的普通移动电话业务，包括铁路移动通信网提供的移动电话业务和公众移动通信网提供的移动电话业务。移动电话业务分为本地和长途两大类。分类方式与固定电话业务分类相同。

3. 电话查号、接转业务

采用人工或自动语音报号方式进行铁路电话号码查询，采用人工方式进行长途电话接转的业务。

(二)专用电话业务

专门用于铁路运输生产和经营管理的电话业务。专用电话系统具有相对独立性，专用电话用户分固定用户和移动用户两类。

专用电话业务包括调度电话业务、车站(场)电话业务、站间行车电话业务和其他专用电话业务。

1. 调度电话业务

调度员与其所管辖区内有关运输生产作业人员之间业务联系使用的专用电话业务。可通过有线调度通信系统、铁路移动通信系统实现。

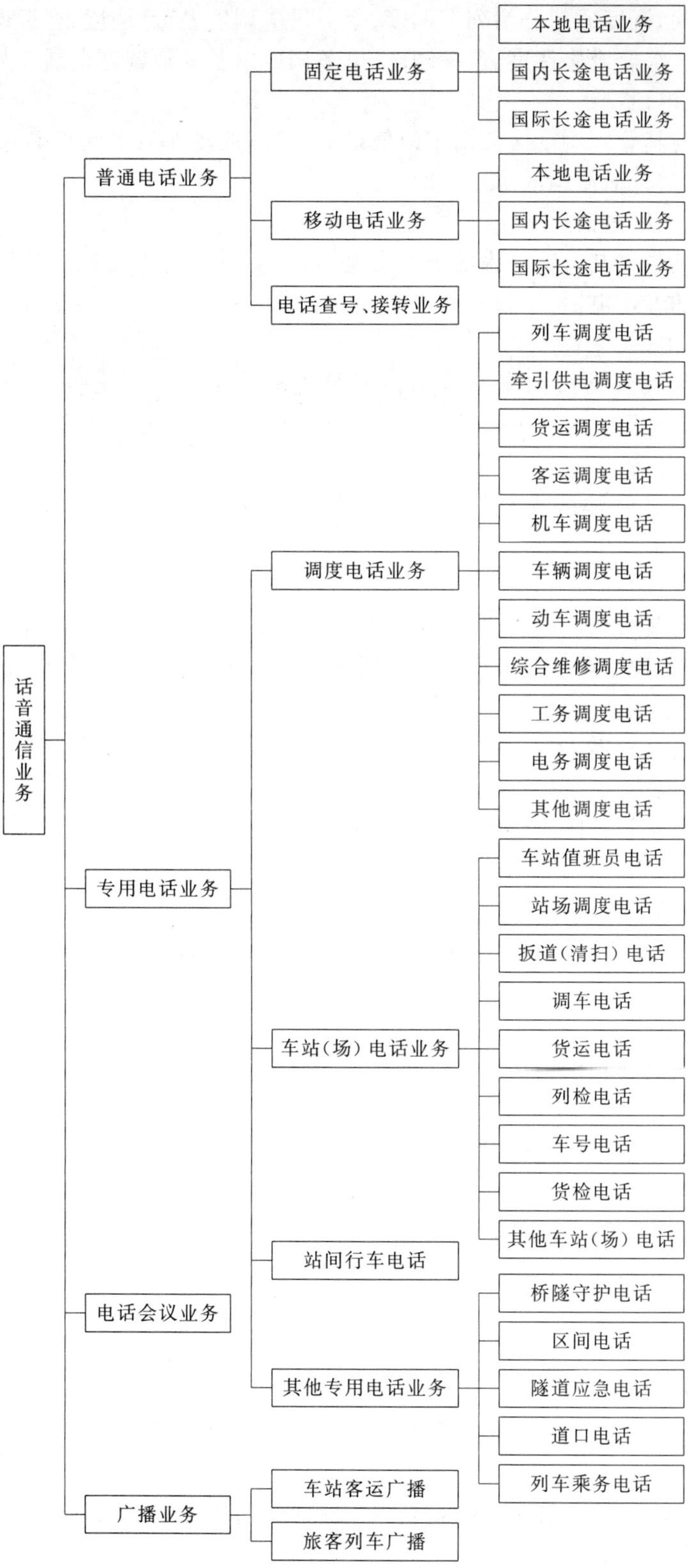

图 2-1 话音通信业务分类

按照业务不同，调度通信分为列车调度、牵引供电调度、货运调度、客运调度、机车调度、车辆调度、动车调度、综合维修调度、工务调度、电务调度以及其他调度电话业务。

(1)列车调度电话

列车调度员与其管辖调度区段内车站值班员、机车或动车乘务员等相关工作人员之间进行联络，指挥列车运行而使用的专用电话。

(2)牵引供电调度电话

牵引供电调度员与其管辖区内的牵引供电调度、牵引变电所值班人员等有关工作人员之间进行业务联系的专用电话。

(3)货运调度电话

货运调度员与其管辖区内车站货运值班员等有关工作人员之间进行业务联系的专用电话。

(4)客运调度电话

客运调度员与其管辖区内车站客运值班员等有关工作人员之间进行业务联系的专用电话。

(5)机车调度电话

机车调度员与其管辖区内机车调度、机车乘务员等有关工作人员之间进行业务联系的专用电话，以及机车调度室调度员、车站、动车所等有关作业工种间使用的专用电话。

(6)车辆调度电话

车辆调度员与其管辖区内车辆调度等工作人员之间进行业务联系的专用电话。

(7)动车调度电话

动车调度员与其管辖区内动车调度等有关工作人员之间进行业务联系的专用电话，以及动车调度室调度员、车站、动车所等有关作业工种间使用的专用电话。

(8)综合维修调度电话

综合维修调度员与其管辖区内综合维修调度等有关工作人员之间进行业务联系的专用电话。

(9)工务调度电话

工务调度员与其管辖区内工务调度等有关工作人员之间进行业务联系的专用电话。

(10)电务调度电话

电务调度员与其管辖区内电务调度等有关工作人员之间进行业务联系的专用电话。

(11)其他调度电话

根据运输组织需要而设置的其他调度业务联系专用电话，如计划调度、特运调度、军运调度、施工调度、公安调度等。

2. 车站(场)电话业务

铁路车站(场)内进行作业指挥和业务联系的专用电话业务，包括固定电话和移动电话。

(1)车站值班员电话

车站值班员组织车站内运输作业及与上级调度联系而使用的专用电话。

(2)站场调度电话

站场值班员(调度员)指挥和组织站场内运输作业而使用的电话，简称站调电话。

(3)扳道(清扫)电话

车站或有关段的值班员或调度员与扳道(清扫)人员进行联系而使用的专用电话。

(4)调车电话

铁路站(场)内调车人员进行调车作业而使用的专用电话。包括平面调车电话、驼峰调车电话和其他调车电话。

(5)货运电话

货运计划员和外勤货运员、车站(场)值班员、货运员、装卸所、常驻货主(专用线)、货运室值班员等之间进行业务联系的专用电话。

(6)列检电话

列检值班员和车检员、车站(场)值班员、车辆段调度室、红外线调度员、红外线值班员等之间进行业务联系的专用电话。

(7)车号电话

内勤车号员和外勤车号员及其他相关人员之间进行业务联系的专用电话。

(8)货检电话

货检组长、货检员及其他相关人员之间进行业务联系的专用电话。

(9)其他车站(场)电话

除上述专用电话业务以外的车站(场)电话业务。

3. 站间行车电话业务

为相邻车站(场)值班员之间办理行车事宜而使用的专用直通电话业务。

4. 其他专用电话业务

(1)桥隧守护电话

铁路桥梁、隧道和隧道天井等地的守护人员与其指挥点之间进行业务联系的专用电话。

(2)区间电话

铁路沿线区间流动作业人员进行业务联系的专用电话。

(3)隧道应急电话

设置在隧道内的应急电话系统,为隧道应急通信提供话音业务。当隧道内发生事故灾害时,铁路工作人员利用隧道内有线应急电话终端设备向车站值班员或调度员发起呼叫并报警。

(4)道口电话

铁路道口值班人员与相邻车站值班员或列车司机之间进行业务联系的专用电话。

(5)列车乘务电话

旅客列车工作人员之间及其与车站客运人员进行业务联系的专用电话。

(三)电话会议业务

通过会议汇接设备或者电话网把铁路内部两点以上的多点会议电话终端连接起来,实现多点间实时双向话音通信的业务。

(四)广播业务

1. 车站客运广播

在客运站,为客运部门指挥工作人员进行客运作业和对旅客通告乘车有关事项而使用的广播通信业务。

2. 旅客列车广播

在旅客列车上,对旅客通告乘车有关事项及播送时事、文艺节目等使用的广播通信业务。

二、图像通信业务

图像通信业务分类如图 2-2 所示。

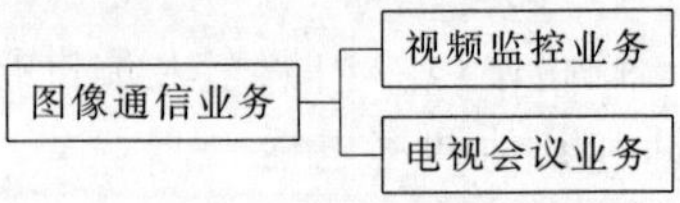

图 2-2 图像通信业务分类

(一)视频监控业务

为铁路业务部门提供所需的运输生产和治安防范等有关的视频信息。包括车务视频业务、机务视频业务、工务视频业务、电务视频业务、车辆视频业务、安全防范视频业务等。

(二)电视会议业务

通过会议电视系统召开的会议,会议期间会议电视系统可同时传送与会者的声音和图像信号。

三、数据通信业务

数据通信业务分类如图 2-3 所示。

(一)数据传送业务

通过铁路传输网、数据网为各类应用系统组网提供电路、VPN 等传送通道,以及通过光纤提供物理传输媒介。

各类应用系统包括:

1. 列车运行控制;
2. CTC 或 TDCS;
3. 信号集中监测;
4. 列车安全监控;
5. 电力远动;
6. 防灾安全监控;
7. 环境监测;
8. 安全管理信息;
9. 客票;
10. 旅客服务信息;
11. 货物运输管理;
12. 货运服务;
13. 计划调度管理;
14. 人力资源管理;
15. 车辆管理;
16. 办公自动化;
17. 其他运输生产、经营管理信息系统。

(二)数据终端业务

数据终端业务是通过通信网络及其终端设备,直接向用户提供应用层功能的数据通信业务。

数据终端业务包括列车调度命令无线传送、列车进路预告信息传送、车次号校核信息无线传送、列车尾部风压信息传送、列车防护报警、道口报警和其他数据终端业务。

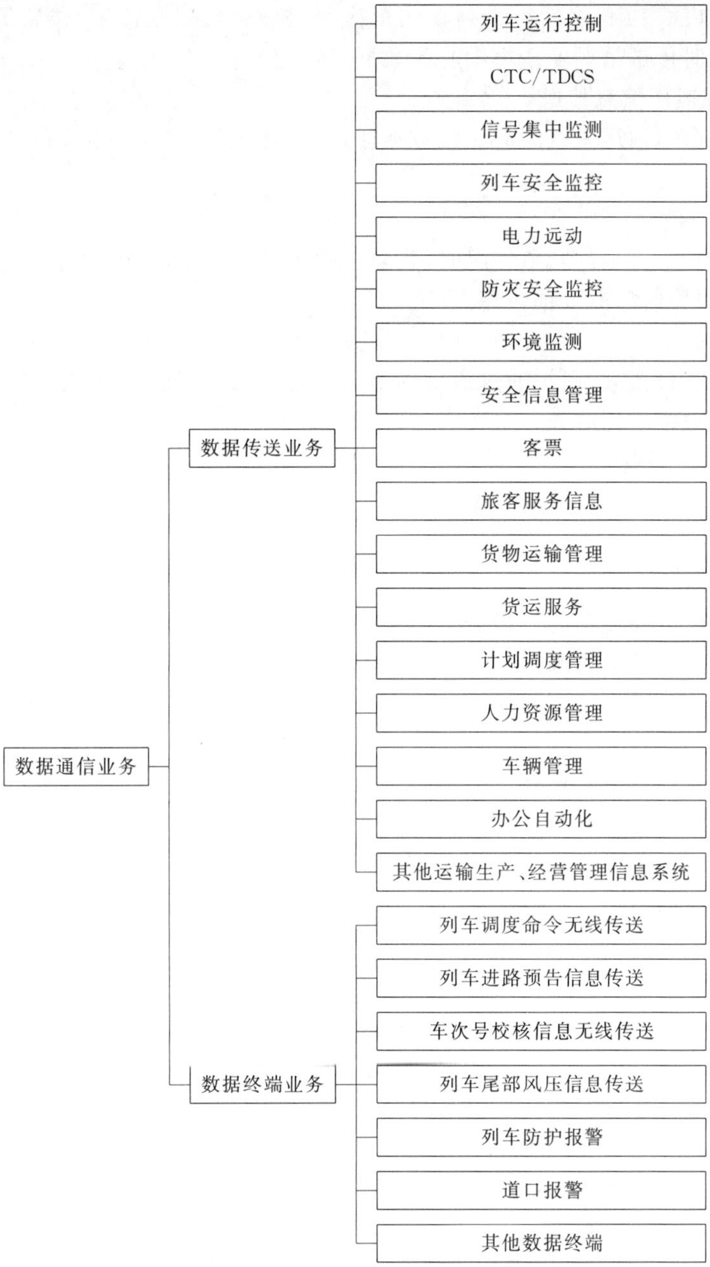

图 2-3 数据通信业务分类

1. 列车调度命令无线传送

在 CTC 或 TDCS 中，将调度员编制的调度命令、车站值班员编制的行车凭证等信息通过无线方式实时传送给机车司机并显示、打印的数据应用业务。

2. 列车进路预告信息传送

在 CTC 中，将列车运行前方站的进路开放情况通过无线方式实时传送到机车并显示，以提醒司机安全运行的数据应用业务。

3. 车次号校核信息无线传送

在 CTC 或 TDCS 中，将运行中列车的车次号、机车号、列车速度、位置等信息，从机车上通过无线方式实时传送给调度指挥中心的数据应用业务。

4. 列车尾部风压信息传送

通过机车电台与列尾主机间的无线数据通道，传送风压、查询、排风和欠压报警等信息的数据应用业务。

5. 列车防护报警

当遇有危及行车安全的紧急情况时，为防止列车事故发生，利用专用无线报警设备向附近列车、人员发出报警信息的数据应用业务。

6. 道口报警

为预防铁路道口事故、保护通过道口的列车、车辆或人员安全，利用专用报警设备向道口发出报警信息的数据应用业务。

7. 其他数据终端业务

除上述数据应用业务以外的数据终端业务。

四、铁路电报业务

为处理铁路公务而使用的一种公文传递业务。按电报性质和急缓程度，分为特提电报、特急电报、加急电报、平急电报等。

五、其他通信业务

其他业务分类如图 2-4 所示。

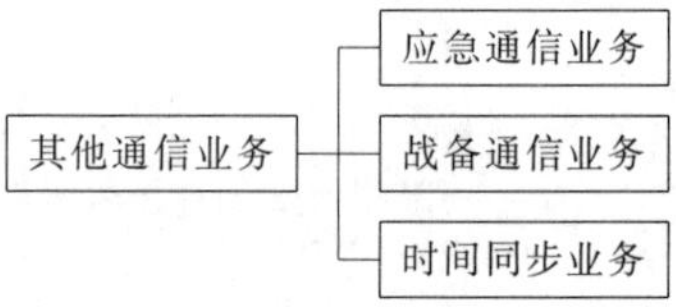

图 2-4　其他通信业务分类

(一)应急通信业务

在发生行车事件及自然灾害等紧急情况下，为确保实时救援指挥，在事件现场与应急中心之间、各相关应急中心之间以及现场内部进行的话音、数据和图像传输业务。

(二)战备通信业务

在战时和突发事件时，通过各种通信设施，采用有线通信、无线通信等多种手段，确保各部门的通信畅通的业务。

(三)时间同步业务

接受源自地面时间输入信号或卫星定位系统的时间同步信号，采用自守时和时间跟踪的方式，实现时间的同步，并为各种通信设备或其他应用系统设备提供不同精度的时间同步信号。

第二节　报务专业

铁路电报是铁路运输生产、经营服务的通信工具，是铁路公文的组成部分，是政令、信息传递的手段。铁路报务人员办理的每一封电报都与铁路运输生产安全息息相关，因此，报务人员在报务作业过程中，应严格遵守《铁路电报电话管理规则》等各项规章制度，确保电报通信安全。

一、电报的一般规定

(一)发 报 权

下列单位和人员有权制发电报。

1. 铁路总公司和其机关各部门、各直属机构、驻外单位、控股公司；

2. 铁路总公司所属单位，所属单位机关各部门、各直属机构、驻外单位、控股公司；

3. 铁路局所属站段或同级单位；

4. 站段与运输有直接关系的生产部门（车站、折返段、救援列车、商检、货运营业部、列检所、公寓等）制发电报权限，由铁路局批准；

5. 执行列车乘务工作的负责人员，包括列车长、车辆乘务员、随车机械师等；

6. 铁路公安系统各单位（公安局、公安处、公安派出所、乘警队等）；

7. 执行公务的各级监察、稽查、审计人员。

中铁工程公司等非铁路单位因工作需要经常性制发铁路电报的，按照电报业务服务协议中明确的主要业务内容和主送、抄送单位办理。

非铁路单位临时制发铁路电报，应经铁路总公司或铁路局对口业务主管部门同意，按联合发报办理，电报稿应同时加盖发报单位公章和铁路总公司或铁路局业务主管部门单位公章。

（二）发报范围

1. 铁路总公司（包括总公司机关各部门、各直属机构）发报范围不限；

2. 铁路总公司所属单位可向铁路总公司所属其他同级单位及其所属站段发报，但不得发至全路各站段；

3. 铁路局所属站段（或同级单位）可向本局和外局同级单位发报，基层站段向所属车间、班组（工区）制发电报权由铁路局规定；

4. 站段（或同级单位）所属机构可向本局和外局与其有直接工作关系的运输生产单位或其所属机构发报；

5. 担当列车乘务工作的负责人员（列车长、乘警长、车辆乘务员等工作人员）执乘时，根据工作需要，可向有关站段、车站、铁路局调度和公安部门发报；

6. 铁路公安系统各单位（公安局、公安处、公安派出所、乘警队等）根据工作需要可向有关单位发报；

7. 拍发给铁路乘务人员的电报，必须指定能够代其负责收转的铁路单位。

（三）电报等级

铁路电报等级按电报性质和急缓程度，分为以下七种。

1. 特提电报（TT）：指特别紧急的命令、指示，处置重大突发事件等性质的电报。受理后即行办理，从受理到送达用户原则上不超过 2 h。

2. 特急电报（TJ）：指非常紧急的命令、指示，处置较大突发事件等性质的电报。从受理到送达用户原则上不超过 4 h。

3. 加急电报（JJ）：指紧急命令、指示、时间紧迫的会议通知、列车改点、变更到站和收货人、车辆甩挂、超限货物运行及行车设备施工、停用、开通、限速的电报以及其他时间紧迫的电报。从受理到送达用户原则上不超过 8 h。

4. 平急电报（PJ）：指一般性命令、指示、会议通知等性质的电报。从受理到送达用户原则上不超过 24 h。

5. 限时电报（X）：指限定时间到达的电报。根据需要与收发报条件，由用户与电报所商定，在附注栏内填写送交收报单位的时间。

6. 列车电报（L）：指处理列车业务，必须在列车到达以前或在列车到达当时送交用户的电报。

7. 国际联运电报(G或C):指处理国际铁路联运业务的电报,办理时限同特急电报。中朝报代码为C,其他代码为G。从受理到出口原则上不超过4 h。同时发往国内的中文电报,电报等级按加急办理。

(四)电报内容

铁路电报是铁路公文的一种形式,在处理紧急公务时使用。用户制发铁路电报应符合铁总公司公文管理的有关规定。

1. 报文可使用下列文字、符号、记号。

(1)汉字、英文单词;

(2)汉语拼音字母;

(3)阿拉伯、罗马数字;

(4)通用的符号、记号;

(5)图、表。

2.《铁路电报电话管理规则》同时明确规定下列情况不准拍发电报。

(1)处理个人私事的电报;

(2)已经有文电的重复通知;

(3)由于工作不协调,互相申告(执行列车乘务工作的负责人,在列车运行中向上级领导汇报列车运行中发生的问题不在此限)的电报;

(4)不符合规定的电报版式或书写格式的电报;

(5)未签订服务协议的非铁路单位制发的电报;

(6)非铁路单位超出服务协议规定业务范围的电报。

3. 报文拟稿应做到:收报单位明确,拟稿人姓名和电话号码齐全,文字简练、准确、通顺、无歧义,报文清晰,标点符号完整、准确。收报单位栏主送单位以冒号作为结尾,中间不得使用冒号;抄送单位以句号作为结尾,中间不得使用句号。未纳入铁路电报所投递范围的收报单位,拟稿时应在主送单位和抄送单位名称后标记"(自办)"字样,由发报单位自行办理电报投递。

电报稿应符合铁路传真电报版式要求,报文内容一般采用3号仿宋体字,特定情况可适当调整字号,线条宽度一般不小于0.25 mm。

发报单位应编制电报发电编号,格式为"单位代字〔年份〕序号",其中单位代字在本单位公文代字后加"电"字;年份用全称,使用阿拉伯数字,用六角括号围括;序号由发报主办单位编制流水号。例如:铁总运电〔2014〕1号。

4. 发报单位的公章或电报专用章应事先向电报所办理印鉴登记,留存印鉴图样。以传真、话传方式办理电报业务的单位,应指定发报经办人员,并持单位证明、单位印鉴、个人有效工作证件向电报所办理备案手续,留存相关资料。

电报稿应加盖电报专用章或单位公章。使用电报专用章单独发报时,电报专用章应加盖在电报稿首页左上角发报单位处。使用单位公章单独发报时,单位公章应加盖在电报稿末页发报单位名称和成文日期上,居中下压,不得压正文。多个发报单位联合发报时,原则上应使用单位公章,一律加盖在电报稿末页发报单位名称和成文日期上。

非常设机构或临时机构制发电报时,可由日常主管单位(部门)加盖单位(部门)公章或电报专用章,按用户提供的机构名称拍发。

二、办　报

（一）电报受理

电报受理工作是保证电报质量的重要环节，因此报务员在受理电报时必须确认发报单位有无发报权，收报单位是否明确、发报范围、电报内容、电报版式和书写格式是否符合规定。根据电报内容急缓程度、用户要求和全程作业时间与用户协商确定电报等级。

电报稿应一式两份，受理电报后，应在用户原稿上填写发报所所名略号、电报号码、等级、受理日期(mm. dd)、受理时间(24 小时制 hh:mm)、受理者代号，并在用户保存的发报原稿上加盖电报所受理印章。如有必要，添加附注信息。电报号码按自然数顺序编号，每月 26 日零时从第 1 号编写。受理电报应填写传送方向单，对多页电报应编写电报号码、页数和分页数。

以传真、话传方式受理的电报，报务员应核对该单位备案人员信息，非备案人员制发的电报不予受理。受理后报务员应将电报号码和受理时间通知发报单位，互报姓名或代号，通话应全程录音。

用户可自行配备用户电报终端（以下简称用户终端）办理电报业务，使用用户终端发送电报时，应符合铁路传真电报的相关规定，将发报原稿发送至电报所，电报所终端收到用户电报后，报务员按受理电报流程，审核用户电报原稿，确认符合发报要求后，将受理印鉴、受理时间、报文等级等受理信息反馈给用户。

各级监察、稽查、审计人员出差执行公务需拍发电报时，应出示有效的工作证件，在电报原稿空白处填写证件名称及号码。

列车乘务人员执乘期间需拍发电报时，可委托经停车站代发电报，并在电报原稿空白处填写证件名称、号码或加盖可证明发报人身份、职务的印章。委托车站转交拍发的电报，如有不符合规定或内容有疑问时，由被委托的车站工作人员负责解释或处理。执行非图定列车乘务工作的负责人拍发电报时，应写明经由区间，并在附注栏内注明本次列车在发报站的开车时间。

不具备传真、用户终端等方式发、收电报的铁路沿线单位，可用话传或车递方式发、收电报。发报单位和收报单位均只能采用话传方式发、收电报的，由发报单位与收报单位直接办理，电报所不得受理。

电报投递分工确认按以下两种方式办理：

1. 纳入电报所投递范围的收报单位，由电报所负责投递（用户有自办要求的除外）。

2. 未纳入电报所投递范围的收报单位，由电报所受理人员在用户原稿上做好自办标记，由发报单位自行办理。同时，电报所受理人员应在用户发报稿主送或抄送单位栏相应位置进行标记。

已经受理的电报，发报单位要求取消时，必须出示加盖原发报单位印鉴的书面说明。未发出的电报，电报所应给予取消，并留存书面材料备查；已发出的电报，由发报单位自行处理或发报取消。

用户需要查阅电报原稿时，必须出示加盖原发报单位印鉴的书面证明，到电报所查阅。查阅时须有电报所负责人员在场，不准对原稿有任何修改。

电报设备故障短期不能恢复时，电报所应向用户说明原因停止受理。已经受理的电报，应及时通知发报单位自行处理。对无法通知发报单位的电报，应在工作日志做好记录，待故障恢复后及时发出。

用户制发电报不符合本规则的规定时，电报所受理人员应向用户解释，商洽修改。若用户坚持不改,电报所有权拒绝受理。

电报所受理印章样式如图 2-5 所示,标准规定如下:

1. 年月日用活字;
2. 直径为 40 mm;
3. 外轮线和横线自身的宽度为 1.3 mm;
4. 两横线之间距离为 10 mm。

图 2-5　电报受理证印

(二)终端译电发报

终端译电分为终端扫描译电和终端文字译电。

对字体清晰或附有图表及无法用文字描述的符号、记号的电报,优先使用电报终端扫描译电。发报前,报务员应正确录入报文信息,确认报面端正、报文清晰、页数正确,核对无误后发送。手写电报不得扫描译电。

采用终端文字译电发报方式时,应按以下规定译电。

终端文字译电格式。译电稿应包括起始标志行、传输指导行、报头行和结束标志行等。

分数、指数、上下标、字母和分数译电方法:

1. 分数:$\frac{1}{2}$,译为"=1/2";
2. 带分数:$2\frac{1}{2}$,译为"2=1/2";
3. 指数(上标):3^2,译为"3≫2";
4. 下标:A_2,译为"A≪2";
5. 字母和分数连写:JWCXO $\frac{1}{\text{HO. H}}$,译为"JWCXO=1/HO. H"。

下列定型字、符号按以下规则译电。

奤9932、铪9933、钣 9934、栂9935、𬇙 9936、㙊9937、鲊 9938、磏 9939、镕 9940、磹 9825、镟 9826、濛 9827、桑 9828、榅 9829、〔9830、〕9831。

对报文中不能用电报终端直接输入的符号和未规定四码的汉字用 0000、9951～9959 代替,并应在附注栏内说明该字的写法。

公文化译电。按照公文处理办法和公文格式规定,每页 22 行,每行 28 个字符。

根据电报稿和电报所投递范围,可使用单发、多发方式拍发传输指导行,传输指导行表示法应符合下列规定。

1. 单发方式

单发方式的表示法见表 2-1。

表 2-1　单发方式表示法

栏　号	1	2	3
名　称	收报所所名略号	报文等级	发报所所名略号
字符数	2～4	1～2	2～4

收报所名:根据收报单位拍发终到电报所名,使用站名略号、特定略号。

报文等级:拍发报头等级栏所定电报等级。

发报所略号:拍发该封电报的电报所略号。

单发方式(例):
SY J TB
TB G MLX9

2. 多发方式

多发方式即使用单个统称语通电略号指导行拍发方法。表示法见表 2-2。

表 2-2 多发方式表示法

栏 号	1	2	3
名 称	收报所统称语通电略号	报文等级	发报所所名略号
字符数	3～6	1～2	2～4

收报所名:根据收报单位拍发终到电报所名,使用统称语通电略号。
报文等级:拍发报头等级栏所定电报等级。
发报所略号:拍发该封电报的电报所略号。
多发方式(例):
-T- P TB
-TLS- JJ TB

3. 通播方式

通播方式即使用多个收报略号及统称语通电略号指导行拍发方法。通播方式的表示法见表 2-3。

表 2-3 通播方式表示法

栏号	1	2	3	4	5
名称	通播标志 TBO	通播数	收报略号	报文等级	发报所所名略号
字符数	3	1～3	根据需要	1～2	2～4

其中:传输指导行字符不限;
通播标志:拍发通播电报时,通播标志采用“TBO”表示。
通播数:指收报略号的数量。
收报略号:根据收报单位填写电报略号,可使用所名略号和统称语通电略号。
报文等级:拍发报头等级栏所定电报等级。
发报所略号:发报电报所的所名略号。
通播方式(例):
TBO 5 - T - - YSS - DLT CQ ZYW2 JJ TB
使用统称语通电略号时,拍发传输指导行应符合下列规定:

(1)收报单位统称语不同而收报所完全相同时,可以在指导行中使用其中一个统称语通电略号,但同一收报所略号不再重复出现。

(2)传输指导行中同时出现两个及以上统称语通电略号时,如其中一个包含另一个统称语通电略号的收报所时,只使用其中收报所最多的统称语通电略号。

(3)铁路局电报所使用统称语通电略号发报时,应认真核实铁路总公司所属或局属,防止超范围拍发。

译电发报时,拍发的收报单位、报文应符合以下规定:

(1)收报单位按照用户原稿拍发。

(2)站名略号、特定略号及附注略号只限在报头中使用。

(3)根据用户电报稿,按规定的译电格式和方法进行译电,经校对无误后发送。严禁先发后校对。

电报终端发报应按电报等级、受理时间顺序拍发。确认电报是否发送成功,以发报终端收到电报交换机收据为准。

电报拍发完毕,应在电报传送方向单上填写发出时间、代号。

拍发隔日的电报应在附注栏内填记"GR"后发出。

发报所发现电报拍发有错误时,应以公电方式予以改正。公电格式参照以下样式办理。

(1)起始标志行	ZCZC
(2)传输指导行	-T- PJ TB
(3)报头行	TB 369 PJ 25/58 12.12 15:30
(4)收报单位行	XXX
(5)报文内容	我发 TB 360 号电报,报文中 2 行 2 字"务"应为"勿",请更正。
(6)发报单位行	铁路总公司电报所
(7)发报所标志行	TB 15:40 47
(8)结束标志行	NNNN

(三)终端收报译电

收报员收到电报后,应确认收、发报单位、检查显字情况、核对页数、顺通报文,填写机上日志。

终端收报包括扫描报和文字报两种方式。扫描报为用户发报稿扫描件,可直接送达用户。文字报分为直译报和公文报两种格式,其中直译报包含附注信息,用于电报所内部作业;公文报应符合公文格式,不打印附注信息,用于送达用户。

电报终端接收的时间即为收报所收到时间。

机上通报应建立收、发报流水号,自 0001 至 9999 循环使用。报务员除每日零时定时进行核对外,还应随时检查流水号情况,发现流水号顺序错误应立即查明原因。

(四)传真通报

利用电话传真机在电报所间传递用户电报稿时,应由发报所直接向收报所传送,不得在电报所间进行二次转发。

传真机应时刻处于开机状态,满足随时收、发报条件。传真机应正确设置时间、本机电话号码,具备条件的还应设定电报所名称或所名略号。

1. 传真发报

(1)传送前,应检查报头各项内容,根据传送方向单的发往电报所名,按照电报等级、受理时间顺序设定传送方向进行传送。

(2)传真电报传送结束,发报所与收报所电话联系取得收据或通过录音电话进行确认;填写传送方向单,登记传真日志。

(3)当日工作结束后,发报所应与收报所核对封数,双方做好记录,如有不符及时处理。

2. 传真收报

(1)收报后应确认收报单位,检查报面完整、端正、报文清晰、页数正确,填写传真日志。

(2)复印电报应与规定报文尺寸一致,不得缩放,不得采用热敏纸。

(3)收报所应配合发报所做好核对工作,双方做好记录,如有不符及时处理。

电报发送方式由发报所决定,除因报面质量原因(不清晰、不端正)或传真机故障外,收报所不得拒收传真电报。

(五)电报投递

电报投递采用人工取送、话传、车递、传真、电子传递和网络转递等投递方式。电报所投递的电报,必须加盖电报证印,按电报等级规定的时限向收报单位投递。

电报证印样式如图 2-6 所示,标准规定如下:

年月日用活字;

直径为 30 mm;

外轮线和横线自身的宽度为 2 mm;

两横线之间距离为 7.5 mm。

图 2-6 电报证印

1. 人工取送投递。由电报所送达用户或用户自取方式投递电报,并转或代转的电报,电报所应复印相应份数,同时投递给被委托转交的收报单位。

2. 话传投递。电报所采用电话通信方式向收报传送电报时应全程录音,对音同易混及重要字句必须复诵、解释。通话结束前,双方互报姓名或代号。报务员应将对方姓名、话传结束时分和办理人员代号填写在投递簿上。

3. 传真投递。电报所以传真方式向收报单位传送电报后,报务员应主动与收报单位取得联系,并在电报投递簿上填写对方接收人员姓名、传送结束时分和办理人员代号,通话联系应全程录音。

4. 车递。电报所向沿线各站车递电报时,在电报车递挂号登记簿上填写收报单位、送出时间及办理人员代号。车递电报应按挂号处理,相关单位不得拒绝办理。

5. 电子传递。利用电报用户终端向用户投递电报时,铁路局应制定相应的管理办法,确保用户及时接收。非铁路单位采用电子传递方式时,电报所和用户应在服务协议中明确双方责任、义务 。

6. 网络转递。利用铁路办公网络向用户投递电报时,铁路局应制定网络转递电报实施办法,并报铁路总公司业务主管部门备案。

收报单位名称不明确的电报,由收报所负责与相关单位联系,确认收报单位后予以投递,同时应以公电告知发报单位和发报所。

收报单位办公地点发生变更,收报所确知收报单位新的办公地点,收报所应通知发报所予以变更。发报所应重新向正确的收报所发送电报,原收报所按取消办理,并记录发报所报务员代号。

收报所无法投递的电报,应用公电通知发报单位和发报所,并在收报原稿上注明。

公电样式如图 2-7 所示。

三、用户收报

用户收报时,应在电报投递簿上签字或盖章,同时填写收到时分,收报用户发现不是本单位的电报时,应及时退回电报所。

用户收到传真投递电报后,应进行确认,给电报所回执或电话告知接收者姓名、接收时间。

用户以电子传递方式通过用户终端接收到电报后,应电话通知电报所,告知接收者姓名、接收时间或给出电子回执。

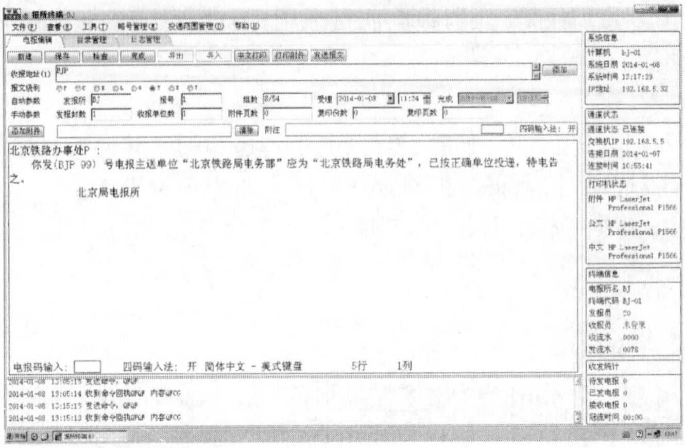

图 2-7　公电

因时间紧迫不能及时取送、车递的电报，应采取以下措施。

1. 在办公时段，电报所应将电报重点内容电话通知用户抄收，收报单位不得拒绝抄收，通话须全程录音，事后电报所应按正常投递方式办理。具备条件时，可按“先传真、后投递”方式办理。

2. 在非办公时段，电报所应按照用户备案的值班电话（或手机）与用户联系，值班电话（或手机）无人接听时，电报所每小时应主动联系一次，并做好记录、录音。

四、作业标准

（一）受理电报工作标准

(1)收报单位明确，发报权、发报范围、电报内容、电报版式、书写格式符合规定，发报单位名称、发报经办人与留存印鉴资料一致。

(2)报头完整、报面端正、报文清晰、标点符号完整、准确，编页正确，有拟稿人姓名、电话号码。

(3)受理话传电报无错别字。

(4)受理传真电报字体、线条符合规章规定。

(5)公章不得压正文。

(6)与用户对话使用标准用语，态度耐心和蔼。

（二）终端译电发报工作标准

1. 终端扫描译电发报工作标准

(1)扫描译电准确，给收据正确，无错、漏、多发。

(2)指导行正确，报头完整、报面整洁、端正清晰、编页正确。

(3)手写电报或电报原稿版式不规范不得扫描译电。

(4)发报时限：特提、列车电报 1 h，特急、加急、限时电报和国际电报 1.5 h，平急电报 2 h。

2. 终端文字译电发报工作标准

(1)指导行正确、报头完整、收报单位明确，报文无误、有标点符号，符合发报译电格式。

(2)发报必须经过校对无误后再行拍发，禁止先拍发后校对。

(三)终端收报译电工作标准

(1)处理及时不压报。

(2)收报单位明确、电文通顺、匹配投递单位正确,正确处理附注信息。

(3)报头完整、报面整洁、端正清晰、编页正确。

(4)不发生重复处理和错、漏收报,流水号码正确。

(四)传真通报工作标准

1. 传真发报工作标准

(1)传送及时、准确,无错、漏、多发。

(2)报头完整,报面整洁,端正清晰,编页正确。

(3)手写电报或电报原稿版式不规范,不得使用传真方式拍发。

(4)发报时限:特提、列车电报 1 h,特急、加急、限时和国际电报 1.5 h,平急电报 2 h。

2. 传真收报工作标准

(1)收报单位明确,电文通顺匹配投递单位正确。

(2)报头完整,报面整洁,端正清晰,编页正确。

(五)到报处理工作标准

(1)复印电报端正清晰,页数齐全,装订正确。

(2)匹配投递单位正确。

(3)格式标准、字体清晰、填改字体正确,印鉴端正清楚、日期正确。

(六)电报投递工作标准

(1)投递电报准确、及时,投递时限按照列车电报随到随投,特提电报 1 h,特急、国际电报 2.5 h,加急电报 6.5 h,平急电报 22 h,限时电报的限时时间－1.5 h 规定执行。

(2)用户签收时间、姓名正确。

(3)严禁非收报用户代收、代签电报。

(4)以传真、话传方式传送电报应全程录音,话传投递时对音同易混及重要字句必须复诵、解释。

(5)投递人员应遵守交通规则,注意人身安全。

(七)电报原稿检查工作标准

各项检查无遗漏,所签代号齐全正确。

(八)电报核对工作标准

(1)各项原始记录无错、漏填写,合计正确。

(2)流水号码无误。

(九)电报统计工作标准

(1)统计方法正确,符合规定。

(2)填写各种资料字迹清楚、无误。

(十)电报原稿装订工作标准

装订整齐、规范。

五、国际铁路公务电报

国际铁路公务电报(以下简称国际电报)是指在铁路合作组织各参加国铁路机关、国境铁路局、境内外口岸站之间使用的跨国往来电报,通常用于相关国家铁路之间沟通公务信息、办理国际铁路联运业务等。

（一）国际电报发报权

有权签发国际电报的人员规定：

1. 铁路总公司总经理、副总经理，铁路总公司国际合作部主任、副主任；

2. 国境铁路局局长、副局长；

3. 铁路边境口岸站站长；

4. 有国际电报业务的电报所主任（工长），只限与对方电报所处理国际电报业务，以电报所的名义发报，并须经通信（电务）段分管领导批准；

5. 上述以外的人员需要向国外发报时，须经铁路总公司、铁路局、口岸站站长等上述有权人员授权批准。

国内具有国际电报发报权的单位对国外发报时，不受同级单位对口的限制。

（二）国际电报受理

国际铁路电报发报须加盖单位公章或签字。

受理国际电报发报应注意以下事项：

1. 核对签发电报的人是否有权制发电报；

2. 发报稿必须打印或用印刷体字母书写，字迹清晰，文字书体符合规定；

3. 收报人的写法符合规定，有无特殊要求；

4. 外国人需在我国境内发报时，必须经铁路外事部门（铁路总公司国际合作部、国境铁路局外事部门、国境站站长）审查证件和报文内容是否符合规定，并翻译成拉丁文，由外事部门送交电报所拍发；

5. 发报单位或发报人应标明所经由的国内中转国际电报所。

有下列情形之一的，电报所应拒绝受理：

1. 未经签发或未加盖发报单位印章、公章的电报；

2. 电报稿未使用打字（印）机打印或字迹不清晰的；

3. 电报稿未使用铁组成员国规定文字书写的；

4. 因设备故障、网络不能通达等原因不能拍发的。

（三）国际电报发报

1. 口岸站国际电报所收发境外电报时，应对报头按照以下规定进行增填和删减。

（1）由境外接收的电报，由进口电报所把收报人词数标记在斜线上边、报文词数标记在斜线下边，填记接收日期、时分。填记部分用括号围括，加在报头的发报地址与发报日期之间转发国内。

例如：3 月 15 日平壤发 20 号电报 8 时 15 分受理，15 日 16 时 30 分接收，收报人 10 个词，报文 48 个词，其写法是：

MS 20 由 平壤（10/48 15 1630）1503 0815……

（2）口岸站国际电报所向境外拍发电报时，不拍发括号及其中的内容（词数），需填记发报所名、日期、时间后发往境外。

例如：2 月 5 日北京发 30 号电报 10 时 0 分受理，收报人 5 个词，报文 80 个词，其写法是：

MS 30 由 北京（5/80）0502 1000……

2. 国际电报稿规定如下。

（1）中国铁路发往俄罗斯、蒙古等铁组成员国铁路的电报，应使用俄文，用拉丁字母转写，按规定格式和要求拍发。

(2)中国铁路与朝鲜铁路之间的往来电报使用中文或朝文(1970 年 4 月中朝国境站长会议商定)书写。朝文国际电报一律由境内口岸车站译成中文后,再由电报所按国际电报在国内传送。

3. 特殊电码符号、记号的使用方法及中朝国际电报的应用记号规定如下。

(1)用拉丁字母替代的俄文字母 Ч、Ш、Ю、Я 对照见表 2-4。

表 2-4 拉丁字母替代的俄文字母

俄文字母	Ч	Ш	Ю	Я
拉丁字母	TC	CH	JU	JA

(2)中朝国际电报的记号见表 2-5。

表 2-5 中朝国际电报的记号

记号	类型
CS	中朝四码电报
KR	朝中三码电报

国内发往境外的电报,不能同时带有国内的收报单位或个人。需要抄知国内时,须另稿按国内电报传递。

同时拍发给境外和国内用户的电报,原则上应先发国际电报,后发国内电报(特提电报除外)。

边境口岸站电报所进出口电报的发报、转报时限均为 2.5 h。对电报有疑问时,按询问结果,以对方电报所答复的时间计算发报、转报时限。

4. 为了保证国际电报的正确,在国内传送中一律实行机上校对制度,校对方法应符合以下规定。

(1)受理国际电报后,上机完成录入并打印,然后将打印稿与原稿逐字校对,无误后再进行发报。转报时,收到报后要确认报头完整、收报人明确、报面整洁、完整。

(2)国际电报改条格式规定如下:

……G B……

MS 电报号码 报文×行×字 原文……改为……

发报所名 时间 代号

5. 国际电报报文版本应包括下列各项要素。

(1)"MS"或"CS"代号;

(2)电报号码;

(3)发报所名称,MS 报在发报所名称前增加"由(IZ)"字;

(4)受理日期(用四位数表示,格式为 ddmm,如电报是 9 月 17 日受理的,则为 1709);

(5)受理时间(用四位数表示,格式为 hhmm,如电报是 9 时 02 分受理的,则为 0902),该受理时间为该封电报的原始受理时间,在转报过程中不得修改;

(6)附注(有关转报径路的事项除外);

(7)收报人地址(MS 报为收报人的缩写地址);

(8)报文;

(9)发报机关的名称和发报人姓名;

(10)发报所标志行。

发往各国铁路总部所在地以外铁路电报所的电报，应在该名称后面，注明铁路的缩写名称，如“哈尔滨，中铁”。由各国铁路中央机关所在地以外的电报所发出的电报，也必须采用同样的办法，如“阿拉木图，哈铁”。

(四)国际电报投递

1. 投递给收报人的电报，应同发报人所发的报文完全相符。

2. 收报人应在投递簿上签署姓名、日期、时间，报务员应签写代号。

3. 当电报无法投递时，应立即通知电报受理所，并说明原因、电报号和发报日期，以及收报人地址。电报受理所应通知发报人。

(五)国际电报质量标准

询问电报的处理。各国境站电报所对进出口的电报要严格把关。当对电报发生疑问，不能转发时，应立即采用机上、电话或出公电询问，被询问的电报所必须认真查对迅速答复。

国际电报差错。凡是由国内电报所、国外电报所或国内用户反映的差错，确属报务员办理上存在失误或缺点的，计算国际电报差错。发生差错时，电报所要及时分析原因，并向铁路局电报业务主管部门报告。

国际电报的业务量、时限率、优质率等质量指标按照国内电报质量标准要求单独统计、报告。

(六)国际电报资料保管期限

国际电报的各项原始资料，如工作日志(交接班日志)、受理簿、电报原稿、机上日志、投递簿、加抄簿等都应单独建立，及时、正确填记，电报原稿单独装订。各项资料保管期限规定为：工作日志(交接班日志)、受理簿、投递簿、加抄簿均为一年；电报原稿、机上日志均为半年；电报差错统计簿为十年。过期按国内规定销毁。

(七)其他规定

办理国际电报的报务员应具备以下条件：

1. 熟悉国际电报业务。

2. 通俄文，能判明报文中的明显错情。

3. 符合报务员的职业技能要求。

国境站电报所应实行双人值班的作业制度，并保持人员相对稳定。国际电报工作间应单设，机、线应专用。

思考题

1. 哪些情况下不准拍发电报？

2. 对用户查阅发电原稿有哪些规定？

3. 哪些情况下可以拍发公电？

4. 国际电报的发报权是如何规定的？

5. 国际电报资料保管期限是如何规定的？

第三节　电报通信系统

铁路电报通信是铁路运输组织、生产、建设中传达上级指示命令、办理公务联络并取得依据的重要通信工具。目前,铁路电报通信采用的是中软公司的CTT2010SW铁路电报通信系统。电报通信系统相关设备及网络应保持状态良好,原则上铁路电报网不得与外网互通。

一、电报通信的特征

铁路电报是铁路公文的一种形式,铁路电报通信具有以下特征:

具有传递信息的快捷、准确和可追溯性,具有被传递信息的保密性。铁路电报用于铁路系统内部制发明电,在处理紧急公务时使用,其起草、会签、核稿、签发均须执行文件制发程序,发出按铁路电报有关管理规定办理。各部门主办的铁路电报由主办部门负责编号、管理和归档。铁路电报公文处理严格执行通信保密纪律与信息安全制度,确保通信信息安全。

二、中软CTT2010SW铁路电报通信系统

随着电报在运输生产中的应用,它的内容也在扩大,电报格式也不仅限于文字,有铁路传真报、报表、图片等,承担收发电报任务的电报网技术落后,传输格式单一,设备老化,采用模拟通道传输,不易故障诊断,没有统一网管等。

近些年来,随着铁路IP网建设的高速发展,全铁路路局所在地IP网的建设基本完成,也实现了铁路车站沿线的IP网络的搭建。IP数据网作为传输通道,搭建全路铁路电报系统提供了条件。

新系统采用现有的铁路IP数据网,搭建二级树形结构,即以铁总公司为总中心、18个铁路局为分支中心,且每个中心均可下接若干台电报操作终端,实现铁路内部电报的传输,进而满足铁路电报系统安全、可靠、快捷、准确的传递,且低成本的新需求。铁路电报通信系统组网如图2-8所示。

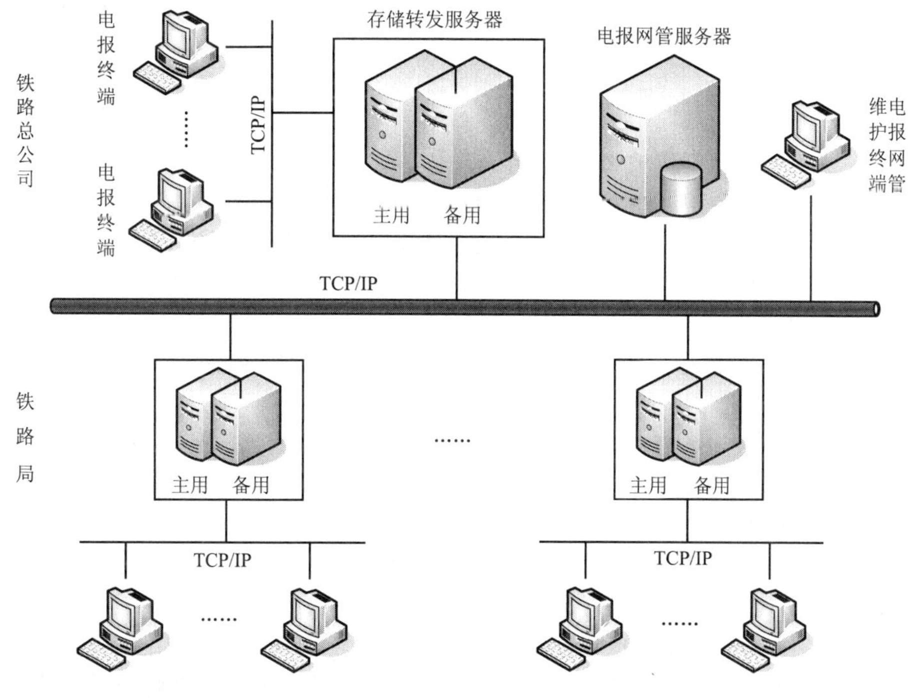

图2-8 铁路电报通信系统组网示意图

1. 系统组成

铁路电报通信系统主要由存储转发服务器、电报网管服务器、电报终端三部分组成。

(1)存储转发服务器

①实现终端接入认证、电路电报存储转发、协议传输；

②支持多优先级、多种文件格式；

③日常管理维护。

(2)电报网管服务器

①监控全网设备的运行状态；

②发布全局数据；

③全网传输数据汇总统计和分析。

(3)电报终端

①多种电报格式的输入、输出；

②报文协议传输，流水号管理确保报文的正确收发和防止遗漏；

③统一的报文管理规范；

④操作员的授权管理。

2. 系统功能和特点

(1)系统的稳定性设计

存储转发服务器采用双机热备份和双网卡的工作模式；系统自动保证双机运行后的数据一致性；两台运行的机器互检测，一旦出现故障，立即告警，并自动主、备切换；多网卡设计保证了单一网卡故障造成系统通信瘫痪的弊端。

系统具有完善的故障告警、事件记录追溯、冗余设计机制；系统对电报从最初的受理到最终的投递全过程，都应有记录供查询；对系统可能造成错误的操作有提示确认和记录(如数据的删除、传输的超时、关键数据设置的修改等)；对故障有可闻、可视、可记录查阅的告警管理机制。

(2)系统的安全性设计

①系统采用流行的文件传输协议，保证文件传输的完整性和一致性(不被修改)；

②支持对接入的设备进行授权认证；

③对于数据访问应提供不少于二级的权限设置(查阅权限和管理权限)；

④对系统安全起重要作用的数据，应提供数据备份、数据恢复等功能。

(3)多格式报文输入，统一业务管理规范

①在兼容现有铁路电报的基础上，支持常用的办公文件(如 Word、Excel、传真、图片)的受理、接收、发送、输出。

②各类型文件均遵守铁路对文字电报的管理规范：受理的传输指导行(单播/同播)、报头行、文件校对；发送接收的收据确认方式(流水号、收据确认)；投递格式；文件保存格式等。

(4)多种形式的输入方式

传统电报终端仅支持人工输入的方式，而新的终端系统则还可以通过扫描仪、照相机、USB 口、移动硬盘、局域网、串口等多种形式实现文件的录入。

(5)系统支持可实现端对端的发送接收确认功能

发送方可查询报文是否被最终终端接收的状态，克服了以往的存储转发系统发方用户仅能通过电话才能知道最终用户的接收状态。

(6)多台电报终端可自组成局域网,协同工作,资源共享

如图 2-9 所示,在同一电报所内,分工协作、共享资源,已达到设备的合理、高效的使用。利用专用机方式与办公自动网相连,实现文件的无纸输入方式,确保指令交互专用系统网不受病毒侵入的干扰。终端系统至少可存储一年的报文数据,对于已经接收、发送成功的报文记录,方便查询且不被更改。

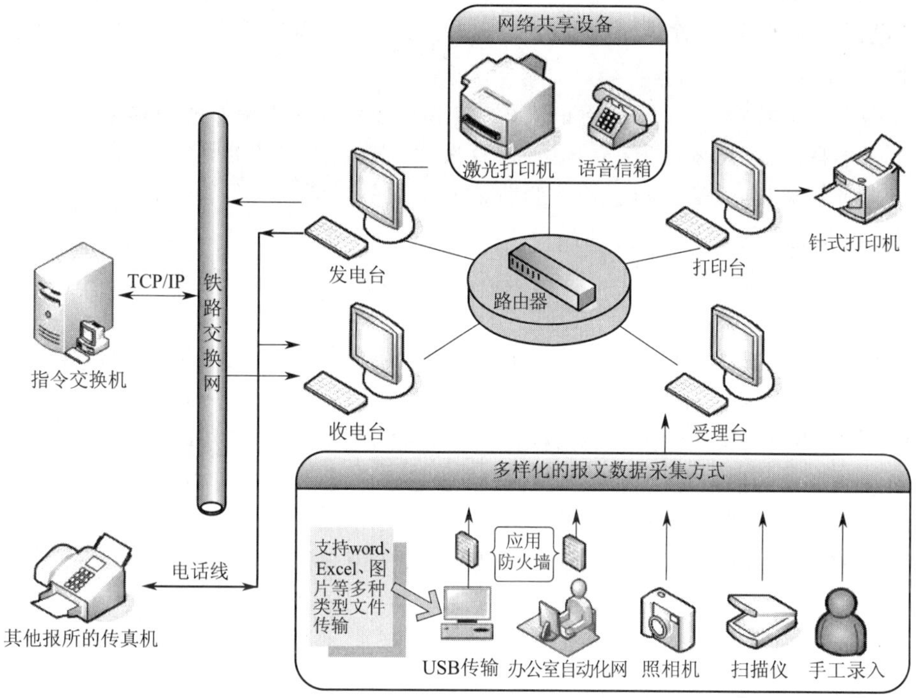

图 2-9 多台电报终端自组成局域网示意图

(7)统一的网管功能

①监控全网设备运行状态,便于及早发现隐患;

②发布全局数据(如站名略号、投递范围等);

③全网数据汇总。

(8)支持 NTP 协议的时间服务,确保全网的设备时钟一致性

(9)网络杀毒,管理连接电报终端的病毒库的自动更新

铁路电报系统管理规范是有效的、可继承的,随着铁路发展以及大量高速铁路的开通,铁路电报作为铁路通信不可或缺的一部分,越来越受到重视。

思考题

1. 什么是铁路电报通信?
2. 铁路电报通信的特征是什么?
3. 中软 CTT2010SW 铁路电报通信系统包括哪些设备?
4. 中软 CTT2010SW 铁路电报通信系统主要由哪三大部分组成?
5. 中软 CTT2010SW 铁路电报通信系统可存储多少报文数据?

第四节　话务专业

一、电话的一般规定

（一）长途通话

按照电话接转方式，长途通话人工接转分为长途人工接转、长途半自动发、长途半自动收三种作业方式。

1. 长途人工接转：发话用户向电话所记录，由发、转、收话所接通的通话。

2. 长途半自动发：由发话所（或转话所）直接拨叫收话用户的通话。

3. 长途半自动收：发话用户直接拨叫收话所接通的通话。

按照电话接转服务等级，长途通话分为立接制和待接制。

1. 立接制：无需发话用户挂断电话，发话所立即接通收话用户的通话。一般用于紧急通话、首长通话。

2. 待接制：需要发话用户暂时挂断电话，发话所接通收话用户后，再拨叫原发话用户进行通话。通常用于调度通话和普通通话。

根据铁路运输生产需要，长途通话种类和接通顺序按以下规定办理：

1. 紧急通话(J)：指在发生自然灾害、铁路交通事故等紧急情况时，用户要求立刻接通收话用户的通话。“117”为应急通信台，全路统一使用“117”短号码作为紧急通话接入号码。

接转紧急通话时，话务员应简要了解通话事由，按用户要求正确接转电话。需要时，话务员可中断其他正常通话确保紧急通话接通。

2. 首长通话(S)：指铁路总公司总经理、副总经理、纪检组长、铁路总工会主席、总工程师、总会计师、总调度长、安全总监、总法律顾问，铁路局局长、副局长、党委书记、副书记、纪委书记、工会主席、总工程师、总会计师（总经济师）、总调度长的通话。全路统一使用“115”短号码作为首长通话接入号码。

铁路总公司和铁路局通信主管部门应定期与有关电话所核对本级首长电话号码数据。

3. 调度通话(D)：指铁路总公司、铁路局调度人员的通话。全路统一使用“113”短号码作为调度通话接入号码。

4. 普通通话(P)：指上述以外的通话。全路统一使用“113”短号码作为普通通话接入号码。

5. 紧急通话、首长通话按立接制方式办理，铁路总公司、铁路局所在地电话所应设“117”“115”话务台专用座席。根据话务量忙、闲情况，需要时“117”“115”话务台可与“113”话务台合设。

6. 调度通话、普通通话一般按待接制方式办理。根据用户要求，调度通话可采用立接制方式接转。

（二）应急通信

遇突发性自然灾害或铁路交通事故等紧急情况，现场和上级指挥机关之间可使用“117”紧急通话。

下列人员有权使用“117”电话。

1. 铁路总公司总经理、副总经理，总调度长，总值班室(应急办)、安监、运输、机务、车辆、工务、供电、电务、客货运、公安等职能部门的负责人和调度人员；

2. 各铁路局局长、副局长，总调度长，值班室(应急办)、安监、运输、机务、车辆、工务、供电、电务、客货运、公安等职能部门的负责人和调度人员；

3. 遇紧急情况需立即向上级机关报告灾害或事故情况的铁路工作人员。

话务员要熟记管内应急事故线自动电话、应急救援指挥中心电话号码和有权使用"117"通话的单位、领导姓名、电话号码，掌握管内各车站公里标。救援抢险期间，电话所值机人员要掌握救援现场地点和现场电话号。话务员接听"117"电话时，应主动向用户通告"117 应急台"。发话所接转"117"时，除正常预告外还应向对方话所预告"117"通话。"117"话务台应保持良好的运用状态，电话所要指定专人每日进行检查试验，并做好记录。

铁路局电话所接到调度启用"117"命令或受理"117"通话业务后，应指定专人值机，并及时将电话所名、现场电话、救援地点等信息通报总公司电话所。总公司电话所接到通报后，应加强"117"值机，做好通话接转准备工作。接转"117"通话必须做到"三及时一清晰"，即应答及时(不大于 5 s)、接通及时(不大于 60 s)、撤线及时(不大于 5 s)、话音清晰。电话接通后，话务员应随时监听话路质量，掌握用户需求，发现问题立即处理。各级电话所话务员应高度重视，加强协作，确保按规定时限接通。

电话所应建立《"117"应急通信登记簿》，记录"117"电话受理、接通、撤线的时间，救援现场地点(线名、公里标)，发令单位、发令人、电话号码。

(三)电话记录

用户记录长途电话时，话务员应提醒用户说明以下事项；

1. 发话用户电话号码、姓氏(住招待所、公寓的用户应说明房间号)。

2. 收话用户地址、单位或电话号码。需具体收话人接听时，应说明收话人姓名或职名。

话务员在记录电话时要迅速应答，听清记准。

对首长通话，不论在其管辖范围内、外，用铁路公务电话或已登记备案的其他电话记录时，只要说明职称或通话种类，均按首长通话办理。

(四)长途接转

长途电话应按通话种类顺序接通，种类相同的按记录时间先后接通。遇特殊情况，话务员可按先急后缓的原则办理。接转长途通话，电话所间要密切配合，话务员应互报代号，随时交换情况，尽量将发、收话用户同时接通。如不能同时接通时，先叫出发话用户，再叫收话用户。接通长途通话前，确认用户后，应向用户预告：××要的××单位或××来的电话。接通每次通话后，应适时溜线，掌握音质音量是否正常。转话所利用长途半自动接通用户时，应及时通知发话所。

接转首长电话时，应先将收话用户叫出，再接通首长的电话。因话路受限，不能满足多个首长同时通话时，应优先接通上级机关首长的通话，并向其他用户说明情况。因遇紧急通话被中断的长途通话，电话所应向用户说明原因，根据需要事后补接。

(五)转话和迂回通话

电话所转话电路设置。为平衡转接所话务量，迅速接转长途通话，电话所间电路设置和转话径路原则如下。

1. 铁路局至总公司电话所中继话路不少于 2 条。

2. 全路设沈阳、北京、上海、郑州、成都、兰州 6 个大区，承担没有直达路由的局间通话接转工作。其中沈阳大区负责沈阳、哈尔滨局；北京大区负责北京、呼和、济南、太原局；上海大区负责上海、南昌、广州局；郑州大区负责郑州、西安、武汉局；成都大区负责成都、昆明、南宁局；兰州大区负责兰州、乌鲁木齐局和青藏铁路公司。大区之间中继话路不少于2条。相邻铁路局间中继话路不少于2条。

3. 铁路局管内电话所间电路设置由铁路局规定。转话径路以转话所最少、转话径路最短为原则，采用直达接转和迂回转话两种方式。

4. 电话所间有直达话路的优先采用直达话路办理长途通话，没有直达话路的电话所间按照规定的转话径路接转长途通话。转话径路由铁路总公司统一规定。

5. 接续转话由最后转话所负责联系接转长途通话。按规定的转话径路不能正常接转电话或话路拥塞时，电话所间可协调采取迂回接转方式办理。

6. 各级电话所要经常性开展电话流量、流向调查，及时进行话路调整，提出转话径路调整建议。

（六）电话查询

全路统一使用“114”短号码作为电话号码查询业务的接入号码。查询台报号可采用人工或自动语音报号方式。

话务员接听“114”电话时，要主动报代号，使用标准工作用语。用户听不清或有疑问时，应复述或询问。当不能查询到用户指定的单位（部门）时，应向用户解释，根据用户需要可向其提供该单位（部门）相关的号码。

二、电话作业标准

工作有标准，才能实现工作标准化。严格执行作业标准，是做好话务工作的前提。

所谓电话作业标准，就是对在作业系统调查分析的基础上，将现行作业方法的每一操作程序和每一动作进行分解，以科学技术、规章制度和实践经验为依据，以安全、质量效益为目标，对作业过程进行改善，从而形成一种优化作业程序，逐步达到安全、准确、高效、省力的作业效果。

话务员上岗之前要提前到所，做好相关准备工作，如标准着装，佩戴工牌；上岗接班要认真听取领班传达事项，检查所需业务资料是否齐全，记清变更的电话号码及业务情况。

电话接转中要做到“四不”“四联系”“四知道”：

“四不”是：不计较话路使用时间；不计较对方态度和言词；不挑人手；不从印象出发处理工作。

“四联系”是：上班交换代号，下班征求意见；及时交换通话质量，及时交换设备质量情况；坏线自己用，好线给对方；上班给下班打好基础，台与台间搞好协作。

“四知道”是：知道主要用户的电话；知道主要用户的通话性质及其急缓程度；知道主要用户的口音；知道主要用户的工作时间。

话务员值台坐姿端正，精神集中，输入话务员工作代号，注意屏幕显示，随时准备应答。如图2-10所示。

（一）电话记录标准

1. 值台坐姿端正，精神集中。

2. 服务热心，态度和蔼，正确使用工作用语，用户道谢时有回敬语。

3. 使用普通话，熟悉本单位主要领导的声音。

图 2-10　话务员值台坐姿

4. 记录正确、清楚、项目完整，掌握通话种类，使用规定的站名略号和电话记录略号。

5. 应答速度：从用户（或对方所）呼叫到本所应答，每次不超过 12 s。

6. 记录速度：从用户记录开始到报出代号，每张通话票不超过 12 s。

（二）长途接转标准

1. 值台坐姿端正、精神集中。

2. 服务热心，态度和蔼，正确使用工作用语，用户、邻所道谢时有回敬语。

3. 预告清楚、正确、适时、彻底。

4. 及时引导用户讲话，若电话无人接时，20 s 内，话务员应主动询问用户“还要哪里？”。

5. 长途接撤正确；监听时必须以最短的时间、最快的动作溜线。

6. 从呼叫对方电话所沟通完毕至呼叫用户电话（第一声回铃音），每次不超过 12 s。

7. 从用户记录电话时间起到双方用户答话时间止，直达通话为 10 min，转话为 20 min，经过两个及两个以上转话所时为 30 min。

（三）查号标准

1. 值台坐姿端正，精神集中。

2. 服务热心，态度和蔼，使用普通话，正确使用工作用语，用户道谢时有回敬语。

3. 能听懂方言，熟悉本单位主要领导的声音。

4. 应答迅速，使用语音或人工报号。报号准确、清楚，语速适中。

5. 应答速度：从用户（或对方所）呼叫到本所应答，每次不超过 12 s。

6. 报号速度：从用户询问完了到开始报号，每次不超过 10 s。

7. 电话所应指定专人负责电话号码管理工作，接到电话拆装移或单位名称变更通知时，及时补充、修改号码资料，做到电话号码准确无误。

（四）“117”应急台接转标准

1. “117”应急台必须保持良好的运用状态。

2. 熟记有权使用“117”通话的单位、领导姓名、电话号码，掌握管内各车站公里标。救援抢险期间，电话所值机人员要掌握救援现场地点和现场电话号码。

3. 立即接转，加强值机，随时处理用户通话要求。

4. 值台领班与各电话所密切配合，按照上下级的原则逐级指挥，及时疏通应急台的通话。

5. 接转“117”通话必须做到“三及时、一清晰”即：应答及时（不大于 5 s）、接通及时（不大于 60 s）、撤线及时（不大于 5 s）、话音清晰。

6. 话务员应随时监听话路质量，掌握用户需求，发现问题及时解决。

思考题

1. 长途接转标准是什么？
2.“117”应急台接转标准是什么？
3. 电话查询的标准是什么？
4. 转话电路设置原则是什么？
5. 什么是首长通话？

第五节　飞鸿 9000 智能电话人工台

话务作业依托于智能电话人工台，只有在了解它的基本工作原理和功能，才能更好地完成电话工作。下面以飞鸿 9000 智能人工话务系统为例进行讲解。

一、智能电话人工台基本工作原理

飞鸿 9000 智能人工话务系统是由北京佳讯飞鸿电气股份有限责任公司完全针对人工电话交换而设计的数字程控交换系统。该系统从投产以来历时 8 年的持续改进，从技术到生产、服务都已经非常成熟、稳定，功能完备、性能可靠。飞鸿 9000 系统定位于数字化、智能化，以针对用户需求为设计方针，综合考虑了用户现场的各种复杂情况，以满足用户的需求为第一。

（一）系统原理

飞鸿 9000 系统由“前台座席系统”与“后台交换系统”两部分组成。系统结构原理框图如图 2-11 所示。

后台交换系统由后台主控机、数字交换网络、各接口控制模块、接口电路组成。前台座席系统由班长台、话务台组成。

话务台、班长台及后台主处理机全部连接到集线器上。后台交换系统各外线端口上的所有状态（包括示闲、占用、反呼、应答、挂机等）都由后台主处理机通过集线器传送到相应的前台坐席上；由话务员从前台坐席上发出的所有操作指令又都通过集线器传送给后台主处理机，后台主处理机控制各接口做出相应的动作，从而完成各种接续工作。

（二）系统特点

1. 时分数字无阻塞全路由交换

本系统采用了 1 024×1 024 数字语音交换矩阵，将长途不同回路的语音信号、出中继不同回路的用户语音信号、长途台话务员语音信号进行实时交换，保证任意方向间任意时刻均可构成通话回路。

2. 双机双网主热备份

本系统在硬件结构上采用了双主处理机、双交换网络的方案。主、备用机同时工作，可实现定期切换、命令切换、故障切换。切换时，正在通话的双方不断话。

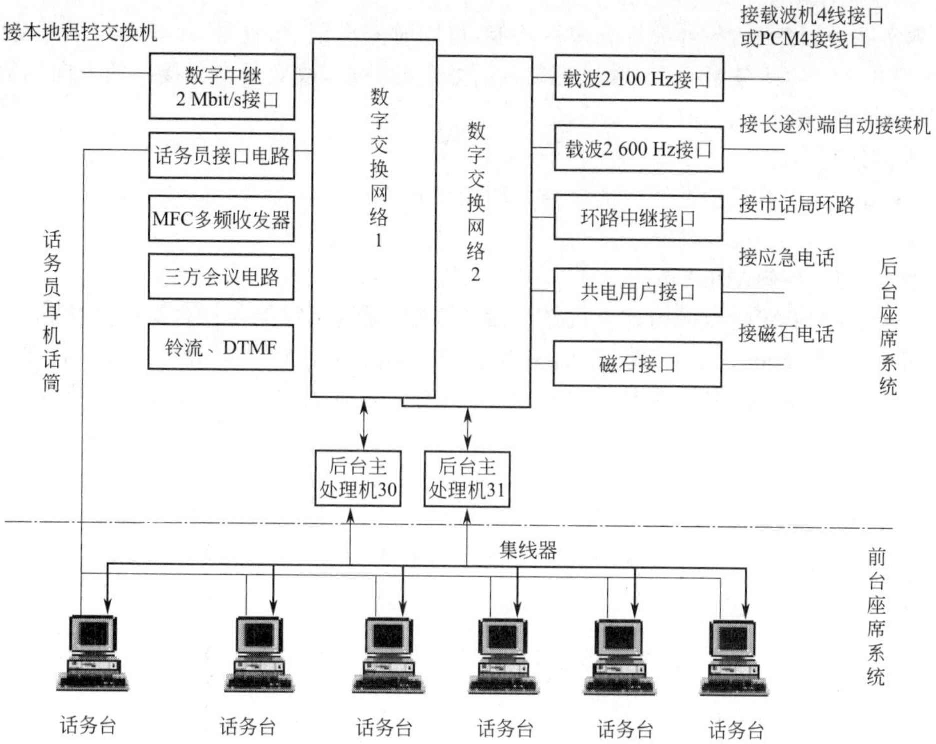

图 2-11　智能电话人工台系统原理框图

3. 替代 PMUX 设备,完成长途自动接续功能

本地自动交换机的 2 Mbit/s 口数字中继直接接入后台交换网络。

本地用户不但可以呼叫话务台,也可以通过环路接口和载波 2 600 Hz 接口分别与市话用户和长途对端纵横制交换机的用户实现自动直拨。用飞鸿 9000 完成了 PMUX 的功能,减少设备投资,降低线路衰耗,适应今后发展。

4. 分布式控制技术与模块化设计

本系统的软、硬件结构在设计上采用了模块化与分布式控制技术,使得系统结构更趋合理,易于升级维护。在前台系统中,不使用服务器。其优点是网络运行不依赖于关键设备,任何一个话务台损坏都不影响其他话务台的工作,使系统运行更加安全、可靠。

5. 全汉化图形界面

本系统使用 586 计算机作为话务台,全汉化图形界面,交互式人机操作方式,话票的输入输出信息全部采用汉字方式,简单明了,易于掌握。

6. 话单自动传递

取消了分发台和纸话单,由话务员操作键盘输入汉字话单,输入时话单的部分项目由计算机自动填入,输完后自动分发、传递。

7. 数据自动采集

具有数据自动采集功能。每个话务台开机后,自动加载全局资源数据。修改时,由班长台将修改过的数据通过网络传给各座席台。各座席台自动统计数据,将结果传到班长台,班长台自动按军队的标准格式显示或打印输出,简化了数据管理的工作。

8. 多功能话务台及并席功能

在本系统中，每个话务台都具有多种功能，可同时完成记录、查号、接转和市话等功能。同时，可根据各个方向话务量大小，增加或减少话务台的数量，改变每个台接续的方向和数量，以及合并话务台的功能。

9. 提供计费功能

根据标准，可按不同种类的通话选择不同的计费方式。

(三)硬件结构及原理

1. 前台坐席系统结构及功能

飞鸿 9000 人工智能台采用计算机作为话务终端，通过集线器与后台交换系统相连。采用微软公司中文 Windows98 系统，界面采用标准 Windows 全中文界面，和后台系统采用 Netbios 低层协议通信。各坐席与后台独立交互；前台系统无关键节点；前台系统故障不影响其他坐席和后台系统正常运行。

(1)主机

采用的计算机全面兼容于 PC/ATX 标准体系结构，采用 PCI 总线，数据宽度 32 位，主板的兼容性、系统的运行速度和效率明显优于以往的 ISA 总线结构和 VESA 总线结构。主机内部结构如图 2-12 所示。

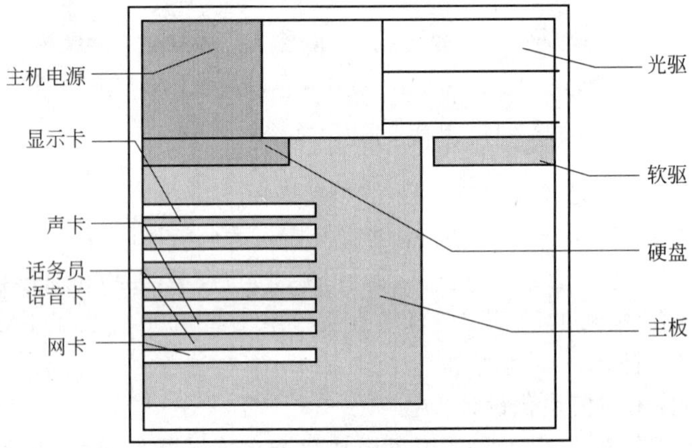

图 2-12　主机内部结构侧视图

(2)电源

PC 机的电源是一个封闭的独立部件，位于机器的后部。它的主要功能是将输入的 220 V 交流电经变压、整流、稳压后，转换为+5 V、−5 V 和+12 V、−12 V 直流电输出。5 V 直流电源大部分用于计算机电路，而机器内的机械设备如软盘和硬盘驱动器的马达大部分采用 12 V 直流电源。

电源通过多个四针连接器和两个六针连接器分别与其他各部件连接。四针连接器是相同的，都提供+5 V 和+12 V 的直流电压，为磁盘驱动器等部件供电。两个六针连接器为主机供电。另外，电源内部有一个风扇，主要目的是冷却电源内部的部件，以防止过热。同时，对电路板起到一定的制冷作用。

(3)主板

打开机箱，会看到机箱底部有一块大型印刷电路板，这块板被称作主板。它包含一些插座或“槽”，用于插入其他较小的电路板，以使计算机能与其他设备的主机通信。ROM BIOS 通常以芯片的方式插在主板上，RAM 芯片也在主板上有自己的插座或 SIMMS，CPU 芯片通常也插在主板上。

(4)CPU

中央处理器(Central Processing Unit，CPU)是计算机的核心计算和处理部件。CPU 本身的运算速度、处理能力和效率在很大程度上决定了一个计算机系统的运行速度、处理能力和效率。

(5)内存

主机内存一般是由半导体动态可读/写存储器(DRAM)构成的，用于存放程序和数据。计算机中的内存一般以几个芯片为一组，构成单列直插式内存部件(SIMMS)插到主板上。

(6)硬盘驱动器

硬盘驱动器一般安装在电源的底部或侧面。它包含许多磁性存储介质，用于存放常用的程序、数据资料等信息。一般常用的硬盘属于封闭的温式硬盘。

(7)软盘驱动器

软盘驱动器是最常用的外部设备之一，它是一种用于对软盘进行读写操作的设备。软盘片存储容量较硬盘要小得多，但它便于携带和使用，经常被用作计算机间信息交换和资料长期保存的介质。飞鸿 9000 软盘驱动器的标准配置为 3.5 英寸软驱。

(8)显卡

显卡提供图形信号输出接口。

(9)声卡

为“114”查号功能提供高质量的音频输出。

(10)网卡及外部连线

用来与前后台通信，采用 RJ-45 插座，网络电缆为 8 芯 5 类双绞线。一端通过 RJ-45 插头插接在话务台的网卡上，另一端插接在网络集线器(一般放置在后台)上，如图 2-13 所示。

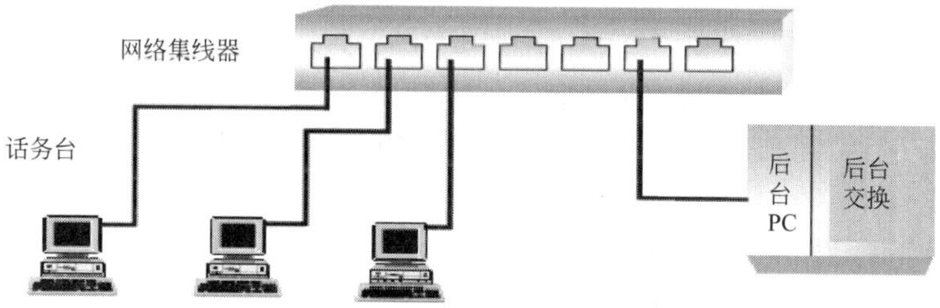

图 2-13 局域网连接示意图

2. 其他外部设备

(1)显示器

显示器是一种非常重要的输出设备。显示器经历了从单色到彩色，低分辨率、中分辨率到高分辨率几个阶段，分辨率成为考核显示器性能的一个重要指标。飞鸿 9000 采用的显示器分辨率为 1 024×768 逐行，是市场上分辨率较高的智能型图形适配器。另外，显示器具有节能功能，符合 EPA 能源之星及 VESA DPMS 标准。

(2)键盘

键盘是最常用的人机交互输入设备。在话务台上键盘被用于弹出话票、填话票以及传话票等操作。

下面简单介绍一下键盘上各种键体的用法。

字符键：用于字符输入，通过按“Caps Lock”可以选择输入大写/小写字符。

数字/符号键：可以用于数字/符号的输入，通过和“Shift”合用，可以输入键体上端的符号。

空格键：用于在编辑时输入“空格”，或用于启动/结束一些常用的命令。

“Enter”（换行）键：用于在全屏幕编辑时，结束当前行的编辑状态，换到下一行继续编辑。在操作系统中，经常用于启动命令或程序；也经常用于应用程序中的功能启动。

“Caps lock”键：用于改变字符输入的大/小写状态；当用中文输入方法时，常用于切换英文/汉字输入状态。

“Shift”键：必须和其他键联合使用；在英文字符输入时，和字符键联合使用可以改变输入字符的大写/小写状态；和数字/符号键联合使用可以选择输入键体上部的符号。

功能键：一般用于在应用程序中启动某项指定的功能，可以和“Shift”、“Ctrl”、“Alt”等键联合使用。

“Esc”键：“Esc”是英文“Escape”的缩写，表示退出的含义，所以一般用于从程序中退出。

“Ctrl”键：必须和其他键联合使用，Ctrl 是英文“Control”的缩写，表示控制的意思，因此，该键一般和其他键联合使用，实现某些特殊功能的启动或终止。如在 Microsoft 中文 Windows 3.2 环境下，一般可以用“右 Ctrl”＋“空格”的方式进入中文输入方法；如在 DOS 状态下，可以用“Ctrl”＋“C”或“Ctrl”＋“Break”终止某些 DOS 的命令的执行。

“Alt”键：必须和其他键联合使用，Alt 是英文“Alternate”的缩写，表示“替换”的意思，因此，它一般用于直接从当前功能环境下，启动或进入其他功能环境。在 Windows 操作系统中，由于操作系统支持多任务和多窗口环境，这一键用得非常普遍，如“Alt”＋“F4”一般表示退出当前正在运行的程序。

光标移动键：包括“Page Up”（Pg_Up）、“Page Down”（Pg_Dn）、“Home”、“End”、“Tab”等键，用于在全屏幕编辑状态下或在程序中移动光标位置。“Pg_Up”、“Pg_ Dn”、“Home”、“End”、“Tab”等键还经常和“Shift”、“Ctrl”、“Alt”等键联合使用，帮助到达某些特定位置。如在 Microsoft Windows 3.2 中文环境下，“Alt”＋“Tab”用于窗口切换。

“Pause/Break”键：可以用于让程序运行暂时停止。

“Print Screen”键：在于 Windows 环境下，可以用于把当前屏幕内容拷贝到剪贴板上，供其他程序使用或打印。

“Num Lock”键：用于将小键盘变成“数字键盘”或“光标移动键盘”。

“Ins”键：用于在编辑或信息输入时改变插入/修改模式，在插入模式下，新键入的内容被插入到原内容中；在修改模式下，新键入的内容将替换原来的内容。

“Del”键、退格键：用于在编辑或信息的输入时删除操作。

状态显示灯：显示“Num Lock”、“Caps Lock”、“Scroll Lock”的状态，“Caps Lock”状态显示最常用。当计算机发生故障时，可以按“Caps Lock”等键，并看相应的状态显示灯是否有变化，以确定键盘输入系统是否正常，并可判定是否“死机”。当然，某些程序在运行时，会全部或部分锁定键盘操作，这种情况属于例外。

“Ctrl”＋“Alt”＋“Del”是一组特殊定义的组合键，在 DOS 和 Windows 状态下，敲组键将对系统进行重新启动，称之为“热复位”或“热启动”。

上面所说的是一般情况下的键盘使用。在实际应用中，各个软件可以灵活的定义自己的键盘操作方式和风格。例如：在话务台上数字键可用来激活正处理窗口等。

(3)鼠标

鼠标同样也是计算机系统中最常用的输入设备之一，特别是在 Windows 操作系统环境下，鼠标能提供非常方便的使用效果。鼠标一般具有左、右、中三键或左、右双键，其中最常用的是左键。鼠标的应用一般有移动、单击、双击、拖曳和指示等,在 Windows 操作系统环境下,移动用于将鼠标符号移动到指定位置;单击操作一般用作启动某一功能或确认某一命令;双击操作一般用作启动程序或利用 Windows 的"整合环境",进入"对象操作";拖曳一般用作"对象"的特定移动,如在"文件管理器"中,把一个文件拖曳到软盘驱动器上,意味着将把该文件拷贝到软盘驱动器上。

(4)打印机(可选)

打印机是经常用到的输出设备,计费话票、统计报表等都是通过打印机所打印出来的。

(四)后台交换系统原理

后台交换系统实质上是一个受前台系统控制的程控数字交换机,同其他的程控交换机一样,可以分为二个子系统:控制子系统和话路子系统。

1. 控制子系统

控制子系统采用二级控制方式:第一级:主处理机;第二级:模块处理机。

主处理机通过总线与各个模块处理机进行通信,控制整个交换机的工作。模块处理机为功能与负荷分担方式,每个模块处理机完成一部分负荷和功能,模块处理机间相互独立,根据容量和功能有不同设置。

(1)主处理机

主处理机是一台工控机,具有非常高的稳定性,由 CPU、内存、电子盘、EPROM 以及与整个系统的通信接口等部件组成。其中 EPROM 为不可擦除存储器,用于存放操作系统文件和网络系统文件,是不可更改的数据;电子盘为可擦写快闪内存 FLASH,用于存放本系统的数据文件及可由用户更改的数据文件。

主处理机的主要任务为控制整个后台系统的运行,接收前台系统送来的各种命令,向前台系统输出各种状态信息,接收各个模块处理机送来的各个接口电路、信令电路的信息,向各个模块处理机发出交换信令、接口电路状态变换命令和接续命令。

(2)模块处理机

各接口模块的模块处理机采用 Intel 80198 单片机,所有接口模块的控制部分都有相类似的硬件,并定义了统一的接口标准。对于不同的模块,处理机的程序和功能有所不同。

2. 话路子系统

话路子系统是由以下各种电路组成:数字交换网络、数字接口电路、环路中继接口电路、座席接口电路、音信号电路、三方通话电路。

通过这些电路与程控交换机、载波机、市话用户线等外部设备连接,完成数模转换、信令、三方通话以及交换接续任务。

(1)数字交换网络

数字交换网络由专用大规模的数字交换集成电路组成,可完成 32 对 PCM 总线(1 024TS×1 024TS)之间的无阻塞交换。在控制系统作用下可进行下列交换:数字接口电路与座席电路之间、载波接口电路与座席电路之间、载波接口电路与数字接口电路之间、载波接口电路之间、座席电路之间、用户电路与座席电路之间、磁石接口电路与座席电路之间、环路接口电路与座席电路之间、环路中继电路与数字接口电路之间。

(2)数字接口电路

数字接口电路与 2 048 Mbit 的 PCM 一次群中继电路相连,完成与数字信号直接相连的任务,采用 PMC6341 及大规模集成电路,主要功能为:线路信号的均衡放大和码型恢复,双极性码和单极码相互转换,HDB3 码和 NRZ 的相互转换,时钟信号的提取,帧同步码的搜寻和插入，TS16 信令的提取和插入，512 bit 的缓冲和帧调整，CRC 校验，误码、滑码和失帧告警。

每个数字接口模块和每个数字接口板可接两个 PCM 一次群电路，用户需用 75 Ω 阻抗的接口。

(3)环路中继电路

当军网电话与公用电话网(市电)不能相互直拨时，该电路可以连接市话的用户线，既可接收市话铃流，由话务员或电脑话务员应答后转接到军网各用户分机，也可由话务员或军网分机直接呼叫市话用户。

(4)座席接口电路

座席接口电路以四线方式与各座席的送受话器相连，经过放大器，A/D 变换与数字交换网相连接。

(5)音信号电路

音信号电路采用数字信号音发生器发出音信号(包括回铃音忙音用户等待音等)。

(6)三方通话电路

三方通话电路采用大规模集成电路，数字信号处理方式，直接完成三方通话，每块集成电路连接一条 PCM 总线，可提供 30 个三方通话电路，完成话务员插话分隔等功能。

二、智能电话人工台系统功能

(一)班长台

为了减小系统规模，将查询、计费、统计、管理、维护五种功能融合为一体，统一成为多功能的班长台(同时，可根据用户要求，将以上任意功能单独做成独立的台子)。

班长台具有以下的功能：

1. 数据管理维护功能

飞鸿 9000 系统数据的修改和维护都由班长台来完成，修改好的数据直接通过网络传送到相应的话务台，可不必关机拷贝。提供多种长途台与班次的对应关系，班长可任意调换每个班次的长途台与长途方向的对应关系。换班时(并席)，既可以在系统的预置时间自动完成，也可以由班长手动控制完成。

2. 监控功能

可以监听任一话务员或长途线的状态，即班长可以把任一话务台的屏幕调到班长台的屏幕上，把任一话务台的话务员语音接到班长台的耳机上，用来检查话务员的工作及服务质量。可以检查任一话务台的工作情况，查询任一话务员完成的话单、未处理的话单、待处理的话单，检查话务员的接通次数、接转时限率、全程时限率。

班长台提供录音输出插孔，可对监听内容进行录音。

3. 查询功能

对未接续完的话单，班长可以利用上项查询功能将长途台的话单调出或用席联功能叫出长途台话务员进行查询；对处理完的话单，班长台可按话单内容的任意字段查询，并可显示或打印。

4. 统计功能

可对当日、当班完成的话务量等内容进行统计，并按标准格式打印输出。

5. 处理错误话单功能

由长途台发现的记录错误的话单统一传送至班长台，由班长修改，传送到相应长途台，并自动记录长途台的错误。

6. 维护功能

班长台提供对后台交换系统的硬件检测、维护功能。

飞鸿 9000 具有完整的信息采集功能，实时将各功能模块、各接口的状态信息通过局域网传送给班长台，由班长台进行监控，一旦发现故障，由班长台告警，并可打印输出。同时，也可由班长台控制，对故障进行复位。班长台也可以对任意一个端口进行呼出测试，以检测端口及相应的外线是否完好。

7. 计费功能

所有计费信息都传到班长台存储，由班长台按照不同的计费方式及计费费率，自动产生汇总报表。费率表由班长台修改，并可按要求定时自动打印出收费单据。

8. 其他功能

班长台还具有话单打印功能，可选择打印"117"话单或全部的话单。

另外，飞鸿 9000 系统在班长台上还可以提供远程维护功能。佳讯公司的技术人员可通过拨号电话线、Modem，远程登录到任一正在运行的飞鸿 9000 系统上，在允许的口令字下，远程索取该系统的数据和运行状态，并可在远程修改系统内的文件配置或直接将新版软件上载到该系统内，实现远程维护和升级。

注：若设置维护台，则数据维护、监控等功能在维护台上。

(二)后台交换系统结构及功能

飞鸿 9000 系统机柜结构中后台交换系统由主网模块、数字模块、模拟模块组成，整个系统可安装 13 个模块，数字中继接口板每板安装数字中继电路 60 路，其他接口板每板安装模拟电路 8 路。如图 2-14 所示。

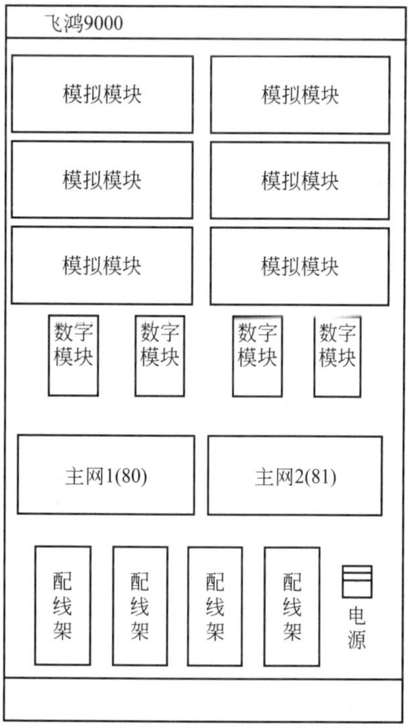

图 2-14 后台系统硬件结构图

后台交换系统为模块化结构设计，两级分布式。

控制系统分主网级、模块级。主网级采用双机双网备份，控制程序简单可靠。主网级完成全部动态交换功能，和前台命令系统的交互，对模块的信令控制，告警、局数据加载等维护功能。模块级主要完成信令交互和主网通信功能。

1. 主网模块

选组级交换网络为 1 024×1 024 接线器，可接入 32 个 PCM 一次群。另外，通信单元和音信号发生器，三方会议电路，以及多频信号收发器也接在选组级网络上。飞鸿 9000 为了使系统运行更加可靠，采用了双交换网络、双主处理机方案。同时，对音信号发生器、MFC 电路及三方会议电路，也采用了双备份结构。

后台主处理机 1(80)和后台主处理机 2(81)分别安装一块网卡，与前台话务台同时运行于同一局域网上，主处理机的主备用切换由前台系统软件控制。后台主备用机同时工作，同时向前台系统发送和接收消息。

后台主备用机的切换采用三种方式：定时切换、命令切换和故障切换。后台系统主备用切换时，要保证正在通话的用户不断话。现将主网级电路分述如下：

(1)音信号发生器：采用了全新技术，结构简单，可靠性高。完成音信号的生成和发送，其频率及时间间隔误差仅取决于系统 2.048 MHz 时钟。

(2)通信单元:支持网络处理机与接口模块处理机之间的通信,通信利用 PCM 串行信道,采用 HDLC 通信规程。

(3)多方会议电路:以十六组三方通话电路为单位,可提供四十八组三方通话。同时,由话务员控制可以接入十六方会议电话。

(4)网络处理机:选用 80486 处理机。网络处理机与交换网络的接口采用 ISA 总线。程序存放在磁盘中,开机加电自动加载。加载时间不超过 1 min。

(5)时钟发生器:采用主从同步方式,最大频率偏移大于 2×10^{-8}/天,最低准确度$\pm4.6\times10^{-6}$。系统时钟可按其上级局交换机的同步信号完成同步,也可工作于自由运转方式,并且具有自检告警功能。

(6)电源和铃流源:采用高可靠性模块化电源,降额使用。供电原则上为分层供电,即每个模块都有自己独立的电源。每个电源配备有故障告警,具有可见可闻信号。

一个主网由以下几部分组成:主网背板、网板、音源板、电源板、工控机或小 486 组成。早期采用小 486,后升级为工控机,因为工控机采用电子硬盘,并具备散热效果好,数据可靠性和稳定性更好等优点,从而使得系统运行更安全。

主网模块各个电路板的位置是固定的,如图 2-15 所示。

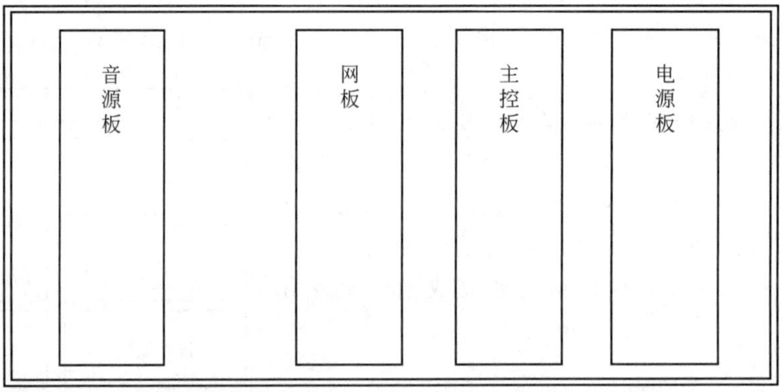

图 2-15　主网模块正视图

2. 数字模块

每个数字模块由一块数字电源模块、一块数字中继板及数字背板组成。数字电源模块独立地给数字中继板供电,每块数字中继电路板安装 2 套数字中继接口电路,可支持两条数字 PCM 一次群,共 60 个数字中继。接口电路技术成熟,稳定可靠。支持 75 Ω 和 120 Ω 线路阻抗。支持 NO.1 信令,多频记发器方式,能同时处理 8 路数字多频信号。

有两种组成形式:①由数字中继板、电源板组成。②由数字 2100 板、电源板组成。

3. 模拟模块

模拟接口模块支持载波 2 100 Hz 接口、载波 2 600 Hz 接口、四线平衡话音接口、共电用户接口、环路中继接口、磁石接口。

每个模拟模块由一块模块电源板,一块模控板,背板及若干接口板组成。模块电源板负责向本模块独立供电,并提供共电和磁石接口使用的铃流模块。模控板负责对本模块进行管理。

接口板有以下几种:双音多频板,话务员板,共电板,环路中继板,2 100 Hz 载波板,磁石板，养路板（每个模拟模块最多安装 7 块）。

思考题

1. 飞鸿 9000 系统由哪两部分组成？
2. 键盘中“shift”键的用法是什么？
3. 飞鸿 9000 系统班长台查询功能是什么？
4. 飞鸿 9000 系统班长台统计功能是什么？
5. 飞鸿 9000 系统机柜结构中后台交换系统由哪些模块组成？

第六节　CTT-2000B 智能电话人工台

一、CTT-2000B 系统结构

CTT-2000B 系统结构如图 2-16 所示。

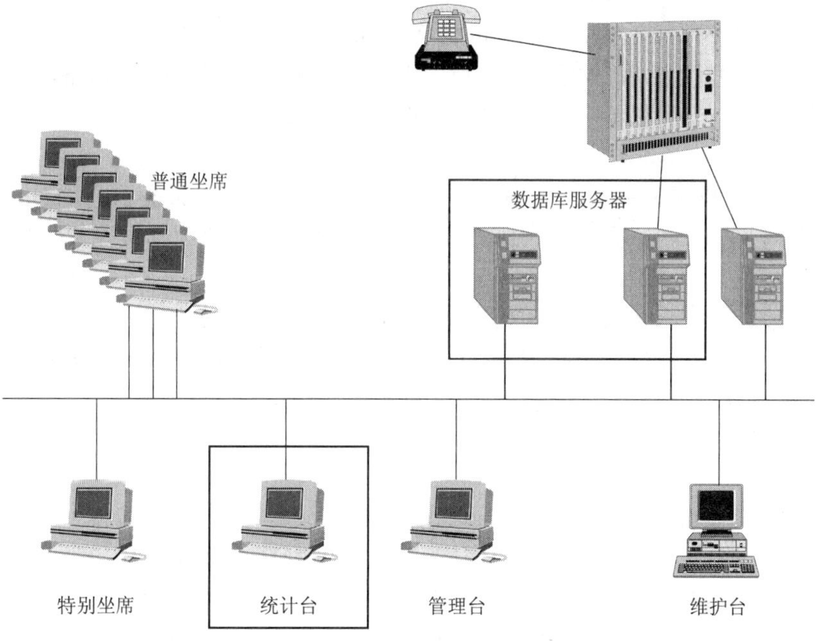

图 2-16　CTT-2000B 系统结构

（一）软件系统概述

CTT-2000B 智能电话人工台系统，使用现代化的计算机局域网技术、程控数字交换机技术和现代通信技术，针对铁路原有长途人工接续设备进行彻底改造，而开发的新一代话务员系统。本软件系统采用当今流行的 Windows 32 位操作系统为开发平台，包括 Windows XP 和 Windows Server，系统性能稳定可靠，兼容性好，安全性强，完全的图形界面，极易用户理解和使用。

（二）坐席台功能介绍

1. 记录台

本系统对来自“113”的呼入，按主叫号码设置的级别、呼入到达时间设置优先级，广播到记录台，话务员采用竞争机制应答，系统自动填写主叫号码、话单级别、服务类型等数据，并提供话务员对主、被叫姓名采用“百家姓编码输入法”快速录入汉字姓氏。对于非直达被叫区号，系统自动填写中转，当记录完成时，将话单分配到相应的接续座席。

2. 长途接续台

长途接续台负责对长途来话、去话和转话的应答与接续操作。具有如下功能：

(1)系统按台子或人设置工作权限，对记录完成等待接续的话单，分配到相应的台子。按话单优先级排队列表显示在屏幕上，并对已向对方话所报过记录或接续等待超时的话单有明显的提示符。

(2)对正通话的话单，有监听到时、通话到实提示。话务员监听 3 s(可设置)后，系统自动连接监听通知音。

(3)采用了命令行操作方式，话务员可以通过盲打完成应答、呼叫、转接等所有操作，以提高接续速度。

(4)屏幕提供同时显示两张话单，支持话务员可对不同话单的交叉操作功能，即在操作过程中同时进行拨讲动作，真正实现了多话路的并行处理，提高了工作效率。

(5)可自动选择和显示呼叫线路，进行线路状态显示。

(6)可以随时进行立接、迟接和记录的转换，提高了话务台的灵活性。

(7)可按被叫、中转、主叫区域或号码提取同方向的话单。充分利用长途话路，提高接续效率。

(8)支持二次拨号、回振铃、分隔、强插、强拆等线路操作。

3. 查号台

提供多种编码查询，相关内容显示。并提供常用的应答语音，话务员无须讲话就可以完成应答、询问、查询及报号的所有工作。既提高了工作效率，又避免因话务员口头应答而引起的不必要的纠纷。

4. 维护台

提供维护员可对硬件机柜进行状态监视；对各种接口板数据进行配置和数据加载等功能操作；清理系统资源；线路数据查看与操作；工作站初始化设置；查看日志文件；切换通信服务器等功能操作。

5. 统计台

CTT-2000B 系统提供了强大的统计功能，可对话单、话务量、应答效率、话务员工作考核、长途电话日记年记表等多项内容进行统计，并按标准格式打印输出。

CTT-2000B 系统还提供了完善的计费管理功能，班长可进行方向费率、服务费率、折价时间、手续费等的设定。可以根据电话号码、合同号等进行费用计算，输出日结月结计费清单。

6. 查询台

CTT-2000B 系统可以实时对处理话单和完成话单进行查询，系统提供模糊查询方式，班长可根据话单的任何一项进行查询，如接续时间、话务员工号等。

(三)各服务器功能介绍

(1)通信服务器

通信服务器是全系统的核心部件，负责各座席与硬件机柜的信息交换与控制；话单的管理、调度与分配；线路的管理与控制等。如果他出现故障停止运行，将造成接续系统的瘫痪。为了确保接续系统的安全、不间断地运行，建议使用双机热备份的通信服务器系统。

(2)数据库服务器

数据库服务器是系统查询、统计与管理的数据源服务器。对接续系统无直接影响。采用MicroSoft SQL2000数据库管理系统，支持单一或多系统协调管理和工作的方式，保证系统数据的一致性和完整性。

(3)综合座席平台

CTT-2000B系统可根据不同的用户需求，将上述所有功能兼一身；也可使用多个台子协调完成各自的功能。

建议：

统计台＋查询台(一台)；

查号＋记录＋接续(多台)；

维护台(一台)，(也可与其他座席合用)；

通信服务器(一台)＋(备份一台)；

数据库服务器(一台至两台)，(另一台也可与统计台合用)。

(四)其他设备

1. 显示器

显示器是一种非常重要的输出设备。显示器经历了从单色到彩色，低分辨率、中分辨率到高分辨率几个阶段，分辨率成为考核显示器性能的一个重要指标。CTT-2000B采用的显示器分辨率为640×480逐行，是目前市场上分辨率最高的智能型图形适配器。另外，显示器具有节能功能，符合EPA能源之星及VESA DPMS标准。

2. 键盘

键盘是最常用的人机交互输入设备。在话务台上键盘被用于弹出话票、填话票以及传话票等操作。

下面简单介绍一下键盘上各种键体的用法：

字符键：用于字符输入，通过按“Caps Lock”可以选择输入大写/小写字符。

数字/符号键：可以用于数字/符号的输入，通过和“Shift”合用，可以输入键体上端的符号。

空格键：用于在编辑时输入“空格”，或用于启动/结束一些常用的命令。

“Enter”(换行)键：用于在全屏幕编辑时，结束当前行的编辑状态，换到下一行继续编辑。在操作系统中，经常用于启动命令或程序；也经常用于应用程序中的功能启动。

“Caps lock”键：用于改变字符输入的大/小写状态；当用中文输入方法时，常用于切换英文/汉字输入状态。

“Shift”键：必须和其他键联合使用；在英文字符输入时，和字符键联合使用可以改变输入字符的大写/小写状态；和数字/符号键联合使用可以选择输入键体上部的符号。

功能键：一般用于在应用程序中启动某项指定的功能，可以和Shift、Ctrl、Alt等键联合使用。

“Esc”键：“Esc”是英文“Escape”的缩写，表示退出的含义，所以一般用于从程序中退出。

“Ctrl”键：必须和其他键联合使用，Ctrl是英文“Control”的缩写，表示控制的意思，因此，该键一般和其他键联合使用，实现某些特殊功能的启动或终止。如在Microsoft中文Windows3.2环境下，一般可以用“右Ctrl”＋“空格”的方式进入中文输入方法；如在DOS状态下，可以用“Ctrl”＋“C”或“Ctrl”＋“Break”终止某些DOS的命令的执行。

“Alt”键：必须和其他键联合使用，Alt是英文“Alternate”的缩写，表示“替换”的意思，因此，它一般用于直接从当前功能环境下，启动或进入其他功能环境。在Windows操作系统中，由于操作系统支持多任务和多窗口环境，这一键用得非常普遍，如“Alt＋F4”一般表示退出当前正在运行的程序。

光标移动键：包括“Page Up”（Pg_Up）、“Page Down”（Pg_Dn）、“Home”、“End”、“Tab”等键，用于在全屏幕编辑状态下或在程序中移动光标位置。“Pg_Up”、“Pg_ Dn”、“Home”、“End”、“Tab”等键还经常和“Shift”、“Ctrl”、“Alt”等键联合使用，帮助到达某些特定位置。如在 Microsoft Windows 3. 2 中文环境下，“Alt”＋“Tab”用于窗口切换。

“Pause/Break”键：可以用于让程序运行暂时停止。

“Print Screen”键：在于 Windows 环境下，可以用于把当前屏幕内容拷贝到剪贴板上，供其他程序使用或打印。

“Num Lock”键：用于将小键盘变成“数字键盘”或“光标移动键盘”。

“Ins”键：用于在编辑或信息输入时改变插入/修改模式，在插入模式下，新键入的内容被插入到原内容中；在修改模式下，新键入的内容将替换原来的内容。

“Del”键、退格键：用于在编辑或信息的输入时删除操作。

状态显示灯：显示 Num Lock、Caps Lock、Scroll Lock 的状态，Caps Lock 状态显示最常用。当计算机发生故障时，可以按“Caps Lock”等键，并看相应的状态显示灯是否有变化，以确定键盘输入系统是否正常，并可判定是否“死机”。当然，某些程序在运行时，会全部或部分锁定键盘操作，这种情况属于例外。

“Ctrl”＋“Alt”＋“Del”是一组特殊定义的组合键，在 Dos 和 Windows 状态下，敲组键将对系统进行重新启动，称之为“热复位”或“热启动”。

上面所说的是一般情况下的键盘使用。在实际应用中，各个软件可以灵活的定义自己的键盘操作方式和风格。例如，在话务台上数字键可用来激活正处理窗口等。

3. 鼠标

鼠标同样也是计算机系统中最常用的输入设备之一，特别是在 Windows 操作系统环境下，鼠标能提供非常方便的使用效果。鼠标一般具有左、右、中三键或左、右双键，其中最常用的是左键。鼠标的应用一般有移动、单击、双击、拖曳和指示等，在 Windows 操作系统环境下，移动用于将鼠标符号移动到指定位置；单击操作一般用作启动某一功能或确认某一命令；双击操作一般用作启动程序或利用 Windows 的“整合环境”，进入“对象操作”；拖曳一般用作“对象”的特定移动，如在“文件管理器”中，把一个文件拖曳到软盘驱动器上，意味着将把该文件拷贝到软盘驱动器上。

鼠标的应用还有许多，尤其在图形方式下，鼠标带来了极大的方便。

4. 打印机（可选）

打印机是经常用到的输出设备，计费话票、统计报表等都是通过打印机所打印出来的。

二、CTT-2000B 系统硬件配置

CTT-2000B 系统硬件结构如图 2-17 所示。

各机器运行程序功能：

CommServ. EXE——通信服务器运行程序，运行在通信服务器机器上全系统的核心总控、调度中心（不能停止运行）。

Tlmiddle. EXE——中间件程序，运行在通信服务器机器上负责通信服务器与主用数据库服务器间数据传送（系统中只能运行一个）。

SQL2000——数据库管理程序，存放完成话单、“114”查号数据，统计及管理数据（主/备两个 SQL 同时运行）。

Tlclient. EXE——话务台程序，负责接续和系统前台操作。

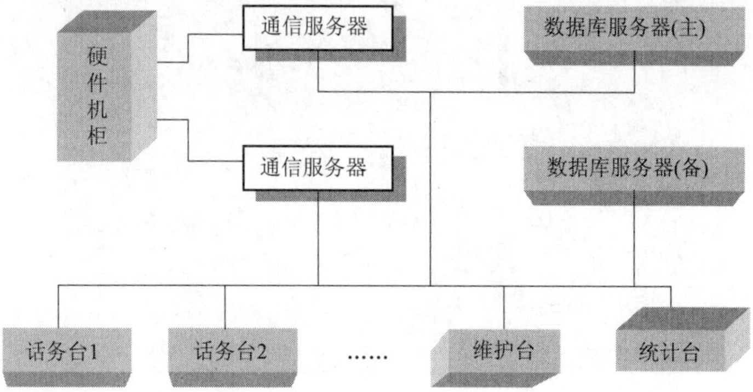

图 2-17　系统硬件结构

Tlmanage. EXE——统计台，负责各种报表打印、统计、“114”查号库的管理。

Mhserver. EXE——和后台交换机的主处理机通信程序，加载程序和资源。

Mhclient. EXE——后台交换机数据配置程序，配置和加载数据。

(一)CTT-2000B 系统启动和停止操作顺序

首先要保证数据库已运行。

启动顺序：(1)启动 Commserv. EXE 通信服务器。

(2)启动 Tlmiddle. EXE 中间件程序。

(3)启动 Tlclient. EXE 话务台程序。

停止顺序：(1)停止 Tlmiddle. EXE 中间件程序。

(2)停止 Commserv. EXE 通信服务器。

(3)停止 Tlclient. EXE (或话务台程序也会找不到通信服务器自动退出)。

(二)各机器程序运行介绍

1. 运行通信服务器程序

(1)通信服务器的作用。通信服务器程序是整个长途话务台系统最核心的部分，如果它停止运行，将造成全系统瘫痪。它的作用：

①是机柜和话务系统通信连接的桥梁。

②是话单分配调度的管理机构。

③是系统运行所需数据文件的管理中心(如方向管理、百家姓管理、号码查询、逻辑线路、座席管理等)。

④支持双通信服务器热备份，保证系统核心部分的安全、稳定运行。

(2)运行 CommServ

首先在“控制面版”中设置好参数，运行通信服务器程序(双击 CommServ 应用程序快捷方式图标)。

(3)通信服务器初始化

启动通信服务器 CommServ，屏幕会出现如图 2-18 所示的显示。

此时系统在进行初始化工作，一般情况下 1 min 左右，通信服务器将进入运行态。

(4)检测通信服务器的运行状态

主用通信服务器运行图如图 2-19 所示，备用通信服务器运行图如图 2-20 所示。

图 2-18　初始化界面

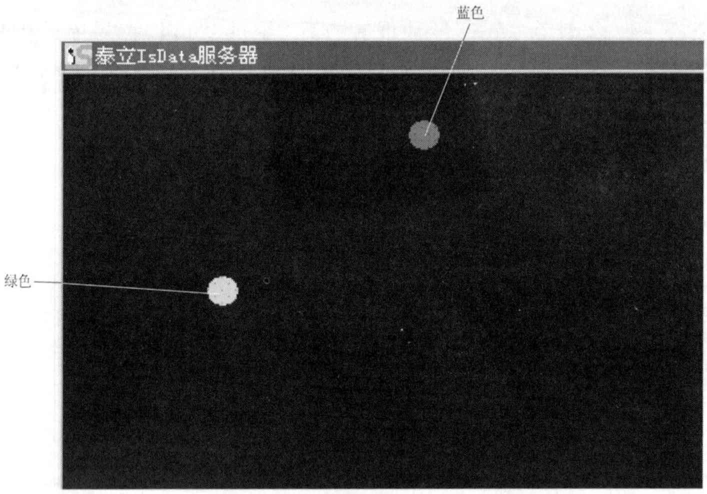

图 2-19　主用通信服务器运行图

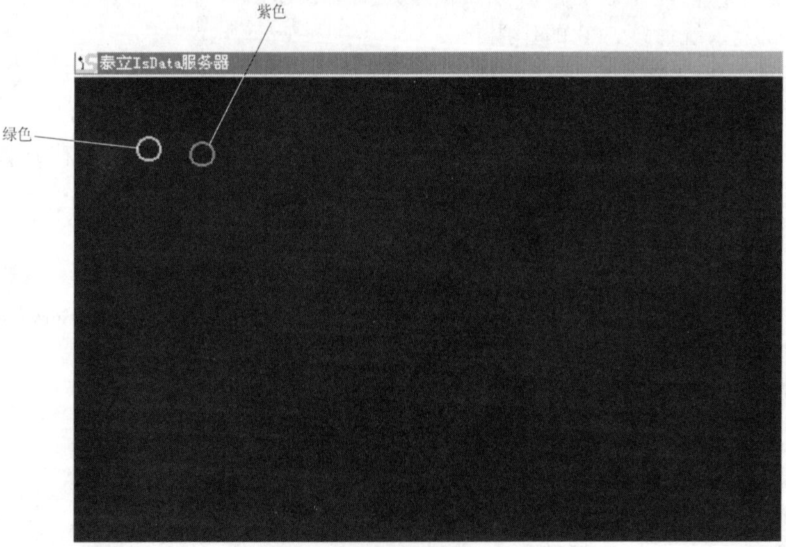

图 2-20　备用通信服务器运行图

(5)查看运行时间

按“F1”键屏幕会弹出通信服务器已连续运行的时间天数，且按主/辅分别提示，10 s 后会自动返回通信服务器运行时的屏幕保护状态下。

(6)退出通信服务器

退出通信服务器程序：按“Esc”键，输入“代号”及“口令”再按“关闭”可退出服务器程序（注意：只有维护员“代号”才有权退出通信服务器程序）。

2. 运行中间件程序

CTT-2000B 系统中提供了一个中间件程序（TLMiddle. exe），它只有在运行通信服务器程序，且安装 SQL 数据库管理程序并已启动时，才有意义。所以最好同主用通信服务器程序运行在同一机器上。

(1)中间件的作用

①起通信服务器与 SQL 数据库管理程序相互传递数据文件的桥梁作用。

②提供监视各登录话务台处理话单的情况。

③提供接续完成的话单能够存储到 SQL 历史话单库中，提供系统统计数据。

④提供“114”查号数据源。

(2)名词解释

上载——是指从 SQL 数据库中加载数据到通信服务器中。

下载——是指从通信服务器中复制 *. tls 数据文件到 SQL。

(3)SQL 中 TaiLi—DATABASE 里各数据表格文件的定义

SQL 中 TaiLi—DATABASE 里各数据表格文件的定义见表 2-6。

表 2-6 SQL 中 TaiLi-DATABASE 里各数据表格文件的定义

表格文件名称	作　用	来源说明
DirectionInfo	方向管理库	由 TlMiddle 将 Direction. tls 下载
FeeRate	方向费率库	由 TlManage 管理和应用
FeeRateOff	节假日折扣费率库	由 TlManage 管理和应用
OthcrFee	手续费库	由 TlManage 管理和应用
PhoneSheet	历史话单库	由 Tlmiddle 实时将话务台接续完成的话单存入
DiscatdSheet	废票库	由 Tlmiddle 实时将话务台完成的无效话单存入
TelePhoneBook	114 查号库	由 TlManager 管理和应用，由 TlMiddle 上载到 NumberSave. tls 中
ServiceTypeInfo	服务类型说明库	由 TlMiddle 将 Service. tls 下载
ServiceInfo	服务类型定义	由 TlMiddle 将 Service. tls 下载 A
UserInfo	话务员、坐席管理库	由 TlMiddle 将 WorkStation. tls 下载

(4)启动中间件程序

首先要保证通信服务器程序在运行，否则会与服务器连接不上，而终止运行。此时屏幕会出现如图 2-21 所示界面。

当确保通信服务器正常运转，在桌面双击图标，稍候片刻，屏幕任务栏行会出现：

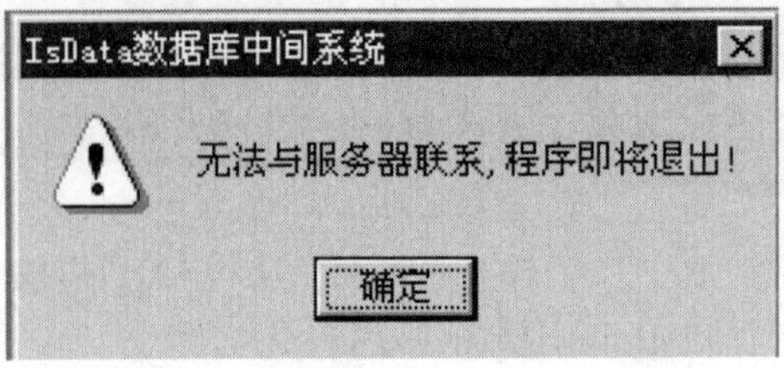

图 2-21　终止运行界面

其中绿色 TL 图标“TL”表示中间件程序“TLMiddle. exe”已运行。

(5)激活中间件程序

双击绿色“TL”图标，可激活中间件程序，屏幕显示如图 2-22 所示界面。

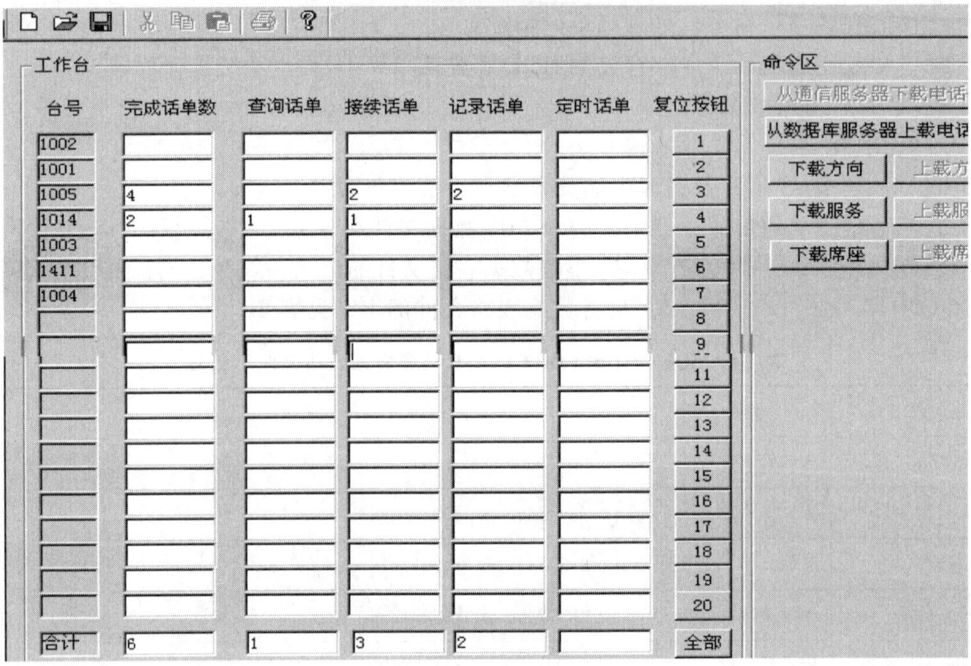

图 2-22　激活中间程序

此屏左半屏部分为“话务台话单处理情况监视台”，其中：

“台号”——表示配置话务台的台号(由维护员设定)。

“完成话单数”——表示指定台子从上次复位或重新启动到现在接续完成话单的总数。(一般为存入 SQL 历史话单库的话单数)。

“查询话单”——表示指定台子从上次复位或重新启动到现在查号(114)完成话单的总数。

“接续话单”——表示指定台子从上次复位或重新启动到现在接续话单的总数。

“记录话单”——表示指定台子从上次复位或重新启动到现在记录(113)完成话单的总数。

“定时话单”——表示指定台子从上次复位或重新启动到现在记录定时话单的总数。

"复位按钮"——表示清除指定台子各项目话单数。

"全部"——表示清除所有台子所有项目话单数。

右半屏部分提供通信服务器与 SQL 数据库交换数据文件。其中：

"从数据库上载电话号码"——将 SQL 环境下输入的 114 号码库中的数据加载到话务员查号系统中。

"下载方向"——将话务员系统(通信服务器)中的长途方向管理文件,下载到 SQL 数据库中,以便做数据统计用及列表输出。

"下载服务"——将话务员系统(通信服务器)中的服务类型管理文件,下载到 SQL 数据库中,以便做数据统计用及列表输出。

"下载座席"——将话务员系统(通信服务器)中的座席/话务员管理文件,下载到 SQL 数据库中,以便做数据统计用及列表输出。

(6)将中间件程序转为后台(或激活其他程序)

解释 Windows 标准的窗口操作：

Windows 标准的窗口右上角都会出现三个操作图标,其中：

——表示将窗口转为后台运行,原程序会以图标方式显示在任务栏。

——表示将窗口缩小或放大。

——表示将窗口关闭。

将中间件程序转为后台：点击中间件运行窗口的,可将中间件程序转为后台运行,任务栏中会出现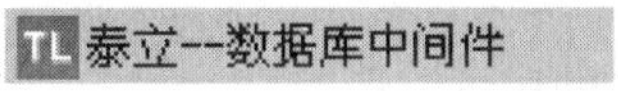

显示；若点击中间件运行窗口的,也可将中间件程序转为后台运行,任务栏中会出现

显示。

3. 运行座席在线维护程序

(1)启动话务台程序

在任何话务座席上,运行 TlClient 客户端程序(双击 TlClient 应用程序快捷方式图标

)。

(2)进入维护界面

以维护员身份登录。

点"系统"→"登录"输入维护员代号及口令,如图 2-23 所示。

图 2-23　登录界面

维护员工作结束后,点"退出"将系统返回到桌面,以减少系统的网络开销。

(3)工作站设置

这是每个工作站第一次安装后要做的第一件事,即话务台初始化。

点"文件"→"工作站设置"进入设置窗口,设置本工作站属性,如图 2-24 所示。

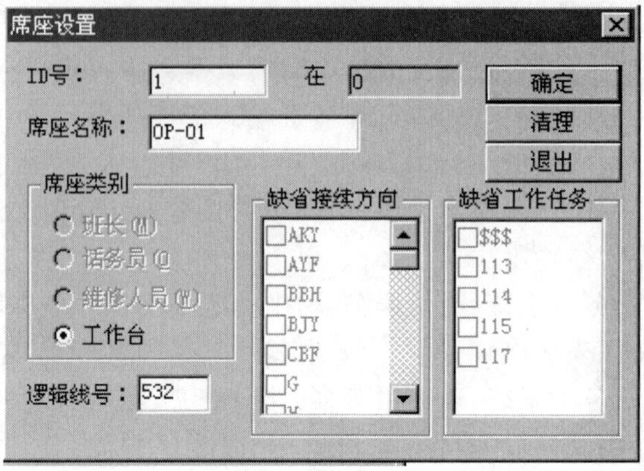

图 2-24　席座设置

ID 号：本工作台的代号，每增加一话务台都要设置一个 ID 号，且工作台之间不能有相同的 ID 号。

坐席名称：本工作台的名称，如话务台，维护台，班长台等。

坐席类别：本工作台的类型，系统默认为工作站。

逻辑线号：本工作台连接的 STI 板逻辑线号。

注意：(维护员必须将以上工作站的初始配置配置完后，班长才能进行“座席管理”设置，如有话务员因重名登录不成功时，维护员应与班长联系，让班长进行清理。)

(4)话单显示及清理

本功能主要用于对服务器中残留的一些未处理话单的清除(一般用于隔日的话单)。

在命令行输入“TestSheet”(注意：T 和 S 必须要大写)系统会自动弹出“话单显示列表窗口”，如图 2-25 所示。

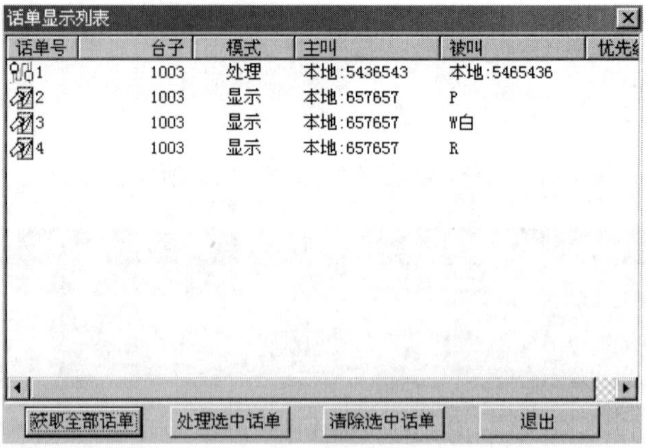

图 2-25　话单显示列表

话单号：指话单所在台子的序号。

台子号：指话单上次被处理的台子号。

模式：指话单当前所处理的方式(处理—此话单正在某台子操作过程中；显示—此话单

在待接续列或新呼入,即无人处理中)。

主叫:主叫号码或主叫方向地名。

被叫:被叫号码或被叫方向地名。

优先级:指此话单用户级别,数字越大级别越高。

"获取全部话单":向系统要当前的话单数据,并重新列表显示。

"处理选中话单":按"Ctrl"+鼠标左键,选中要处理的话单。

"清除选中话单":可将列表显示中的话单删除掉。

"退出":可退出"话单显示列表"窗口。

(5)发声测试

本功能主要用于对一些载波线路或某逻辑线路的测试。

用维护员登录,选择"管理"菜单中的"发声测试",屏幕会弹出如图 2-26 所示界面。

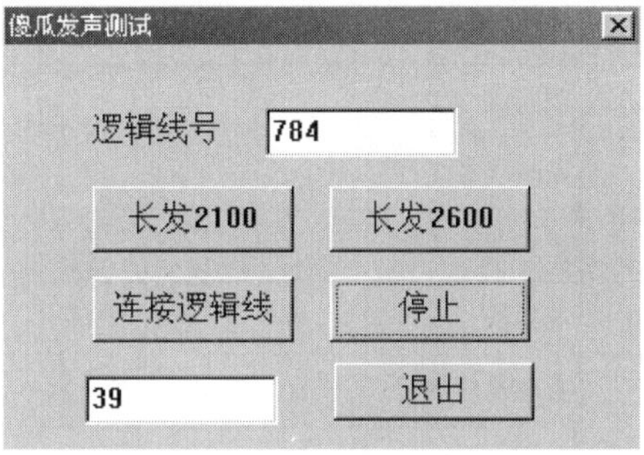

图 2-26　发声测试界面

其中:

逻辑线路——输入要测试的线号。

"长发 2100"——表示对指定线路发送 2 100 Hz 信号。

"长发 2600"——表示对指定线路发送 2 600 Hz 信号。

"连接逻辑线"——表示将"逻辑线号"指明的逻辑线与下框输入的逻辑线连接。

"退出"——关闭该窗口。

(6)清理告警信息

CTT-2000B 系统分级别定义系统告警提示,并提示到各登录话务台状态栏上,蓝色:表示一般告警;红色:表示高级告警。

一般情况下,话务员发现有告警提示,应通知维护员;维护员对于红色的高级告警应立即处理,否则可能造成系统通信瘫痪。

注意:维护员处理故障后,一定要将所有话务台的告警提示清理。否则容易造成误报。

本功能提供清理告警提示。在"管理"菜单下,选择"清理告警信息"子菜单,可将状态栏的告警信息清掉。

①主要告警信息

- 中间件中断。
- 对方解闭锁某逻辑线。
- 本方解闭锁某逻辑线。
- 线路占用超时。

➤ 无法连接服务器。

➤ 资源占用超时。

② 低级命令维护

本话务系统是与交换机紧密耦合的软件系统，其与交换机的通信由专门开发的通信服务器完成，其与交换机的交换方式是基于一个双方约定的交换机控制命令集。

当话务系统发生故障时，原因主要来自四个方面：一是交换机故障、二是软件故障、三是话务系统通信故障、四是计算机硬故障。

用途：通过支持低级命令，系统维护员可以：直接测试交换机性能；测试本软件系统与交换机的通信；控制交换机完成特殊任务。

低级命令集列表见表 2-7。

表 2-7　低级命令集列表

命令集	命令字	参数 1	参数 2	参数 n
连接	81	00/80	逻辑线号 1	逻辑线号 2
拆线	82	00	逻辑线号 1	
隔离	83	00	逻辑线号 1	逻辑线号 2
呼出	84	00/80	逻辑线号 1	号码
语音连接	85	00	听者逻辑线号	语音逻辑线号
振动夜铃	86	00		
停铃命令	87	00		
多方通话	A8	资源号	高 3 bit 监听方个数，低 5 bit 会话方个数	逻辑线号 1，逻辑线号 2…
释放多方资源	A9	资源号		
单线监听	90	00	监听者逻辑线号(班长)	被监听者逻辑线号
单线监听退出	91	00	监听者逻辑线号(班长)	被监听者逻辑线号
再振铃	95	00	逻辑线号	
回振铃	96	00	逻辑线号	
闭锁	97	00	逻辑线号	
解闭锁	98	00	逻辑线号	
话务员应答	99	00	话务员逻辑线号	

其中：逻辑线号＜100 为语音信号。

033——无音码；

039——回铃音；

045——监听通知音；

046——通话超时催挂；

048——座席繁忙；

049——113 语音；

050——114 语音；

注意：低级命令一定要使用空闲的话路和多方资源，且使用后一定要作相应的恢复命令。

三、后台交换机数据配置

(一)维护台说明

维护台软件采用 WindowsXP 操作系统为开发平台,采用 SQL-SERVER2000 作为数据库管理系统。

维护台系统由客户端、数据库服务器、通信服务器三个部分组成,采用客户端/服务器结构和流行的 TCP/IP 通信协议互联。

(1)通信服务器:即 Mhserver. EXE。

其主要功能:通过以太网网口连接网线与后台主机相连,完成维护台与后台主机之间的命令、数据的通信等功能,是客户端与后台主机间之间的通信桥梁。

(2)数据库服务器:存储并管理后台主机的相关配置信息。实际应用中,采用 SQL-SERVER 作为数据库管理系统。

(3)客户端:即 Mhclient. EXE,是系统所有数据的集中管理及维护终端,提供人、机交互界面。

主要功能有:

①从数据库服务器取得系统的相关数据,以图形方式显示整个系统的状态;

②在此对数据进行配置,通过通信服务器将数据传给后台主机和数据库服务器;

③可从客户端上实现程序数据的加载命令、系统校时取时命令、半固定连接命令、监听命令、录音数据上调命令等系统测试命令的下发。

需要说明的是,这里所说系统结构是系统的逻辑结构。在物理上这三个组成部分可以同时安装在同一台计算机上,也可以分别安装在不同的计算机上,只要系统设置正确,对系统的工作不会产生任何影响。通常在一台计算机上运行。

(二)常用维护台菜单命令介绍

在主窗口的主菜单中选择"系统管理"一项,系统会显示如图 2-27 所示界面,其中包括用户管理、更改密码、告警声音、显示报警对话框、禁止告警、进入作图模式(或监控模式)和退出等几项功能。

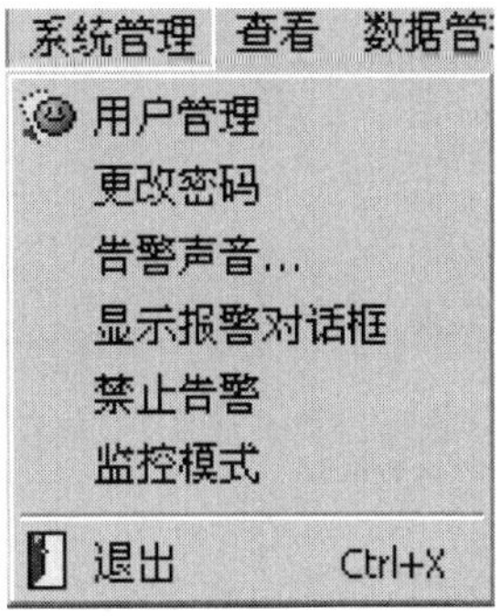

图 2-27 系统管理界面

1. 用户管理

系统内设定了三个级别的用户:

系统管理员:系统最高级别的用户,拥有管理系统数据权限,包括管理系统内所有的环数据、车站数据、用户数据(添加、删除用户和更改用户级别);系统管理员可以查看车站设备状态、系统操作日志、告警信息等。

班组长:可以管理系统内的环数据、车站数据并可查看车站设备状态、系统操作日志、告警信息等。

操作员:只能查看车站设备状态、系统操作日志和告警信息等。

系统管理员可以在系统管理菜单中选择"用户管理"一项,系统将显示如图 2-28 所示的窗口。窗口所示的表中列出了系统中所有的用户的名称、级别、描述。在此表中不可以进行添加、修改、删除的操作。系统管理员可以通过点击窗口右侧的相关按钮来完成相应的操作。

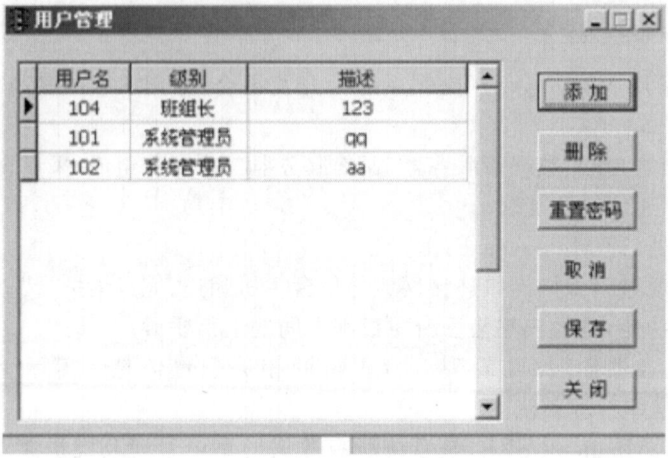

图 2-28　用户管理界面

“添加”新用户

点击“添加”按钮，弹出如图 2-29 所示的添加新用户窗口。先输入要添加的用户名称并按“回车”键，在系统确认此用户名称没有被使用的情况下，系统将允许创建此用户并可输入用户名称描述、密码及选择用户级别。其中新建用户 ID 最多可输入三位，密码最多可输入八位。同时系统管理员还可以分配用户可以管理的环(允许线路)，点击允许线路标签即可选择。

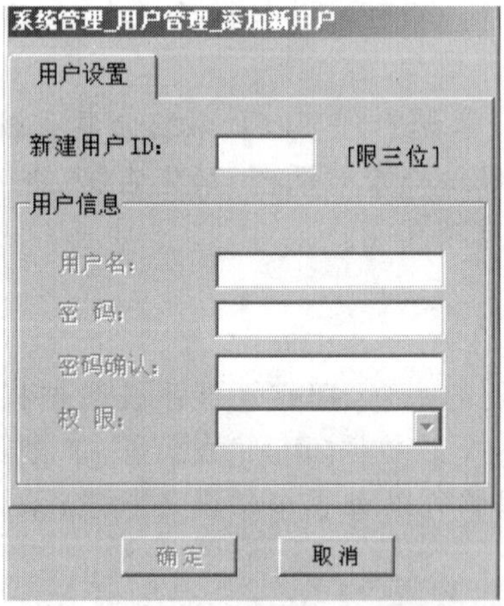

图 2-29　添加新用户界面

(2)修改用户数据

点击“修改”按钮，系统管理员可以在此窗口中对用户数据进行修改，如图 2-30 所示。当修改完成后，点击“更新”按钮确认更改完成，也可点击“取消”按钮取消当前修改的数据。

(3)删除用户

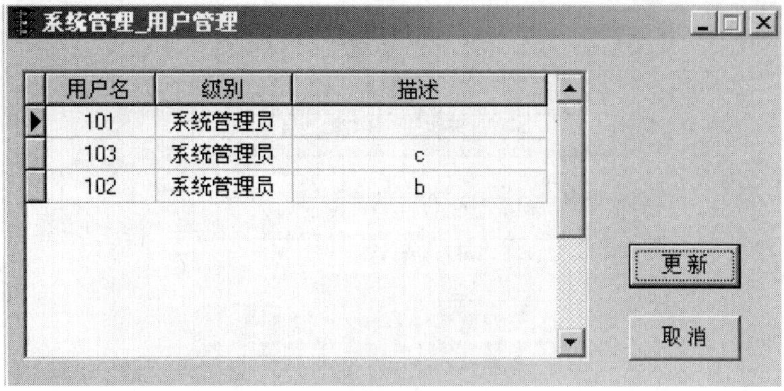

图 2-30　修改用户管理界面

在图 2-28 中点击“删除”按钮可删除表中指针所指的用户。

2. 更改密码

如图 2-31 所示，系统允许每个用户更改自己的登录密码，在主菜单的系统管理一项中选择“更改密码”，将弹出如图 2-31 所示的窗口，在此窗口中用户可以修改自己的登录密码。用户先输入自己的登录密码，在系统确认密码无误之后，系统将允许用户改变自己的登录密码。修改完成之后，点击“确定”按钮，将更改后的密码存入数据库，密码修改成功。

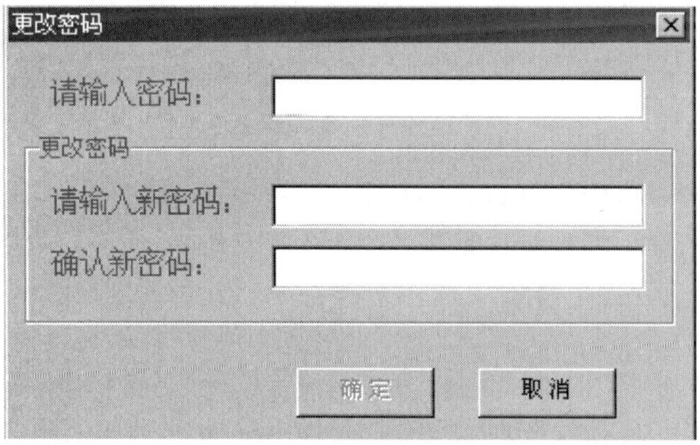

图 2-31　更改密码界面

3. 选择告警声音

系统中规定了 0～3 级 4 种不同级别的告警

为了区别告警级别，系统允许用户更改各级告警的告警声音。在主菜单的系统管理一项中选择“告警声音 ..”，系统将弹出如图 2-32 所示的窗口，用户可根据自己的喜好来为不同级别的告警选择自己喜欢的声音文件，点击每个级别的告警所对应的按钮，将打开如图 2-33 的对话框，在此窗口中选择声音文件(* . wav 文件)后，点击“打开”按钮，即可完成此级别告警的声音文件的设定。

在完成声音文件的选择之后，点击“确定”按钮结束操作。

4. 显示报警对话框

图 2-32　告警声音界面

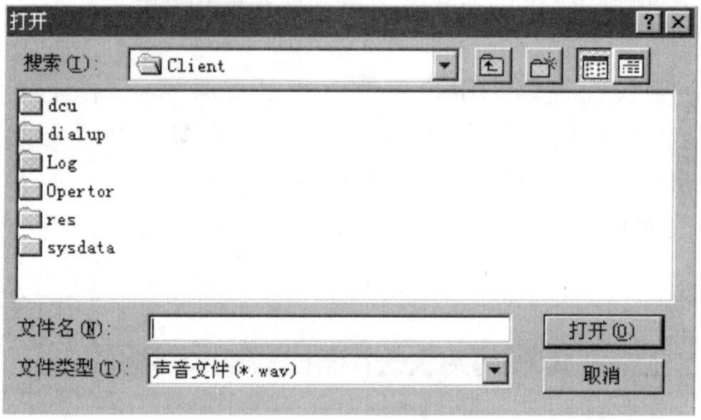

图 2-33　打开声音文件

当维护台客户端与通信服务器或者通信服务器与系统主机通信不上时,系统会每隔 20 s 自动弹出报警对话框来提示维护员通信发生故障,如图 2-34 所示。若维护员不希望出现该对话框,可以在主菜单系统管理中将该项选择去掉,以后告警框将不会再出现(系统默认该选项被选中)。

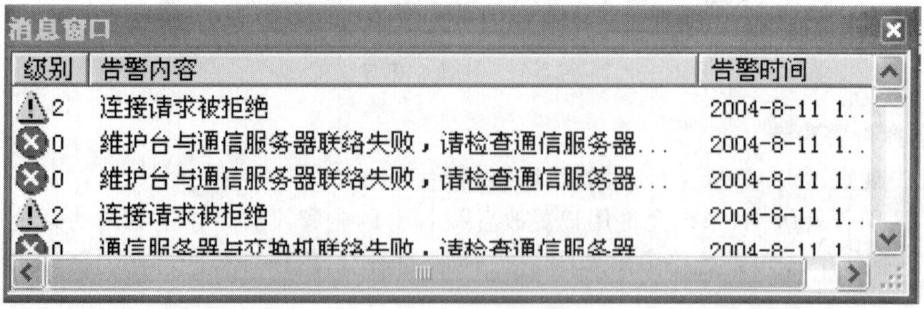

图 2-34　消息窗口

(三)数据配置

系统数据是系统正常运行的最关键的参数,因此配置系统数据是维护台管理程序的核心。注意在每次修改完数据,确认无误后都要保存,否则数据不会改变。

1. 机框数据

所谓机框数据是指各槽位处理机编号、PCM线的使用和系统的逻辑设备号等系统运行的基本数据。这些数据在设备出厂时已配置完毕，除非特殊情况，一般对该数据不做修改，若有特殊需要，用户必须在厂家专业技术人员的指导下才可进行数据的修改。选择“机框数据”如图 2-35 所示。这里的各模块的机框数据均自动配置完毕，用户不需要进行修改，如图 2-36 所示。模块链接仅需要添加模块时需要修改，模块位置用于在维护界面上显示各模块的次序，如图 2-37 所示。

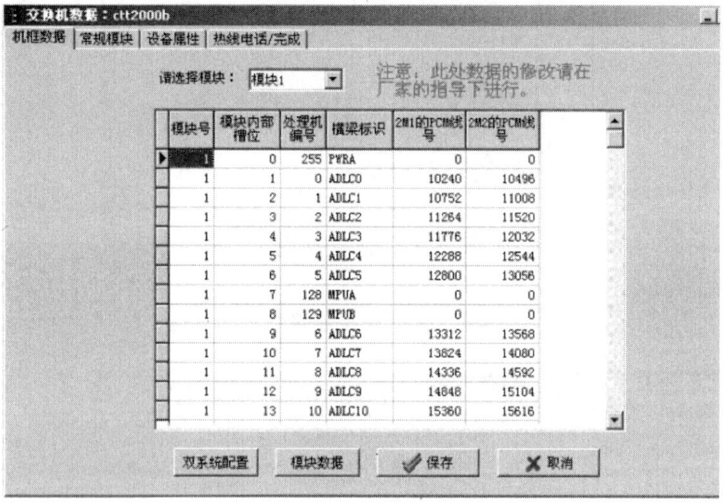

图 2-35 机框数据

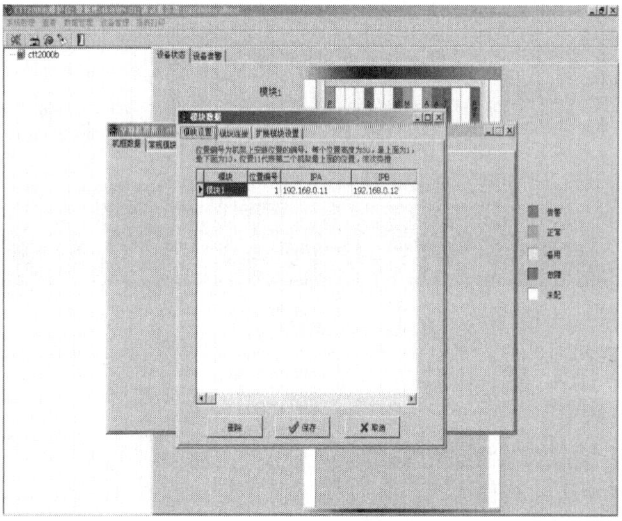

图 2-36 模块数据

2. 机柜配置

选择“常规模块”如图 2-38 所示，可以查看所插电路板的位置、种类和状态。

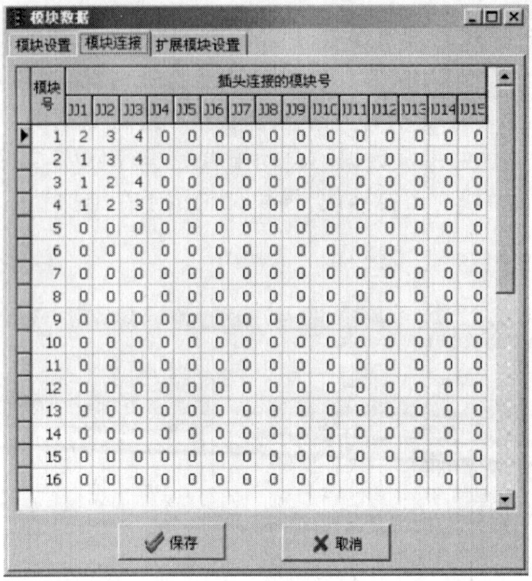

模块号	插头连接的模块号														
	JJ1	JJ2	JJ3	JJ4	JJ5	JJ6	JJ7	JJ8	JJ9	JJ10	JJ11	JJ12	JJ13	JJ14	JJ15
1	2	3	4	0	0	0	0	0	0	0	0	0	0	0	0
2	1	3	4	0	0	0	0	0	0	0	0	0	0	0	0
3	1	2	4	0	0	0	0	0	0	0	0	0	0	0	0
4	1	2	3	0	0	0	0	0	0	0	0	0	0	0	0
5	0	0	0	0	0	0	0	0	0	0	0	0	0	0	0
6	0	0	0	0	0	0	0	0	0	0	0	0	0	0	0
7	0	0	0	0	0	0	0	0	0	0	0	0	0	0	0
8	0	0	0	0	0	0	0	0	0	0	0	0	0	0	0
9	0	0	0	0	0	0	0	0	0	0	0	0	0	0	0
10	0	0	0	0	0	0	0	0	0	0	0	0	0	0	0
11	0	0	0	0	0	0	0	0	0	0	0	0	0	0	0
12	0	0	0	0	0	0	0	0	0	0	0	0	0	0	0
13	0	0	0	0	0	0	0	0	0	0	0	0	0	0	0
14	0	0	0	0	0	0	0	0	0	0	0	0	0	0	0
15	0	0	0	0	0	0	0	0	0	0	0	0	0	0	0
16	0	0	0	0	0	0	0	0	0	0	0	0	0	0	0

图 2-37　模块连接界面

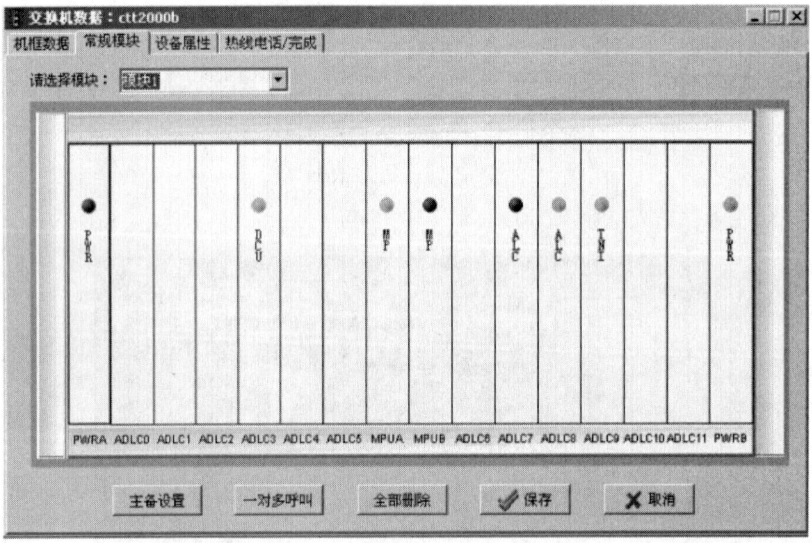

图 2-38　常规模块

"绿色"表示该板工作正常。

"红色"表示该板告警。

"黄色"表示该板当前工作状态为备用。

"黑色"表示该板未插或故障。

"白色"表示该槽位未配置板卡。

此处主要是系统对 DCU 板、ALC 板以及 TNI 板等接口板的端口进行分配。

在这里出现了端口号的概念，它与设备号的区别在于前者是本板内端口的编号，而后者是整个系统内设备的逻辑编号。根据所插槽位的不同，设备号会相应变化。

(1)数字中继接口板(DCU)的配置

数字中继接口板(DCU)每板提供两个数字 E1 接口。用鼠标右键点击 DCU 板,选择配置板,出现如图 2-39 所示界面。对于 DCU 板来说,32 个时隙对应 32 个端口号,第一个时隙的端口号和设备号相同,随后依次递增。每块 DCU 板提供两个 2M 接口,共 60 个可用端口。

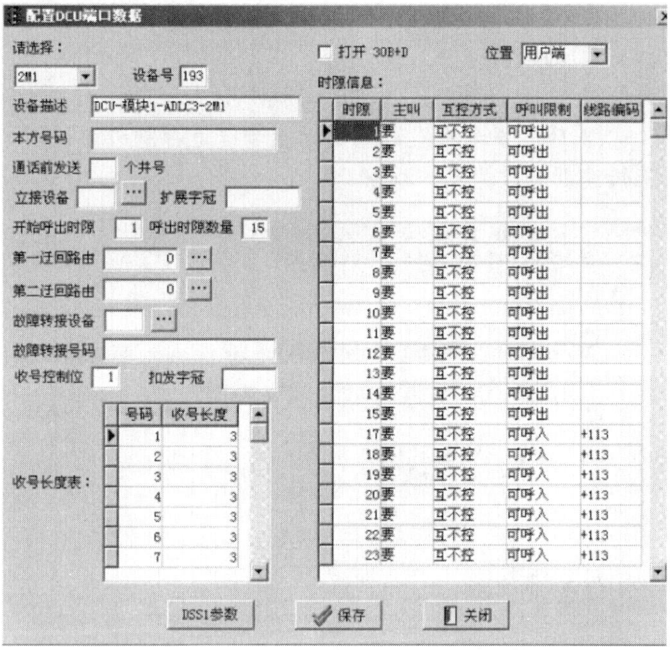

图 2-39 配置 DCU 端口数据界面

(2)模拟接口板(ALC)的配置

每个 ALC 板(模拟接口板)有 8 路端口,每路端口可以任意配置不同的端口类型。用户可根据实际需要在端口类型对应的下拉列表框中选择不同的端口类型(图 2-40)。具体说明如下:

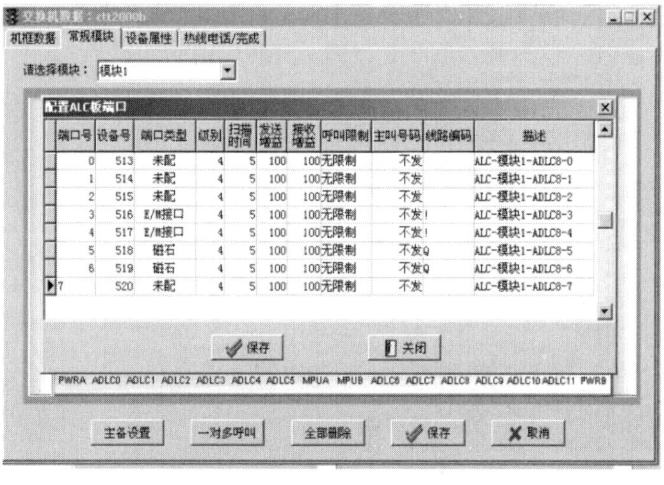

图 2-40 配置 ALC 板端口

• 普通用户：用于接入自动电话分机或共电电话分机。

• 磁石：用于接入磁石电话或磁石对端设备。

• 环路：用于接入市话局或其他交换网的用户线。

• E/M 接口：用于为其他应用提供通道或做录音输出使用。2 线、4 线音频接口是同一种模块，只需设置模块上的跳线器即可。

(3)音频选号板(TNI)的配置

每个 TNI 板(音频选号板)包含 4 路，每一路都可以配置为音频总机或人工长途(图 2-41)。表中的频率一项对应的发与不发选项是指该端口是否发送音频频率。在本系统中，无论音频总机还是人工长途都应设为发送频率。

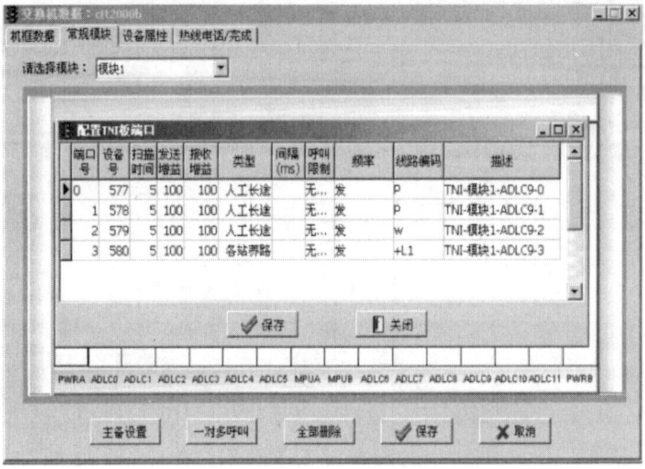

图 2-41　配置 TNT 板端口

(4)加载系统数据

数据修改完成后，需要向后台交换机加载数据才能真正生效。选择“热线电话/完成”。

用鼠标点击加载交换机数据，出现如图 2-42 所示界面，表示加载完成(数据加载完成后，需要将新加载的数据传给通信服务器，以保持和交换机的数据保持一致)。

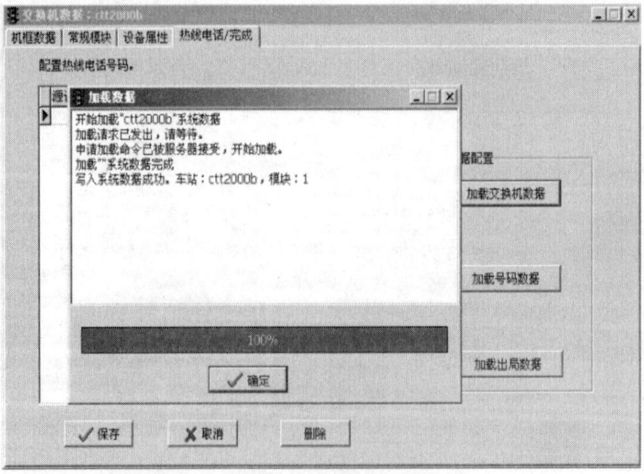

图 2-42　加载数据界面

(四)数据转换和同步

为了将机柜数据和座席系统同步,提供了专门的数据转换程序,放在 CTT2000B 下 Changetls 子文件夹中,以实现对计算机当前 LogicalLine. tls 文件的查看、备份、恢复和转换操作。双击文件夹下 changeTLS. exe 图标,出现如图 2-43 所示画面。

图 2-43　CTT2000B 转换程序界面

屏幕最上方为系统菜单区,包含“文件”“功能”“帮助”三个选项。

1. 文件菜单

单击“文件”选项,下拉展开“连接”“退出”两个功能选项。单击退出选项,关闭软件。单击“连接”选项,弹出连接对话框如图 2-44 所示。

输入所需连接数据库名称,完成后点击“连接”按钮,如果数据库连接成功则跳转到用户登录界面,如图 2-45 所示。

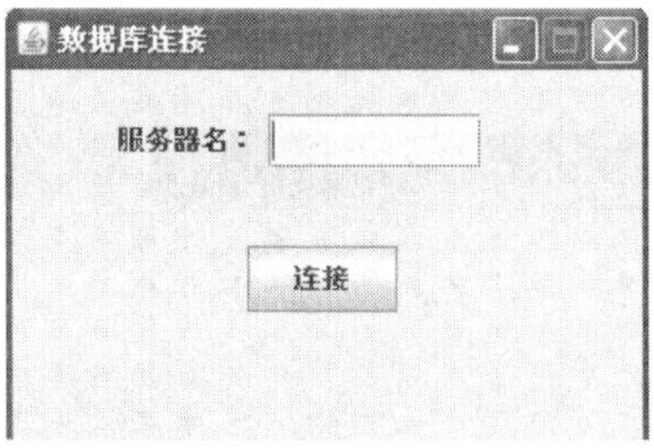

图 2-44　数据连接界面

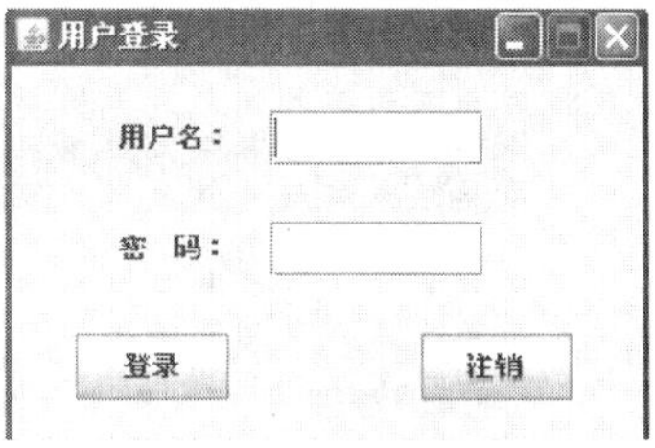

图 2-45　用户登录界面

用户名,密码即为维护员的编号和密码。输入完成后,点击“登录”按钮登录,若非维护员登录则出现如图 2-46 所示的错误提示。点击“确定”重新输入用户名、密码。

若数据库连接失败则出现错误提示,如图 2-47 所示。

图 2-46　提示界面

图 2-47　提示界面

2. 选择功能

维护员登录成功后，功能选项变黑，方可点击选择相应功能选项。如图 2-48 所示。

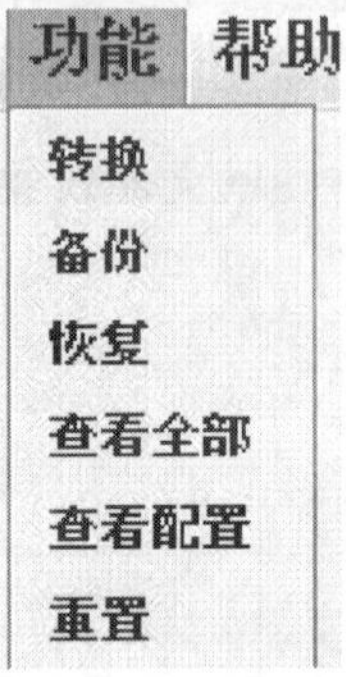

图 2-48　选择界面

(1)"转换"选项

读取数据库，实现对本机 D:\ctt2000b\ LogicalLine. tls 文件的数据转换。转换成功或失败弹出对应的提示框。

说明：每次配置数据改变都要进行此操作，以同步交换机和座席系统的配置信息。

(2)"备份"选项

完成对本机当前 D:\ctt2000b 文件夹下 LogicalLine. tls 文件的备份功能。点击备份选项，弹出文件选择对话框，如图 2-49 所示。选择所需备份的 . tls 文件，点击确定按钮，则完成对选中文件的备份，将文件备份到 save LogicalLine 文件夹下，文件名称为备份时的时间。备份成功或失败弹出对应的提示框。

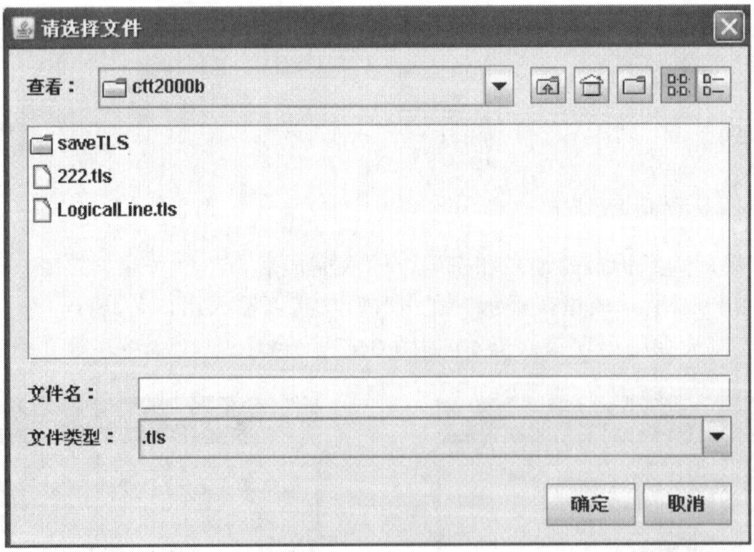

图 2-49　选择文件界面

(3)"恢复"按钮

完成对本机当前 D:\ctt2000b 文件夹下 LogicalLine. tls 文件的恢复操作。

点击恢复按钮，弹出文件选择对话框，如图 2-50 所示。选择想要恢复的 . tls 文件，点击确定按钮，完成对当前 LogicalLine. tls 的恢复。恢复成功或失败弹出对应的提示框。

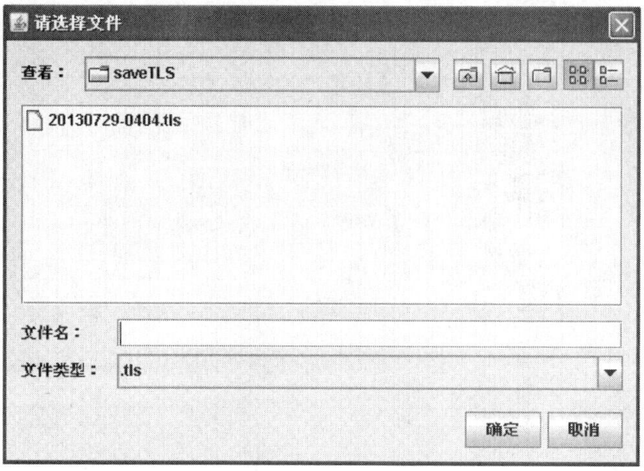

图 2-50 选择文件界面

(4)"查看全部"选项

实现对本机当前 D:\ctt2000b 文件夹下 LogicalLine. tls 文件的查看功能。

点击"查看全部"选项，则以表格方式显示当前 LogicalLine. tls 文件中线号，线路类型、状态、属性、方向。如图 2-51 所示。

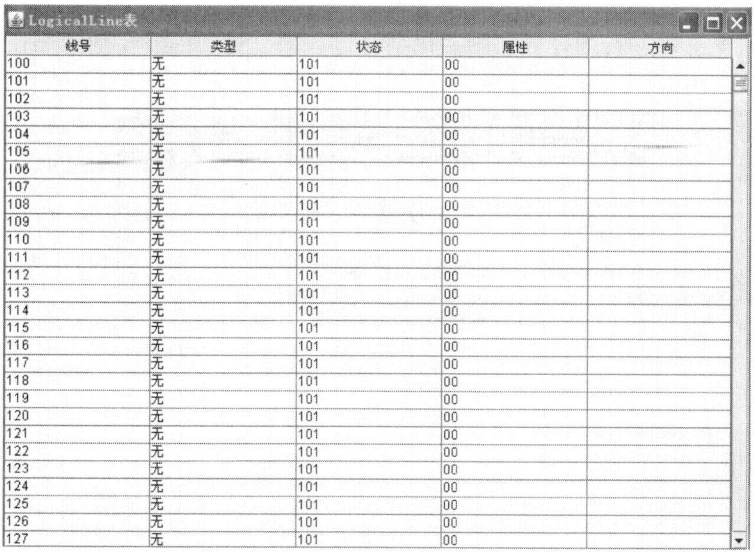
LogicalLine表

线号	类型	状态	属性	方向
100	无	101	00	
101	无	101	00	
102	无	101	00	
103	无	101	00	
104	无	101	00	
105	无	101	00	
106	无	101	00	
107	无	101	00	
108	无	101	00	
109	无	101	00	
110	无	101	00	
111	无	101	00	
112	无	101	00	
113	无	101	00	
114	无	101	00	
115	无	101	00	
116	无	101	00	
117	无	101	00	
118	无	101	00	
119	无	101	00	
120	无	101	00	
121	无	101	00	
122	无	101	00	
123	无	101	00	
124	无	101	00	
125	无	101	00	
126	无	101	00	
127	无	101	00	

图 2-51 "查看全部"选项

(5)"查看配置"选项

实现对本机当前 D:\ctt2000b 文件夹下 LogicalLine. tls 文件中已配置过线路的查看

功能。

点击“查看配置”按钮，则以表格方式显示当前 LogicalLine. tls 文件中线号，线路类型、状态、属性、方向的显示，如图 2-52 所示。

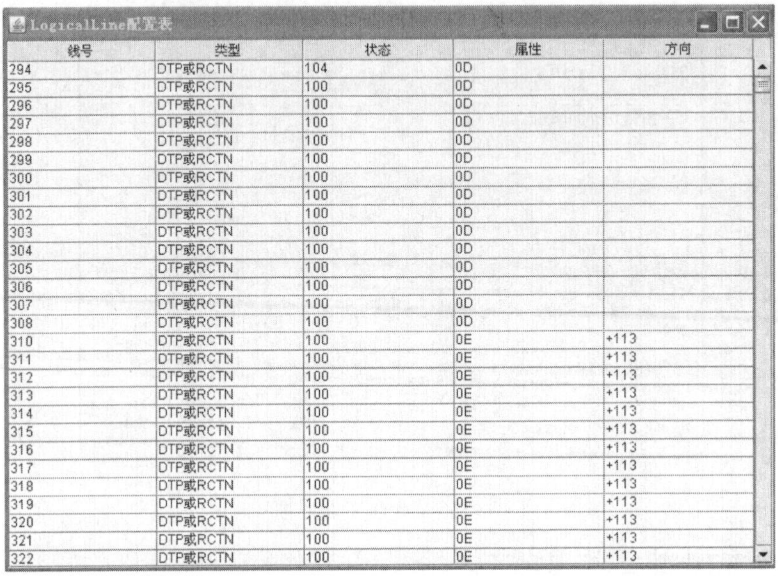

线号	类型	状态	属性	方向
294	DTP或RCTN	104	0D	
295	DTP或RCTN	100	0D	
296	DTP或RCTN	100	0D	
297	DTP或RCTN	100	0D	
298	DTP或RCTN	100	0D	
299	DTP或RCTN	100	0D	
300	DTP或RCTN	100	0D	
301	DTP或RCTN	100	0D	
302	DTP或RCTN	100	0D	
303	DTP或RCTN	100	0D	
304	DTP或RCTN	100	0D	
305	DTP或RCTN	100	0D	
306	DTP或RCTN	100	0D	
307	DTP或RCTN	100	0D	
308	DTP或RCTN	100	0D	
310	DTP或RCTN	100	0E	+113
311	DTP或RCTN	100	0E	+113
312	DTP或RCTN	100	0E	+113
313	DTP或RCTN	100	0E	+113
314	DTP或RCTN	100	0E	+113
315	DTP或RCTN	100	0E	+113
316	DTP或RCTN	100	0E	+113
317	DTP或RCTN	100	0E	+113
318	DTP或RCTN	100	0E	+113
319	DTP或RCTN	100	0E	+113
320	DTP或RCTN	100	0E	+113
321	DTP或RCTN	100	0E	+113
322	DTP或RCTN	100	0E	+113

图 2-52 “查看配置”选项

(6)“重置”选项

选择重置选项，弹出警告对话框，如图 2-53 所示。如若选择“是”则完成对当前 D:\ctt2000b 文件夹下 LogicalLine. tls 文件的重置。逻辑线号从 100～1000 的重写。线路类型、状态、属性、方向等清零。若选择“否”则退出。

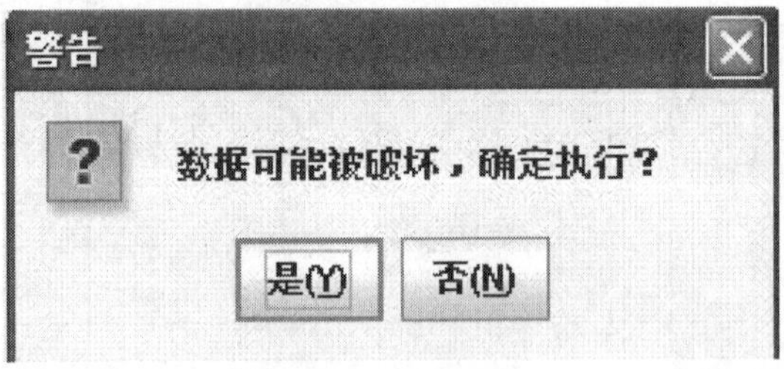

图 2-53 警告界面

四、硬件机柜

(一)主要性能

1. 结构尺寸(单位 mm)

后台主机：600×600×2 000；

600×600×2 200；

600×800×2 200。

2. 工作电源

(1)电源电压允许波动范围为－36～－72 V。

(2)接地要求：

系统工作地与保护地宜分开设置，接地电阻≤5 Ω。

(3)功耗：

后台主机(满配)≤300 W。

3. 环境要求

工作温度：－5 ℃～50 ℃；存储温度：－40 ℃～－65 ℃。

相对湿度：20%～90%；　存储湿度：20%～95%。

大气压力：70～106 Pa。

空气洁净度：直径大于 5 μm 灰尘的浓度≤3×10^4 粒/m^3，灰尘应为非导电、非腐蚀、非导磁的电磁干扰，场强≤140 dBμV/M，频率范围 0.01～110 000 MHz。

4. 接口指标

(1)数字 E1 接口

物理/电气性能应符合 ITU-T G.703。

帧结构和复帧结构应符合 ITU-T G.704 建议。

满足 YDN 065—1997 附录 8 中 2 048 kbit/s 接口要求。

阻抗为 75 Ω(非平衡)和 120 Ω(平衡)可选。

支持 No.1 信令。

(2)Z 接口

符合《YDN 065—1997 邮电部电话交换设备总技术规范书》的要求。

阻抗：国标三元件标准即 200 Ω＋680 Ω//0.1 μF。

编码：CCITT 建议 G.711，A 律编码。

二线接口电平：二线发 0 dBr。

二线收－3.5/7.0 dBr。

环路电阻：不小于 2 200 Ω。

铃流：25 Hz，(75 ±15)V。

(3)磁石接口

外线阻抗：600 Ω；

二线接口电平：发 0 dBr，收－3.5 dBr；

铃流：频率(25±3)Hz，电压(75±15)V；

发送信号时长：(2±0.2)s；

接收灵敏度：频率(25±10)Hz，电压 V_{ac}≥30 V，持续时间 0.5 s 时保证接收。

(4)音频 4 线接口

阻抗：600 Ω；

发送信号电平：－14 dB；

接口电平可调。

(5)音频选号

阻抗：600 Ω 或 1 400 Ω 可选；

发送信号电平：(5±2)dB；

发送频率偏差：≤±0.4%；

第一选叫信号持续时间：(2±0.2)s；

第二选叫信号持续时间：(2±0.2)s；

接收灵敏度：−34 dB 以上保证接收。

(二)机柜配置

机柜的配置主要有两个部分：单板的配置和线路的配置。

1. 单板的配置

(1)单板的插接：

这里利用横梁标识对插框的槽位进行定位。

① 模块框的配置：

MPUA、MPUB：只能插 MPU 板。

ADLC0～ADLC11：可插 DCU 板、TNI 板、ALC 板。

槽位 PWRA 和槽位 PWRB：这两个槽位只能插电源板(PWR 板)。

②时钟框的配置(暂时不用)：

槽位 ENTA～槽位 ENTD：只能插 ENT 板。

槽位 CLKA～槽位 CLKB：只能插 CLK 板。

(2)单板的开关调整

在一些线路板(如 MPU、DCU 等)上设有形如图 2-54 所示的开关，开关 1～8 都为 OFF(关)状态，用 0 来表示；反之则为 ON(开)状态，用 1 来表示。将这些开关拨至不同的状态对应不同的功能，具体配置方法如图 2-54 所示，控制从 Bit1 到 Bit8 的 8 位数据。

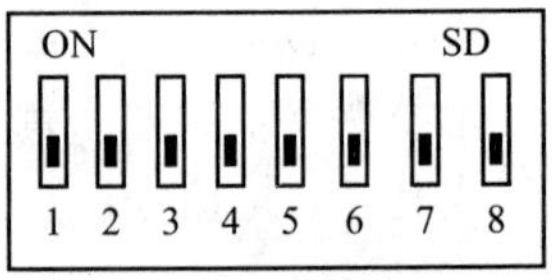

Bit1 …… Bit8

图 2-54

模块框背板上的 S0 拨码开关。

1～4 模块号控制开关，拨为 ON，依次代表 1、2、4、8。

7 为模块 A、B 平面 IP 地址第三个字节的控制开关，拨为 ON，IP 地址的第三个字节数值为 1；否则为 0。

8 为外时钟控制开关，拨为 ON 使用时钟板提供的主时钟；拨为 OFF，不使用时钟板提供的时钟信号。

DCU 板：

每板 2 个 2M 调度台接口，接口阻抗 75 Ω(非平衡)、120 Ω(平衡)可选。

TX1、TX2 选择 2M1 的接口阻抗，TX1 为 120 Ω 平衡方式，TX2 为 75 Ω 非平衡方式。

TX3、TX4 选择 2M2 的接口阻抗，TX3 为 120 Ω 平衡方式，TX4 为 75 Ω 非平衡方式。

(3)单板状态指示及调整

在每块单板的正面都设置状态指示灯，根据这些灯的状态可以判断单板的状态并依此分析单板的故障。

表 2-8 中列出的是状态指示灯状态、对应的单板状态以及一些基本的故障分析。

表 2-8 故障分析列表

单板名称	提示灯状态		代表的系统情况	故障分析
MPU	RUN 灯有规律闪烁		表示单板运行正常	
	ET 灯		ET1 闪烁表示 MPU 板网口 1 工作；ET2 闪烁表示 MPU 板网口 2 工作	MPU 工作正常时只有 1 个灯闪烁
	PA 灯		表示该 MPU 板为 A 平面	
	PB 灯		表示该 MPU 板为 B 平面	
	AL 灯		表示 MPU 板告警	
DCU	RUN 灯快闪		与 MPU 板通信正常	慢闪，与 MPU 板通信故障
	AL 灯亮		表示 DCU 板告警	
	M 灯亮		表示此板为主用 DCU	
	S 灯亮		表示此板为备用 DCU	
	0	灯亮	表示 2M1 无码流	通信发生线路故障
		灯灭	表示 2M1 有码流	通信线路正常
	1	灯亮	表示 2M2 无码流	通信发生线路故障
		灯灭	表示 2M2 有码流	通信线路正常
	1	灯亮	表示 2M2 无码流	表示 DDU 板 2 口与触摸屏主机通信发生线路故障
		灯灭	表示 2M2 有码流	表示 DDU 板 2 口与触摸屏主机通信线路正常
ALC	AL 灯亮		表示 ALC 板告警	
	RUN 灯快闪		与 MPU 板通信正常	慢闪，与 MPU 板通信故障
	R0～R7	灯常亮	用户通话中或外线混线	对应用户接口

(4) 单板按键说明

在 MPU 板、DCU 板及 PWR 板正面的面板上分别有几个按键开关，这些开关的具体作用见表 2-9。

表 2-9 开关作用

按键 / 单板	RST	LL～	DC
MP	本板复位		
DCU	本板复位		
PWR		铃流开关	±5 V、3 V 开关

2. 线路配置

(1)电源线配置与连接

外部－48 V 电源引入，如图 2-55 所示，注意正、负极。

建议使用 10 mm^2 以上电源线内部电源线连接方法如下：

①风扇

机架顶部内置风扇电源线连接方法：从风扇引出两根电源线，红线接－48 V(空开)、绿线

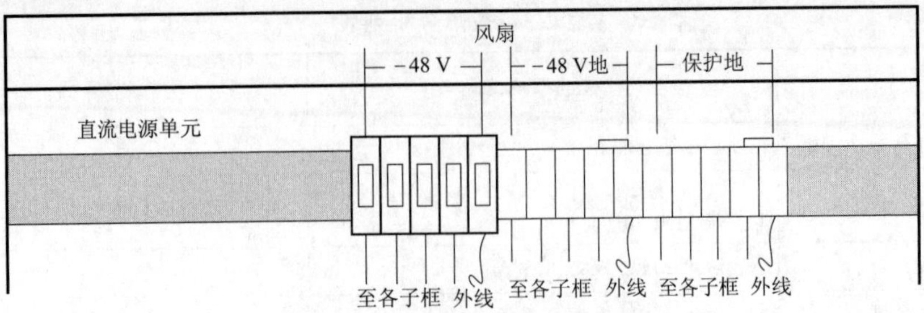

图 2-55　电源线配置与连接

接－48 V 地。

②子框

主控框的背板上有两个白色电源插座 JP34 和 JP33，具体接线方法如图 2-56、图 2-57 所示。

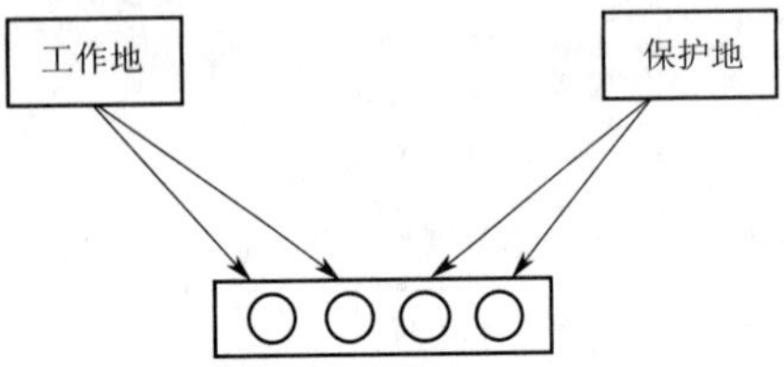

图 2-56　接线方法 1

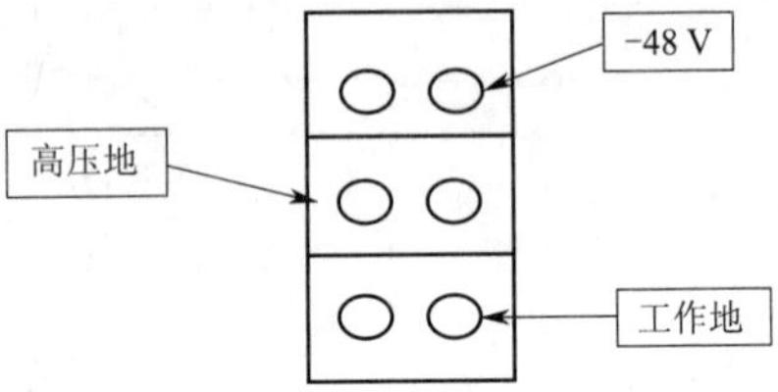

图 2-57　接线方法 2

(2)接口外线配置与连接

系统中的接口外线包括各种模拟、数据接口线等，这些接口外线通过机架内部配线电缆统一分配到机框下方的配线架上。如图 2-58 所示，配线架采用 10×10 卡接模块。

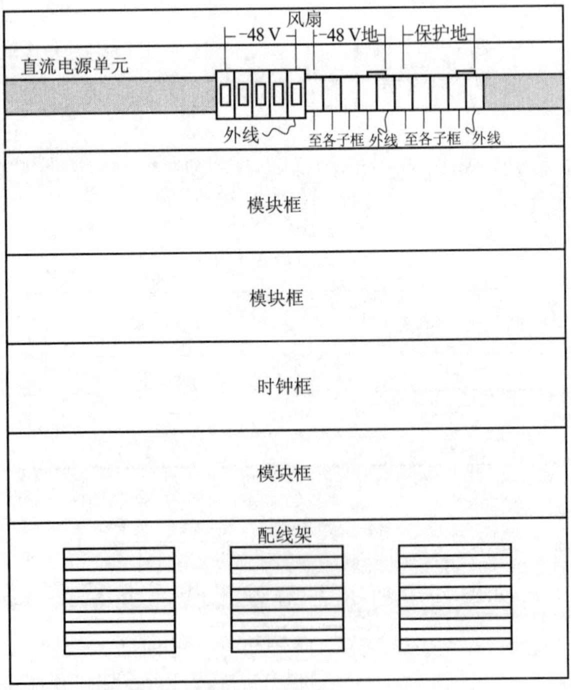

图 2-58　接口外线配置与连接

当插框上的 ADLC0～ADLC11 中某个槽位插入 ALC 板(模块接口母板)时,其中的 8 路接口外线与背板上的插针的对应关系如图 2-59 所示。

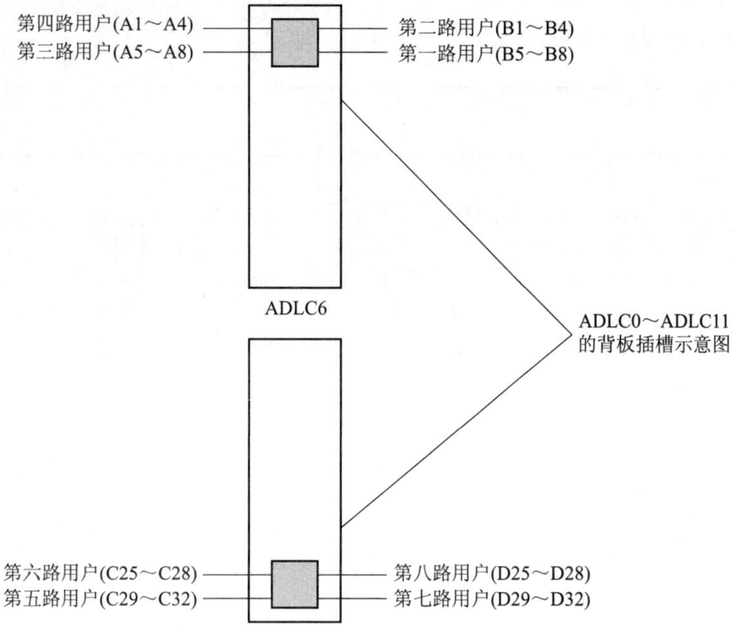

图 2-59 接口外线与背板上的插针对应关系

图 2-59 中每个接口分配了四根外线,当该接口为 2 线接口时,使用编号较大的两个插针。如第一路使用 B7、B8,第二路使用 B3、B4,依此类推。当该接口为四线接口时,编号较小的两个插针为接收端,编号较大的插针为发送端。如第八路 D25、D26 为接收端,D27、D28 为发送端。

若某一槽位插 DCU 板,则在此槽位对应的背板插槽上插一个带继电器的 2M 扩展座(出 2 个 2M),将 2M 信号引出,外部的 2M 线插到扩展座的 2M 座上。如图 2-60 所示。

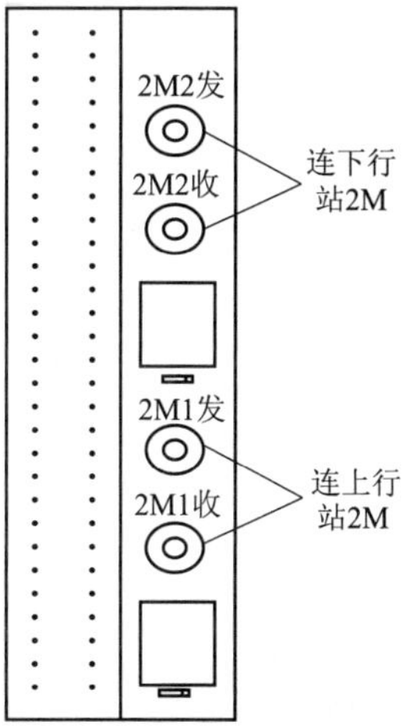

图 2-60 扩展座的 2M 座

连接器型号:CC3-J 同轴连接器

配接同轴电缆:SYV-75-1-1、SYV-75-2-1、SYV-75-2-2

(3)保护地的连线

保护地的连线如图 2-61 所示。

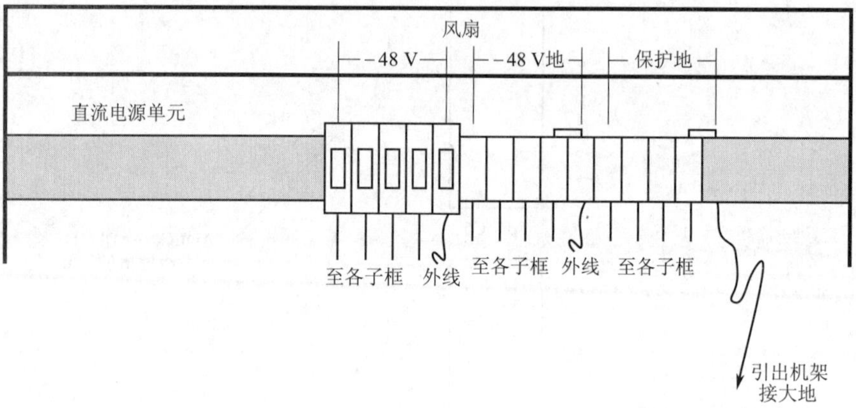

图 2-61　保护地的连线

建议使用 10 mm^2 以上地线。

思考题

1. 长途接续台的功能是什么?
2. CCT-2000B 系统包括哪些服务器及功能?
3. 通信服务器程序的作用是什么?
4. 维护台系统由哪几部分组成及功能是什么?
5. CCT-2000B 系统启动和停止的操作顺序是什么?

复习思考题

1. 非铁路单位临时制发铁路电报如何办理?
2. 电报等级分为哪几种?
3. 电报使用哪些文字、符号、记号?
4. 电报有哪几种投递方式?
5. 铁路电报通信系统具有哪些特点?
6. 长途通话种类有哪几种?
7. 长途通话接转方式分为几种?
8. 什么是“117”应急通信?
9. 有权使用“117”电话的人员有哪些?
10. 长途记录的标准是什么?

第三章 相关知识

第一节 技术标准

为加强铁路电报、电话业务管理，进一步提高报话服务质量，铁路总公司在全路报话系统中开展铁路总公司标准化电报所、电话所创建活动，根据铁路运输对报话服务质量的要求，从工作环境、人员素质、业务管理、服务质量等方面对电报所、电话所进行综合考核、评定。通过建设标准化报话所，实现班组管理制度健全，队伍素质提高，服务质量达标，安全生产稳定的目标。

一、铁路总公司标准化电报所、电话所建设标准

(一)工作环境

(1)报话所工作环境美观，布局合理，室内整洁明亮，无异味。做到"三无"(无垃圾、无灰尘、无污垢)，"五净"(墙面净、台面净、门窗净、地面净、设备净)。

(2)报话所设备、办公用品、生活设施定置定位。

(3)报话所应设工作人员休息室，并配有更衣柜、座椅、床、寝具等。

(4)电报所应设置受理窗口，并为发报人员设置桌椅、文具、茶杯、饮水机等。

(5)电报所应在明显位置公布监督电话号码、设置用户意见簿。

(6)所内配有专用库房或文件柜(存放报底用)。

(7)室内温度满足 16 ℃～28 ℃要求。

(8)班组上墙揭挂齐全，统一规范。揭挂应包括以下主要内容:《报务员、话务员岗位专责制》《报务员、话务员服务纪律》《电报电话服务理念》《服务公约》《服务承诺》《班组(室)防火安全制度》《铁路营业线示意图》。

(9)电报所应设受理区、工作区和间休区，受理区面积不宜小于 10 m^2，工作区和间休区应满足工作需要;电话所平均每个坐席工作区不宜小于 4 m^2。

(二)人员要求

(1)报话所全员文化程度高中以上应达到 90%，或中专以上应超过 60%。

(2)班组人员持证上岗达到 100%。

(3)鼓励职工学习技术业务，提高专业水平，积极培养技师等专业人才。

(4)电报、电话员应统一着装，胸前佩戴工号牌，做到语言文明、礼貌，举止大方、得体，态度热情、和蔼、耐心。

(三)业务管理

1. 制度健全

(1)交接班制度规范，记录详实。

(2)电报作业执行自检、互检、总检的三检制度，电话所坚持每月监听，认真填写监听记录。

(3)班组每月组织一次安全分析会。

(4)班组应根据工作实际，制订监督考核办法，对职工当月工作质量、劳动安全和劳动纪律

等情况进行考核。

(5)班组民主管理，制度健全、规范，各工管员配备齐全、分工合理、职责明确。

(6)坚持访问用户制度，有计划有落实，并有改进服务质量的措施。

(7)坚持业务学习制度，年度有计划，月度记录、有考核。

(8)安全防范措施、防火安全制度健全。

2. 资料完备

(1)铁路总公司、铁路局、通信(电务)段下发的有关管理制度、办法和标准等。

(2)业务管理资料

电报所：《铁路电报电话管理规则》《铁路站名略号》《统称语通电略号》《标准电码本》《电报作业标准》《话传、投递范围表》《新华字典》《列车时刻表》《全国铁路营业线示意图》。

电话所：《铁路电报电话管理规则》《电话号码簿》《防洪抢险事故(117)登记簿》《管内各铁路营业线公里标与车站对应台账》《电话作业标准》《转话径路》《铁路站名略号》《全国铁路营业线示意图》。《区间应急事故线自动电话号码表》，以及有权使用"117"台的单位和领导姓名、电话号码和本地区事故救援指挥中心的电话号码。

3. 备品良好，台账准确

(1)应急备品齐全，保持良好。报话所(班组)应根据生产需要配置相关设备、纸张、工具、色带、耳机等应急备品，并保证性能良好，用后及时补充。

(2)电话所应建立完整的电话号码数据库，专人管理并制订修改办法、流程，定期修改，保证准确。

(3)报话所业务统计数据要完整、准确。

(四)服务质量管理

1. 电报

受理铁路电报按《铁路电报电话管理规则》(铁运〔2015〕76号)的规定，严格掌握发报权、发报范围、发报等级，妥善保管各种原始资料和文电。

(1)标准发报率≥99%。

(2)优质电报率≥95%。

(3)电报时限率≥95%。

2. 电话

电话优质率≥95%。

电话时限率≥95%。

3. 网路活动

认真执行网路活动工作的各项规定，贯彻网路组织的基本任务，按时上报网路各项统计报表及总结。

(五)费用收支管理

继续执行对非铁路单位的收费办法及费率，所收费用按照有关规定用于改进报话服务质量、提高标准化报话所建设水平(包括网路活动经费)、补充报话成本支出等。

(六)达标报话所应实现以下安全目标

一年以内无责任职工轻伤及以上事故；一年以内无报话差错及严重服务性不良反映；一年以内无火险、火情及严重消防隐患。

电报错情率：根据电报所受理、发报业务量大小，局电报所每万封小于0.2封，其他电报所每万封小于0.5封。

电话不良反映率：根据电话所长途接转、查号业务量大小，局电话所每20万次小于1次，其他电话所每10万次小于1次。

（七）标准化报话所验收办法

(1)｛通信（电务）段自检合格后上报铁路局，铁路局于六至九月组织验收，并上报铁路总公司。

(2)铁路总公司根据情况进行抽查，11月底前对标准化报话所进行命名，命名两年有效。

(3)评选及申报程序：

①车间按标准化报话所建设标准对管内报话所进行检查，并上报通信（电务）段。

②通信（电务）段组织对车间上报的标准化报话所进行检查。合格后上报铁路局电务处。

③铁路局电务处根据通信（电务）段上报的标准化报话所进行验收，合格后上报铁路总公司，由铁路总公司统一公布命名。

思考题

1. 在标准化报话所创建标准中，对报话所全员文化程度有哪些要求？

2. 电报作业三检制的内容是什么？

3. 在标准化电报所创建标准中，根据电报所受理、发报业务量外小，电报错情率有哪些规定？

4. 在标准化电话所创建标准中，根据电话所长途接转、查号业务量大小，电话不良反映率有哪些何规定？

5. 标准化报话所验收评选及申报程序是如何规定的？

第二节 技术规章

报话专业岗位不仅要掌握本岗位的专业知识，还要了解与本岗位相关的铁路技术规章。铁路技术规章分为铁路总公司、铁路局和站段三个层面。铁路总公司、铁路局技术规章分为基本技术规章和专业技术规章，专业技术规章分为专业系统技术规章、专业单项技术规章和专业临时技术规章。站段技术规章不分类。本节主要学习《铁路技术管理规程（普速铁路部分）》（简称《技规》）和《铁路通信维护规则》的相关内容。

技术规章具有特定范围内的权威性，下一层级技术规章不得简化、删节上一层级规章的实质性内容或降低标准，更不得与其抵触、违背；在执行过程中，不得简化、丢漏内容或降低标准。

技术规章具有特定范围内的普适性，现行有效的规章不仅适用于通信专业，也适用于其他专业；同样，其他专业的规章与通信有关的部分，也适用于通信专业。

技术规章实行动态管理，要及时了解新近发布的技术规章和既有规章条款变化情况，并及时转发、修订相关条款，执行新的规章或修订后的条款。

在技术规章执行的过程中，发现与既有规章或其他专业规章有矛盾时，应及时向规章制定部门反映。

一、《铁路技术管理规程（普速铁路部分）》的相关内容

1. 铁路的基本建设、产品制造应综合配套，保证质量，采用系统集成技术，试行各子系统

顶层协调统一，采用保证行车安全的技术设备，实现技术设备标准化、系列化、模块化、信息化，不断提高运输能力。

2. 铁路重要产品须按有关规定，执行行政许可、产品认证等铁路准入制度。

3. 铁路运输企业和建设单位应严格控制进入铁路的产品质量，建立必要的产品质量检验和质量问题追究制度。质量抽查不合格或实行准入管理但未获得相关资质的产品，不得在铁路使用。

4. 新设备(包括改造后的设备)投入使用前须有操作规程、竣工图纸等技术文件和保证安全生产的办法与管理细则，经过技术测验合格并对有关人员进行培训后，方可使用。

5. 铁路机车车辆、线路、桥隧、通信、信号、牵引供电、电力、信息、安全、给水、房建等技术设备，均须有完整和正确反映其技术状态的文件及技术履历等有关资料。

上述技术资料由有关部门或单位妥善保管，并根据变化情况及时记载修订。

6. 铁路技术设备的养护维修工作，应努力实现机械化、自动化、专业化、信息化，落实责任制和检验制，坚持以预防为主、检修与保养并重、预防与整治相结合的原则，合理确定检修项目和检修周期，组织定期检查，加强日常维修，提高设备质量。基础设施实行天窗修理。并推行预防性计划修、专业化集中修制度。

7. 铁路技术设备应保持完整良好状态，根据设备变化规律、季节特点，安排设备检修。

8. 为满足检修需要，应建立检修基地，设置检修、试验设备(包括检查车、试验车)、运输工具、必要的生产辅助车间和生产房屋，并应储备定量的器材和备品，以备急需和替换时使用。储备的器材和备品动用后，应及时补齐。

9. 铁路技术设备，除由直接负责维修及管理的部门经常检查、周期维修外，铁路局还应按规定组织有关人员进行定期全面检查和专项检查。

10. 铁路局有关专业管理部门应按下列规定组织专项检查：

对干线地面信号、机车信号、轨道电路和列车无线调度通信设备等的运用状态，每月检查一次；场强覆盖每季度检查一次；登乘机车检查信号显示距离、机车信号显示状态及列车无线调度通信设备运用质量，每月不少于一次。

11. 在铁路总公司指定地点设事故救援列车、电线路修复车、接触网抢修车，配备应急通信设备，并处于整备待发状态，其工具备品应保持齐全整洁，作用良好。

铁路总公司、铁路局应急救援指挥中心应建立应急平台，配备相应的应急指挥设施和通信等设备，确保事故现场的图像、话音及数据在规定的时限内传送至应急救援指挥中心。

12. 对防寒工作，应提前做好准备。铁路局要抓好以下工作：

(1)对有关人员进行防寒过冬培训，并按规定做好防寒劳动防护用品的配备和发放工作；

(2)对铁路技术设备进行防寒过冬检查、整修，并做好包扎管路等工作；

(3)做好易冻的设备、物资的防冻解冻工作；

(4)储备足够的防寒过冬材料、燃料和工具，检修好除冰雪机具和防雪设备，组织好除冰雪队伍。

13. 有关单位应建立和健全消防组织，定期进行检查。

14. 铁路行车安全监测设备是保障铁路运输安全的重要技术设备，应具备监测、记录、报警、存取功能，保持其作用良好、准确可靠，并定期进行计量校准。

15. 铁路行车安全监测设备应实现信息共享，为运输组织、行车指挥、设备检修、救援及事故分析等提供信息。

16. 信号及通信设备及机房，应采取综合防雷措施，设置机房专用空调。装有防止强电及雷电危害的浪涌保护器等保安设备，电子设备应符合电磁兼容有关规定。

17. 铁路通信应符合国家、铁道行业的有关技术标准和质量要求，确保全程全网安全、可靠、迅捷、畅通。

18. 铁路通信应根据下列主要通信业务，配置相应通信设备：

(1)普通电话(固定、移动)；

(2)专用电话(固定、移动)，包括调度电话、车站(场)电话、站间行车电话等；

(3)会议电话；

(4)广播；

(5)数据承载；

(6)数据终端(铁路电报，列车调度命令信息无线传送，车次号校核信息无线发送，列车尾部风压信息传送，列车安全防护报警预警信息传送)；

(7)图像通信(电视会议、综合视频监控等)；

(8)应急通信；

(9)时钟、时间同步基准信号。

19. 列车(有线)调度电话准许列车调度员、机车(动车)调度员、车辆调度员、机务段(客运段)调度员(值班员)、客运调度员、车站值班员(车站调度员)、供电(电力)调度员、电力牵引变电所值班人员、道口看守员加入电话，根据需要允许动车组随车机械师(简称随车机械师)、车辆乘务员、机车(动车组)司机、列车长、自轮运转特种设备司机、救援列车主任和施工负责人及巡守人员利用区间通信设施加入电话。

站间行车电话及扳道电话，禁止其他电话接入。

20. 调度所、车站和机车、动车组装备的列车调度通信设备应连接语音记录装置，对列车调度、站间行车的通话进行录音。

21. 区间通信柱(通话柱)应尽量靠近铁路，并安装在防护网内，与线路中心的水平距离应能保证使用人员的人身安全和养路机械的施工作业要求，每隔 1.5 km 左右安装一个；在自动闭塞区段，其安装位置尽量与通过信号机的位置相对应。

22. 在装备铁路数字移动通信系统(GSM-R)区段，各类移动通信业务应由 GSM-R 承担。

23. 在铁路运输生产中，凡设置使用无线电设备的单位，都必须遵守国家和铁路无线电管理的有关规定。

24. 信号传输线路，可采用电缆、光缆等传输手段。通信传输线路以光缆为主。

在信号、通信线路及设备附近进行施工或作业时，应会同设备维护部门，采取安全防护措施。

25. 在铁路总公司调度指挥中心、铁路局调度所、车站等节点根据需要设置时钟同步及时间同步系统设备，为铁路各专业系统及地面电子时间显示设备提供统一的时钟、时间同步基准信号源。

26. 在通信机房，设置电源及机房环境监控系统，对温度、湿度、门禁、通信电源系统等状况进行统一监控。

27. 在通信架空线路上，禁止架设广播线。当通信明线或架空光电缆与供电线路、广播线或其他电话线路并行或跨越时，其间必须保持的距离应符合有关规定，并采取防止干扰措施。

28. 通信线路或设备损坏时，应按下列顺序抢通和恢复：

(1)列车调度电话；

(2)站间行车电话、扳道电话、信号闭塞线路；

(3)列车调度指挥系统和调度集中系统的通道；

(4)牵引供电远动通道；

(5)信号安全数据网通道；

(6)车辆运行安全监测通道；

(7)旅客服务系统通道；

(8)客票系统通道；

(9)车号自动识别系统通道；

(10)其他。

29. 铁路行车组织工作，必须贯彻安全生产的方针，坚持高度集中、统一领导的原则，运输、机务、车辆、工务、电务、供电、信息、房建等部门要发扬协作精神，主动配合，紧密联系，协同动作，组织均衡生产，不断提高效率，挖掘运输潜力，完成和超额完成铁路运输任务。

30. 列车运行图是铁路行车组织工作的基础。所有与列车运行相关的铁路各部门，必须按照列车运行图要求组织本部门的工作，以保证列车按照运行图运行。

行车工作必须坚持集中领导、统一指挥、逐级负责。

局与局之间由铁路总公司，局管内各区段间由铁路局，一个大的区段由本区段列车调度员统一指挥。

31. 全国铁路的行车时刻，均以北京时间为标准，从零时起计算，实行 24 小时制。列车运行，原则上以开往北京方向为上行，反之为下行。列车须按规定编定车次。上行列车编为双数，下行列车编为单数。在个别区间，使用直通车次时，可与规定方向不符。

32. 行车有关人员，在任职、提职、改职前，必须按照《铁路职业技能培训规范》要求，进行拟任岗位资格性培训，并经职业技能鉴定和考试考核，取得相应职业资格证书和岗位培训合格证书后，方可任职。

在任职期间，需按照铁路职业技能培训规范等规定，定期参加任职岗位适应性培训和业务考试，考试不合格的，不得继续履职。

33. 行车有关人员，在任职前必须经过健康检查，身体条件不符合拟任岗位职务要求的，不得上岗作业。

在任职期间，要定期进行身体检查，身体条件不符合任职岗位要求的，应调整工作岗位。

34. 对行车有关人员，应进行日常安全生产知识和劳动纪律的教育、考核，并有计划地组织好在职人员的日常政治和技术业务学习。

35. 铁路行车有关人员在执行职务时，必须坚守岗位，穿着规定的服装，佩戴易于识别的证章或携带相应证件，讲普通话。行车有关人员，接班前须充分休息，严禁饮酒，如有违反，立即停止其所承担的任务。

36. 国家铁路工作人员必须严格遵守和执行本规程的规定，在自己的职务范围内，以对国家和人民负责的态度，保证安全生产。各单位对遵守本规程成绩突出者，应予表扬或按有关规定给予奖励；对违反者，应视其违反程度和造成事故的性质、情节及后果，给予教育、处分。

二、《铁路通信维护规则》的相关内容

2014 年印发的《铁路通信维护规则》是铁路总公司在既有的有线、无线、G 网、仪表、动车组等规章基础上，根据铁路通信设备运用特点和设备管理、现场维护工作要求，在广泛征求意见后，对原有技术规章进行整合、调整，修编而成，是铁路通信设备维护的基本规章。

铁路通信包括：通信线路、传输、接入网、时钟及时间同步、数据通信、电话交换、调度通信、会议通信、电报通信、应急通信、广播与站场通信、综合视频监控、列车无线调度通信、数字移动通信(GSM-R)、通信电源、监测系统等。

铁路通信必须执行国家、铁路总公司有关网络安全、通信保密的规定。

1. 综合管理

(1)铁路通信维护管理工作按照分级管理，逐级负责的要求，实行铁路总公司、铁路局、段三级管理，段、车间、工区(班组)三级维护。

(2)通信段是铁路通信设备维护单位，应根据设备维护管理需要设置业务结构。

(3)通信设备维修方式包括日常检修、集中检修、重点整修。

①日常检修是及时发现问题，消除障碍因素，确保通信畅通的经常性检修作业，包括周期性的日常巡视、检查、测试和修理等。

②集中检修是按一定周期进行的设备测试和修理工作，使其强度、性能满足维修标准，包括对可倒换设备入所修，以及在设备使用现场组织专业人员进行的测试和修理。

③重点整修是对存在故障隐患、质量缺陷的设备进行一次性集中修理的工作，包括软件更新、部件更换。

对具备有效的冗余、监控、自检、分析等功能，且性能良好、运行环境符合标准的通信设备维修，经铁路局主管部门批准后可实行状态修。

(4)维修计划：

①通信段应根据本规则，结合设备状况、年度重点工作维修天窗作业规定，每年组织参加工区编制通信设备维修工作计划表。

②计表经段技术主管部门审核、段长批准后执行。月表检修日和年表月份工作计划一经确定，不得随意更改。特殊情况确需变更的，月表检修日变动 3 日(含)以内时由工长批准，变动 7 日(含)以内时由车间批准，变动 7 日以上时由段批准；年表工作计划的变更由段批准。

③执行计表时，要严格遵守有关规章制度，贯彻质量标准，按作业程序、标准进行操作；可能影响设备正常使用或电路运用质量时，应采取相应的防范措施。

④计表工作完成后，应执行分级质量验收制度。凡因检修工作不到位造成验收质量不合格的，不得按完成工作量统计上报。工区应认真填写工作日志和计表检修记录，每月进行总结分析上报。计表检修记录(纸质或电子版)要妥善保管，保存期限不少于两年。

(5)备品备件：

①投入使用的通信设备，应根据设备维护和应急处置需要配置一定数量的备品备件。备品备件按照“集中管理、分级存放、统一调配”的原则进行管理。通信中心负责全路骨干通信网备品备件的管理，建立一级备品备件库；铁路局负责管内备品备件的管理，建立二级备品备件库；通信段建立三级备品备件库。

②障碍处理结束后，设备维护单位要及时补齐消耗的备品备件，并督促维护部门及时办理障碍板件或整机的返修手续。由一级备件库出库进行替换的故障板件经通信中心批准后方可办理返修。二级、三级备件库返修手续由各铁路局自行规定。设备维护部门在障碍处理完毕后，应在 2 个工作日内完成障碍板件送厂返修。

③备品备件每半年检查一次，具备条件的应进行运用试验，保持其性能良好，同时做好试用记录。在用设备进行软硬件升级时，应同时对备品备件进行相应升级，确保其软硬件版本与在用设备保持一致。

2. 设备维护

(1)电话交换

①铁路电话交换设备包括数字程控交换机、长途智能人工交换系统、网管和配套设备。其中,长途智能人工交换系统包括长途智能人工交换设备、智能坐席设备(“113 台”、“114 台”、“115 台”、“117 台”以及相关管理台)、电话所录音设备。

②维护工区应按照维修项目和周期对所负责维修的设备进行计表。

(2)铁路电报通信

①铁路电报通信系统由存储转发服务器、管理服务器、电报终端以及网络设备、扫描仪、传真机、复印机、打印机及其附属设备组成。

②电报电路分为干线电报电路、局线电报电路。

③铁路站名略号及电报统称语变更时,维护单位应根据铁路总公司主管部门下发电文要求,在规定时间完成数据修改。

(3)应急通信

①铁路应急通信(以下简称应急通信)是当发生自然灾害或突发事件等紧急情况时,为确保铁路运输实时救援指挥的需要,在突发事件救援现场内部、现场与救援指挥中心之间以及各相关救援中心之间建立的语音、图像和数据通信。

②维护单位应定期组织应急通信演练,保证响应时间、话音与图像的通信效果,满足使用要求。

三、其他规定

1. 安全生产应认真贯彻安全第一、预防为主的方针,建立安全逐级负责制,执行国家、铁路总公司有关安全生产的各项规定。

(1)维护人员应认真执行“三不动”“三不离”“三不放过”及通信电路纪律“十不准”等基本安全制度和工作纪律。在日常检修中必须坚持安全第一,提前与使用部门联系并做好登记,检修后应对设备运用性能进行全面试验。

(2)通信系统的信息安全与数据保密应符合下列要求:

①作为网管使用的计算机不得兼做他用;

②严禁在网管计算机上进行与工作系统无关的操作;

③严禁在网管计算机上安装、运行与本系统无关的软件;

④严禁在网管计算机上使用未经专业杀毒软件严格处理过的 U 盘、光盘、磁盘等存储介质。

(3)机房内的通信设备应保持清洁干净,无灰尘。设备风扇、过滤网清洁干净。

①对于不具备火灾自动灭火、报警系统的机房,要按规定配备足够、有效和适合通信机房使用的灭火器材。

②机房内严禁存放易燃易爆物品。

(4)因电路不良影响电报正常传输时,应向传输室提出障碍申告,并认真填写障碍记录。

2. 故障受理要有详细记录并进行编号,处理要做到“五清”,即时间清、原因清、地点清、影响范围清、处理过程清。

凡运用中的通信设备不能正常运用且未影响正常行车的,列通信障碍(以下简称障碍)。通信障碍分为通信一类障碍和通信二类障碍。

思考题

1. 铁路技术规章分哪三个层面？
2. 技术规章在执行过程中有哪些要求？
3. 备品备件管理原则是什么？
4. 电报电路分为哪两种？
5. 什么是铁路应急通信？

复习思考题

1. 报话所揭挂内容应包括哪些？
2. 铁路技术设备的养护维修工作应坚持的原则是什么？
3. 对防寒工作，应提前做好哪些准备？
4.《技规》中对区间通话柱的安装有哪些规定？
5. 在铁路运输生产中，凡设置使用无线电设备的单位均应遵守哪些规定？
6. 通信线路或设备损坏时抢通和恢复顺序是如何规定的？
7. 铁路行车组织工作必须坚持什么原则？
8. 对铁路行车有关人员在执行职务时有哪些规定？
9. 铁路有线通信包括哪些内容？
10. 通信设备维修包括哪些方式？
11. 障碍处理结束后设备维护单位应做到哪些？
12. 铁路电话交换设备包括哪些？
13. 铁路电报数据通信系统由什么设备组成？
14. 铁路站名略号及电报统称语变更的依据是什么？
15. 故障处理做到哪“五清”？

职业技能

第四章 基本技能

第一节 常用设备使用

在日常工作中，我们需要通过使用各种专业设备来完成各项工作，其中最常用的设备包括复印机、传真机和录音电话。

一、复印机的使用

本节主要介绍理光 MP2500 数码复印机的操作方法，其他型号机型可参考。

（一）复印机的开关机

（1）插上/拔去电源线（图 4-1）。

（2）启动/关闭电源键（图 4-2）。

图 4-1 电源

图 4-2 电源键

（二）复印机的复印功能

（1）从内侧曝光玻璃处单面复印时，应紧贴曝光玻璃处的纵向和横向刻度边，内容朝下，紧闭曝光玻璃盖（图 4-3），并按“确认”键（图 4-4）。

（2）从内侧曝光玻璃处单面稿双面复印或双面稿双面印时，应紧贴曝光玻璃处的纵向和横向刻度边，内容朝下（图 4-5），并选择（图 4-6），双面稿双面印时，当第一遍扫描完成后，应翻页，并确认即可。

（3）从上层自动进稿器进行单面复印时，应调整好纸型卡，并把稿件内容朝上放进，当听到“滴”一声后，即为准备完成，确认后即可自动进稿并复印（图 4-7、图 4-8）。

（4）从上层自动进稿器进行双面复印时，把稿件放入，并准备完成后，选择双面复印选项（图 4-9），确认即可。

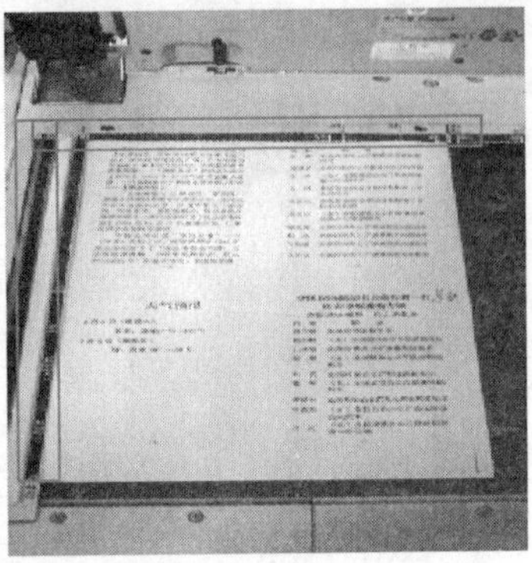

图 4-3　单面复印

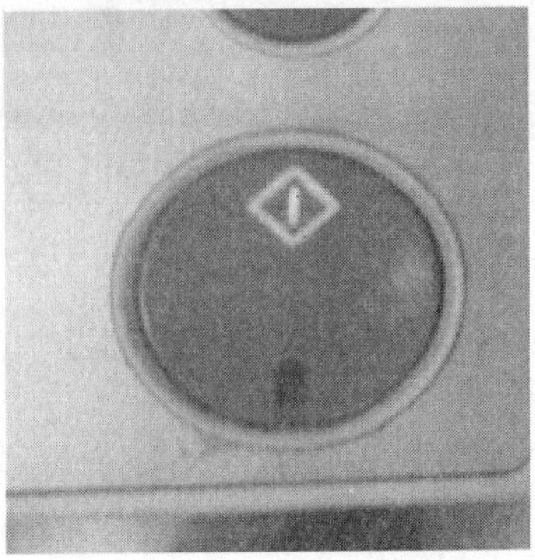

图 4-4　复印确认键

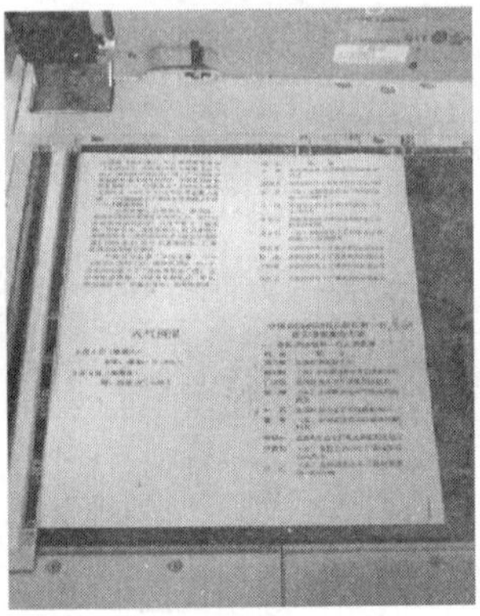

图 4-5　双面复印

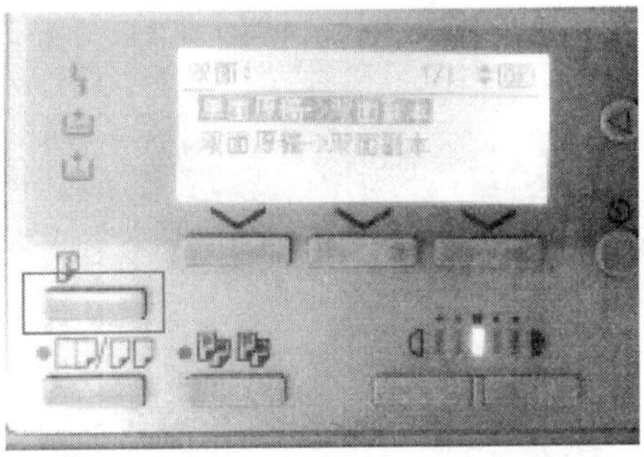

图 4-6　双面复印选项

图 4-7　纵向自动进稿

图 4-8　横向自动进稿

备注：内侧曝光玻璃复印适用于单页稿件或证件类，上层自动进稿器复印适用于正反面稿件和成套稿件的复印。请注意，当复印成套的稿件时应加选分页选项（图 4-10），出来时即为成套复印件。

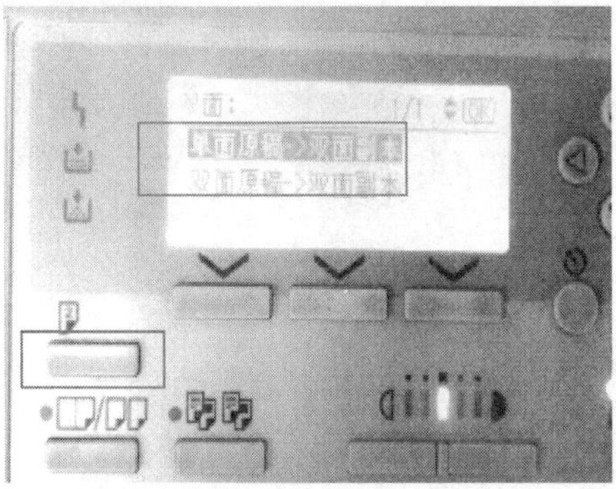

图 4-9 双面复印选项

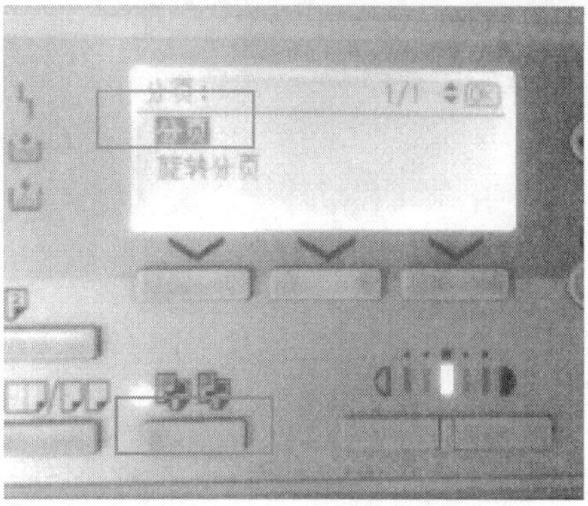

图 4-10 分页复印选项

(5)复印身份证及其他证件正反面，首先把证件一面朝下放置在 A4 范围的玻璃板下(图 4-11)，盖好盖后点击确认。把出来的复印稿件内容面朝下放置在右侧外置进稿器内(图 4-12)，把机器内原件换面垂直放置(图 4-13)，盖好盖确认即可(图 4-14)。

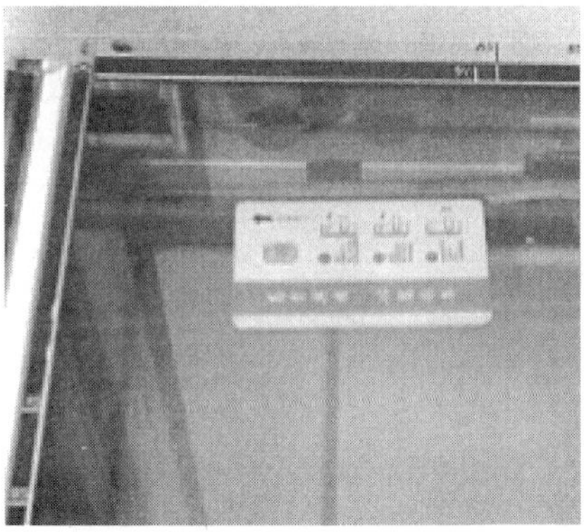

图 4-11 复印证件正面

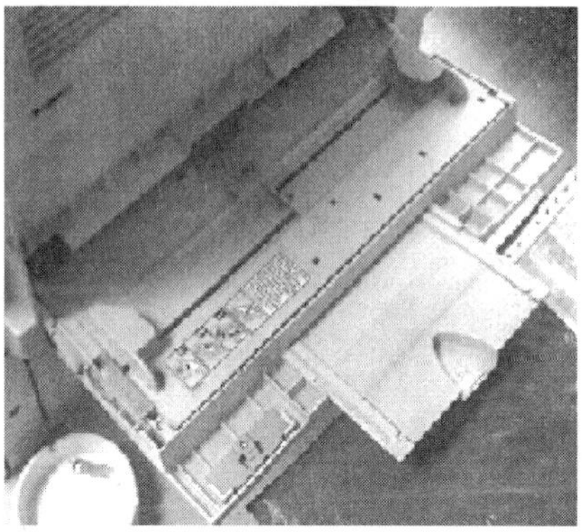

图 4-12 外置进稿器

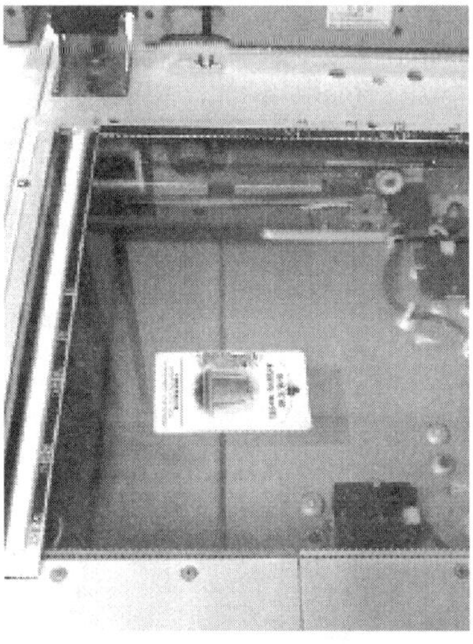

图 4-13 复印证件反面

图 4-14 复印证件效果图

(6)把双份或四份稿件合并在一张纸上。首先应选择(图 4-15),然后把几张稿件先后放在内侧曝光玻璃内扫描,确认即可。

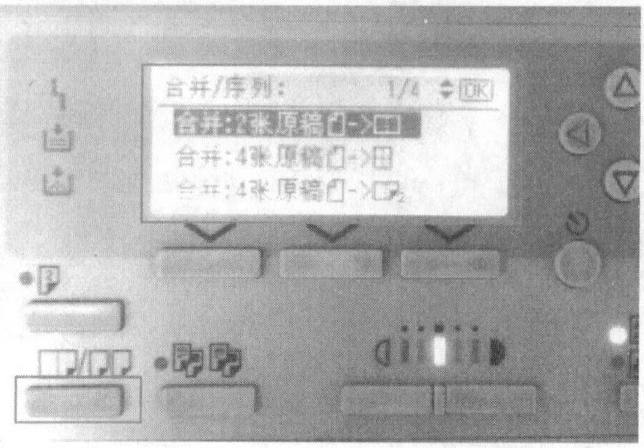

图 4-15　合并复印选择

(7)缩印或扩印。稿件放好后选择适合的缩小或扩大比例(图 4-16)。当稿件的纸张不是标准的纸型或复印纸不是标准的纸型时可以选择微调,来调整适合的比例(图 4-17)。

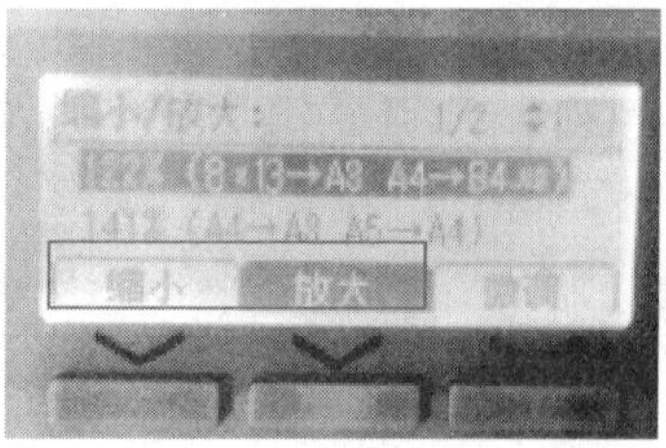

图 4-16　缩小和放大选择

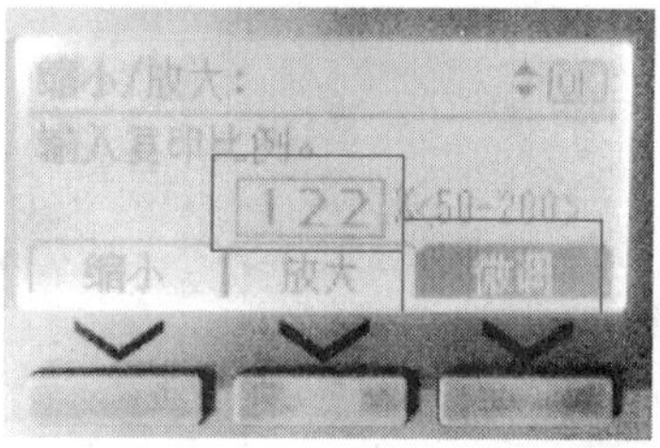

图 4-17　调整比例

(三)复印机的打印功能

首先要安装复印机的打印驱动,并确认电脑和复印机的数据连接线连接并正常。打印时应根据纸盒的方向来选择打印方向(图 4-18)。

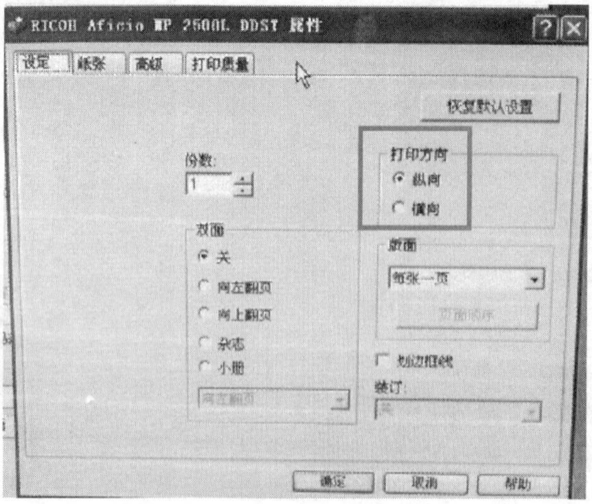

图 4-18　选择打印方向

（四）复印机的故障排除

当复印机的液晶屏上出现如图 4-19 所示的标志时即为卡纸，出现图 4-20 所示的标志时即为缺纸。当出现卡纸情况时，应根据提示打开打印机（图 4-21）详细检查，当发现卡纸位置后应双手放在纸的两边同时发力缓慢拉出，如有碎片不小心掉入机器，可使用镊子小心夹出，如问题严重应联系经销商。复印机其他可能卡纸的位置如图 4-22、图 4-23 所示。

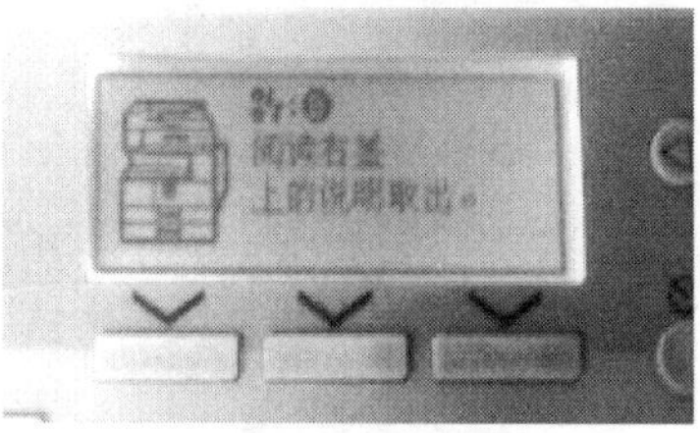

图 4-19 卡纸

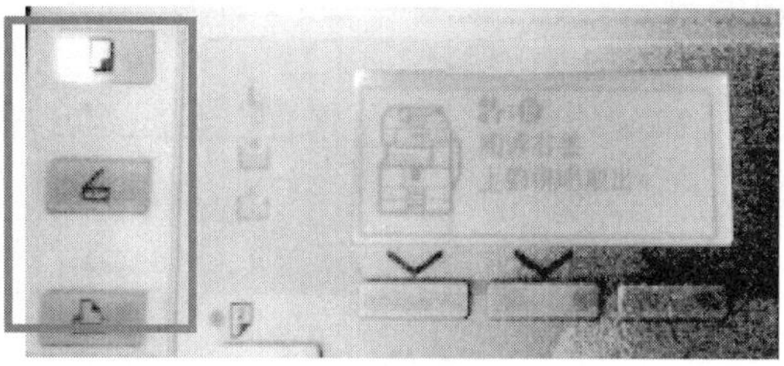

图 4-20 缺纸

图 4-21 打开卡纸位置

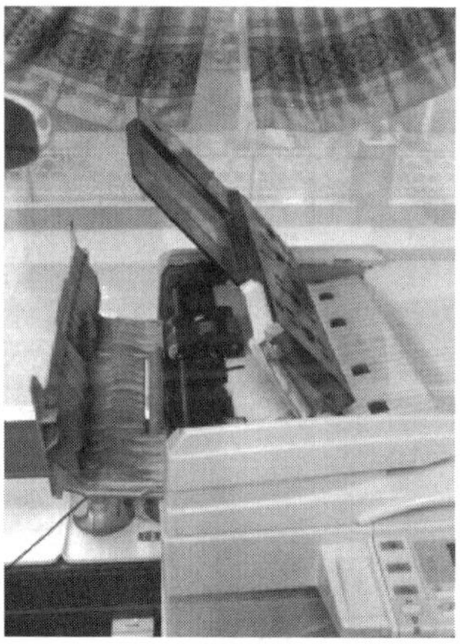

图 4-22 其他可能卡纸位置 1

图 4-23 其他可能卡纸位置 2

(五)复印机的纸盒更换及设置

1. 纸盒的更换

此处讲的复印机有两个纸盒,平时默认使用的是上层 A4 下层 B5,需要其他使用纸型时需先更换纸盒(图 4-24),更换纸盒时应先把纸盒解锁(图 4-24 中的框一、框二),把刻度卡轻轻移动到所需要的纸型刻度(图 4-25),调整好后纸盒落锁放纸,推入复印机内即完成。

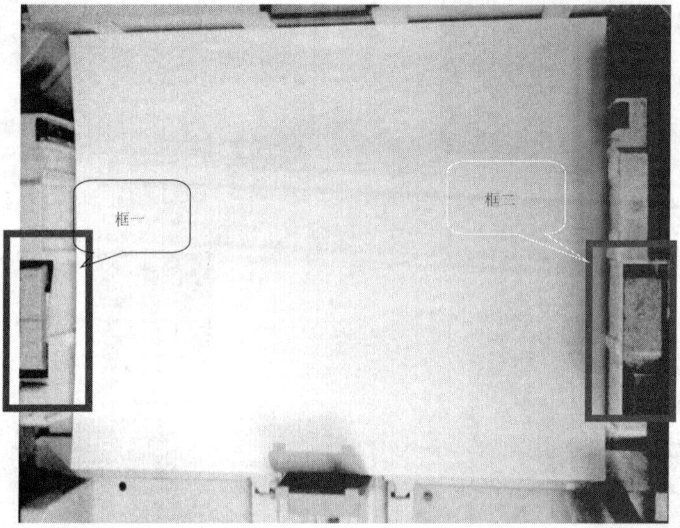

图 4-24 更换纸盒解锁

图 4-25 调整刻度卡

2. 纸盒的更换后复印机的设置

当纸盒设置完成后需更改设置才能启用,点击如图 4-26 所示的按钮,然后选择所需要的纸盘即可(图 4-27)。

图 4-26 更改设置

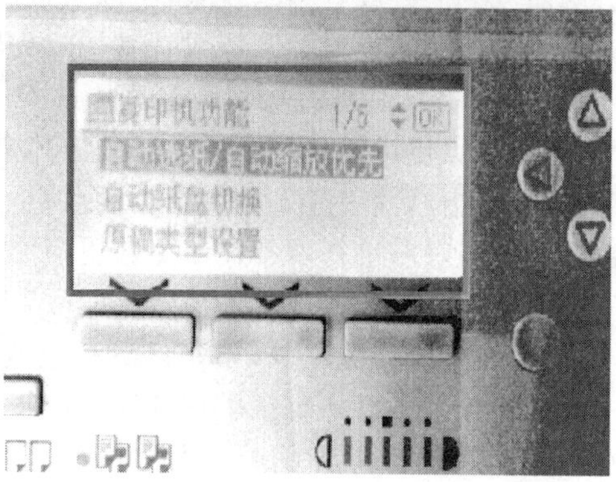

图 4-27 选择纸盘

二、传真机的使用

(一)基本原理

传真机将需发送的原件按照规定的顺序,通过光学扫描系统分解成许多微小单元(称为像素),然后将这些微小单元的亮度信息由光电变换器顺序转变成电信号,经放大、编码或调制后送至信道。接收机将收到的信号放大、解码或解调后,按照与发送机相同的扫描速度和顺序,以记录形式复制出原件的副本。

(二)接收传真的方法

传真机接收文稿的方法有三种,每种方法还能进一步修改。首次开箱使用传真机时,设定的是自动接收模式。可以通过按录音电话/人工接收指示灯下面的键改为其他两种接收模式之一,指示灯显示的是正在使用的模式。

1. 自动接收

希望传真机在没有任何人为干预的情况下自动接收传真时,选用自动接收模式。在这种模式下,传真机自动接收来自传真机的呼叫,并且当收到电话呼叫时可以振铃。

2. 录音电话接收

将传真/电话线与录音电话机相连,这样在无人在场的情况下就可用这一模式。录音电话机设置为录音,这个模式接收传真呼叫,并按规定路线将电话呼叫发送给录音电话机。

3. 人工接收

希望亲自应答每一次呼叫时请用人工接收方式。在此模式下,凡是打进来的每次呼叫都会振铃,不论是从传真机来的还是从电话机来的。

(三)传真机使用问题解析

1. 在发送传真时,为什么原稿经常出现传送歪斜甚至卡纸现象?

原稿在传送过程中,不是出现传送歪斜就是原稿被卡的问题时,应该及时检查传真机内部纸张传动部分的两棍轴是否已经松动,因为一旦两棍轴松动就不会对纸张产生足够的压力,纸张就很容易出现歪斜甚至堵塞,所以发现两棍轴松动的话,应该立即清洗和调整两棍轴,把两棍轴恢复正常的工作状态;两棍轴如果安装的位置不平行的话,也会出现传送歪斜甚至卡纸现象。

因此在传送文稿之前,必须正确调整好原稿导引板的位置,同时把要传送的文稿整齐地放置在导引板上;除了上面的几个因素外,纸张传送路径上的障碍物很容易阻挡原稿的正常传送，从而产生卡纸或者堵塞现象，所以一旦出现卡纸现象时，要记得及时打开传真机的侧面板盖，将纸张传送路径上的纸屑或者其他障碍物清除干净。

2. 为什么传真机每次都会多页传送？

每次多页传送是一种十分常见的故障现象，引起这种故障的可能原因有多种，如纸张传送部分的传动金属片一旦发生变形，就会产生这种故障。因此一旦发现传动金属片发生变形的话，应该立即对它进行调整甚至重新更换一个新的传动金属片；如果传真机的面盖没有正确盖好的话，也很容易造成每次多页传送的故障现象。

所以在发送传真之前，首先认真检查是否已经盖好了传真机的面盖；除了上面两种原因外，分纸橡胶片的好坏直接影响到原稿的正确传送，如果分纸橡胶片发生损坏或者表面有污垢的话，应及时更换或者用清洁剂清洗。

(四)传真机使用注意事项

(1)启用传真机以前，仔细阅读说明书，以便今后更好的使用传真机。

(2)不能擅自拆卸传真机部件，如果接触设备内部暴露的电接点将引起电击。请将传真机交给所在地经授权的传真机维修商维修。

(3)传真机只能在水平的、坚固的、稳定的台面上运行。

(4)在传真机的背面，底面均有通风孔。为避免传真机过热(将引起运转反常)，不要堵塞和盖住这些孔洞。不应将传真机置于床上、沙发上、地毯上或其他类似的柔软台面上。不应靠近暖风或热风机，传真机也不应放在壁橱内、书柜上及其他类似通风不良的地方。

(5)传真机所用电源只能是设备上标注所指定的电源类型。

(6)应确认插在墙面电源插座上的所有设备所用的总电流不超过插座断路器的电流整定值。

(7)不允许电源软线挨靠任何物品，不要将传真机放置在电源软线会被踩到的地方。确认电源软线无绞缠、打结。

三、办公录音电话的使用

因各单位使用的办公录音电话型号不同，但操作方法基本相同，本节仅以 HCD8128 办公录音电话为例，介绍其使用方法。

HCD8128 办公录音电话功能强大，操作简单方便易学。

(一)话机特点

(1)海量录音时长，通话过程可录音并保存在电脑上，可随时调出并播放。

(2)强大的通讯录功能，提供号码检索查询，屏幕取词(直接从电脑文档中截取号码并拨叫此号码)，快捷拨号。

(3)自动兼容 FSK/DTMF 双制式来电模式。

(4)使用 FLASH 存储信息，数据永不丢失。

(5)16 组 8 位去电，50 组 8 位来电存储、删除、回拨功能。

(6)1 000 组来去电脱机保存通讯记录。

(7)LCD 亮度 5 级可调，音量 4 级可调。

(8)2 组 IP 号，1 组默认 IP 为 17909。

(9)来去电自动识别电话号码归属地。

(10)屏幕取词，直接桌面点击轻松呼出号码。

(11)软件点击拨号。

(12)自动识别内外线。

(13)未接来电滚动提示。

(二)硬件连接

(1)将电话线或者分机线直接插在电话机的“外线”插口。

(2)随机标配的串口通信线一头连接到话机的“通信口”,另一头连接到电脑的COM口。

(3)将随机标配的音频线一端插在话机的“录音口”,另一端插上电脑的“麦克风”插口。

(三)话机设置及使用

(1)时间设置:在空闲的状态下按住“闪断/设置”键3 s后话机会进入时间设置状态且显示年份的数字在闪动,用“闪断/设置”键移动光标用“上查、下查”键修改,按“免提”键保存退出。

注:话机在接听来电后将实时显示局端时间。

(2)删除话单:在空闲的状态下按来电或者去电查看时按“删除”键即可删除话单。

(3)开启/取消出局号:在脱离电脑连接的状态下需要取消或者开启出局号时,操作按住“删除”键3 s当屏幕右下角显示ON则代表已开启,相同操作显示为OFF即为取消按“免提”键退出。

(4)亮度调节:在空闲的状态下,按“亮度”键屏幕会出现(-- -- -- -- --)的状态,然后用“上查(代表加)、下查(代表减)”键进行调节,每按一次代表调节一个级别,按“闪断/设置”保存退出。

(5)免提声大小调节:在空闲状态下按“音量”操作与亮度调节操作相同。

(6)来电铃声大小调节:在通话的状态下按“音量”键屏幕会出现(-- -- -- -- --)的状态,再按一下“音量”键即可,每按一次“音量”键代表调节声音大或者减小。

(7)设置一键通号码:本话机共有15个可设快捷键,分别为M1～M3和键盘上的12个数字键,可通过手动设置和软件设置两种方式。

(8)手动设置:如设置M1键按住按键3 s当右下角屏幕显示有一条闪动的“-”光标,此时即可输入想要设置的号码然后再按住该键3 s当屏幕上显示SAUE则代表设置已成功,其他按键设置操作相同。

(四)软件安装

把光盘放到光驱里面,软件会自动运行提示安装,如不能自动运行安装请打开光驱双击“办公录音电话.EXE”可执行文件,然后单击“下一步”命令按钮,按照提示进行安装,直至“完成”,即可完成整个安装过程。安装结束后,桌面会出现一个“办公录音电话”的快捷方式。

(五)系统设置

在桌面上双击“办公录音电话” 快捷方式,将弹出“办公录音电话”的主界面。

单击“菜单”在弹出窗口中点击“系统设置”,此菜单包含着3大选项设置主要有:基本设置、高级设置、文件管理。

1. 基本设置

“基本设置”主要是用来设置IP接入号、外地加拨IP、外线出局号码、本地区号和音量/亮度设置等,修改或设置后点击“确定”保存退出即可。

(1)IP号:根据客户需求可自行修改设置其他运营商的IP接入号,系统默认IP1为17909,IP2可任意设置。

(2)外地号码自动加拨IP:此开关被选中打“√”即代表所有通过软件拨打的长途号码拨号时系统会自动加拨被选中的IP。

(3)出局号码:软件安装时已经设置好,不需要设置修改。

(4)音量/亮度:此设置开关可根据用户的需求可任意调节。

(5)本地区号:软件安装时已经设置好,不需要设置修改。

2. 高级设置

点击“高级设置”按钮,可以进行有选择的设置某些功能(□被打√代表被选中启动该项功能)。

3. 文件管理设置

点击“文件管理设置”(录音功能设置),选中“自动录音”功能,选择并指定一个文件夹保存录音文件,此后所有通话录音将自动保存在该文件夹。

(六)使用介绍

(1)录音功能的使用:可对通话过程内容进行录音,录音方式可分为“自动录音”和“手动录音”两种方式。

①自动录音:先到“系统设置”的“文件管理”里面把“开启自动录音”开关打上钩,选择好保存文件路径,通话时话机会自动把通话过程内容录下来。

②手动录音:如用户喜欢手动录音,则取消自动功能,在通话过程中只需点击录音按钮(软件主操作界面左下角的一个小圆点)即可录音。

(2)使用“菜单”里面的查询功能,可以对“未接、已接、已拨”电话进行查询或播放录音。

(3)使用“菜单”里面的常用工具,可以进行导入/导出通讯录、号码归属地查询等操作。

(4)在软件操作主界面下,点击“通讯录”或者“号码簿”,可以预存电话号码并进行分组。双击“通讯录”或者“号码簿”里面的号码,可以直接拨出。

(七)简易故障排除

1. 拿起电话无信号

可能原因:

(1)外线连接线未插。

(2)连接线接触不良。

(3)分机长时间没挂好。

处理方法:

(1)插好外线连接线。

(2)接好外线连接线。

(3)挂好同线上的分机。

2. 铃声音量太小

可能原因:

(1)铃声挡没有调节好。

(2)话机扬声器损坏。

处理方法:在软件的系统设置里面把铃声声音调到最大,如还不能解决问题,请更换话机。

3. 屏幕亮度比较暗淡

可能原因:

(1)同线上的分机被提起。

(2)亮度挡没有调节好。

(3)背景灯损坏。

处理方法:

(1)将分机放下。

(2)在软件的系统设置重新调节亮度,问题仍存在,请选用第3种处理方法。
(3)更换话机。
4. 话机无法与电脑联机
可能原因:
(1)串口线脱落。
(2)电脑串口损坏。
(3)话机串口线损坏,话机电路损坏。
处理方法:
(1)检查串口连接线是否脱落。
(2)更换其他串口,重新搜索话机。
(3)更换话机串口线,重新搜索话机。
(4)若以上方法都不能解决问题,更换话机。

思考题

1. 复印机单面复印时的具体操作步骤是什么?
2. 接收传真的方法有哪三种?
3. HCD8128 办公录音电话话机特点有哪些?
4. HCD8128 办公录音电话的录音方式有哪几种? 分别是什么?

第二节 计算机基本操作

计算机网络技术的发展改变了我们以往的工作方式,提高了我们的工作效率,使用计算机网络技术解决工作中的实际问题,是我们必须具备的基本素质,可以通过学习掌握计算机的实际操作应用来实现办公自动化。

一、计算机键盘录入

键盘(keyboard)是计算机所配置的标准输入设备。
(一)键盘的基本结构
标准键盘的布局分三个区域,即主键盘区、副键盘区和功能键区。
(1)主键盘区:主键盘区共有59个键,包括数字键和符号键(22个)、字母键(26个)、控制键(11个)。
(2)副键盘区:副键盘区包含数字小键盘和编辑键。
(3)功能键区:在功能键中包含5种类型的键。它们是强行退出键、特殊功能键、屏幕复制键,滚动锁定键和暂停键。
另外,键盘右上方有3个键盘状态指示灯:Caps Lock、Num Lock 和 Scroll Lock 指示灯。当"Caps Lock"键、"Num Lock"键或"Scroll Lock"键被按下时,就分别点亮和熄灭相应的指示灯。根据指示灯的暗亮情况,操作者就能清楚地看出字母大小写状态、数字小键盘状态和滚动锁定状态。
(二)键盘录入技术
计算机键盘输入是按照一定的规则,以计算机键盘为工具,通过视觉和手指的条件反射作用,有规律地、熟练快速地在键盘上弹击字符键的一种技术性工作。初学者只要自觉遵守键盘操作规范,就能掌握键盘录入技术。

1. 正确的操作姿势

身体保持正直,手腕要放平直,座椅高度以手臂与键盘桌面平行为适度,以便于手指灵活操作。

2. 正确的指法

各个手指的具体分工如图 4-28 所示。

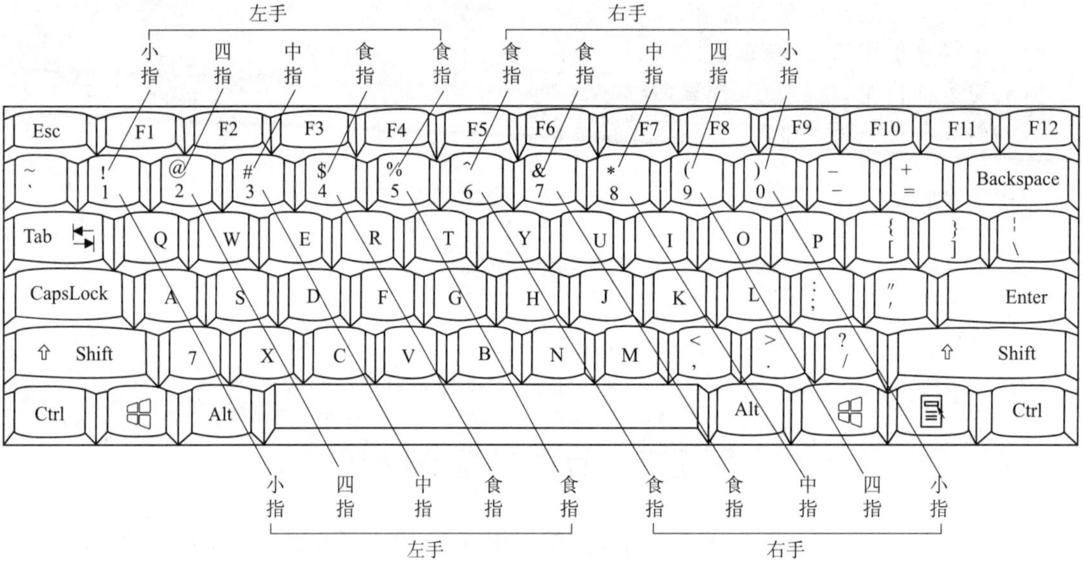

图 4-28　键盘指法分工

(1)左手食指:负责 4、R、F、V、5、T、G、B;

(2)左手中指:负责 3、E、D、C;

(3)左手无名指:负责 2、W、S、X;

(4)左手小指:负责 1、Q、A、Z 及其外侧的所有键;

(5)右手食指:负责 6、Y、H、N、7、U、J、M;

(6)右手中指:负责 8、I、K 和逗号;

(7)右手无名指:负责 9、O、L 和句号;

(8)右手小指:负责 0、P、;、/及其外侧的所有键;

(9)两个大拇指专门负责空格键。

采用基准键法。基准键共 8 个,左四键为 A、S、D、F;右四键为 J、K、L。操作时,左手小指放在 A 键上,无名指放在 S 键上,中指放在 D 键上,食指放在 F 键上;右手小指放在“;”键上,无名指放在 L 键上,中指放在 K 键上,食指放在 J 键上。输入时手略抬起,只有需击键的手指可伸出击键,击键后手指自行恢复原状。在基准键以外击键后,要立即返回基准键。

(三)汉字录入

1. 选择中文输入法

打开“写字板”窗口,随意在键盘上敲几个键,这时“写字板”窗口的编辑区里出现的是英语字符。计算机的默认状态是输入英文，如果要输入汉字，首先应切换输入法，进入中文输入状态。方法是：单击输入法图标，在弹出输入法菜单中单击要选择的输入法。

Windows 提供了多种中文输入法，如微软拼音输入法、全拼、智能 ABC、搜狗输入法等，用户还可安装自己需要的输入法。这里简单介绍使用很多的智能 ABC 输入法。

选择输入法菜单中的智能 ABC 输入法，同时屏幕左下方显示智能 ABC 输入法状态提示框，此时可以用智能 ABC 进行中文输入了。

切换到任何中文输入法后，若希望切回到英文输入法，均可按"Ctrl"＋"空格"组合键。用此方法可快速地进行中英文输入法之间的切换。

单击输入法状态栏上的标点按钮，可以进行中英文标点符号的转换。在中文输入状态下，大部分中文标点符号与键盘上的符号是相同的。

单击中文输入法状态提示栏框中的◐按钮，可以进行输入法的全角和半角的切换。在全角输入法状态●下，输入的英文字母和标点符号占一个汉字的宽度；在半角状态◐下，输入的英文字母和标点符号占半个汉字的宽度。系统默认状态是半角。

2. 智能 ABC 输入法

智能 ABC 输入法又称标准输入法，是以汉语拼音为基础，可以很方便地输入词组，是一种快速实用的输入法。在智能 ABC 输入法中，有两种输入单个汉字和词组的方法：完整输入和不完整输入。智能 ABC 输入法的主要优点体现在用不完整输入法输入词组上。

(1)单字的输入

以输入"月"字为例。

①完整输入

输入"月"字的拼音"yue"后，按空格键，屏幕上显示同音字框。"月"字前面的序号是 1，按数字键 1，"月"字即出现在编辑区中。

提示：如果输入的汉字在同音字中的编号是 1，也可直接按空格键输入该汉字。

②不完整输入

输入"月"字的声母"y"，按空格键，在出现的同音字列表没有出现"月"字，按"PageDown"键向下查找，直到所需要的字出现。单击"月"字前的数字编号 1，或按空格键，则"月"字出现在编辑区中。

提示：如果在下翻时不小心翻过了需要的字，可以按"PageUp"键上翻，直至所需要的字出现在列表框中。

(2)词组的输入

以输入词组"考试"为例。

①完整输入

输入"考试"两个字的汉语拼音"kaoshi"(注意：在输入的汉语拼音中不能加空格)，按空格键，出现同音词框。

"考试"词组前的数字编号是 1，因此，按数字键 1 即可将词组输入。

②不完整输入

只需依次输入"考试"二字的声母"ksh"，按空格键，即出现具有相同声母的词组，找到要输入的词组，按前面的数字编号即可输入。如果当前列表中没有所需的词组，还可按"PageDown"键翻页查找。

提示:以词组方式输入时,必须是词组才能这样输入,如果系统没有收录此词组,就不能找到该词组,只能用单字的方式输入。

注意:汉字输入时,键盘的状态应该是小写字母状态。当要输入的字或词出现在同音字词列表框的第一位时,如果后面接着输入其他的汉字,可以不按任何键继续输入,当输入后面的拼音时,字或词会自动出现在编辑区中。

(3)自定义词组

智能ABC具有自定义词组的功能,可以根据自己的需要定义一些词组,提高输入速度。下面以将"考试中心"定义为一个词组为例,介绍如何自定义词组。

输入"考试中心"的汉语拼音"kaoshizhongxin"后,按空格键,出现"考试"的同音词列表。

再按空格键,接着出现"中心"的同音词列表,同时,"中心"出现在输入框中,按空格键,"考试中心"出现在编辑区中。

提示:如果输入词组时,需要的字出现在同音字词列表的后面,而不是列表框中的第一位,需要按前面的数字键来选择。如果需要的字或词不出现在列表框中,可按PageDown键翻页来选取。当词组输入一次后,系统自动记录了该词组,在下一次输入时,即可按词组方式一次输入。

(4)输入特殊字符

Windows提供了13种软键盘,利用软键盘可以输入希腊字母、俄文字母、注音符号、拼音、日文、标点符号、数字序号、特殊符号等。软键盘的使用方法如下:

将鼠标指针指向中文输入法状态提示框的软键盘按钮▦上,单击鼠标右键,打开软键盘列表,单击"俄文字母"项,则俄文字母软键盘被打开,再敲击键盘上对应的键或直接用鼠标去点击软键盘上的键,即可输入需要的俄文字母。要关闭软键盘,只需用鼠标单击软键盘按钮▦。

二、Word应用

Word是Microsoft公司的Microsoft Office办公套件中的文字处理软件,它具有方便易用等特点。

(一)文档的创建

启动Word后,Word自动创建一个空白文档"文档1",也可单击"常用"工具栏上的"新建"按钮,或组合键"Ctrl+N",新建一个空白文档。

单击"文件"菜单中的"新建"命令,将弹出"新建文档"任务窗格,可以选择新建文档的方式,系统提供了5种方式,即空白文档、XML文档、网页、电子邮件和根据现有文档。也可选择基于模板创建文档,系统提供了三种方式,即Office Online模板、本机上的模板和网站上的模板,其中除第二种方式外,其他的方式均需要连接到Internet上才能实现。

(二)文档的输入

1. 输入英文、中文和符号文本

如果要输入中文,需要选择所熟悉的输入方法,如全拼、双拼、智能ABC、五笔字型等,输入方法的选择有两种方法:用鼠标单击任务栏上的输入法按钮,在打开的输入法菜单中选择一种输入法;用"Ctrl"+"Shift"组合键选择输入法,用"Ctrl"+"空格"组合键可以切换中文和英文的输入法。

2. 插入内容

文档中可插入特殊字符、日期和时间，还可插入文件。

(1)利用"符号"对话框插入特殊符号

文档中插入特殊符号，可采用软键盘的方式进行插入，也可利用 Word 提供的特殊符号来完成插入操作。

单击"插入"菜单中的"符号"命令，打开"符号"对话框，可进行符号的插入，在默认的"符号"选项卡中的"字体"下拉列表中选择需要的字体，在"子集"下拉列表中选择需要的子集，单击列表框中需要插入的符号，即可在插入光标处插入相应的符号。

如果文档制作时还需要经常使用一些符号，则可单击"视图"菜单中的"工具栏"命令，在级联菜单中选中"符号栏"，符号工具栏会出现在当前窗口中，常用的符号即可直接从符号栏中获得。同时，系统也会根据用户在文档编辑时插入的符号来调整符号栏中的符号显示，常用的符号会出现在符号栏中。

单击"特殊字符"选项卡，可打开特殊字符列表框，如图 4-29 所示，单击相应的符号或按相应的快捷键，可插入相应的符号。

图 4-29 特殊符号对话框

单击"插入"菜单中的"特殊符号"命令，可打开"插入特殊符号"对话框，选中要插入的符号，单击"确定"按钮，即可在插入光标处插入指定的符号。单击"显示符号栏"按钮，即可在下方显示键盘与符号的对应关系，单击"重设符号栏"按钮，可以对符号栏进行重新定义。

在文档的输入状态下，如果在 Word 编辑窗口中显示"符号"工具栏，则可在工具栏中显示常用的特殊符号，系统也会自动将最近使用的符号添加到工具栏中，方便使用。

(2)插入日期和时间

Word 可以在文档任意位置插入当前日期和时间。将插入光标移到文档需要插入当前日期和时间的位置，单击"插入"菜单中的"日期和时间"命令，弹出"日期和时间"的对话框选择希望的日期格式，单击"确定"按钮，即可将日期插入到指定位置。

(3)在文档中插入文件

在文档制作过程中，常常要将已经编辑好的磁盘文件插入到当前文档中。插入时，将插入光标移到插入文档的位置,单击“插入”菜单中的“文件”命令,弹出“插入文件”对话框,找到要插入的文件,单击“插入”按钮,即可将磁盘文件插入到当前文档中。

3. 插入或改写文本

在文档编辑时,Word 的编辑状态有两种:插入和改写。编辑状态可以通过状态栏中间的“改写”符号的颜色来进行判定,如果“改写”两字是灰色的,则当前状态为插入状态,输入的符号和文本均会插入在插入光标处,原来的内容自动后移。如果“改写”两字是黑色的,则处于改写状态,新插入的文本替换原来的文本。两个状态的改变可以通过用鼠标双击此两字来进行,也可按“Insert”键来切换。

(三)文档的保存与打开

保存文档包括以下几种:自动保存 Word 文件、保存新建的文件、保存已有文件、保存所有打开的文件和以文本文件格式保存的文件等。

1. 自动保存文档

Word 允许每隔一段时间自动保存正在编辑的文档。正常退出或存盘时,系统会自动删除所有的自动存盘文件。如果遇到停电或其他异常退出,再次启动 Word 时,系统将自动打开上次自动保存的文件,并在标题栏上显示“文件名(恢复)”。

自动保存设置是利用“工具”菜单中的“选项”命令,在打开的“选项”对话框的“保存”选项卡中进行设置。在“自动保存时间间隔”微调框中输入或选择自动存盘的时间间隔,取消“自动保存时间间隔”,选项,或如果在“自动保存时间间隔”微调框中输入的数值为 0,则表示取消自动存盘功能。设置完成后,单击“确定”按钮,系统将在指定的时间间隔时自动在后台保存当前编辑的文档。

2. 保存文档

新文档的存盘,应单击“常用”工具栏上的“保存”按钮,或单击文件菜单中的“保存”或“另存为”命令,或按快捷键“Ctrl”+“S”,均会打开一个“另存为”对话框,在“保存位置”列表中选择文件的保存位置,在“文件名”框中输入要保存的文档的文件名,单击“保存”按钮,则文件保存在指定的磁盘位置。

如果是保存已保存过的文件,直接单击“常用”工具栏上的“保存”按钮,或单击“文件”菜单中的“保存”命令,也可用快捷键“Ctrl”+“S”来实现。要更名保存,则单击“文件”菜单中的“另存为”命令,指定新的保存位置和文件名,实现文档的保存。

3. 打开文档

在 Word 窗口中,单击“文件”菜单中的“打开”命令,在“打开”对话框中选择要打开的文档,或在“我的电脑”或“资源管理器”窗口中双击该文档,也可在“开始”菜单的“文档”级联菜单中选择最近编辑过的文档,系统自动启动该 Word 编辑窗口,并打开文档。

(四)文本编辑操作

常用的编辑操作包括移动光标、选择文本和对象、移动或复制对象、查找和替换文本以及撤销和恢复操作等。

1. 选定要编辑的文本

在对文章进行编辑之前,应确定进行编辑的位置和具体内容,也就是要对文本进行选定。选定文本是各种编辑工作的基础,而在屏幕上浏览文本是选定文本的必要步骤。

(1)在屏幕上浏览文档

可以使用鼠标或键盘两种不同方法来浏览(或滚动)文档。

①利用鼠标浏览文档

为了用鼠标浏览文档，可以利用文档窗口的垂直滚动条或水平滚动条。用鼠标移动文档时，光标插入点将始终停留在原来的位置，并不随文档的滚动而移动。由于滚动中光标没有随之移动，因此在滚动之后，可单击鼠标，使光标移到需要进行编辑的地方。移动水平滚动条上的向左或向右两个箭头及滚动块，可以使文档向左或向右滚动，其功能和操作方法与垂直滚动条类似。

②利用键盘移动插入点

可以利用光标移动键来移动文档的插入光标。

(2)在文档中选定文本

选定文本，就是将要编辑的那部分文本在屏幕上成为“反白”显示(俗称“拖黑”)。文本的选定可以使用鼠标，也可以使用键盘。选定文本可以有多种方法。

①用鼠标来选定要编辑的文本

将鼠标指针指向被选文本的起始字符的左侧，按住鼠标左键，同时向后拖动，直到被选定文本的末尾，释放鼠标左键，被选的文本会“反白”显示。同样也可以将鼠标指针置于被选定文本最后一个字的右侧，然后按住鼠标左键向前拖动，直到要选定文本的第一个字的左侧，释放鼠标。

②用键盘选定要编辑的文本

用键盘进行文本的选择同样十分方便。只要将光标定位于需要选择文本的左侧或右侧，再用 Shift＋箭头键就可方便的选择该文本。

③取消对文本的选定

当选定文本后，如果要取消对它的选定，可以在键盘上单击任何一个箭头键，或按 Esc 键，或用鼠标单击文档的任何位置。

(3)在文档中删除文本

在文档中如果要删除一个或几个字或字符，则只需将插入光标移到被删除字符的右侧或左单击退格键(BackSpace)或删除键(Delete)。

要删除一段话，首先应使用鼠标或键盘选定要删除的文本，在使它们成为“反白”显示后，再键盘上的删除键(Delete)。删除文本后，后面的文字将自动前移与前面的文字衔接。

2. 查找和替换指定的文本

当对一个长文档进行编辑时，有时要对其整个文档中的某一文本进行修改，或用一个新文本替换原有的文本，如果原文本在多处重复出现，可通过 Word 的查找和替换功能来实现。

(1)在文档中查找和替换

在打开文档后，首先要确定查找范围。在“查找”选项卡中，单击“高级”按钮，会弹出查选项卡中更多的查找选项，可以对查找的内容进行进一步的设置，如按格式、特殊字符等进行查找，还允许使用通配符。单击“搜索”列表框的下三角，打开一个下拉菜单，选择“向上”、“向下”或“全部”，从“查找”的开始点，确定查找的方向。

在“查找”选项卡中单击“查找下一处”按钮，即查找下一处，当找到后，查找暂停，找到的内容反白显示。要继续查找，则继续单击“查找下一处”按钮。

在查找替换时，单击“替换”按钮，即将当前找到的文字进行替换，如果单击“全部替换”则自动将指定范围内的所有匹配的文字均替换，不再询问是否替换。

注意：在查找与替换操作过程中，还可根据要求对要查找的文本的格式进行定义，即只查找满足指定格式要求的文本内容，不满足格式的文本，即使内容完全相同，也不会成为查找的目标，同时，在替换时，也可设定要替换对象的格式，即可以利用替换操作来完成某些特定内容的格式设置操作。

(2)在文档中快速定位

在一个长文档中，如果要快速将插入光标定位到某一指定位置，通过浏览方式来进行往往速度很慢，这样，我们可以通"定位"操作实现。操作方法是：单击"编辑"菜单中的"定位"命令，弹出"查找和替换"对话框的"定位"选项卡，此定位方式可以通过提供要定位的页号或节、行等来进行定位。

3. 复制与移动文本

在创建文档过程中，可能有不少的文本在多处是相同的，为了不重复输入，可以使用文本复制的功能。在文档编辑修改过程中，可能要改变文本的前后次序，也可以使用文本的移动功能。

(1)用工具按钮或快捷键复制或移动文本

选定要复制的文本，单击"常用"工具栏上的"复制"按钮，或按组合键"Ctrl"＋"C"，将选定的内容复制到剪贴板，将插入光标移至目标位置处，按工具栏上的"粘贴"或组合键"Ctrl"＋"V"，即可将选定的内容复制到目标位置。

移动文本的操作与复制相似，只是选定要移动的文本后，利用工具栏上的"剪切"按钮或按组合键"Ctrl"＋"X"，将它们剪切到剪贴板上，到目标位置后再进行粘贴操作。

注意：在文档进行复制或移动时，均会自动显示一个智能标记，单击该智能标记，可打开一个下拉菜单，根据需要可选择文档粘贴时的格式，可保留原来的格式，也可适应目标位置的格式，还可只复制文本等，方便了文档复制时的格式控制。

(2)用拖放的方法移动或复制文本

拖放文本就是用鼠标拖动文本。拖放文本的方法是：用鼠标或键盘选定要移动或复制的文本，再将鼠标指针指向被选中的文本的任何位置上，按住鼠标左键，光标指针的下方显示一个虚框，在左侧还显示一条垂直虚线。拖动鼠标指针，把垂直虚线拖到要插入文本的新位置。如果新的位置不在同一个窗口，在拖动鼠标指针到达窗口的上或下边缘时，会使文档滚动，一直滚动到插入的新位置，然后释放鼠标。

如果是复制文本，在拖动过程中应同时按住"Ctrl"键，此时鼠标指针下方还显示一个加号"＋"。将它拖到需要粘贴的位置后，释放鼠标，完成文本复制。这个方法也可以用于多次复制文本。

(3) 用剪贴方法移动或复制文本

剪贴板即内存中的一块存储空间，Office 的剪贴板可容纳 24 项内容。当通过"剪切"或"复制"命令对文本或其他对象进行复制后，均会进入剪贴板，要查看剪贴板，可通过单击"任务窗格"中标题行，在下拉列表中选中"剪贴板"，即可打开 Office 剪贴板。

剪贴板中的内容可重复使用，如果需要粘贴某一项内容，只需单击该内容即可将它复制到插入光标处。如果不需要某项内容了，要将它从剪贴板中清除，可单击该内容右侧的按钮，在打开的菜单中单击"删除"命令，即可将该项内容从剪贴板中清除。

当剪贴板中的内容超过 24 项时，再进行复制或剪切操作时，系统将自动清除 Office 一项内容。但如果前面复制的内容较大，会由于内存管理的原因，Office 剪贴板可能不能容纳 24

项内容。要想重新使用剪贴板，可单击“剪贴板”上方的“全部清空”按钮，将剪贴板中的内容清空。如果要将剪贴板上的内容全部粘贴到目标位置，也可单击“全部粘贴”按钮，将所有的内容都粘贴到插入光标处。

4. 撤销、重复和恢复编辑操作

在文档编辑过程中，编辑工作的本身难免也会发生错误。Word 提供了纠正错误的机会，这些纠正错误工作可以多次重复。

(1)使用“撤销”编辑操作或命令

“撤销”命令就是撤销前面进行的操作，包括取消上一步的命令或删除键入的词条。可以撤销的操作或命令有：键入、清除、剪切、复制、粘贴、插入、设置各种格式以及其他编辑操作。

例如：在键入了一段文本后发现不应键入，可以单击“编辑”菜单中的“撤销键入”命令。在单击“撤销键入”命令后，新键入的文本被撤销；在撤销当前的操作后，如继续单击该命令，可以撤销再前一个操作或命令，可以撤销的操作次数没有限制。

执行撤销操作，还可以单击“常用”工具栏的“撤销”按钮圈，它的功能与“编辑”菜单中的“撤销”命令相同。

(2) 使用“重复”或“恢复”命令

“重复”命令就是重复执行上一次的编辑命令或操作，可单击“编辑”菜单中的“重复”命令。如果不能重复上一次操作或命令，“重复”命令会变为“无法重复”。

用撤销命令取消上一步的操作或命令后，“重复”命令将变为“恢复”命令，“恢复”命令是执行与“撤销”命令相反的操作或命令。当需要使用恢复命令时，单击“常用”工具栏上的“恢复”按钮。

5. 自动更正和语法检查

在文本的输入过程中，Word 能够自动检查拼写错误、语法错误并自动纠正错误。

(1)自动更正

自动更正是通过自动更正词条来完成的。如果在文档中输入符合自动更正的词条时，系统会自动对其进行更改，如果不希望其自动更改，可单击“撤销”按钮，即可取消自动更正操作，恢复原来的输入内容。要添加自动更正词条或删除自动更正词条，可单击“工具”菜单中的“自动更正”命令，在打开的“自动更正”对话框中进行设置。

如果系统没有进行自动更正，单击“工具”菜单中的“选项”命令，在打开的“选项”对话框的“拼写和语法”选项卡中进行设置。同样，也可通过该选项卡取消系统的自动更正功能。

(2)拼写与语法检测

同样，可以在“选项”对话框的“拼写和语法”选项卡中对自动拼写和语法检测进行设置。当开启了自动检测拼写和语法错误后，Word 将自动对输入的文本进行检查，在确信了错误的文本下方将出现红色的波浪线，在不能确认是否有错误的文本下方，出现绿色的波浪线，提示用户确认。

①自动英文拼写和语法检查

自动更正拼写错误：根据系统内置的英文词典，进行修正。

行首自动大写：行首无论输入什么单词，在键入空格或标点符号后，均自动将第一个字母转换为大写。

提供更改拼写提示：在文档中输入一个词典中没有的单词时，系统出现红色波浪线，用鼠标右键单击该单词，在弹出的快捷菜单中，将显示可供修改的单词，也可忽略错误或将该词添加到词典中。

自动添加空格：在输入单词时忘了添加空格，系统会自动在适当的位置添加空格。

②自动简体中文拼写和语法检查

中文的检查与英文相似，只是没有自动更正操作。它的语法检查分为前台和后台两种方式。利用中文语法检查，可以对文本中的一些错误的用词、用字等进行检查。

（五）排版技术

文档的排版操作包括设置字符格式、段落格式、制表位、项目符号和编号、分栏、插入页码、分隔符、页眉和页脚、页面设置等。文档排版可以利用菜单命令来实现，也可以利用“视图”菜单的“工具栏”子菜单，打开“其他格式”工具栏来实现。

1. 设置字符格式

设置字符的格式，包括字体、字号、字形的设置和对字符的各种修饰。这里说的字符包括汉字、英文或拼音字母、数字和各种符号。

在安装 Windows 和 Office 时，系统已装载了各种中、英文的字体和字号。设置的字号最大为初号，八号为最小。字号也可以用“磅”为单位，72 磅为最大，5 磅为最小。5 磅相当于八号字，五号字相当于 10.5 磅，1 磅为 1/72 英寸。设置的字体中，一般常用的中文字体有宋体、仿宋体、楷体、黑体等，英文、数字和符号的常用字体有“Times New Roman”“Arial”等。

在 Word 中输入的文档，正文默认的字体为宋体，字号为五号，英文字体为“Times New Roman”。如果要改变文档的字体和字号，需要进行设置。

(1)设置字体格式

在“字体”选项卡中，还可设置字体的颜色、着重号、下划线等，它是对字体格式进行最全面设置的工具。如果只是对字体进行一些常规的格式设置，可以直接利用“格式”工具栏上的命令按钮来实现，有“字体”“字号”“加粗”“倾斜”“下划线”“边框”“字符底纹”和“字符缩放”按钮，还有“字体颜色”按钮。

(2)设置字符的上标和下标

在化学、数学或其他文档中经常出现带上标、下标的符号，如 H_2O，X^3，其中 2 为下标，3 为上标。为文本设置上标、下标的方法如下：首先选定要设置为上标或下标的字符，然后单击“格式”菜单中的“字体”命令，弹出“字体”对话框的“字体”选项卡。根据要求在“效果”栏中，选择“上标”或“下标”的复选框，然后单击“确定”按钮，完成设置。

2. 段落格式化

对文档进行字符格式设置后，还可对段落设置格式，以增加文档的层次感，突出重点，提示文档的可读性。段落的格式设置包括各种缩进、对齐、行距、段距的设置等。

(1)设置段落的缩进

段落的缩进有以下几种类型。

首行缩进：这是一般文档使用的格式。

左缩进或右缩进：即从左（或从右）一边的边距缩进、也可以从左、右两边同时缩进，使文档的页边（一边或两边）与页边距之间成为空白区。

悬挂缩进：即文档除首行外，其余各行均缩进，使其他行文档悬挂于第一行之下。这种格式一般用于参考条目、词汇表项目等。

反向缩进：即减少页边距，文档向页边距延伸。

①移动水平标尺中的缩进标记

在水平标尺上有四个缩进标记，即左缩进、悬挂缩进、首行缩进和右缩进。移动这些标记可以设置文档的缩进量。

首行缩进：设置时，先将插入光标置于要设置首行缩进的文本段落的任意位置，用鼠标拖动标尺左侧的首行缩进标记，在到达要求的缩进位置后，松开鼠标按钮。

右缩进：它位于标尺的右侧，拖动它可以设置段落的右缩进。

左缩进：它位于标尺的左侧下部，拖动它可以设置段落的左缩进。

悬挂缩进：它位于标尺的左侧，拖动它可以设置段落的悬挂缩进。

用这种方法设置段落缩进比较直观，按 Alt 键再次进行上述操作可进行精确设置。以上这四种缩进操作，仅对当前段落有效。

②利用“格式”工具栏设置

“格式”工具栏上有两个缩进的工具按钮，即“增加缩进量”按钮和“减少缩进量”按钮。每单击一次其中的一个按钮，文档即相应的增加(或减少)缩进量。缩进量的值是默认的制表位的值，默认缩进量为 7.5 mm，相当于两个字符。

③利用“段落”对话框设置

将插入光标移到要缩进的段落，单击“格式”菜单中的“段落”命令，弹出“段落”对话框的“缩进和间距”选项卡。

在该选项卡中可以精确设置各种类型缩进的尺寸。设置的方法是：首先选择缩进类型，可在“特殊格式”的下拉列表中，选择是“首行缩进”还是“悬挂缩进”。然后在“左”缩进或“右”缩进框内键入缩进的量，缩进量也可以通过单击框右侧的微调按钮，来增加或减少缩进数值。单击“确定”按钮，段落缩进就设置完成了。

如果想取消缩进，可以在选定段落后，在该选项卡的“特殊格式”下拉列表中选择“无”选项。

(2)在页面上对齐文档

文档有两种对齐方式：水平对齐和垂直对齐。水平对齐分为：左对齐、两端对齐、右对齐、居中和分散对齐。垂直对齐分为：靠页面顶端对齐、在上下页宽之间均匀分布的两端对齐以及居中对齐。文档默认的水平对齐方式为两端对齐，垂直对齐方式为顶端对齐。

设置文档的水平对齐的方法是：首先选定要设置水平对齐的文档。然后在“格式”工具栏上单击相应的工具按钮，即根据需要可分别单击“两端对齐”“居中”“右对齐”和分散对齐按钮。

文本的水平对齐方式，也可以使用“段落”对话框的“缩进和间距”选项卡进行设置。单击“对齐方式”列表框的下三角，在列出的对齐方式中选择需要的选项。由于在“格式”工具栏中没有左对齐按钮，要设置文档的左对齐，只能在“缩进和间距”选项卡中选择。

设置文档的垂直对齐方式只能采用菜单命令方式。垂直对齐方式可以应用于整篇文章，也可以应用于插入点以后的文档。如果对齐要应用于插入点以后的文档，应将插入光标移到要设置对齐方式的文档之前，然后单击“文件”菜单中的“页面设置”命令，弹出“页面设置”对话框的“版式”选项卡，在该选项卡中单击“垂直对齐方式”列表框的下三角，在下拉列表中，选定所需的选项。在“应用于”下拉列表中，选择该对齐方式的应用范围，可选择“整篇文章”或“插入点以后”，如果文档中有分节符，还可选择“本节”。

(3)设置段落间距与行间距

Word 有一个默认的行距或段距。但在有些情况下，为了使文档层次清晰，方便阅读，或突出某些行或段落的文本或其他某些特殊的需要，希望改变默认的间距，可以为文档的行之间或文档的段落之间设置需要的间距。

文档默认的行距为单倍行距，段落的间距为0，也就是等于行距。单倍行距就是根据该行中最大字体(一行中可能有多种字体)的高度加上其空余的距离。行高是根据该行最大的字体的大小决定的。

段落间距分为段前间距和段后间距。段前间距是指上一段落的最后一行与当前段落第一行之间的距离，段后间距是指这一段落的最后一行和下一段落的第一行之间的距离。

设置行间距和段落间距的方法是：首先选定要设置行间距或段落间距的文档，然后单击“格式”菜单中的“段落”命令，弹出“段落”对话框的“缩进和间距”选项卡，在行距下拉列表中选择需要的一种行距。行距的设置也可单击“格式”工具栏上的“行距”按钮，在打开的列表中选择要设置的行距。如果选择了“多倍行距”、“最小值”或“固定值”中的任一种类型时，还需在“设置值”数值框中键入或选择磅值，这个磅值应根据字符的磅值进行设置，字符的字号大，这个“设置值”也相应增大。

如果要设置段落前的间距，应在“间距”栏的“段前”文本框中键入或选择(点击右侧的微调按钮)段落前间距的数值。如果要设置段后的间距，应在“间距”栏的“段后”数值框中键入或选择段后间距的数值。设置完毕后可在“预览”框中看到设置效果，单击“确定”按钮完成设置。

3. 设置制表位

在输入一些列表时，列表中的每一列之间有很多空格都应相互对齐，还有小数点也要对齐，录入这种类型的文本，可借助制表位定位符来完成。

设置制表位定位符有以下两种方法。

(1)使用鼠标和水平标尺

为设置制表位定位符，首先要显示水平标尺。在水平标尺的最左端有一个制表位定位符标记，当单击该“标记”一次，会显示一个不同的制表位定位符标记，共有五种制表位定位符标记，也叫作定位符类型。

①用鼠标在水平标尺上设置制表位定位符

如果要在水平标尺左侧的1 cm处设置“左对齐”制表位，只需将鼠标指针指向水平标尺的最左侧的制表位标记处，并多次单击该标记，直到出现“左对齐”制表位标记为止。再将鼠标指针指向水平标尺的1 cm处并单击，这样就在该处显示“左对齐”制表位标记。

在设置了制表位定位符后，在文档窗口的光标插入点处，按制表位键(Tab)时，光标插入点就能直接定位于所设置制表位定位符处。

②用鼠标清除或改动制表位定位符

首先应选定要清除或改动制表位的段落，然后用鼠标拖放的方法，将该制表位定位符拖离水平标尺(清除)或拖到制表位新的位置(水平移动)，就清除或移动了制表位定位符。

(2)用“制表位”对话框设置

单击“格式”菜单中的“制表位”命令，弹出“制表位”对话框，为了设置制表位，在该对话框左侧的“制表位位置”文本框中，选择或键入要设置“制表位”定位符的位置。另外在“对齐方式”栏中，单击所需的对齐方式，然后再单击“设置”按钮，这样就设置了一个“制表位”定位符。如果要设置多个制表位及其类型，可以重复以上的步骤。一旦设置了全部的“制表位”及其类型以后，单击“确定”按钮，在水平标尺上则显示所有的“制表位”定位符。

在“制表位”对话框的“制表位位置”列表框中选定要清除的制表位，单击“清除”按钮，这样就清除了一个“制表位”的定位符。如果要清除全部制表位定位符，单击“全部清除”按钮。

4. 项目符号和编号

在文档中经常使用条目性的文本，如报告提纲、讨论提纲或条目性的内容提要等，往往要给这些项目添加符号(常用的是圆点符或菱形符)或编号，使文档条理，层次清楚，阅读者能一目了然，这种提纲式的文本，就称为项目。每一项目前面有一个前导符，也称为项目符。有些项目的每一项目前面是编号，称为编号项目。在 Word 中，当键入这种文本时可以自动的生成项目符号或编号。

(1)项目符号

①插入项目符号

若要设置项目符号的文档已经输入，则可选中所有要设置项目符号的文档，单击“格式”工具栏上的“项目符号”按钮圈，即自动在所选文档之前插入项目符号“●”。如果文档还没有输入，在文档输入开始前单击“项目符号”按钮，再输入文档，当按回车键时，自动在下一段添加相同的项目符号。当需要添加项目符号的段落结束后，再单击“项目符号”按钮，即取消项目符号的插入。

②更改项目符号

如果对所用的项目符号不满意，可以单击“格式”菜单中的“项目符号和编号”命令，在打开的“项目符号和编号”对话框中进行修改。

(2)编号

①插入编号

若要设置编号的文档已经输入，则可选中所有要设置编号的文档，单击“格式”工具栏上的“编号”按钮，即自动在所选文档之前插入编号“1. ……”。如果文档还没有输入，在文档输入开始前单击“编号”按钮，再输入文档，当按回车键时，自动在下一段顺序编号。当需要添加编号的段落结束后，再单击“编号”按钮，即取消编号的插入。

②更改编号

在文档中插入编号后，如果需要修改编号，先选中要修改编号的段落，单击“格式”菜单中的“项目符号和编号”命令，打开“项目符号和编号”对话框，在“编号”选项卡中对编号进行修改；如果“编号”选项卡所提供的编号形式不符合要求，则单击“自定义”按钮，在打开的“自定义编号列表”对话框中，可设置编号的段落格式、编号的样式，也可设置编号的起始值等，操作方式与项目符号的更改方式相似。

5. 格式刷的使用

在 Word 文档中，可以使用“常用”工具栏上的“格式刷”按钮，进行文字格式和段落格式的复制。

(1)文字格式的复制

选中要复制格式的文字，单击“格式”工具栏上的“格式刷”按钮，当鼠标指针变成刷子形状时，按下鼠标左键，刷过所有要使用该格式的文字，即完成格式的复制。如果要将该格式复制到多处，可在选中带格式的文字时，双击“格式刷”按钮，即格式复制可以多次使用。当不再需要复制格式时，用鼠标单击“格式刷”按钮，鼠标指针恢复原状。

(2)复制段落格式

将插入光标置于要复制格式的段落的任意位置，单击“格式”工具栏上的“格式刷”按钮，在鼠标指针变为刷子形状时，按下鼠标左键拖过要复制格式的段落，松开鼠标，完成段落格式的复制。若要多次使用该格式复制，可采用双击“格式刷”按钮的方式，操作与上相同。

6. 边框和底纹

在 Word 中进行文档编辑时，需要着重突出文档中的某些部分，可通过对文档添加边框或底纹的方式来实现。Word 可以为文字、段落和页面加上边框和底纹。

单击“格式”菜单中的“边框和底纹”命令，打开“边框和底纹”对话框，在其中可为文本添加边框、底纹，也可为页面添加边框。

为页面添加边框的操作还可利用“页面设置”对话框中“版式”选项卡的“边框”按钮，打开“边框和底纹”对话框的“页面边框”选项卡，进行页面边框的设置。

7. 分栏

文档的版面还有一种经常使用的形式，即分栏排版。在报纸上，由于纸面太大，为了避免文档的行太长，不便于阅读，可将文档分成几个竖条。文字从一个竖条的末尾连接到下一竖条的开始，这就是分栏。所以分栏又叫作“报版栏”，也叫作“蛇行栏”。

为文档分栏的方法如下：首先选定需要分栏的文本，单击“格式”菜单中的“分栏”命令，弹出“分栏”对话框，在该对话框的“预设”栏中选择需要的分栏格式，如“双栏”“三栏”等，或在“栏数”数值框中，键入分栏数。如果各栏的宽度不需要相等，则单击“栏宽相等”复选框取消选择，这样就需要在“栏宽和间距”栏中键入“栏宽”和“间距”的值。一般页面宽度是固定的，因此键入了“间距”，就自动地确定了“栏宽”。如果栏与栏之间需要分隔线，应选中“分隔线”复选框，单击“确定”按钮完成设置。

撤销文档已有的分栏，首先应选中该文档，并切换到“页面”视图方式，再单击“格式”菜单中的“分栏”命令，在弹出的“分栏”对话框中，选择“无”选项，再单击“确定”按钮，则撤销分栏的设置。

8. 插入页码和设置分隔符

为了便于阅读文档，尤其是长文档，应在文档中设置页码和各种分隔符。

(1) 在文档中插入页码

将插入点置于要插入页码文档的任意位置，单击“插入”菜单中的“页码”命令，弹出“页码”对话框，单击“位置”框右侧的下三角，列出五个位置选项：“页面顶端(页眉)”“页眉低端(页脚)”“在页面上垂直居中”“纵向内侧”和“纵向外侧”，从中选择一个页码位置。再单击“列齐方式”框右侧的下三角，列出五个对齐的选项：“左侧”、“右侧”、“居中”、“内侧”和“外侧”，从中选择一个页码的对齐方式。

页码位置设置完成后，如果在首页要显示页码，则选择“首页显示页码”复选框。选定以上各选项后，在该对话框的“预览”栏内就显示相应的效果，单击“确定”按钮完成设置。

(2)在文档中设置分隔符

分隔符包括分页符、分栏符和分节符。在文档中插入分页符后，使分页符以后的文档另起一页。在 Word 中还有一个节的概念，就是将文档分为节，并能以节为单位设置页眉或页脚、段落编号或页码等内容。文档分节后使同一种页面格式的文档分在一个节内。人们往往要求根据文档各个不同的部位，有不同的页面设置。要使文档各部分有不同的页面格式，应把文档分成若干个节，同时分别给每个节设置页面。

在文档中插入各种分隔符的方法如下：将光标插入点移到要插入分隔符的位置，然后单击“插入”菜单中的“分隔符”命令，弹出“分隔符”对话框。

在该对话框中，上半部为“分隔符类型”栏，其中可以选择“分页符”、“分栏符”或“换行符”；下半部为“分节符类型”栏的各选项，可以指定分隔符，对话框新节的起始点。根据需要，在“分隔符”对话框中，选择需要插入的分隔符。

要删除一个分隔符，只需将插入光标移到分隔符处，按 Delete 键即可。

9. 设置页眉和页脚

页眉和页脚指的是在文档每页的顶部或底部所做的标记，通常是页码、章节名、日期或公司标等文字或图形。页眉打印在顶边上，而页脚打印在底边上。在文档中可自始至终用同一个页眉或页脚，也可在不同部分用不同的页眉和页脚，使得文档便于阅读、查找和引用。

(1)在文档中创建页眉和页脚

单击“视图”菜单中的“页眉和页脚”命令，打开“页眉/页脚”工具栏。“页眉/页脚”工具在显示“页眉/页脚”工具栏的同时，在当前文档所在页的顶部或底部可出现由短划线构成的方框，在页面顶部的叫作页眉区，在页面底部的叫作页脚区。在页眉区或页脚区内分别键入所需的文本，也可以利用“页眉和页脚”工具栏的按钮，输入日期、时间、页码等。单击“在页眉和页脚间切换”按钮，可在页眉和页脚之间进行切换，单击“关闭”命令完成设置。

(2)调整已创建页眉或页脚的位置

①调整页眉或页脚的垂直位置

单击“视图”菜单中的“页眉和页脚”命令，打开“页眉/页脚”工具栏，可利用该工具栏中的工具按钮，将光标移至要调整位置的页眉或页脚处。单击“页眉/页脚”工具栏的“页面设置”按钮，弹出“页面设置”对话框的“版式”选项卡，在“距边界”栏的“页眉”框中，键入页面顶边到页眉顶部的距离，在“页脚”框中，键入页面底边到页脚底部的距离。

②调整页眉或页脚的水平位置

打开“页眉/页脚”工具栏，利用该工具栏中的工具按钮，将光标移至要调整位置的页眉或页脚，在 Word 的“格式”工具栏中，单击所需的对齐工具按钮，如“居中”按钮、“两端对齐”按钮、“右对齐”按钮等。

③删除页眉页脚

在文档的页眉页脚设置好后，如果希望修改页眉或页脚，可以双击页眉页脚区域，使之处于编辑状态，即可进行页眉页脚的修改。如果要删除页眉页脚，即可选中页眉或页脚中的所有内容，按“Delete”键，即可将选中内容删除掉，也就删除了文档的页眉页脚。

注意：在插入页眉后，系统会自动在页眉的下方插入一条横线与文档正文进行分隔，当删除了页眉内容后，有时页眉区的分隔线仍然删除不掉，这种情况可能是页眉中还有空格没有删除掉，用“Backspace”键或“Delete”键继续删除剩余的空格，返回到正文编辑时，横线就会消失。如果横线仍然不能消失，这种情况通常是因为在编辑文档的页眉时，给页眉的文本添加了边框线，要取消横线的办法是：选中页眉区中的换行符号，单击“格式”菜单的“边框和底纹”命令，在“边框”选项卡中取消下边框线，关闭对话框，即可取消页眉区的横线。

思考题

1. 键盘录入的正确操作姿势是怎样的？
2. 利用软键盘可以插入哪些特殊字符？
3. Word 文字处理软件的特点是什么？
4. Word 文本下方为什么会出现红色的波浪线？
5. Word 文本下方为什么会出现绿色的波浪线？

复习思考题

1. 为什么不能自己拆卸传真机部件?
2. 对传真机的设置地点有哪些要求?
3. HCD8128 办公录音电话如何删除话单?
4. 标准的键盘分为哪三个区域?
5. 使用哪种组合键可快速切换中、英文输入法?
6. 组合键“Ctrl”+“C”的作用是什么?
7. 组合键“Ctrl”+“V”的作用是什么?
8. 组合键“Ctrl”+“X”的作用是什么?
9. 如何使用格式刷复制段落格式?

第五章 专 业 技 能

第一节 报务作业

报务作业主要分为受理、发报、收报、投递等环节，其中电报受理工作是保证电报质量的重要环节。

一、受 理

用户发报一般采用人工办理、传真、用户电报终端办理、话传等受理方式，其中最常用的是人工办理方式；具备传真条件的铁路沿线单位可采用传真办理方式；电报日常业务量较大的单位可配备用户电报终端办理电报业务；不具备传真、用户终端等方式发、收电报的铁路沿线单位，可采用话传方式办理发报业务。

受理话传、传真的电报时，要使用办公录音电话对通话全程进行录音。首先应确认发报人员备案信息，非备案人员制发的电报不予受理。话传受理电报时，应在抄写的同时确认报文通顺，对音同易混及重要字句、数字应进行重点核对，抄收后顺通全文并向用户核对。话传、传真受理后，应将电报号码和受理时间通知发报单位，并互报姓名或代号。用户采用电报终端办理发报业务时，报务员应按照受理电报流程，审核用户电报稿，确认符合发报要求后，将受理印鉴、受理时间、报文等级等受理信息反馈给用户。

下面以人工办理方式为例，具体介绍电报受理流程。

受理用户发报时，首先应确认电报稿是否符合发报要求。

(一)电报稿确认

用户应准备电报稿一式两份，一份由电报所发送，另一份由用户存档。

1. 确认用户有无发报权

报务员应首先确认发报用户具有发报权限，发报单位的公章或电报专用章在发报前，应事先在发报所办理印鉴登记手续，并且留存印鉴图样。发报印鉴登记表见表 5-1。

表 5-1 发报印鉴登记表

发报印鉴登记表
单位名称：××铁路局××段
经办人职名：主任
经办人姓名：××× ××× ××× ×××
经办人电话：123456
受理方式：话传 （填写常用方式）
投递地址：填写单位具体地址或房间号码
投递方式：人工送□ 自取□ 话传□ 转递□ 车递□ 传真□ 电子□（在采取的投递方式后面□内画√）
紧急投递联系电话(7×24 小时)：123456
领导签字：×××
单位印鉴：加盖单位公章或电报专用章
××××年××月××日登记

注：倒班单位采用话传或传真方式发报时，应留存每个班组的发报人员信息。如果人员发生调整，应及时向电报所更新备案信息。

电报稿加盖电报专用章或单位公章是确认用户发报权限的主要依据，报务员在受理过程中应根据以下几种情况进行确认。

电报单位使用电报专用章单独发报时，电报专用章应加盖在电报稿首页左上角发报单位处。发报稿加盖电报专用章标准位置如图 5-1 所示。

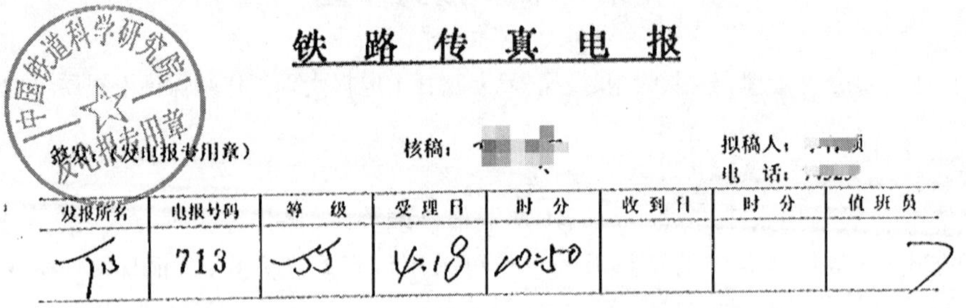
铁路传真电报

签发：（发电报专用章）　核稿：[redacted]　拟稿人：[redacted]

电话：[redacted]

发报所名	电报号码	等级	受理日	时分	收到日	时分	值班员
713	713	55	4.18	10:50			7

图 5-1　电报稿加盖电报专用章标准位置

发报单位使用单位公章单独发报时，单位公章应加盖在电报稿末页发报单位名称和成文日期上，居中下压。为了保证电报正文的文字清晰度，公章不能遮盖到正文中文字部分。电报稿加盖公章标准位置如图 5-2 所示。

发报单位采用多个发报单位联合发报方式时，原则上应使用单位公章，一律加盖在电报稿末页发报单位名称和成文日期上，单位名称要与单位公章相对应。联合发报加盖电报公章标准位置如图 5-3 所示。

图 5-2　电报稿加盖电报公章标准位置

图 5-3　联合发报加盖电报公章标准位置

发报单位属于铁路非常设机构或临时机构，需要制发电报时，可由日常主管单位（部门）加盖单位（部门）公章或电报专用章，按用户提供的机构名称拍发。只有在这种特殊情况下，发报单位名称与发报单位的公章不对应。

非铁路单位临时制发铁路电报，应经铁路总公司或铁路局对口业务主管部门同意，按联合发报办理，电报稿应同时加盖发报单位公章和铁路总公司或铁路局业务主管部门单位公章。

各级监察、稽查、审计人员出差执行公务需拍发电报时，应出示有效的工作证件，向电报所证明本人身份，在电报原稿空白处填写证件名称及号码。

列车乘务人员在执行乘务工作期间需要拍发电报时，可委托经停车站代发电报，并在发报原稿空白处填写证件名称、号码，也可以直接加盖可证明发报人身份、职务的印章。

2. 确认发报范围是否符合规定

电报稿中的主送及抄送单位，应符合规章中对发报范围的各项规定，严禁超范围拍发。

中铁工程公司等非铁路单位因工作需要经常性制发铁路电报，按照电报业务服务协议中明确的主要业务内容办理，主送、抄送单位应属于业务对口单位。

3. 确认收报单位是否明确

受理电报时，需要对电报稿中的收报单位名称逐一进行确认。属于各电报所投递范围内的收报单位，单位名称应与《铁路电报统称语通电略号及各电报所投递范围》中的单位名称相符，单位名称不明确时，发报所应负责向发报用户进行确认；不属于各电报所投递范围内的收报单位，要与用户说明，由用户自行办理。在同一封电报内，发报单位和收报单位属于同一电报所投递范围，并且相互间只能采用话传方式办理电报业务的，由用户自行办理。

4. 确认电报稿版式

电报稿版式应符合铁路传真电报版式要求，报文内容一般采用3号仿宋体字，特定情况可适当调整字号，线条宽度一般不小于0.25 mm。文字简练，报文清晰，电文通顺，标点符号完整，格式规范，拟稿人姓名和电话号码齐全。发报单位编制电报发电编号格式为"单位代字〔年份〕序号"。

例如：铁总安监电〔2015〕1号。

在电报稿确认过程中，对发现的问题及时向用户说明，耐心解释，商洽修改。列车乘务人员执行乘务工作期间委托车站转交拍发的电报，如有不符合规定或内容有疑问时，由被委托的车站工作人员负责解释或处理。执行非图定列车乘务工作的负责人拍发电报时，应写明经由区间，并在附注栏内注明本次列车在发报站的开车时间。

(二)电报的受理

1. 受理电报时，应在两份电报稿上填记发报所所名略号、电报号码、等级、受理日期、受理当时的时间、值机员代号。

受理电报报头的标准填写方法如图5-4所示。

铁 路 传 真 电 报

发报单位：××××× 会签单位：××××× 拟稿部门：××× 拟稿人：×××

电话：×××××

发报所	电报号码	等 级	受理日	时 分	收到日	时 分	值机员
TB	369	JJ	10.20	15:30			5

主送单位 各铁路局，各铁路安全监督管理办公室：

抄送单位 云南省发改委(自办)，北京、上海、武汉铁路局客运处，天津铁路公安处。

报 文

图5-4 受理电报报头标准填写方法

图5-4中：

发报所：填写受理该封电报的电报所所名略号。

电报号码：按电报受理本排列电码号码顺序填写。电报号码自每月26日零时起，从1号起顺序排列。

等级：受理电报时应依据《铁路电报电话管理规则》中对电报等级的规定，根据用户电报内容的急缓程度与用户商洽，确定电报等级。

发报时限见表5-2。一封电报自受理时间起，至拍发结束交换机或电报终端给出收据的时间止(有公电的按照公电结束时间)计算发报时限。

表 5-2 发报时限

顺号	项目	发报时限
1	特提(TT)	1 h
2	特急(TJ)	1.5 h
3	加急(JJ)	1.5 h
4	平急(PJ)	2 h
5	限时(X)	原则按照 1.5 h 办理
6	列车(L)	发报不超过 1 h
7	国际(G 或 C)	1.5 h

电报等级为限时电报×时,应同时在附注栏注明送达收报单位的时间,写法为 XS19:30。

受理日:填写受理当日的日期,如 2 月 6 日写为 2.6,10 月 20 日写为 10.20。

时分:填写受理当时的时间,采用 24 小时制,写为 8:05 或 15:30。

值机员:填写受理人员代号。

对收报单位中未纳入电报所投递范围的收报单位,电报所受理人员应与用户说明,并在两份电报稿上标记"(自办)"字样。由发报用户自行办理,对多页电报,应在电报稿末端空白处居中编写电报号码、页数和分页数。如 369 号电报共 2 页,页码分别编写为:369-2-1,369-2-2。对需要标注附注信息的电报,将附注信息通常填写在"值机员"右侧的空白处。

电报稿受理完毕,受理人员在用户保存的电报稿右上角加盖电报所受理印章,作为电报所受理电报的依据。受理印章每日零时更新当日日期。正确加盖电报所受理印章位置如图 5-5 所示。

铁 路 传 真 电 报

发报单位:×××××　　会签单位:×××××　　拟稿部门:×××　　拟稿人:×××

电话:×××××

发报所	电报号码	等 级	受理日	时 分	收到日	时 分	值机员
TB	369	JJ	10.20	15:30			5

主送单位　各铁路局,各铁路安全监督管理办公室:

抄送单位　云南省发改委(自办),北京、上海、武汉铁路局客运处,天津铁路公安处。

报　　文

图 5-5　正确加盖电报所受理印章位置

2. 受理电报后应填写电报传送方向单。电报传送方向单中,应根据电报稿报头各项内容对应填写完整。在传送方向栏,应填写收报单位所属电报所所名略号,根据《铁路电报统称语通电略号及各电报所投递范围》和《铁路电报站名略号》确认无误后,填写自检人员代号。收报单位中的受理所投递单位,通常在电报传送方向单右上方空白处注明。电报传送方向单标准填写方法如图 5-6 所示。

电　报　传　送　方　向　单

发报所名	电报号码	等　级	受理日期	时　分	电报员代号	拍发方式
TB	369	JJ	10.20	15:30	5	SM

投 3

序号	传送方向	传送时分	工作人员代号	
			发　方	收　方
1	-T-			
2	TP			

自检:5　　　互检:　　　　总检:

图 5-6　电报传送方向单标准填写方法

注:电报的三种拍发方式分别为:文字、扫描、传真,为了便于作业,在填写电报传送方向单的拍发方式栏时,可使用字母代替,可分别写为:WZ、SM、CZ。

电报统称语分为铁路总公司所属单位统称语和局属单位统称语,分别由铁路总公司和各铁路局按照公文管理有关单位统称语名称规范进行编制,原则上局属单位电报统称语采用"总公司所属单位统称语+局尾代字"表示。

例如:北京局各电务段,应编制为:-DWDP-。

上海局各电务段,应编制为:-DWDH-。

铁路总公司电报所及各铁路局电报所使用所属统称语通电略号发报时,应符合下列规定:

(1)收报单位统称语不同而收报所完全相同时,可以在指导行中使用其中一个统称语通电略号,但同一收报所略号不再重复出现。

例如:一封电报的收报单位为"各铁路局、各铁路安全监督管理办公室",其中各铁路局统称语通电略号-T-,各铁路安全监督管理办公室统称语通电略号-AJB-,两个统称语名称不同,但收报所完全相同,指导行中只使用其中一个统称语通电略号,指导行应为:-T-或-AJB-。

(2)传输指导行中同时出现两个及以上统称语通电略号时,如其中一个包含另一个统称语通电略号的收报所时,只使用其中收报所最多的统称语通电略号。

例如:一封电报的收报单位为"各铁路局电务处、各通信(电务)段、各电报所",其中"各铁路局电务处"统称语通电略号-T-,"各通信(电务)段"统称语通电略号-TDD-,"各电报所"统称语通电略号-DBS-,-DBS-略号中包含-T-与-TDD-略号中所有收报所,只使用其中收报所最多的统称语通电略号。指导行应为:-DBS-。

(3)铁路局电报所使用统称语通电略号发报时,应认真核实通电略号为铁路总公司所属或铁路局所属,防止超范围使用。

3. 填写电报受理登记簿。

受理电报后要按要求认真填写电报受理登记簿的各项内容。

电报受理登记簿标准填写方法如图 5-7 所示。

电 报 受 理 登 记 簿

日期	电报号码	电报等级	终端字数	扫描页数	传真页数	收报所数	收报单位数	发报单位	受理者	译电者	复印页数
10.20	369	JJ		2		19	40	办公厅	5		
	370	G	15/80			2	2	国际司	5	6	
	371	PJ			1	18	72	企协	5		1

图 5-7 电报受理登记簿标准填写方法

日期:填写受理当日的日期,每日零时变更日期;

电报号码:按照本所受理电报顺序填写受理电报号码;

电报等级:按照受理电报确定的电报等级填写;

终端字数:采用终端文字译电发报方式时,填写电报字数(收报单位字数与报文字数);

扫描页数:采用终端扫描译电发报方式时,填写电报页数;

传真页数:采用传真发报方式时,填写电报页数;

收报所数:填写电报传送方向单上匹配收报所略号的个数;

收报单位数:填写收报单位数量(不含自办单位);

发报单位:填写发报单位简称;

受理者:填写受理人员代号;

译电者:填写电报终端发报译电人员代号;

复印页数:各电报所根据清算收费统计需要,填写用户复印页数或份数。

电报号码出现重号或脱号时,应在受理登记簿上简要注明原因。

报路故障短期不能恢复时,电报所应向用户说明原因停止受理。已经受理的电报,电报所应积极采取其他发送方式办理;如遇极端情况,应及时通知发报单位自行处理。对无法通知发报单位的电报,应在工作日志做好记录,待故障恢复后及时发出。

已经受理的电报,发报单位要求取消时,必须出示加盖原发报单位印鉴的书面证明。未发出的电报,电报所应给予取消,并留存书面材料备查;已发出的电报,由发报单位自行处理或发报取消。

用户需要查阅电报稿时,必须出示加盖原发报单位印鉴的书面证明,到电报所查阅。查阅时须有电报所负责人员在场,不准对原稿有任何修改。

二、终端译电发报

终端译电分为终端扫描译电和终端文字译电两种方式。

(一)终端扫描译电发报

对字体清晰或附有图表及无法用文字描述的符号、记号的电报,电报所应优先使用电报终端扫描译电方式发报。手写电报不得扫描译电。

发报前,发报人员应在发报终端上输入发报人员工作代号。

发报人员应根据传送方向单,正确录入传输指导行和报头栏各项内容并进行确认。按电报稿编页顺序使用扫描仪添加附件。当电报稿页数较多时,可采取添加多个附件方式发送;当电报稿中有图片内容时,发报人员在添加附件时应调整扫描仪设置,采用彩色扫描方式进行扫描,以保证图片的清晰度。

扫描完成后,发报人员应确认报面完整、端正清晰、页数正确。在待发电报栏中,根据电报等级、受理时间顺序,确认发报所名、电报号码发送电报。

发报完毕,发报人员确认电报交换机收据信息,在电报传送方向单上填写传送时分、发方工作人员代号,填写检查人员代号。

电报发送完毕按照电报稿、传送方向单、电报交换机收据稿顺序装订。

电报交换机收据格式:

ZCZC 15:40 JH9999(电报交换机发报流水标志行)

TBO 2 -T- TP JJ TB(扫描电报传输指导行)

TB 369 JJ 0/3 10.20 15:30(扫描电报报头行)

:

附件报(扫描电报报文内容行)

TB 15:35 5(发报所标志行,15:35 代表扫描译电完成时间,5 代表译电员代号)

NNNN(结束标志行)

ZCZC(电报交换机收据起始标志行)

GNSJ 9999 TB 369 15:40(电报交换机收据内容行)

NNNN(电报交换机收据结束标志行)

(二)终端文字译电发报

采用终端文字译电发报方式时,应该按照以下规定译电。

1. 终端文字译电格式:

ZCZC(起始标志行)

-T- PJ TB(传输指导行)

TB 369 PJ 25/158 11.01 15:30(报头行)

主送:×××,×××:(主送单位行)

抄送:×××,×××。(抄送单位行)

标题:×××××××(报文标题行)

报文内容:

××(报文内容)

发文号:××××电〔2014〕×号(发文号)

发报单位:×××××××××××××(发报单位名称)

发报日期:2×××年×月×日(原稿日期)

TB 15:50 5(发报所标志行,15:50 代表译电完成时间,5 代表译电员代号)

NNNN(结束标志行)

2. 对报文中有不能用电报终端直接输入的符号和未规定四码的汉字用0000、9951-9959代替,并应在附注栏内说明该字的写法。

例如：0000 为三角内加 B，即“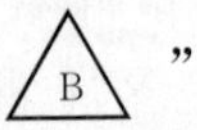”。9951 为上人下工，即“仝”。

译电发报时，收报单位按照用户稿拍发。

根据用户电报稿，按规定的电报格式和方法进行发报译电，将发报译电稿与电报稿进行校对。应确认传输指导行、报头、收报单位、电文、发报单位有无错漏之处，发现错误当时改正并做好标记，校对完毕在终端上修改正确。

译电者经确认无误后签自检代号，校对者确认无误后签互检代号。经过校对正确后再行拍发，禁止先发后校对。

电报是否发送成功，以发报终端收到电报交换机收据为准。报务员在电报传送方向单上填写传送时分、发方工作人员代号，填写检查人员代号。填写《电报受理登记簿》中终端字数和译电者代号。

电报发送完毕，按照电报稿、传送方向单、发报译电稿、电报交换机收据稿顺序装订。

三、终端收报译电

终端收报包括扫描报和文字报两种方式。

扫描报为用户电报稿扫描件，可直接送达用户；文字报分为直译报和公文报两种格式，其中直译报包含附注信息，用于电报所内部作业，公文报应符合公文格式，不打印附注信息，用于送达用户。

在收报作业前，收报人员应在收报终端上输入收报人员工作代号。

收到电报后，收报人员应确认收、发报单位、检查显字情况、核对页数、顺通电文，在报头栏填写收到日期和收到时间(电报终端接收的时间即为收报所收到时间)。在电报稿右上方空白处标注投递单位数量及投递单位名称，然后将电报三检章加盖在报文结束标志行 NNNN 下方，同时填写自检人员代号。

机上通报流水号码自 0001 至 9999 循环使用。收报人员在收报过程中，应随时确认流水号码的衔接，填写电报终端收报日志各项内容。发现流水号码漏号时使用电报终端命令向交换机输入重发指令提取电报。每日零时再次核对流水号码，防止丢报。

在收报过程中，收报人员发现电报重号或其他疑问时，及时与发报所联系，查明原因，标记清楚，妥善处理。当收到公电时，应根据公电收报单位与原报收报单位进行核对，确认收报单位一致，需要修改的内容无误。

电报终端收报日志标准填写方法如图 5-8 所示。

电报终端收报日志

×××电报所　　　　1月3日

流水号码	发报所	电报号码	收报员代号	备注	流水号码	发报所	电报号码	收报员代号	备注
9800	BJ	35	6						
9801	SY	60	6						
9802	SH	83	6						
9803	CD	72	6	GR					
9804	WN	58	6						
9805	BJ	35	6	CH					

图 5-8　电报终端收报日志标准填写方法

四、传真通报

传真通报是指利用电话传真机在电报所间传递用户电报。各电报所的传真机应时刻处于开机状态，以满足随时收、发报条件。

（一）传真发报

传真电报发送前，发报人员应检查报头各项内容是否完整，对多页电报，按照编页顺序，根据传送方向单上的所名略号逐一向收报所进行传送。

为保证传真电报质量，发报人员可根据用户原稿字迹的深浅，调整浓淡度至最佳。当遇到电报原稿中附有图片时，可调整传真机设置，采用图片传送方式传送，以保证图片清晰度。

电报传送完了，电话向收报所值班人员要收据，发报人员应确认收报所名称、电报号码、页数，并将发出时间，发、收双方报务员代号填写在传送方向单上，填写传真电报发报日志。

传真电报发报日志标准填写方法如图 5-9 所示。

传真电报发报日志

×××电报所　　　　1月3日

流水号	电报号	页数	收报所						电报员代号
			BJ	SH	WN	LJ	CD	SY	
1	69	2	√	√	√				6
2	70	1		√		√		√	6
3	71	3		√			√		6

图 5-9　电报终端收报日志标准填写方法

每日(24:00)工作结束后，各电报所应将当日传真电报封数按照传送方向进行统计，互相配合做好核对工作，并做好记录。如有不符应及时处理，逐封核对电报号码，发现错漏情况及时采取补救措施。

（二）传真收报

收报人员收到电报后应确认本所收报单位，发现误传时及时通知发报所。检查报面完整、端正、字迹清晰，电话给收据，与发报所确认发报所名称、电报号码、页数、收到时分、双方代号，并在电报稿上填写收到日期、收到时分及发、收双方报务员代号，填写传真电报收报日志。

对投递的电报进行复印，复印电报应与规定报文尺寸一致。

通常在电报稿右上方空白处标注投递单位数量及投递单位名称，在电报稿左下方空白处加盖电报三检章，填写自检人员代号。

填写传真电报收报日志。

每日(24:00)工作结束后，要与发报所核对传真收发报统计封数，并记录双方代号。

传真电报收报日志标准填写方法如图 5-10 所示。

传真电报收报日志

×××电报所　　　　　　　　　　　　　　　　　　1月3日

流水号	发报所	电报号码	电报员代号	备注	流水号	发报所	电报号码	电报员代号	备注
1	BJ	35	6						
2	SY	60	6						
3	SH	83	6						
4	CD	72	6						
5	WN	58	6						
6	LJ	36	6						

图 5-10　传真电报收报日志标准填写方法

五、到报处理

收报人员对收到的电报确认投递份数，使用复印机进行复印，检查报面是否清晰端正，多页电报页数是否正确，并进行装订。

在投递单位名称下方做标记以示区分或在投递电报右上角注明投递单位名称，在投递电报右上角空白处加盖电报证印，电报证印每日零时调整日期。优质电报如图 5-11 所示。

电报
2015.04.01
铁路总公司电报所

铁　路　传　真　电　报

发电单位:运输局　　会签单位:调度处　　拟稿部门:工务处　　拟稿人:

电话:

发报所名	电报号码	等级	受理日	时分	收到日	时分	值机员
TB	30	JJ	4.1	8:00			10

主送单位　中国铁道科学研究所，沈阳、北京、济南铁路局

抄送单位　沈阳、北京、济南铁路局总工室、运输处、机务处、车辆处、北京铁路通信技术

图 5-11　优质电报

收报人员应根据不同的投递方式，填写收报、投递方式统计本(译电加抄本)，计算当日工作量，并核对当日投递电报封数。

六、电报投递

电报投递目前有人工取送、话传、车递、传真、电子传递和网络转递等投递方式。电报所投递的电报，必须加盖电报证印，按电报等级规定的时限向收报单位投递，投递电报做到准确、及时。表 5-3 列出了不同等级收报的投递时限。自接收到电报的时间起，至用户收到的时间止计算收报投递时限。

表 5-3 收报投递时限

顺号	项目	收报投递时限
1	特提(TT)	1 h
2	特急(TJ)	2.5 h
3	加急(JJ)	6.5 h
4	平急(PJ)	22 h
5	限时(X)	限时时间－1.5 h
6	列车(L)	随到随投
7	国际(G 或 C)	2.5 h(转报)

(一)人工取送投递

人工取送投递是指由电报所送达用户或用户自取方式投递电报，收到并转或代转的电报，电报所应复印相应份数，同时投递给被委托转交的收报单位。

1. 根据收报单位填写电报投递簿，并自检核对。

2. 投递当时确认收报单位与投递单位是否相符，封数正确。

3. 投递完毕复查收报人签时、签字，送报员签代号，超限电报作标记"√"。

4. 用户自取的电报，应根据电报投递时限及电报内容急缓程度，使用录音电话及时通知收报单位取报，并做好通知记录。

因时间紧迫或其他特殊情况不能及时取送的电报，电报所应将电报重点内容电话通知用户抄收，通话须全程录音，事后电报所应按正常投递方式办理。在具备传真条件时，也可采用先传真、后投递方式办理。

电报投递簿填写方法如图 5-12 所示。

电 报 投 递 簿

发报所	电报号码	等级	电报所收到时间			收报单位	用户收到时间			签字或盖章	送报者签字	超限	备注
			日	时	分		日	时	分				
TB	207	PJ	3	11	10	发改部	4	8	30	×××	6		
BJ	271	JJ	3	22	05	发改部	4	8	30	×××	6	√	

图 5-12 电报投递簿标准填写方法

(二)话传投递

电报所向收报单位话传电报时，要确认收报单位，做好全程录音，对音同易混及重要字句必须复念加以解释，话传完毕，互报姓名或代号，并将对方的姓名、话传完了的时分和办理人员的代号填写在电报投递簿上。

电报投递簿填写方法如图 5-12 所示。

(三)传真投递

电报所以传真方式向收报单位传送电报后，报务员应主动与收报单位取得联系，并在电报投递簿上填写对方接收人员姓名、传送结束时分和办理人员代号,通话联系应全程录音。

电报投递簿填写方法如图 5-12 所示。

(四)车递

电报所向沿线各站办理车递电报时,在电报车递挂号登记簿上填写收报单位、送出时间及办理人员代号。对车递的电报,应按挂号处理,挂号号码的编写方法为:投递当天的日期+车递封数,例如:1 月 3 日的第一封车递电报,挂号号码为:0301,以此类推。

电报车递挂号登记簿填写方法如图 5-13 所示。

电报车递挂号登记簿

日期	发报所	电报号码	收报单位	挂号号码	寄出车次或送出时间	车站签报人员	电报员代号	备注
1.3	×××	69	××××××	0301	15:30	×××	6	
	×××	75	××××××	0302	15:30	×××	6	

图 5-13　电报车递挂号登记簿标准填写方法

(五)电子传递

利用电报用户终端向用户投递电报时,铁路局应制定相应的管理办法,确保用户及时接收。非铁路单位采用电子传递方式时,电报所和用户应在服务协议中明确双方责任、义务。

(六)网络转递

网络转递是利用铁路办公网络向用户投递电报,目前有哈尔滨、郑州、成都、南昌和太原等电报所启用,以哈尔滨局电报所网络转递流程为例:

1. 分拣电报:每日网络台值机人员按电报投递时限要求将电报按急缓程度及局机关各部、委、处、室、段、站的顺序分别排列。

2. 网络发报:

(1)将电报放置进扫描仪中先用扫描仪进行扫描存入计算机,扫描完毕后确认是否清晰完整,特别是多页电报是否缺页、按顺序排列。

(2)确认准确无误后,将电报存入 Word 文档内并编号。

(3)每次网络投递作业必须重新点击局办公网络,通过电报所名、密码的确认后进入电报所发报界面,以防网址错误。

(4)在相应的格式内输入网络电报拟稿人:要填写转发电报的报务员姓名;核稿:填写核对电报的报务员的姓名;签发:由电报所负责人签发;电话:填写电报所机房 24 h 有人值守电话;电报号:由电报所按每天发报号码顺序编写,格式:为××报网电(××××)第××号。

(5)按电报报面投递单位中主送单位与抄送单位分别输入主送栏、抄送栏相应的格式内,由于网络电报格式的限制,只有抄送单位无主送单位的电报无法发出,在此情况下将抄送单位输入到主送单位栏中。

(6)标题内填入原电报标题,无标题输入"此电报无标题"字样。

(7)报文内容填入"附件"及电报所名、电报号码,最后在右下角输入发报所名及当天的日期。

(8)确认核对无误后点击上传出现文件框再点击浏览,按编号将 Word 文档提交上来,待文件已确认提交上来后再点击预约发报程序,在适当的时间内进行预约发送。

(9)预约发送成功后由网络台互检人员在另一网络台在预约的时间内进行互检,正确无误后待预约时间到时自动发出。

(10)发送完毕后,正确填写电报网络投递簿及发报人代号。

电报网络投递簿填写方法与电报投递簿填写方法相同,如图5-12所示。

利用网络转递方式投递电报时,铁路局应制定具体工作流程和作业标准,并报铁路总公司业务主管部门备案。

七、电报原稿检查

(一)发报检查

报务员检查发报原稿时,应检查以下内容:

1. 报头栏各项内容(发报所名、电报号码、等级、受理日期、时分、附注信息)准确无误,发报印鉴、拟稿人姓名、电话号码齐全。

2. 收报单位与收报所略号匹配,发报译电稿与发报原稿相符。

3. 电报报面清晰、编页正确。

4. 确认自办单位和投递份数。

检查完毕在电报方向单上填写检查人员代号。

(二)收报检查

报务员检查收报原稿时,应检查以下内容:

1. 流水号码有无错漏,收报单位是否在本所投递范围内,匹配收报单位正确,投递单位数与收报单位数相符,正确处理附注信息。

2. 报面清晰、编页正确。

检查完毕在电报原稿上填写检查人员代号。

八、电报核对

每日24:00报务员要对当天各项工作进行核对。核对之前,报务员应将当日0:00—24:00登记的日志进行统计汇总,各项内容如下:

1. 发报:在电报受理登记簿上,按照不同发报方式统计汇总各项数字;统计汇总传真电报发报日志发报封数。

2. 收报、投递方式统计簿(译电加抄本)按照不同收报方式统计汇总各项数字;统计汇总电报终端收报日志、传真电报收报日志收报封数。

3. 投递:按照不同投递方式统计汇总电报投递簿、电报车递挂号登记簿的实际投递封数。

统计汇总完成后,逐项进行核对,各项内容如下:

1. 终端发报核对电报受理登记簿受理封数与交换机零点统计实际发报封数是否一致,终端字数、扫描页数、收报所数是否一致。传真发报与收报所核对当日流水,记录双方代号。

2. 终端收报核对终端收报日志合计封数与交换机实际收报封数是否一致。传真收报与发报所核对当日流水,记录双方代号。

3. 电报投递核对收报单位总数与实际投递总数是否一致。

九、电报统计

电报业务统计是分析设备和报路运用效率、人员劳动生产率的主要依据,电报业务统计数字必须真实可靠，统计方法和时机应符合规定。

电报业务日计表的统计周期为每月 26 日 0 时至次月 25 日 24 时。自每月 26 日起，报务员将当日 0 时至 24 时各项业务量统计数字核对无误后，填写当日电报业务日计表各项内容，填写内容应做到字迹清楚，统计正确。

电报业务日计表内容分为两大部分，第一部分是电报业务量统计，第二部分是各项效率指标完成情况。每项统计数字分别用不同的字母表示。

第一部分电报业务量统计分为受理、机上通报、投递三大项内容，其中受理项根据三种不同的发报方式统计；机上通报项根据三种不同的发报方式、收报方式分别统计；投递项根据六种不同的投递方式分别统计。电报业务日计表（第一部分）见表 5-4。

表 5-4　电报业务日计表（第一部分）

日期	受理						机上通报						发报译电封数	加抄封数	投递						合计封数
	电报文字		终端扫描		传真机		发报封数			收报封数					投递封数	车递封数	话传封数	传真封数	电子封数	网递封数	
	封数	词数	封数	页数	封数	页数	文字	扫描	传真	文字	扫描	传真									
	A	B	C	D	E	F	G	H	I	J	K	L	M	N	O	P	Q	R	S1	S2	T
26	3	90	8	12	1	1	20	36	2	2	15	1	3	26	25	1	1	1	2	3	150
27																					

1. 电报业务量统计中的合计封数是以下各项工作量的总和：

(1)受理：每受理一封计算一封。

受理封数按照发报方式的不同分别统计。

终端文字封数 A：填写当日采用终端文字方式发报的受理电报封数。

终端文字词数 B：填写当日采用终端文字方式发报的电报词数（终端字数），词数不计算在合计封数内。

终端扫描封数 C：填写当日采用终端扫描方式发报的受理电报封数。

终端扫描页数 D：填写当日采用终端扫描方式发报的扫描页数，页数不计算在合计封数内。

传真机封数 E：填写当日采用传真方式发报的受理电报封数。

传真机页数 F：填写当日采用传真方式发报的传真页数，页数不计算在合计封数内。

(2)发报：每封电报每发一个电报所计算一封。

机上通报发报封数按照发报方式的不同分别统计。

文字 G：填写当日采用终端文字方式发报的收报所数。

扫描 H：填写当日采用终端扫描方式发报的收报所数。

传真 I：填写当日采用传真方式发报的收报所数。

(3)收报：每收一封计算一封。

机上通报收报封数按照收报方式的不同分别统计。

文字 J：填写当日采用终端文字方式收报的电报封数。

扫描 K：填写当日采用终端扫描方式收报的电报封数。

传真 L：填写当日采用传真方式收报的电报封数。

(4)发报译电：每译电一封计算一封。

发报译电封数 M：发报译电封数 M＝终端文字封数 A。

(5)加抄：等于人工取送封数与车递封数之和。

加抄封数 N：加抄封数 N＝投递封数 O＋车递封数 P。

(6)人工取送投递：每封电报投递一封计算一封。

投递封数 O：填写当日人工送报投递封数与自取投递封数之和。

(7)车递：每封电报车递一封计算一封。

车递封数 P：填写当日车递投递封数。

(8)话传投递：每封电报话传一个单位计算一封。

话传封数 Q：填写当日话传投递封数。

(9)传真投递：每封电报传送一个单位计算一封。

传真封数 R：填写当日传真投递封数。

(10)电子传递：每封电报发送一个单位计算一封。

电子封数 S1：填写当日电子投递封数。

(11)网络转递：每封电报发送一个单位计算一封。

网递封数 S2：填写当日网络投递封数。

2. 第二部分是各项效率指标完成情况分为标准发报率、优质电报率、时限率项内容。电报业务日计表(第二部分)见表 5-5。

表 5-5　电报业务日计表(第二部分)

差错件数	各项指标完成情况									附注
	标准发报率			优质电报率			时限率			
	总封数	完成封数	%	总封数	完成封数	%	总封数	完成封数	%	
U	V	W	X	Y	Z	AA	AB	AC	AD	
	58	58	100%	32	32	100%	89	86	96.63%	

(1)标准发报率

总封数 V：填写文字、扫描、传真发报封数之和，即：$V=G+H+I$。

完成封数 W：填写标准发报封数。

完成封数 W/总封数 $V\times100\%$，计算得出标准发报率填写在 X 项，计算结果保留两位小数。

(2)优质电报率

总封数 Y：填写投递、车递、传真、电子、网递投递封数之和，即：$Y=O+P+R+S_1+S_2$。

完成封数 Z：填写优质电报封数。

完成封数 Z/总封数 $Y\times100\%$，计算得出标准发报率填写在 AA 项，计算结果保留两位小数。

(3)时限率

总封数 AB：填写文字、扫描、传真发报封数与投递、传真、电子、网递投递封数之和，即：$AB=G+H+I+O+R+S_1+S_2$。

完成封数 AC：填写实际完成封数。

完成封数 AC/总封数 AB×100%，计算得出时限率填写 AD 项，计算结果保留两位小数。

在统计过程中应注意以下事项：

(1)电报词数以千组为单位；

(2)传真页数 A4 为一页；

(3)对收报单位全部在本所投递范围内的电报，受理统计在传真机项中。

十、电报原稿装订

电报原稿(每日 0 时至 24 时)由夜班值班者负责装订，对电报原稿按顺序整理。

发报应按照受理电报号码的顺序装订，发报日志及交换机零点发报统计附在发报原稿后面。

终端收报应按照收报流号水码的顺序装订，终端收报日志及交换机零点收报统计附在收报原稿后面；传真收报装订顺序应与传真收报日志顺序相同，传真收报日志附在收报原稿后面。

负责装订人员应在电报原稿封皮上填写各项内容，并在封皮上签字或盖章。

十一、各类资料的保管期限

电报作业过程中使用的各类资料应严格按照规定的保管期限妥限保管，各类资料的保管期限应符合表 5-6 规定。

表 5-6　各类资料的保管期限

表报名称	保管期限	备　　注
电报业务报告(　年)	10 年	铁路局每年 1 月 20 日前向铁路通信技术中心提出前一年的报告，各基层单位向铁路局提报时间由各局自行规定。本报表可兼做季报用(季报保管期限为 3 年)
发报单位印鉴登记表	长期	
电报业务日计表	1 年	使用完后次月起计算
电报受理登记簿	1 年	
电报投递簿	1 年	
电报车递挂号登记簿	1 年	
电报原稿	3 个月	装订之日起计算
电报终端日志	3 个月	
传真电报日志	3 个月	
电话录音	3 个月	录音之日起计算
访问用户意见簿	1 年	使用完后次年起计算
报话设备障碍登记簿	1 年	
报话差错、错情、不良反映统计簿	3 年	

思考题

1. 用户发报时，报务员如何确认电报稿？

2. 如何发送传真电报？

3. 电报所向话传单位话传电报时应怎样处理？

4. 收报检查内容有哪些？

5. 如何整理、装订电报原稿？

第二节 电报通信设备操作

CTT2010SW 铁路电报通信系统是针对《铁路电报通信系统技术条件》中的要求设计的。该系统应用先进的通信、多媒体、数据库及计算机技术，解决了铁路电报通信多种业务的接入问题，不仅实现了原电路文字电报的介入，同时将传统的传真电报（包括表格、图像）也融合到存储转发电报网业务中。

CTT2010SW-T 报所终端运行于 Windows XP 平台，并充分发挥了硬件处理器的强大功能，是具有直观易用的软硬件产品。在兼容现有铁路电报的基础上，支持常用的办公文件（如pdf、word、excel、传真、图片）的译电、接收、发送、输出。

CTT2010SW 铁路电报通信系统操作按照电报员操作、班长操作、硬件维护与故障处理三部分讲述。

一、电报员操作

1. 电报员登录

双击在桌面报所终端图标进入电报系统，如图 5-14 所示。

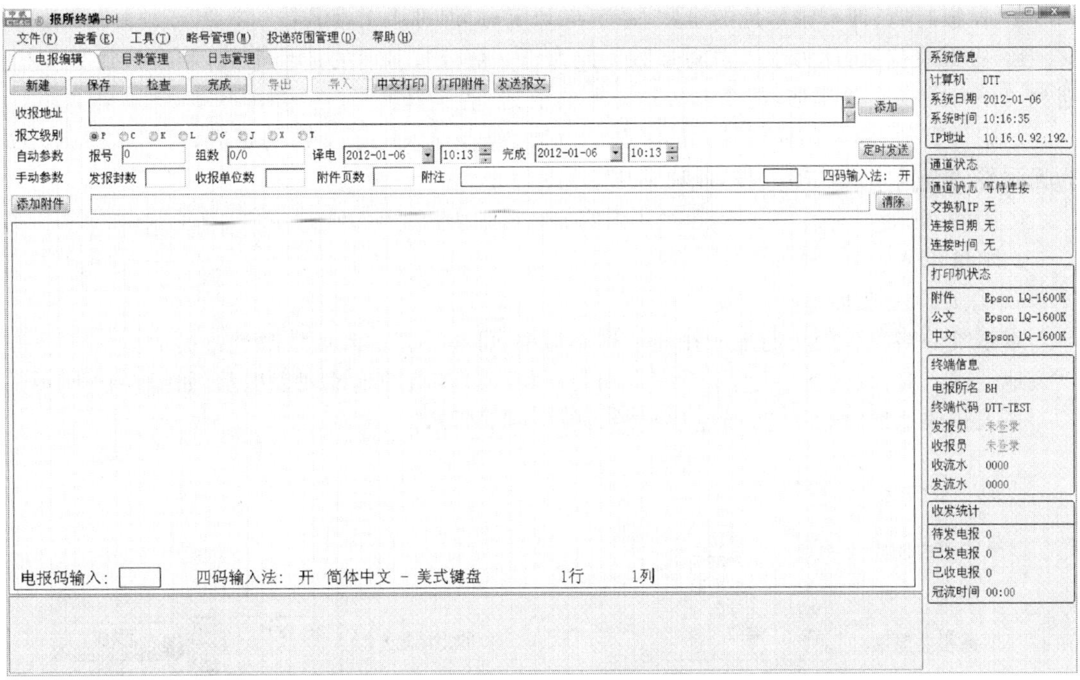

图 5-14 电报系统界面

此时系统由于未登录，所以未与存储转发服务器建立连接，系统默认电报员为：用户名90、密码123456。此用户可以由班长进行删除修改。

点击“文件”→“电报员登录”登录，界面如图5-15所示，登录时请选择接收或发送的权限。

2. 受理电报

(1)进入电报编辑界面

登录成功后的界面即为电报编辑界面，电报员在此界面进行电报的译电操作。如果用户不在“电报编辑”窗口，只需点击“电报编辑”分页卡即可进入电报编辑。

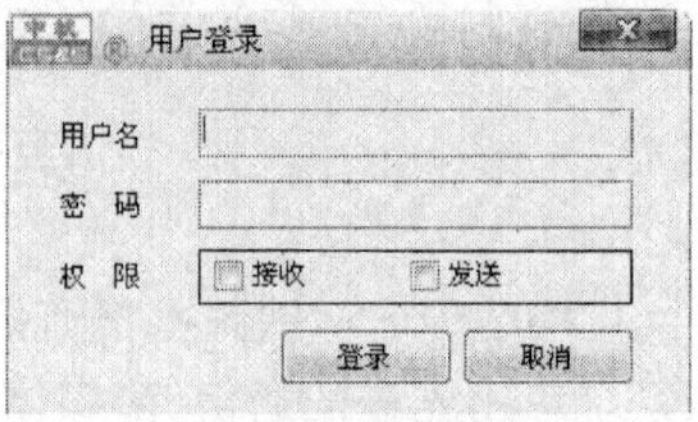

图5-15 电报员登录界面

(2)新建

主要功能：在主功能屏幕生成一封新的空白报。

操作：在“电报编辑”模块中，任何情况下需要新建空白报，主功能屏幕内便会生成一篇空白的新报，之前编辑未存储的部分将自动作废。同时当前电报号自动加一，译电时间更新为当前时间。

(3)电报录入

①信息录入

a. 收报地址：此处填写原报头行地址略号；

b. 报文级别：鼠标选择等级；

c. 报号：新建电报时，会自动生成电报号，但也可手工修改；

d. 组数：完成时自动填入；

e. 译电时间：新建时自动生成，可修改；

f. 完成时间：新建时自动生成，大于译电时间5 min，可修改；

g. 发报封数：即收报地址的个数，系统自动填写，但可手工修改；

h. 收报单位数：此为手工填写参数。此为正文部分冒号前的地址个数，和发报封数一样，遇到可展开的一定要累加，这个参数是计费的依据，请认真填写；

i. 附件页数：即为扫描仪录入的纸张的页数，或者导入电子文档的页数，可自动录入。如为无附件的普通格式铁路电报，此项不用填写；

j. 附注：此处填写造字、GR等附注内容。

②地址录入

a. 手工录入地址

本系统的略号管理功能集成在地址栏添加中，可在手工输入地址时进行提示。

地址输入时：输入首字母后，系统自动列出相同首字母的地址列表提示，如图5-16所示。

录入错误地址时，系统进行错误报警，如图5-17所示。

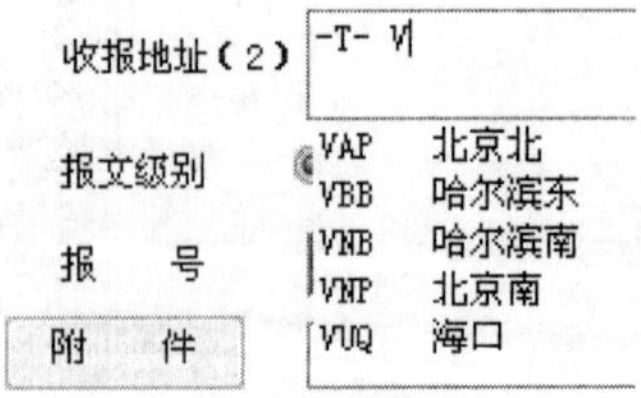

图5-16 收报地址提示图

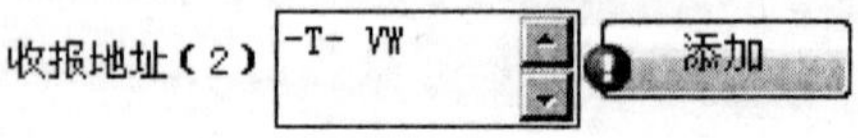

图5-17 地址错误提示图

“收报地址”后括号内提示当前录入地址栏地址个数，当超过100个时，系统告警。

b. 地址管理

(a)系统略号

除手工输入，系统还支持地址库内选择添加地址，即按地址栏的“添加”按钮实现，按“Ctrl”键同时选择多个地址后确定。

系统略号不支持本地修改，由电报存储转发服务器网关模块修改后，全路统一更新，从而确保数据的安全性和时效性。

(b)自定义地址集

地址管理支持自定义常用略号集。添加常用地址时，不必一个个录入或选取，只需选取添加常用地址集即可。

在“自定义名”中设定一个略号集名称，“终端略号”中录入对应地址，按添加按钮后即保存在下列列表中，需要选取使用时，只需选中确定即可。

③正文录入

a. 正文格式

铁路电报正文时在正文文本框内录入，格式为：

第一行顶头录入收报单位，单位之间以局尾代字或顿号隔开，最后以冒号结尾；

若有抄送单位，第二行顶头录入抄送单位并同样以局尾代字或顿号隔开，同时第一行的冒号去掉改为在第二行结尾处；

第三行空一个“Tab”键后录入正文；

正文结束后，空两个“Tab”键录入发文号，最后一行空三个“Tab”键录入发报单位。

b. 输入法切换

“Shift”+“Ctrl”切换四码和拼音输入法，观察任务栏图标变化至所需输入法。在拼音输入状态时，进行四码录入同样生效。

如需输入数字，按“Alt”+“Ctrl”键强行切换数字输入模式。但只可输入一个数字，其后自动跳转回四码输入。

④附件录入

a. 扫描录入

系统支持扫描仪录入，可把纸质文档转为pdf格式录入至电报系统中；

确认扫描仪工作正常，并把所需录入文档放入自动进纸架；

如图5-18所示，点击“附件”中“扫描仪获取”，选择所需分辨率。分辨率选择越高，扫描结果越清晰，同时扫描文件越大(推荐性能比选择：黑白300)。

如图5-19所示，点击“SCAN”进行扫描确认；

扫描录入后，系统自动填写“附件页数”。

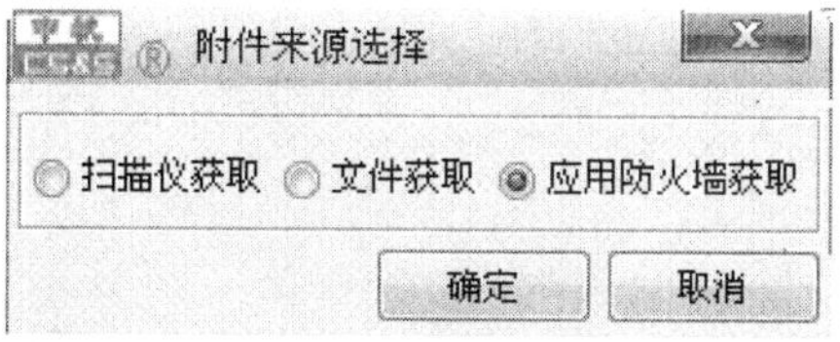

图5-18 扫描导入

图5-19 SCAN确认

b. 电子附件录入(U 盘)

系统支持：word、excel、ppt、pdf、tif、jpg 等多种格式附件，铁路电报系统默认支持的 pdf 格式；

“附件”中“应用防火墙获取”按钮连接到应用防火墙；

连接成功后选择所需文件后确认；

“删除”按钮删除前地址栏对应附件；

“附件页数”需手工输入(pdf 文件可直接填入附件页数)。

(4)语音校对

点击主菜单中“工具(T)”→“语音校对(P)”运行语音校对功能，如图 5-20 所示。

“播放”：开始语音校对，同时报文内容被标示的进度与语音校对同步；

“暂停”：暂时语音校对，再次“播放”时从暂停点开始；

“停止”：停止语音校对，再次“播放”时从起始点开始；

“完成”：退出语音校对。

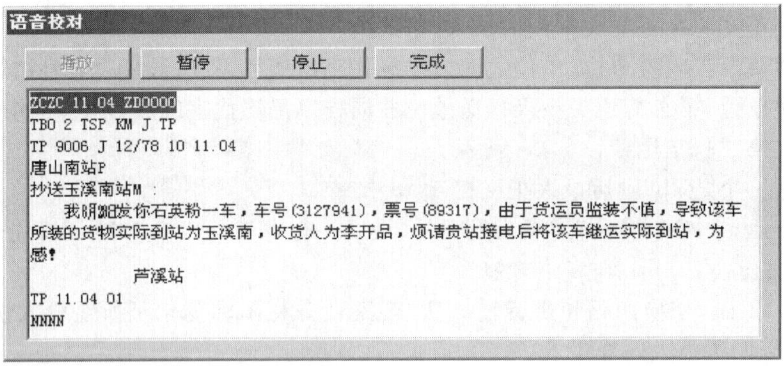

图 5-20　语音校对

(5)打印

此时校对完成，点击“中文打印”按钮，即可提取一封中文格式电报；

也可完成后，在目录中选择该报打印中文电报。

(6)完成

①完成

编辑完成后，点击“完成”按钮，系统进行计词、语法检查；

若有语法错误，系统供错误信息提示，帮助修改，“是(Y)”保存为“非标报”，并退出“电报编辑”模块进入“目录管理”模块；“否(N)”则不退出“电报编辑(e)”继续编辑；

若检查通过生成“标准报”，系统转入“目录管理”。

②保存

“保存”按钮为系统编辑过程中临时保存；

只进行保存操作，不进行计词和语法检查；

保存按钮是为防止由于系统断电或死机造成报文丢失。

3. 发报

(1)发报打印设置

点击“工具”→“打印配置”进入电报的打印参数设置窗口，该窗口的参数可设置各种打印格式报文的字体、走纸宽度等参数。

(2)进入目录管理

点击目录管理分页卡进入目录管理界面，如图 5-21 所示。

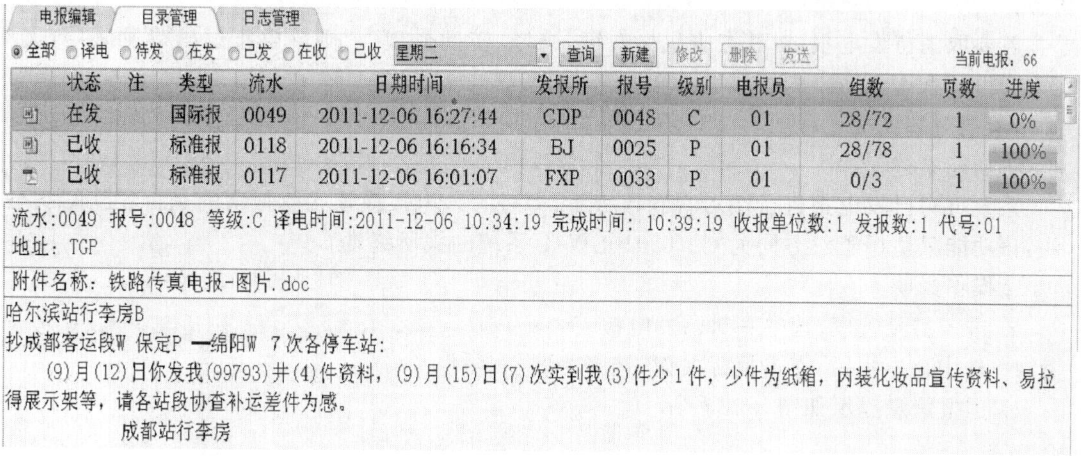

图 5-21 目录管理界面

“目录管理”是以目录列表的方式排列报文，并支持报文预览目录列表中提供了“流水号”、“级别”、“组数”等标志信息；

“注”列的“ * ”标志是对报文有附注信息的一个标示；

“注”列的“ # ”标志是发送 CF 命令要报报文的一个标示，对于同一封电报多次重复要报，只记录最后一次 CF 电报；

“当前报数”为目录列表中目前显示报文的数量。

(3)发送

点击“译电”，进入译电格式分类查看；

点击选中所要发送电报；

按“发送”按钮，并确认发送；

也可鼠标右键的菜单中选择发送操作。

(4)完成发送

①已发

如果报文发送成功，存储转发服务器会自动回应收据，终端会将目录类型变成“已发”；

打印机自动打印所设置格式的报文。

②拒收

若此电报被存储转发服务器拒收，则在目录中该报状态变为“拒收”，并红色报警提示；

请进入“日志管理”的“告警日志”中查看原因；

查明原因后，回到目录中，重新“新建”该报。修改正确后，再次发送。

注：拒收电报也占一个发报流水。

③在发

在电报发送过程中，由于线路等各种原因，系统可能会出现电报“在发”现象。

对于在发状态电报系统支持其容错处理，点击鼠标右键，可选择：

校对状态：与服务器核对状态后，自动处理。

④待发

若同时发送多封电报，只有第一封与服务器建立连接发送即“在发”，其余的处于“待发”状态；

若要取消待发电报，对其点击鼠标右键，选择“转到受理”。则该电报退出待发队列，重新变为“受理”状态。

(5)端对端到报查看

①功能概述

系统可对已发电报进行端对端到报查看，即查看该电报应该接收报所的是否收到的状态。(注：该功能只适用于对方同为 CTT2010SW-T 系统的报所终端)

②操作说明

a. 进入目录管理，选中一封已发电报。

b. 选中该电报后，点击鼠标右键，选择“到报查看”。

c. 到报信息提示如图 5-22 所示。

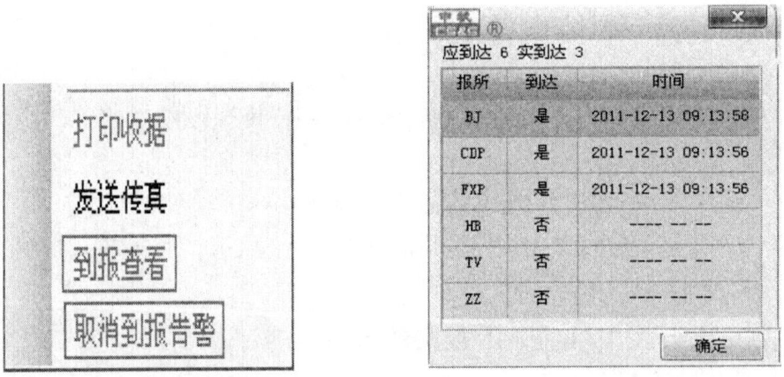

图 5-22　到报查看选择图

d. 用户在电报编辑时，“发报封数”是这个到报查看的依据，所以请认真核对。当超过告警时间(该时间在参数中可手动设置，出厂默认是 30 min)时，还有未发回到报回执的地址，即“发报封数－到报回执数＞0”时，系统在告警日志里会有红色的告警提示。点击“取消到报告警”时取消。

e. 当系统超过 72 h(该时间在参数中设置，可修改)后，即使有未到电报，系统也不会告警。

f. 若对方系统不是 CTT2010SW-T，无法提供到报信息查看。

4. 收报

(1)接收电报

系统在线路连通、工作正常的条件下，自动接收电报，并按照参数设置接收成功后自动打印所需格式的电报；

接收成功的电报可根据其电报等级进行不同的语音提示告警；

已收和在收状态电报可在目录管理中查看。

(2)在收电报

对于在收状态电报系统支持其容错处理，点击鼠标右键，可选择：

重新再收：再次从服务器接收该电报；

取消在收：删除该在收状态电报。

5. 目录管理

(1)目录分类

①目录管理中的电报状态分为以下几种，当查看某种类型的电报时，只需在副菜单上选中其对应类型即可，见表5-7。

表5-7　电报类型表

电报类型	类型介绍
全部	包含各种类型的电报
译电	结束编辑状态，尚未发送的电报
待发	点击发送后，进入发送队列的电报
在发	和存储转发服务器正在握手发送中的电报
已发	已成功发送至存储转发服务器的电报
在收	和存储转发服务器握手正在接受中的电报
已收	已成功从存储转发服务器接受的电报

②目录管理中电报以列表形式显示在当前表格，行为各不同电报，列为同封电报的各不同项属性，见表5-8。

表5-8　电报属性表

属性	介绍
附件	以图标的形式显示电报附件类型
电报状态	译电、已发、待发、在发、已收、在收、拒收
注	电报附注，如GR、造字等
电报类型	标准报和非标报
流水	电报流水号
时间日期	译电：最后一次编辑时间；其他：发送或接收时间
发报所	发报方向
电报号	电报号
级别	TT　TJ　JJ　PJ　L　X　G或C
电报员	操作该电报时登录的电报员号
组数	电报正文长度
页数	电报附件页数
传输进度	发送、接收电报进度

③点击不同属性列时，目录列表可按该属性排列全部电报(升序或降序)。

④选中一封电报时，列表下方提供其正文内容预览。

⑤注意：如果选择的时间段目录列表大于5 000条，则目录列属性排序将无效。因此建议

查看的时间段不要太长。

(2)查找近期内报文

①一周内查询

在副菜单中“星期几”的下拉查单中选择星期几，目录列表即显示今日起往前一周内电报。

按星期查询结果列表，支持电报状态分类查看，如图 5-23 所示。

图 5-23　按星期查询图

②近期内查询

点击“查询”按钮，弹出对话框内选择起始日期和截止日期，目录列表可显示指定日期内电报。

按日期查询结果列表，支持电报状态分类查看，如图 5-24 所示。

图 5-24　按日期查询图

(3)右键支持操作介绍

在对报文进行分类管理的同时，更重要的是对报文的“新建”“修改”“删除”“发送”等功能操作。可以在副菜单上选择，也可以右击鼠标选择。

①新建电报

主要功能：以选中电报为蓝本，生成一封新的电文。

操作：点击“新建”按钮，系统界面从“目录管理”模块进入“电报编辑”模块中。此功能对批量译电类似电报有强大的功能，大大减少了工作强度。

②修改报文

主要功能：修改当前选中报文，并只适用于“译电”状态的报文。操作：选中报文后，点击“修改”。“修改”的操作与“新建”极为相似，只是“完成”后，一个生成一封新报文，一个只在当前报文修改。

技巧：待发电报先从待发队中删除，再转为译电状态。

③删除报文

主要功能:删除目录中选中的电报,但“接收”“已发”报文不能删除。

操作:点击“删除”进行报文删除,并提供删除确认提示。

④打印

6. 日志管理与系统告警

(1)日志管理

点击“日志管理”分页卡,系统进入日志管理窗口。日志管理记录系统每日告警日志、用户日志、系统日志。

①查看日志

在“选择日期”栏指定察看日期后,选择日志类型,按“刷新”按钮即可查看所需日志,如图5-25所示。

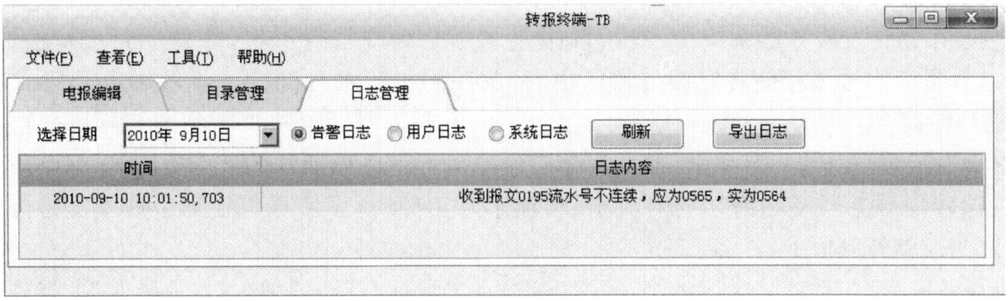

图 5-25 按日期查看日志

②导出日志

点击“导出日志”按钮,可把当前查看日志内容存入指定 TXT 文件。

(2)系统告警

①收报提示告警

系统支持到报语音提示,主菜单中“工具(T)”→“选项(O)”中,“告警设备”中进行选择设置。其中有三个选项:无声、声卡、蜂鸣器,见表 5-9。

表 5-9 到报语音提示表

<table>
<tr><th>级别</th><th>注解</th><th colspan="2">语音提示</th></tr>
<tr><td>无声</td><td>不报警</td><td colspan="2">无</td></tr>
<tr><td rowspan="4">声卡</td><td rowspan="4">声卡报警</td><td>全部</td><td>收到报文,请检查</td></tr>
<tr><td>附注报</td><td>请注意,附注报</td></tr>
<tr><td>列车报</td><td>请注意,列车报</td></tr>
<tr><td>急报</td><td>请注意,急报</td></tr>
<tr><td>蜂鸣器</td><td>蜂鸣器报警</td><td colspan="2">声音直接由机器主板发出,因各机器主板频率不同而声音各异</td></tr>
</table>

②打印机报警

在报所终端系统的使用过程中,常常由于打印机故障(如打印机缺纸、打印机掉电等)使报文自动打印工作受到影响,因此针对打印报文系统设置了语音报警功能。

进入主菜单中“工具(T)”→“打印设置”中,“告警设备”中进行选择设置。其中有三个选项:无声、声卡、蜂鸣器,见表5-10。

表5-10　打印机报警提示表

级别	注解	语音提示
无声	不报警	无
声卡	声卡报警	一段音乐声
蜂鸣器	蜂鸣器报警	声音直接由机器主板发出,因各机器主板频率不同而声音各异

③日志报警

当系统告警日志内出现新内容时,“日志管理”四个字变成红色闪烁提示查看,用户查看后字体恢复黑色。

7. 修改流水号

电报-存储转发服务器系统中:终端发报流水号是终端自行给出,每发一封报,流水号加一;终端收报流水号是存储转发服务器给出,每收一封报流水号加一。收发流水号从0001～9999循环使用。

终端在记录自身收发流水的同时,存储转发服务器也在做同样的工作。因此,每收发一封电报存储转发服务器便和终端核对流水,当流水不正确时,系统报警提示。这里支持修改流水,使之与存储转发服务器一致。

登录系统后,在系统信息区的“收流水”旁边点击鼠标右键,即弹出“修改流水”的操作。点击“修改流水”进入修改流水操作窗口,修改现有流水使之与存储转发服务器一致即可,如图5-26所示。

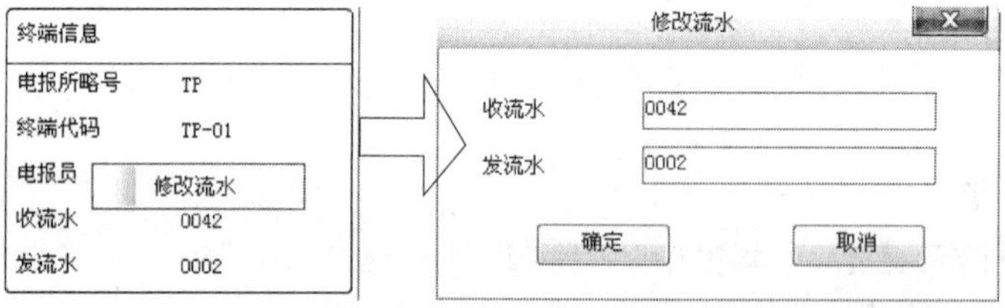

图5-26　修改流水操作窗口

8. 其他操作

(1)打印

①打印报文

主要功能:打印电报内容,支持“公文”“中文”“四码”三种格式。但国际报的三种格式都默认为“中文”打印。

操作:目录管理中,选中所需打印电报点击鼠标右键,提供“打印报文”和“打印…”。

a. 单份打印

“打印报文”为单份打印,提供“公文”“中文”“四码”三种格式选择。

b. 多份打印

“打印…”为多份打印选项。在弹出的对话框中设置打印格式和打印份数,如图5-27所示。

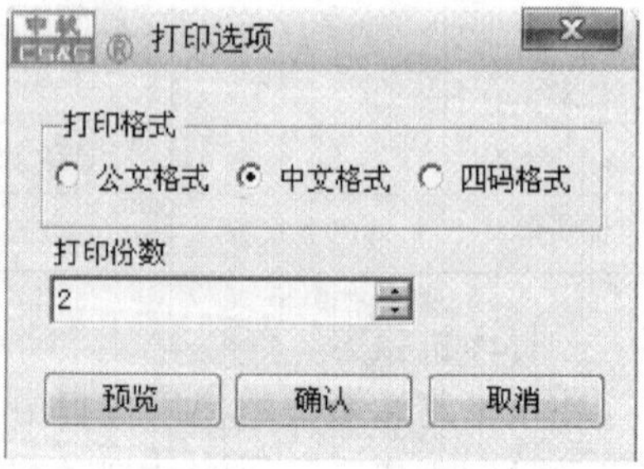

图5-27　多份打印

②打印收据

主要功能：当某已发电报因故收据未打印时，可利用此功能补打收据。

操作：选中所需补打收据电报，点击鼠标右键，选择“打印收据”。

③附件打印

主要功能：打印电报附件内容，附件包含支持 Word、Excel、pdf、图片等多种格式。

操作：选中所需打印附件电报，点击鼠标右键，选择“打印附件”，默认为打印一份。

④打印收发统计

a. 终端自动统计的收发统计(冠流文件)

点击菜单栏的“文件”→“收发统计”，弹出窗口如图 5-28 所示，可根据选择的类型、日期、统计选项等进行打印。

b. 存储转发服务器给的收发统计

点击菜单栏“工具”→“存储转发服务器命令”→“收发统计 SFTJ”，如图 5-29 所示，选择所需日期确定后，终端向存储转发服务器发送 SFTJ 命令，服务器传送回执后，终端自动打印。

打印类型可分：按方向统计和按局向统计。

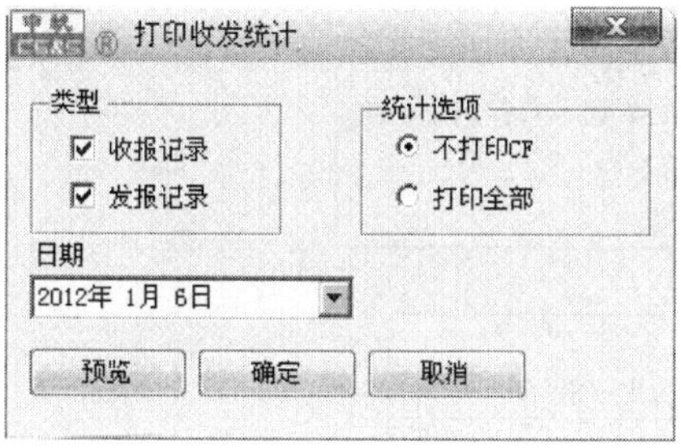

图 5-28 打印冠流文件

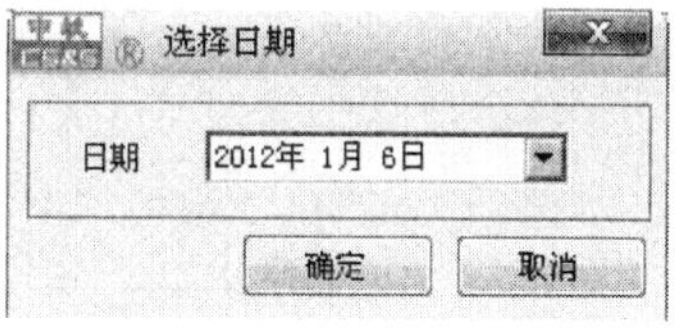

图 5-29 选择收发统计日期

说明：每天零点终端会自动打印前一天的“冠流”记录文件；同时也会接收到存储转发服务器统计的 SFTJ 记录文件。

⑤打印队列

察看队列：当执行多个打印后，系统将按加入时间进行打印。鼠标双击任务栏右下角打印机标示，弹出打印队列窗口，如图 5-30 所示。

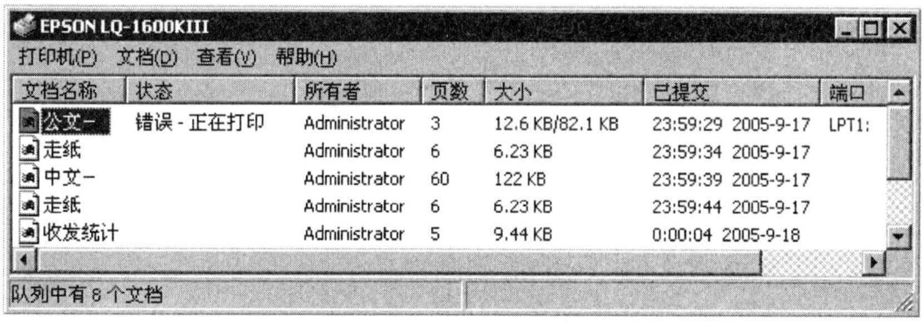

图 5-30 打印队列窗口

看懂打印队列：打印队列中每一列即为一个打印任务。

取消打印：若想删除某一打印项目，只需选中后按“Delete”键即可。若此项目正在打印中，按“Delete”键后同样可停止打印，且并不影响队列中其他打印项目。

注：HP LJ 1566 打印机还需点击菜单栏上“工具”→“清除打印队列”选项。

(2)存储转发服务器命令

①操作

主菜单“工具(T)”→“存储转发服务器命令(C)”中提供了存储转发服务器命令操作。包括：“试验命令(TEST)”“试验你发(SYSY/NF)”“试验我发(SYSY/WF)”“请求发报(QFQF)”“停止发报(TFTF)”“核对冠流(HDGL)”“收发统计(SFTJ)”和“请求重发(CFCF)”，单击对应命令，即完成该通信操作。

②线路测试

操作指令：试验命令(TEST)、试验你发(SYSY/NF)、试验我发(SYSY/WF)。

功能：测试系统线路状况。

返回信息如图 5-31 所示。

```
2011-12-08  09:47:10 发送命令：TEST
2011-12-08  09:47:11 收到命令回执TEST 内容
```

(a)Test命令

```
2011-12-08  09:48:20 发送命令：SYSY_NF
2011-12-08  09:48:20 收到命令回执SYSY_NF 内容SYSY/WF
0123456789ABCDEFGHIJKLMNOPQRSTUVWXYZ
0123456789ABCDEFGHIJKLMNOPQRSTUVWXYZ
```

(b)SYSY/NF

```
2011-12-08  09:49:55 发送命令：SYSY_WF
2011-12-08  09:49:56 收到命令回执SYSY_WF 内容
```

(c)SYSY/WF

图 5-31　线路测试返回信息

③请求重发 CFCF

操作：选择日期后，在流水栏要报电报号，如图 5-32 所示。

图 5-32　请求重发

④通道信息

a. 收发统计 SFTJ

功能：向存储转发服务器要指定日期的收发统计。

操作：在弹出的窗口的“日期”栏内选择所需收发统计的日期，如图 5-33 所示。

b. 核对冠流 HDGL

功能：向存储转发服务器核对冠流号。

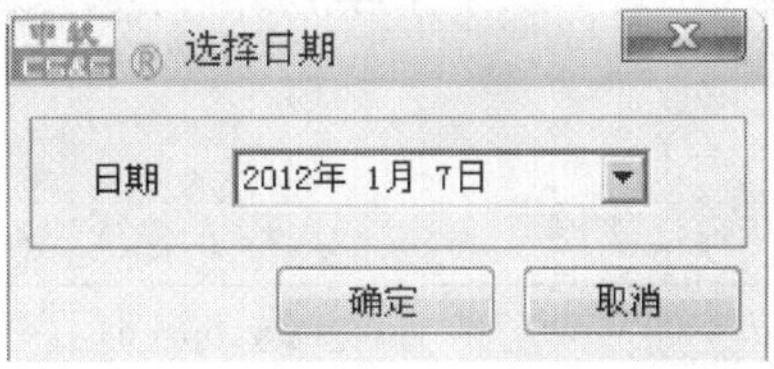

图 5-33 选择收发统计日期

返回信息,如图 5-34 所示。

```
2011-12-08  09:52:59 发送命令: HDGL
2011-12-08  09:52:59 收到命令回执DQGL 内容  DQGL S:93 F:91
```

图 5-34 核对冠流返回信息

(3)略号管理与投递范围(电子书)

①略号管理

略号管理即为对全路最新略号库的查看。该略号库由铁路电报网中“电报管理服务器”所属单位进行发布、维护,是报所终端系统进行略号地址判断的依据。本系统只需对其进行定期更新维护。

点击菜单上“略号管理”模块,可支持以下操作:

预览:查看本地所有最新略号;

导出:导出略号为电子格式文件;

打印:打印略号库;

更新:访问上层存储转发服务器,如有更新版本数据库,下载数据更新本地略号库为最新。

②投递范围

投递范围即为对全路最新投递范围的查看,其依据是《铁路电报统称语电报略号及各电报所投递范围》。该数据库由铁路电报网中“电报管理服务器”所属单位进行发布、维护,是电报所日常投递电报工作的依据。本系统只需对其进行定期更新维护。

点击菜单上“投递范围”模块,可支持以下操作:

投递范围查看:查看本地电报所投递范围数据;

可查看站名略号、报所略号、报所投递范围、局尾代字、统称语、统称语投递范围;

可根据不同的查询条件进行筛选查看;

统称语查看:查看本地统称语投递范围数据;

更新数据:访问存储转发服务器,查看是否有最新版本,更新本地数据库为最新版本数据;

同步数据:不检查版本,直接更新本地数据库与服务器一致。

二、班长操作

1. 班长登录

点击“文件”→“电报员登录”。

系统默认的班长账户为:用户名:01、密码:123456。

2. 参数设置

(1)终端信息设置

点击主菜单“工具(T)”选项，在其下拉子菜单找到“选项(O)”的“系统数据配置”，系统会弹出如下窗口，如图 5-35 所示。

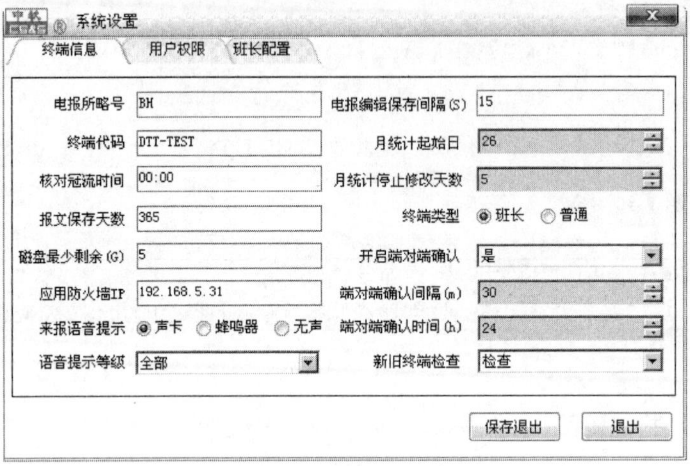

图 5-35　系统数据配置

“终端信息”分页卡内可以进行系统基本参数设置，见表 5-11。

表 5-11　系统基本参数设置

分页卡	参数名称	取值范围	缺省值	应用意义
终端信息	电报所略号	1～4 位字母或数字	TB	参照铁标规定的本电报所略号名，译电报文时决定发报所标志行中的电报所名
	终端代码	任意字母数字组合	TB-01	区分同电报所不同终端
	核对冠流时间	时间	0:00	零点打印前一天冠流记录(与存储转发服务器时间一致)
	报文保存天数	正整数	365	电报自动保存天数，超出设定范围自动删除
	磁盘最少剩余(G)	正整数	50	当电报系统文件所在分区大小
	应用防火墙 IP	正确的 IP 地址		插 U 盘的应用防火墙获取地址
	告警设备	声卡、蜂鸣器	声卡	收到电报后系统提示音
	告警级别	各种类型格式铁路电报	全部	来报后语音提示告警级别设置
	电报编辑保存间隔	正整数	60	系统自动保存编辑中的电报正文时间间隔
	月统计起始日	1～31	26	月业务量统计开始时间
	月统计停止修改天数	1～31	25	月业务量统计结束时间
	终端类型	班长、普通	普通	普通：统计本地业务量；班长：统计包括所内所有计算机业务量
	开启端对端确认	是、否	是	发送电报后，收报的终端发回到报确认信息
	端对端确认间隔(m)		30	当到达这个设置时间后，如果还有没返回的到报确认信息，系统报警提示
	端对端确认时间(h)	0～72	72	当大于这个时间后，即使还有没返回的到报确认信息，系统也不再报警
	新旧终端检查	检查、不检查	不检查	对发包地址进行是否为 CTT2010SW-T 系统的检查，如果不是 CTT2010SW-T 系统，不允许对其发送附件报

(2)用户管理

班长需对本报所内所有电报员进行权限设置。如图 5-36 所示。

点击菜单栏“工具”→“选项”→“系统数据配置”进入“系统设置”。“系统设置”中“用户权限”分页卡可对 CTT2010SW-T 报所终端的用户进行修改、添加、删除等修改，系统参数见表 5-12。

用户权限列表中存在的用户可在“电报员登录”中登录使用，不存在的用户不可登录。

可设置发送报文权限和接收报文权限。

使用某电报员代码登录后，完成电报时记录此代码作为该电报的电报操作员。

用户不登录，有红色“未登录”提示，且无法与存储转发服务器建立连接。

点击“同步”按钮，可把本机的用户信息，同步给报所内组网的其他机器，来减少每个机器重复设置的工作量。

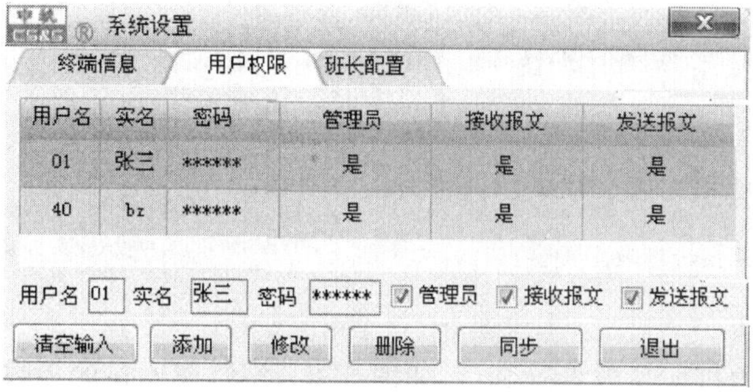

(a)用户管理图

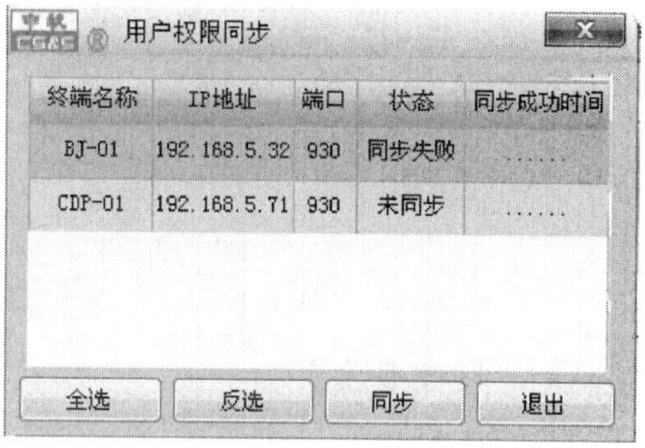

(b)用户同步图

图 5-36 对电报员进行权限设置

表 5-12 电报员权限设置系统参数表

分页卡	参数名称	操作	应用意义
用户权限	用户名	填写数字	用户的用户名
	实名	填写汉字	用户真实姓名
	密码	填写六位英文或数字	用户密码
	接收报文	打钩	设置接收权限
	发送报文	打钩	设置发送权限
	添加	用户名、密码录入正确后，按“添加”	添加新用户
	修改	在用户列表中选中要修改的用户后，在用户名、密码中填入信息，按“修改”	修改用户
	删除	在用户列表中选中要修改的用户后，按“删除”	删除用户
	取消	按“取消”	关闭窗口

(3)组网设置

CTT2010SW-T 系统支持对电报员工作的业务量统计，分为：本地业务统计和班长统计。

以班长登录系统，进入“工具”→“选项”→“系统参数配置”，如图 5-37 所示。

①终端信息分页卡

月统计起止日：进行业务统计每月截止日期。

月统计停止修改天数:超出修改天数的日期后不允许统计修改。

终端类型班长:

a. 本机班长统计——即对全报所的计算机进行业务量统计。

b. 普通:本地业务统计——即只对本台计算机进行业务量统计。

②班长配置分页卡

a. 输入本报所内所有机器的信息。

b. 各终端的终端信息在计算机主机前面板的标签纸上可查看。

c. 端口默认:930。

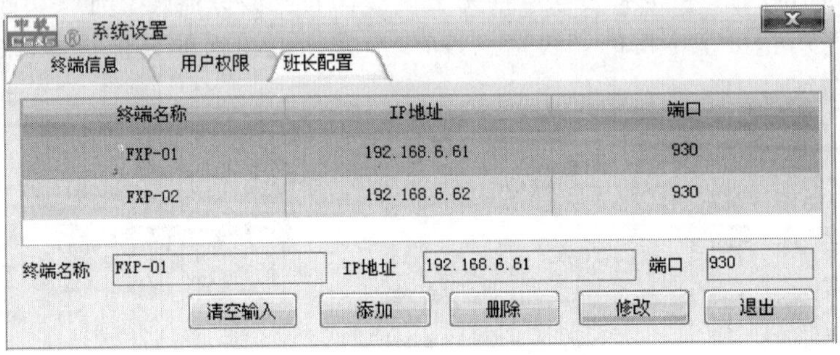

图 5-37　系统参数配置窗口

(4)打印参数设置

点击“工具”→“打印配置”进入电报的打印参数设置窗口,如图 5-38 所示,该窗口的参数可设置各种打印格式报文的字体、走纸宽度等参数。

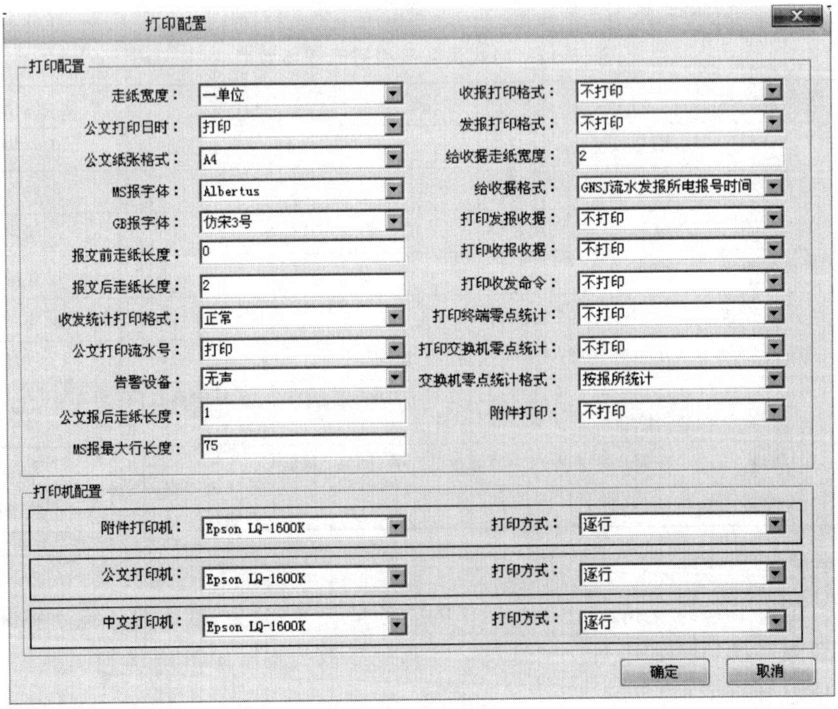

图 5-38　打印设置图

其具体参数设置说明见表 5-13。

表 5-13 打印参数表

分页卡	参数名称	取值范围	缺省值	应用意义
打印配置	走纸宽度	一单位、二单位、…、十单位	一单位	
	公文打印日时	打印、不打印	打印	公文报页脚处是否打印间的开关
	公文纸张格式	A4 纸、卷纸	卷纸	一般选择卷纸方式，当要求打印公文报于 A4 纸大小相同换为[A4]
	MS 报字体	黑体、宋体、Roman、Albertus	黑体	打印 MOS 报字体格式
	GB 报字体	宋体 15、宋体 17、黑体 15、黑体 17、宋体 22	宋体 17	打印中文报字体格式
	报文前走纸长度	任意整数	1	打印一封报文前打印机退纸宽度(每 1 单位大约 3 cm 宽度)
	报文后走纸长度	任意整数	1	打印一封中文或四码报文后打印机退纸宽度(每 1 单位大约 3 cm 宽度)
	收发统计打印格式	正常、密集	正常	零点所打印收发统计，表格格式。[正常]：正常行距，[密集]：0.5 倍行距
	公文打印流水号	打印、不打印	打印	公文报报头处是否打印流水号的开关
	告警设备	无声、声卡、蜂鸣器	无声	打印机异常无法正常工作，系统报警
	公文后走纸长度	任意整数	1	打印一封公文报后打印机退纸宽度(每 1 单位大约 3 cm 宽度)
	MS 报最大行长度	任意整数	65	当 MS 报中某一行字符长度超过设置值时，整文压缩为小字体，以免打印不下
	收报打印格式	不打印、公文、中文、四码、公文四码、公文中文、四码公文、中文公文	中文公文	报所终端从存储转发服务器收到一封电报的后，自动打印一封中文报一封公文报
	发报打印格式	不打印、公文、中文、四码	四码	向存储转发服务器发报成功后，终端自动打印报文格式
	给收据走纸宽度	任意整数	1	发报给收据后打印机向上推纸宽度(每 1 单位大约 3 cm 宽度)
	给收据格式	GNSJ 流水发报所电报号时间、GNSJ 流水	GNSJ 流水发报所电报号时间	发送报文成功后，存储转发服务器所给收据格式为：GNSJ＋流水＋发报所电报号＋时间
	打印发报收据	打印、不打印	打印	是否在电报发送成功后打印收据选项
	打印收报收据	打印、不打印	打印	是否在接收报文成功后打印收据选项
	打印收发命令	打印、不打印	不打印	系统发送存储转发服务器命令试验成功后，是否打印选项
	打印终端零点统计	打印、不打印	打印	是否打印终端零点统计选项
	打印存储转发服务器零点统计	打印、不打印	打印	是否打印存储转发服务器零点统计选项
	存储转发服务器零点统计格式	按报所统计、按方相统计	按报所统计	报所：打印数据按报所排列 方向：打印数据按方向排列
	附件打印	不打印、收、发、收发	不打印	附件打印触发条件

续上表

分页卡	参数名称	取值范围	缺省值	应用意义
打印机配置	附件打印机	所连接各类型打印机	EPSON1600K	打印附件报默认打印机
	附件打印机打印方式	逐行、分页	逐行	逐行：针式打印机 分页：激光打印机
	公文打印机	所连接各类型打印机	EPSON1600K	打印公文报默认打印机
	公文打印机打印方式	逐行、分页	逐行	逐行：针式打印机 分页：激光打印机
	中文打印机	所连接各类型打印机	EPSON1600K	打印中文报默认打印机
	中文打印机打印方式	逐行、分页	逐行	逐行：针式打印机 分页：激光打印机

(5)语音校对参数设置

①音量设置

语音校对前，检查系统设备，确保声卡、音箱完好。打开音响试播发小段声音文件调整声音大小，并确保 Windows 未设为“静音状态”。

②语音设置

计算机可安装多个语音库，我们需选择哪个为默认语音，语音校对时即以此语音进行朗读。具体设置如下：

点击“开始”→“设置”→“控制面板”，进入控制面板后双击“语音”进入语音设置，如图 5-39 所示，其“语音选择”的下拉菜单中选择的语音即为默认语音，其中“Chinese Female Voice (SmartRead)”是声音魔法师的语音库，“UV Lily”是 Microsoft Speech Lily 的语音库。“预听语音”后请选择合适的语音作为默认的阅读语音。“语音语速”选项可以调节语音朗读速度，往左调变慢、往右变快。

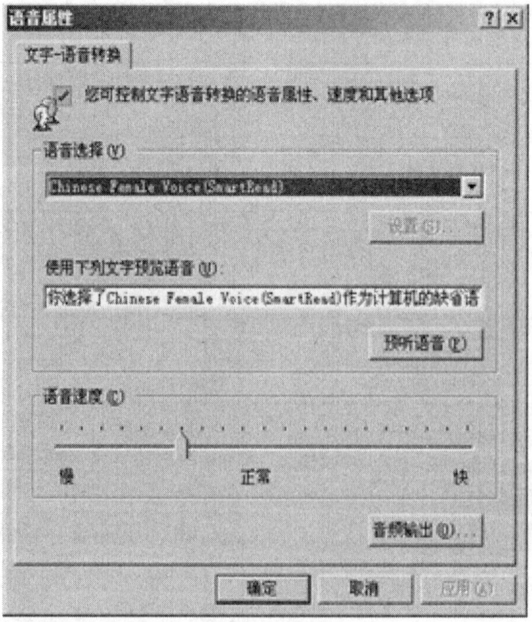

图 5-39 语音设置

(6)界面设置

系统主界面上集成了线路监视窗口和系统信息窗口。其中,系统信息区显示当前的系统参数,线路监视区显示了报所终端与存储转发服务器之间的通信,从而实现了实时监控。

有时为了加大主功能界面,可以关闭线路监视窗口和系统信息窗口。在主菜单的“查看(V)”中找到相应的选项,把钩去掉即可隐藏窗口,若需显示,再次选上即可,如图 5-40 所示。

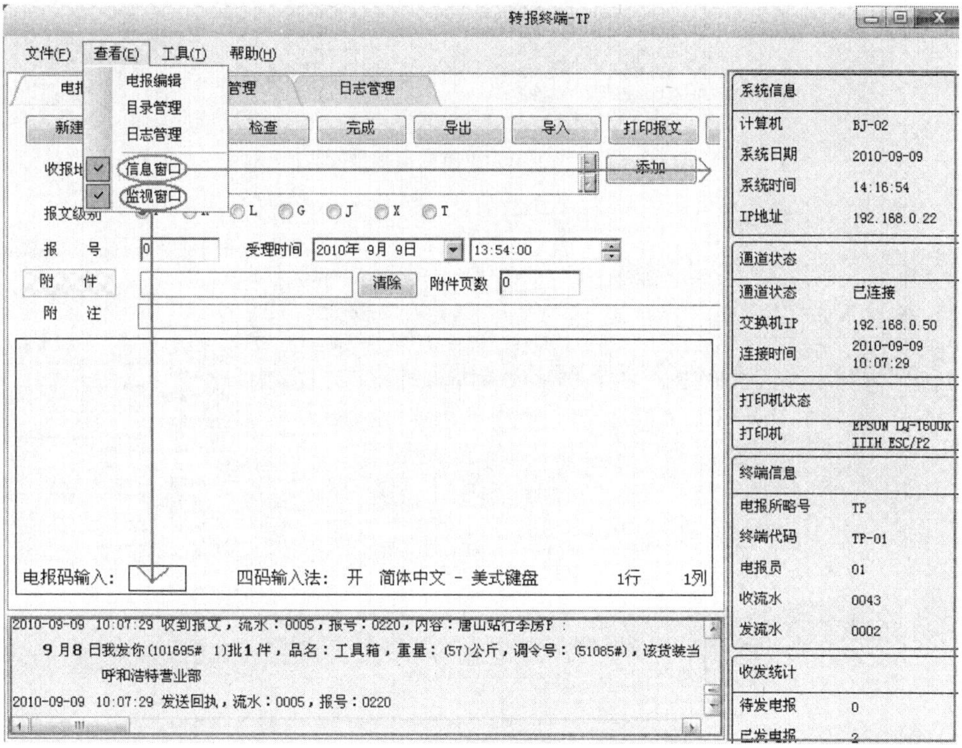

图 5-40　显示和隐藏系统信息窗口

(7)设置操作快捷键

本功能主要用于按照使用现场电报员的习惯,将常用的目录和报文编辑操作,设置对应的快捷键。此功能一般用在设备首次安装时。

快捷键设置可利用 Windows 系统提供的记事本工具,编辑运行区下/SYSTEM 子目录下 TermCmd. txt 文件,如图 5-41 所示。

3. 班长统计

(1)本地业务统计

点击“文件”→“本地业务统计管理”进入操作界面,如图 5-42 所示。

①电报员工作技术业务综合考核卡片

本卡片是根据铁路《电报员工作技术业务综合考核卡片》而来,使用方法如下:

a. 统计

(a)选择所统计的年月份、电报员后点“统计”按钮。

(b)统计成功确认后,数据以“每日”为行列出数据列表。

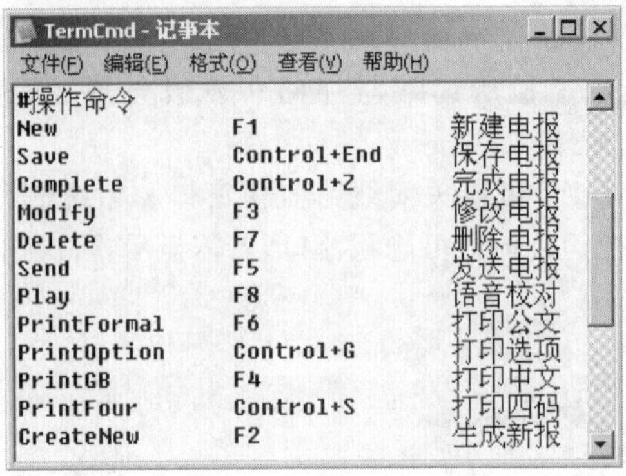

图 5-41 设置操作快捷键

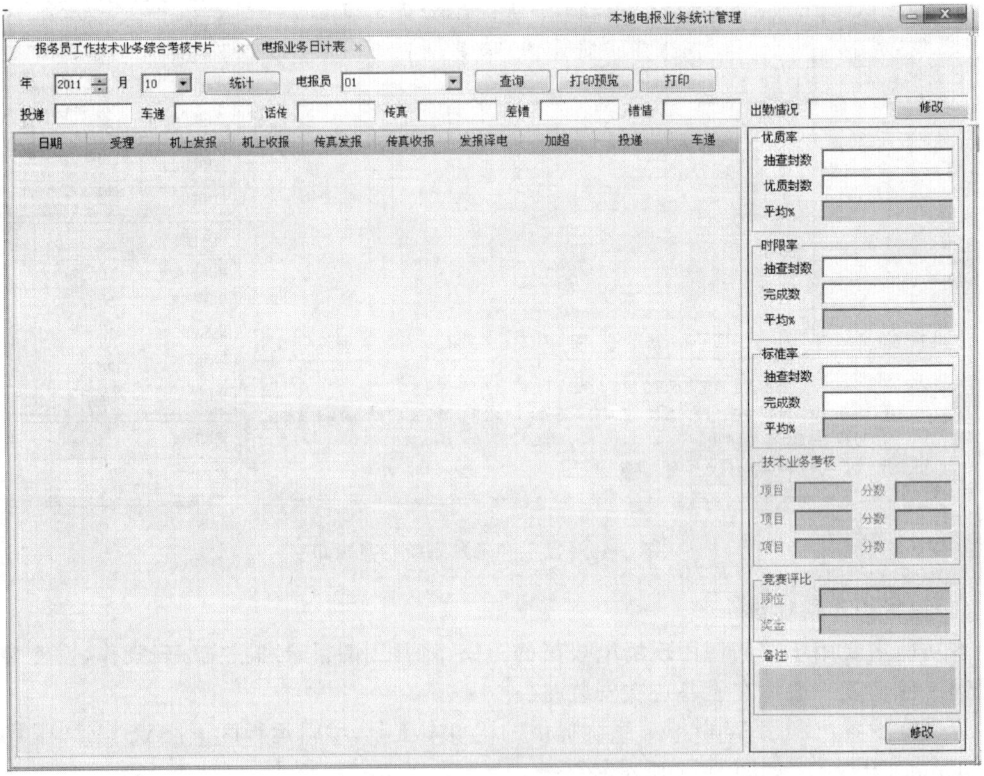

图 5-42 本地业务统计管理

(c)选中某一天，可修改其“投递”“车递”“话传”等手工参数。

(d)“优质率”“时限率”“标注率”手工填写。

(e)按“修改”按钮后生效。

b. 查询

查询是对已统计的数据进行查询，如果未统计数据无查询结果。

c. 打印与打印预览

(a)查询出结果后，可对统计结果进行打印，打印效果如《电报员工作技术业务综合考核卡片》。

(b)打印预览：对打印结果提前预览。

②电报业务日记表

本表是根据铁路《电报业务日记表》而来，使用方法如下：

a. 统计

(a)选择所统计的年月份、电报员后点“统计”按钮。

(b)统计成功确认后，数据以“每日”为行列出数据列表。

(c)选中某一天，可修改其“投递”“车递”“话传”等手工参数。

(d)按“修改”按钮后生效。

b. 查询

查询是对已统计的数据进行查询，如果未统计数据无查询结果。

c. 打印与打印预览

(a)查询出结果后，可对统计结果进行打印，打印效果如《电报业务日记表》。

(b)打印预览：对打印结果提前预览。

(2)班长业务统计

《电报员工作技术业务综合考核卡片》和《电报业务日记表》操作相同，不同的是：班长统计要求在“班长台”进行。（班长台设置在菜单的“工具”→“选项”→“系统数据配置”→“终端信息”→“终端类型”下选“班长”）

①点击“统计”按钮，弹出窗口如图 5-43 所示，每一行表示本报所在线的一台终端设备，可用鼠标选择一个或多个。

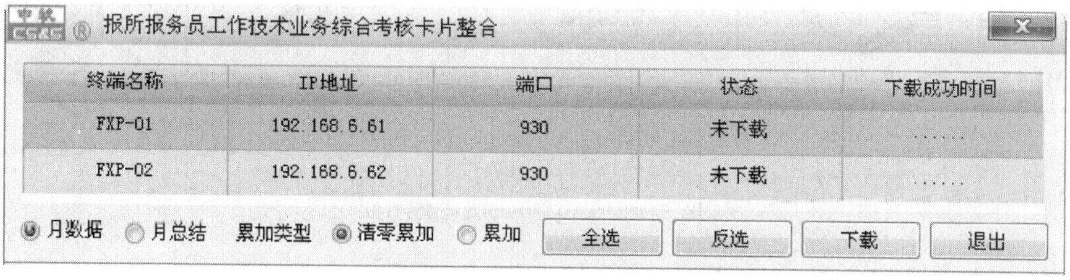

图 5-43 报务员工作技术业务综合考核卡片

②数据

月数据：统计每日工作业务量。

月总结：统计“优质率”“时限率”“标注率”月总结数据。

③累加类型

清零累加：把本地数据清零后，累加选择数据。

累加：不清零本地，直接累加选择数据。

三、硬件维护与故障处理

1. 硬件维护

(1)协转器

连接方法如图 5-44 所示。

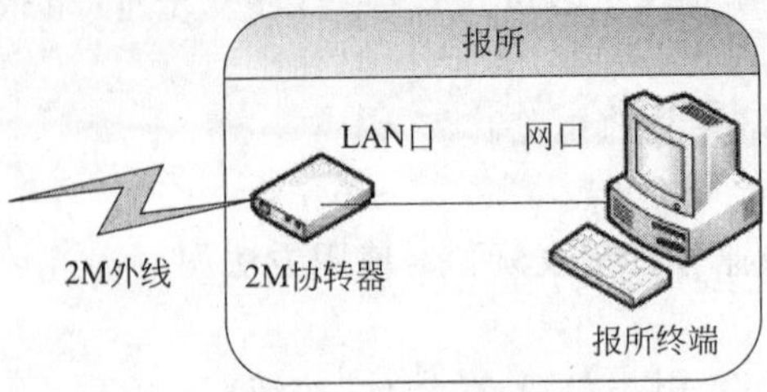

图 5-44 协转器连接方法

工作正常指示灯如图 5-45 所示。

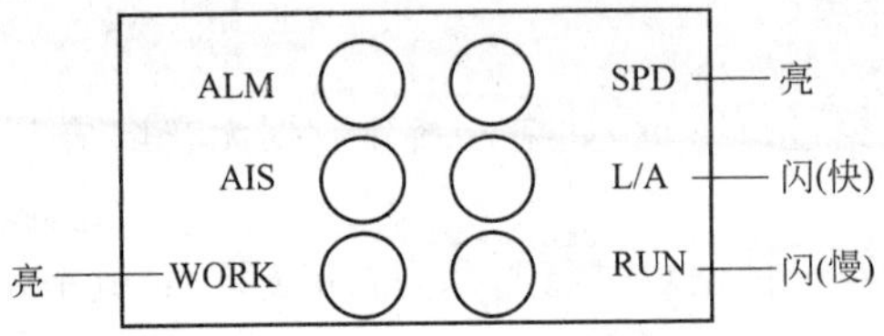

图 5-45 工作正常指示灯

(2)高速率调制解调器

连接方法如图 5-46 所示。

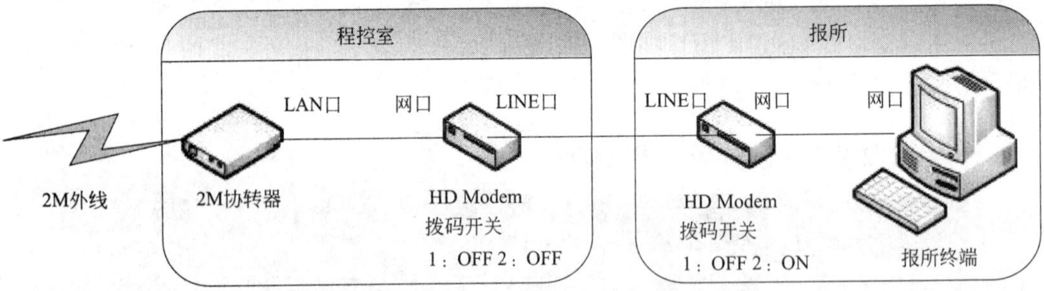

图 5-46 调制解调器连接方法

工作正常指示灯如图 5-47 所示。

图 5-47 工作正常指示灯

(3)打印机

工作正常指示灯:红色的圆圈电源指示灯亮。

缺纸继续:在打印任务未完成的情况下,打印机缺纸,则打印机告警。此时黄色的三角告警灯亮,填满纸后,打印机也不会继续打印。需要在打印机上按下"印向下箭头的继续键",才可继续打印。

(4)扫描仪

安装方法如图 5-48 所示。

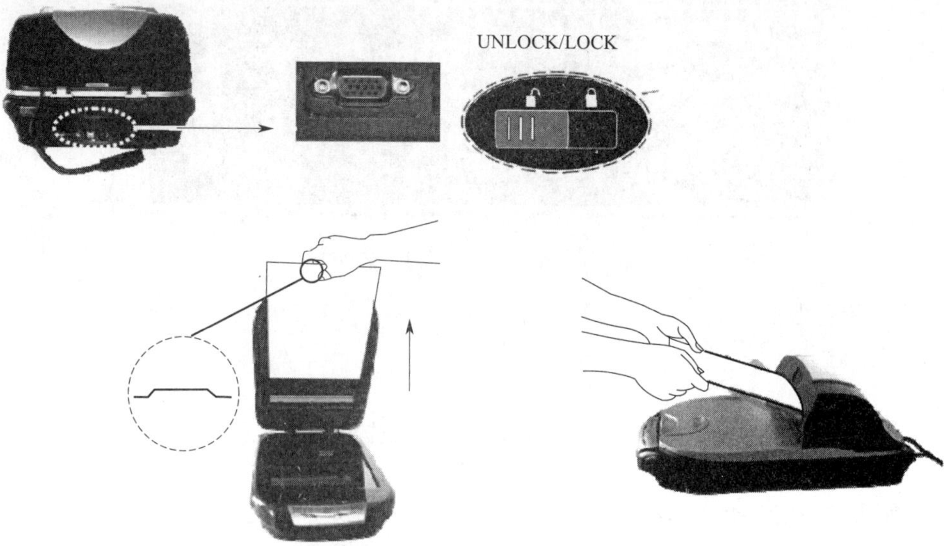

图 5-48 扫描仪安装方法

①自动进纸器接线正确地插入扫描仪后部的对应端口；

②打开扫描的上盖，把扫描仪上的保护锁推到开锁位置；

③打开扫描的上盖，轻轻取出扫描遮板；

④正确连接其他常用连接线。

注意事项：

第一次安装成功后，请不要轻易更换 USB 接口。否则更换接口后，需重新安装驱动。

第一次扫描暖机时间较长，请耐心等待。

2. 线路测试

(1)操作

点击"开始"→"运行"，弹出窗口中 ping 存储转发服务器 IP 地址。

北京路局服务器的 IP 地址为：192.168.5.5 和 192.168.5.6。

指令为：ping 192.168.5.5-t 或 ping 192.168.5.6-t。

(2)线路反馈

当系统线路连接正常时，反馈如图 5-49 所示(64 也可能是 128)。

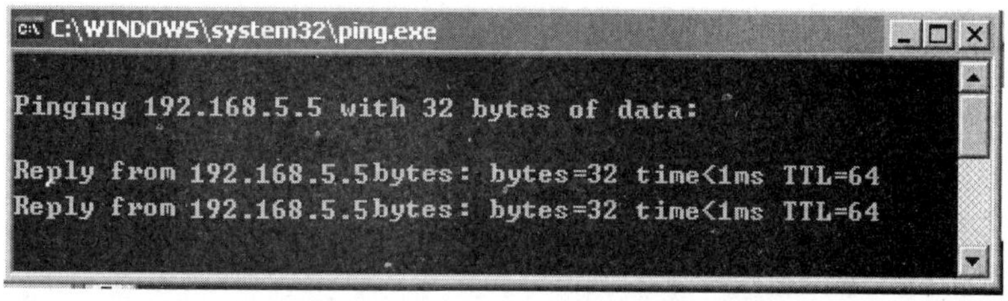

图 5-49 系统线路连接正常

当链路连接失败时，反馈如图 5-50 所示。

图 5-50　系统线路连接失败

3. 系统容错处理

(1)系统死机处理

现象:

一般情况下,晃动鼠标无反应或使用鼠标、进行操作时无法执行。

解决方法:

按系统热键“Alt”+“Ctrl”+“Del”进入“Windows 任务管理器”。

进入“进程”分页卡,找到“RMSTerminal. exe”,结束任务。

重新运行桌面上的“报所终端”程序。

如果“Alt”+“Ctrl”+“Del”仍无反应,则需重新启动计算机。

(2)系统出错处理

现象:

系统运行出错,弹出提示对话框,如图 5-51 所示。

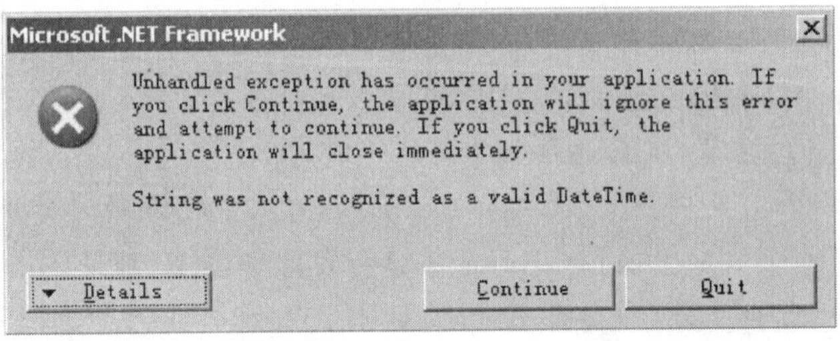

图 5-51　系统运行出错对话框

解决方法:

“Continue”:关闭错误提示,返回终端程序。

“Quit”:关闭错误提示,同时关闭终端程序。

“Details”:显示错误信息内容。

4. 故障处理

凡运用中的通信设备影响正常运用时,不论其时间长短,原因如何,均为通信故障。

报务员应随时掌握报话设备的运用情况,发生故障应及时通知维修人员,并按电报规则的要求,认真逐项填写报话设备障碍登记簿,日期,设备或报路名称,发生时分,障碍情况,机械室受理人员姓名。

通信维修人员应积极处理通信设备故障,采取各种措施,压缩故障延时,尽快修复,交付电报工作人员使用。

报务员对交付使用的通信设备验收合格后，应正式通知通信维修人员，并在报话设备障碍登记簿上填记恢复时分和工作人员代号。

思考题

1. 使用 CTT2010SW-T 报所终端时为什么设置用户登录？
2. 存储转发服务器命令“请求发报”如何表示？
3. 存储转发服务器命令“请求重发”如何表示？
4.“打印机缺纸继续”如何操作？
5. 什么是通信故障？

第三节　话务作业

值台工作用语是做好话务工作、文明礼貌服务的基本要求，话务工作离不开语言，“语言是表达思想感情的工具。语言反映态度，态度表现在言语之中。”只有认真掌握值台工作用语才能更好地为用户服务。

话务员值台时要保持坐姿端正，头稍向前，戴好耳机，精神集中，两眼注视屏幕，随时准备应答，做到眼不离屏，手不离键，身不离席，口不离工作用语。

基本要求：

1. 语言简捷、明了、干脆、利落。
2. 温和自然，热情谦虚。
3. 会说普通话，能听懂方言。

通用工作用语：

应答电话问“您好”“请”字当头不可少；

办妥事情说“谢谢”，配合默契关系“好”；

工作当中如有错，及时赔礼“对不起”；

接到对方有好评，表示要说“不客气”。

一、飞鸿 9000 智能人工话务系统

(一)电话记录接转、查号作业

检查送、受话器，了解当日业务情况，输入话务员代号，注意屏幕显示，准备记录接转、查号。

1. 长途台

(1)电话记录接转

当显示 113 呼入时：

①去话(本地用户要外局电话)：立即应答：“您好，请问您要哪？您贵姓？”，话单记录完毕报代号；叫出收话所预告“××(地名)要您××单位或××号码”，收话用户接通后，引导双方用户“请讲话”，通话完毕及时撤线。如图 5-52 所示。

a. 出差人员记录长途电话时：“您好，您要哪？贵姓？住几号房间？”话单记录完毕报代号；

图 5-52　去话接转图

b. 用户重复记录时："您已记录过了，不用再记"；

c. 用户错要记录时："您要错了或请您要××台"。

d. 用户记录超过通话范围时："对不起，您记录的电话超过范围，不能受理"。

②转话：对方所呼叫时，及时应答"您好，记录，您要哪？"，话单记录完毕报代号；叫出收话所预告"××(地名)要您××单位或××号码"，收话用户接通后，引导双方用户"请讲话"；通话完毕及时撤线，如图 5-53 所示。

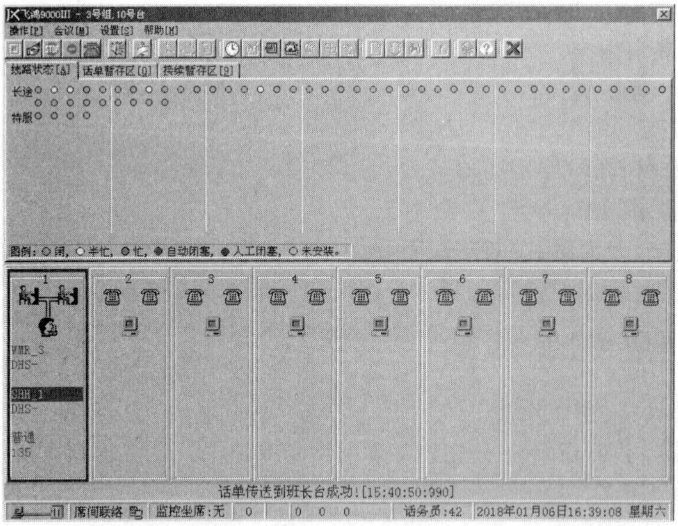

图 5-53　转话接转图

a. 如果收话用户无人接听或占线要询问用户："您要的电话没人接(或占线)，您还要哪儿？或给您接××号码可以吗？或请稍等一会儿再给您接"。

b. 已经叫出收话用户，因发话用户情况有变化："对不起，这个电话先不要了"。

c. 因用户的请求超出范围时："对不起，不能受理这项业务(或请您向××电话所联系)"。

d. 用户反映电话接转慢时:“对不起,接慢了”。

③来话(外局要本地电话):叫出收话用户确认并预告:“您是××号吗? ××(地名)给您来电话,请讲话”,通话完毕及时撤线。如图 5-54 所示。

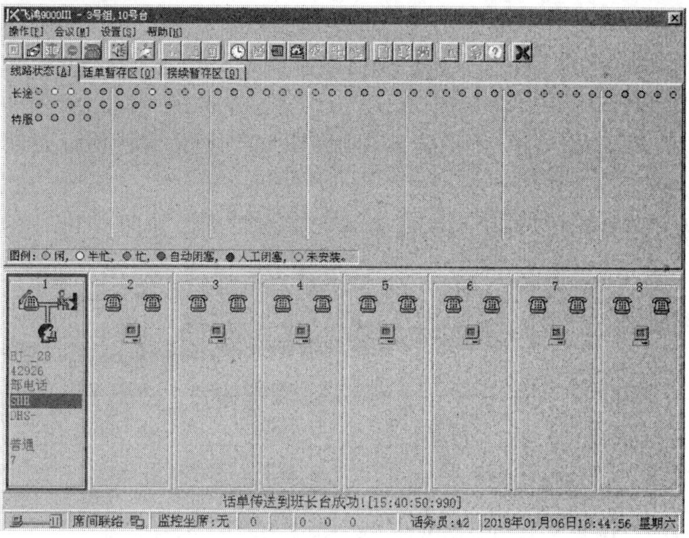

图 5-54 来话接转图

(2)“117”应急通话:立接制通话立即接转

①屏幕显示“117”应急通话,迅速应答“您好,“117”应急台,请问您要哪里? 您贵姓?”通话票记录完毕报代号,叫出收话所或转话所预告:“117 应急电话,要您××单位或××号码”接通收话用户确认 “您是××电话吗,××(地名)“117”应急电话”,引导双方用户“请讲话”。如图 5-55 所示。

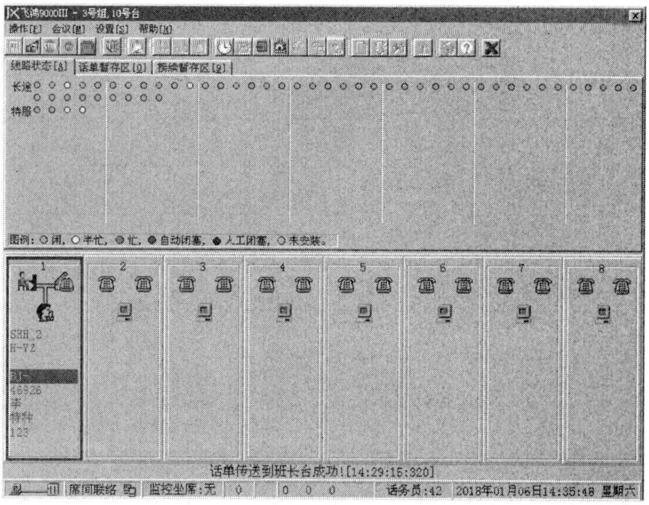

图 5-55 “117”应急通话接转图

②接转“117”通话必须做到“三及时一清晰”，即应答及时（不大于 5 s）、接通及时（不大于 60 s）、撤线及时（不大于 5 s）、语音清晰。

应答及时（不大于 5 s）：从用户呼叫到本所应答。

接通及时（不大于 60 s）：从与发话用户沟通完毕起，至被叫用户电话第一声回铃音止。

撤线及时（不大于 5 s）：从双方用户通话完毕至撤线。

③电话接转中需要时可中断其他正常通话（应向用户简要说明情况）确保紧急通话接通。

④通话期间应适时溜线，掌握话路质量和用户要求，发现问题及时处理。通话完毕及时撤线。

⑤接通完毕及时填写“117”应急通信登记簿和工作日志。如图 5-56 所示。

日期	命令号	接线通知人	受理时间	突发事件现场位置	通知单位电话	领班（值班）	突发事件现场联系方式	突发事件发生局电话所电话	撤线时间	撤线通知人	备注
7 月 15 日			10:03			×××			10:16		
详细情况记录：需填写受理时间、用户号码、用户姓氏、被叫用户、接通情况、撤线时间等 例如： 10 时 03 分：42926 电话（胡姓用户），呼叫武汉（WHN）车站运转（H-YZ），记录并接通。 10 时 16 分：撤线。											

图 5-56 “117”应急通登记簿

⑥为保持“117”应急台良好的运用状态，电话所要指定专人每日进行检查试验并做好记录。

⑦话务员应熟记有权使用“117”通话的单位、领导姓名、电话号码，掌握管内各车站公里标。救援抢险期间，电话所值机人员要掌握救援现场地点和现场电话号码。“117”使用范围见表 5-14。

表 5-14 “117”使用范围

“117”使用范围	
铁路总公司	铁路局
党组书记	党委书记
总经理	局长
副总经理	副局长
总调度长	总调度长
安全总监	值班室（应急办）（应急指挥中心）
总值班室（应急办）	安监室主任
安监部长	安监室副主任
安监部副司长	安监室值班室
安监部值班室	运输处处长

续上表

"117"使用范围	
运输局局长	运输处副处长
运输局机务部主任	运输处值班室
运输局车辆部主任	机务处处长
运输局工务部主任	机务处副处长
运输局电务部主任	机务调度
运输局调度部主任	车辆处处长
运输局供电部主任	车辆处副处长
运输局调度处处长	车辆调度
运输局调度处副处长	工务处处长
运输局调度处值班处长	工务处副处长
运输局客调主任	工务调度
运输局客调	供电处处长
运输局货调主任	供电处副处长
运输局货调	供电调度
运输局车辆调度主任	电务处处长
运输局车辆调度	电务处副处长
运输局机调主任	电务调度
运输局机车调度	客运处处长
运输局工务调度主任	客运处副处长
运输局工务调度	客运调度
运输局电务调度主任	货运处处长
运输局电务调度	货运处副处长
运输局供电调度主任	货运调度
运输局供电调度	公安局局长
铁路公安局长	公安局副局长
铁路公安局副局长	公安局值班室
铁路公安局值班室	
总公司值班室	

(3)"115"首长通话:立接制通话立即接转

①屏幕显示"115"首长通话,迅速应答"您好首长,请问您要哪里?您贵姓?"通话票记录完毕报代号,叫出收话所或转话所预告:"115 首长电话,要您××单位或××号码"接通后引导双方用户"请讲话"。如图 5-57 所示。

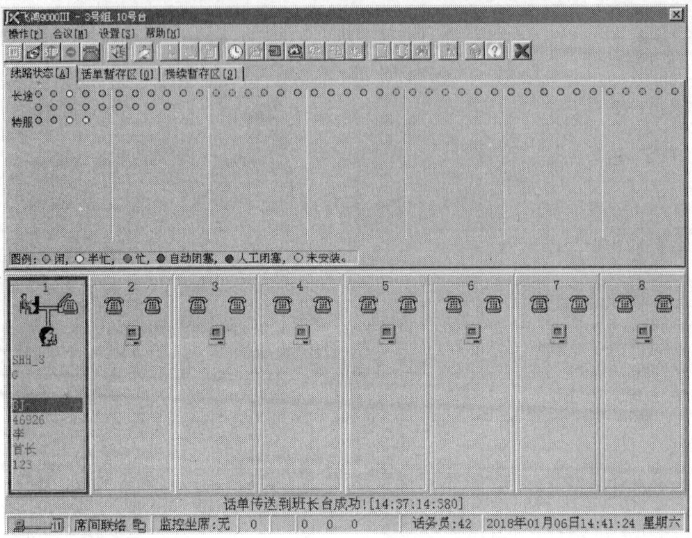

图 5-57 “115”首长通话接转图

②通话完毕及时撤线。

③话务员要熟记使用“115”首长通话人员，“115”使用范围见表 5-15。

表 5-15 “115”使用范围

“115”使用范围	
铁路总公司	铁路局
党组书记	党委书记
总经理	局长
副总经理	副局长
纪检组长	党委副书记
总工会主席	纪委书记
总工程师	工会主席
总会计师	总工程师
总调度长	总会计师(总经济师)
安全总监	总调度长
总法律顾问	北京铁路办事处主任
	北京铁路办事处党工委书记
	天津铁路办事处主任
	天津铁路办事处党工委书记
	石家庄铁路办事处主任
	石家庄铁路办事处党工委书记
	设备监造处处长
	安全总监

(4)会议

按照普通通话接转方式依次接入参加会议电话，每个电话都要有预告和引导语。如图5-58所示。

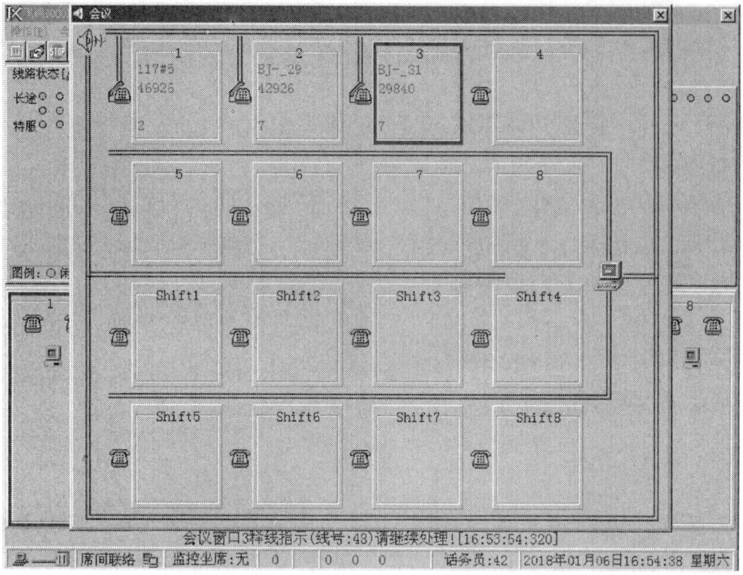

图 5-58　会议电话接转图

2. 查号台

查号台查询，屏幕显示114呼入时，立即应答“您好，请问您要查哪里?”

(1)用户说清所要查询的单位，话务员报“请稍等”，输入正确的查询代码，使用语音或人工报出号码，如图5-59所示；

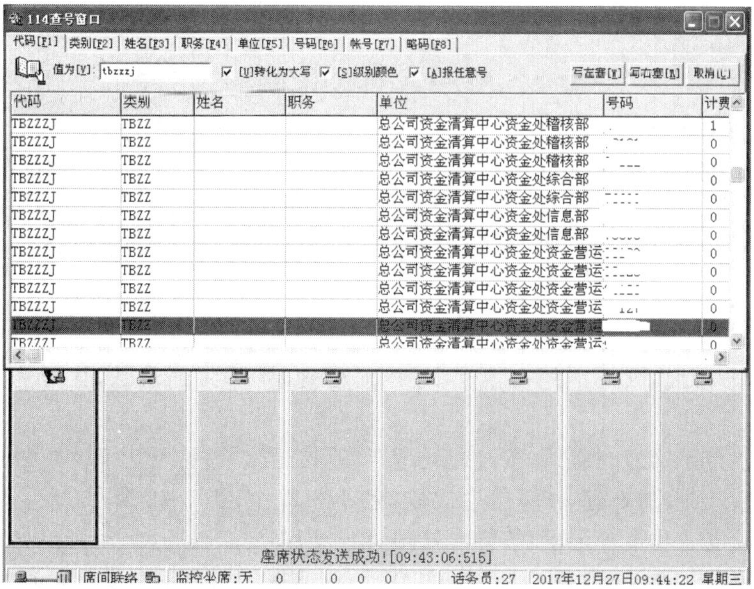

图 5-59　“114”查询图

(2)用户因着急情绪激动时话务员要有耐心:“您别着急,有什么需要帮忙请讲”;

(3)用户所要查询的单位名称不准确或说不清具体名称时,要引导用户:“您是想查询××单位吗?给您一个××单位的电话您问一下,不行您再联系我们”,使用语音或人工报出号码;

(4)用户所要查询的单位名称不全时:“请您告诉我这个单位的全称好吗?或对不起,请您讲详细一点”;

(5)话务员没有听清用户查询哪里:“对不起,我没听清,请您重复一遍”;

(6)因查询时间较长时:“对不起,让您久等了”;

(7)当用户所查询的电话没有登记时:“对不起,您要查询的号码没在我台登记”;

(8)当用户所查询的电话是本所范围外的号码时:“请您向××所查询”;

(9)用户反查号码按有关规定灵活处理;

(10)当用户指出查询工作中的问题时:“感谢您对我们工作的帮助”。

(二)通话票处理方法和记号规定

1. 发、收话所接通,因收话用户叫不出,发话用户同意取消,按接通处理,计算接通次数,记号为A。如图5-60所示。

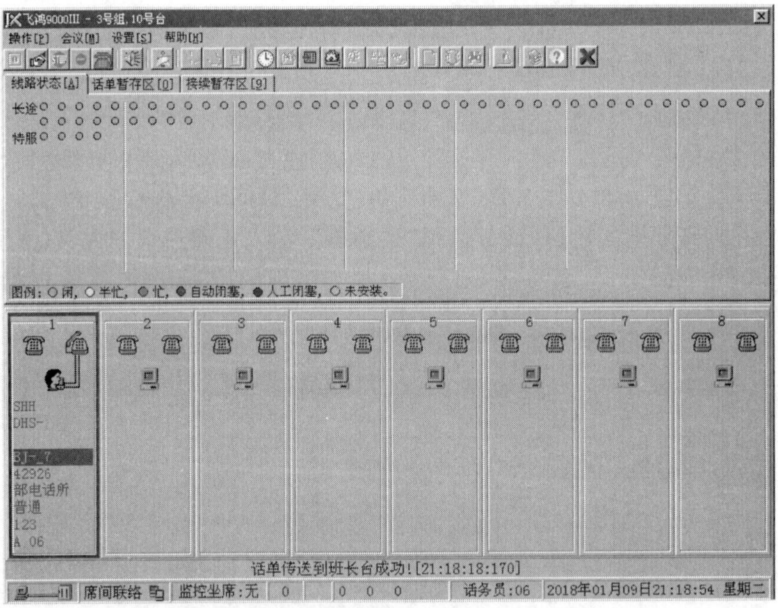

图5-60 A记号图

2. 发、收话所接通,因发话用户不在,按接通处理,计算接通次数,记号为B。如图5-61所示。

3. 用长途半自动接通的通话,按接通处理,计算接通次数,记号为C。如图5-62所示。

4. 超限通话,按接通处理,计算接通次数,记号为D。如图5-63所示。

5. 用户主动取消和重复记录,按作废处理,记号为E。如图5-64所示。

注:填记各种记号时,应注明处理时间和代号(处理时间由电脑自动记录)。

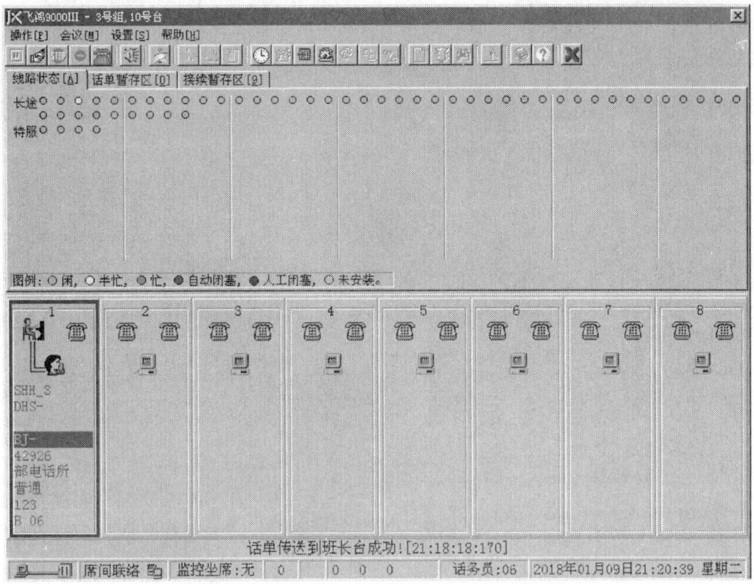

图 5-61 B 记号图

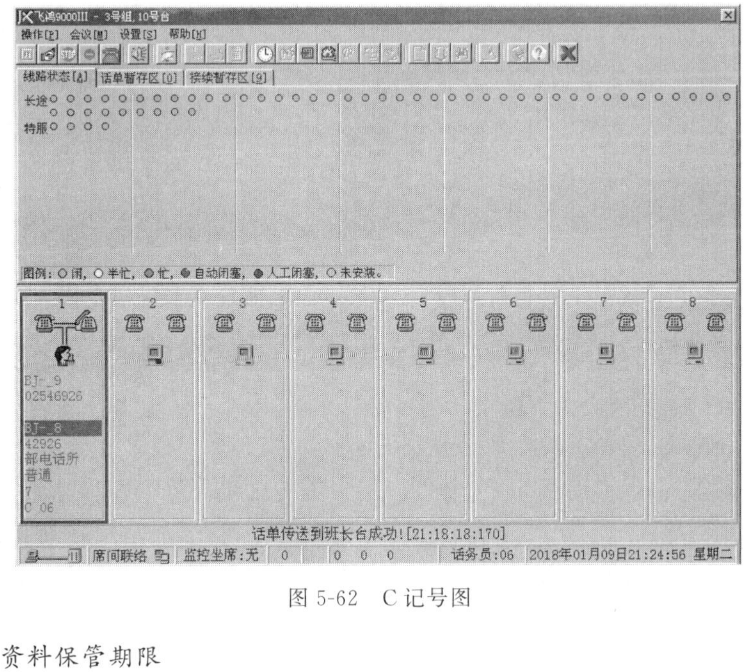

图 5-62 C 记号图

（三）各类资料保管期限

电话业务报告（年），保管期限 10 年，铁路局在每年 1 月 20 日前向北京铁路通信技术中心提出前一年的报告，各基层单位向铁路局提报时间由各局自行规定。本报表可兼做季报（季报保管期限为 3 年）。

报话差错、错情、不良反应统计簿，保管期限 3 年，使用完后次年起计算。

报话设备障碍登记簿，保管期限 1 年，使用完后次年起计算。

访问用户意见簿，保管期限 1 年，使用完后次年起计算。

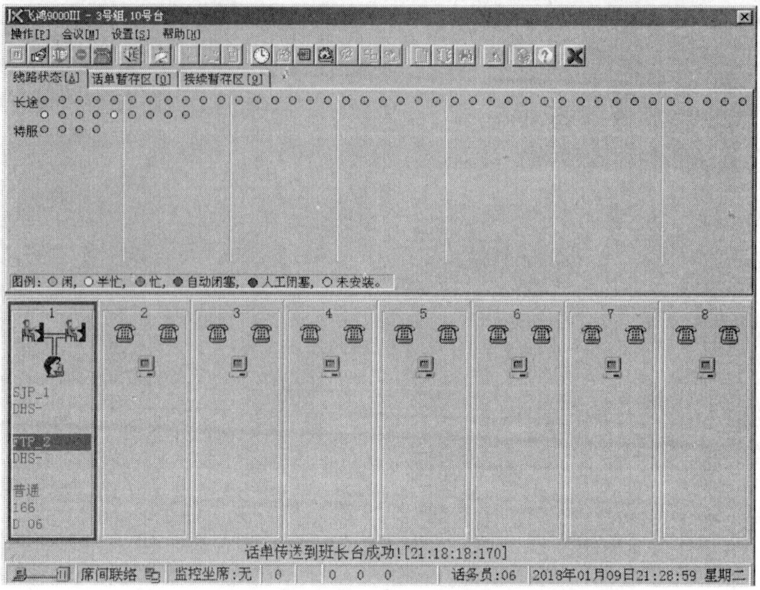

图 5-63　D 记号图

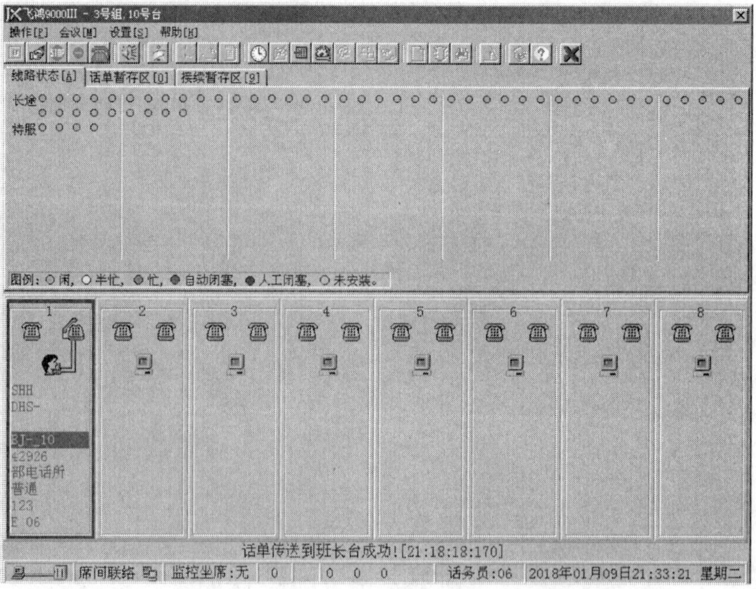

图 5-64　E 记号图

"117"应急通信登记簿保管期限 3 年，使用完后次年起计算。

(四)业务量统计方法

1. 业务量按照长途接转、查号分别统计

(1)长途接转：电话所每日按话路方向统计长途通话日计表，0 时至 24 时的通话为一天的通话量；

(2)统计跨日的通话，以始话时间为准；

(3)电话所每月在电话班长台调取话务量统计表并妥善保管。

2. 通话次数计算方法

(1)受理次数:每一张通话票计算受理一次。

(2)长途接转次数:

①直达:接通一次通话,发话所计算通话一次。

②转话:接通一次通话,发话所、转话所各计算通话一次。

③来话均不计算工作量。

④长途半自动发:接通一次通话,发话所计算通话一次。

⑤长途半自动收:接通一次通话,收话所计算通话一次。

⑥一条各站、养路线的用户对另一条各站、养路线的用户通话,接通一次计算。

⑦长途通话中的收话用户为各站、养路用户时,计算各站、养路通话次数。

⑧被中断而又补接的通话,按两次计算。

(3)查询次数:查询一次计算一次。

3. 通话时间计算

一次通话的时间是从双方用户答话起到通话完毕时止,补接的通话时间,一律重新计算。

二、CTT-2000B 智能人工话务系统

(一)电话记录接转、查号作业

运行 CTT-2000B 话务员程序(T1Client.exe)后,话务员可以用鼠标左键双击显示桌面上的

。将出现如图 5-65 所示界面。

图 5-65 工作台界面

检查送、受话器,了解当日业务情况,输入话务员代号,注意屏幕显示,准备记录接转、查号。用鼠标左键单击(在没有另加说明时,鼠标点击均指用左键点击所示项)“系统”中的“登录”或红色的“On”按钮将进入登录界面,如图 5-66 所示。

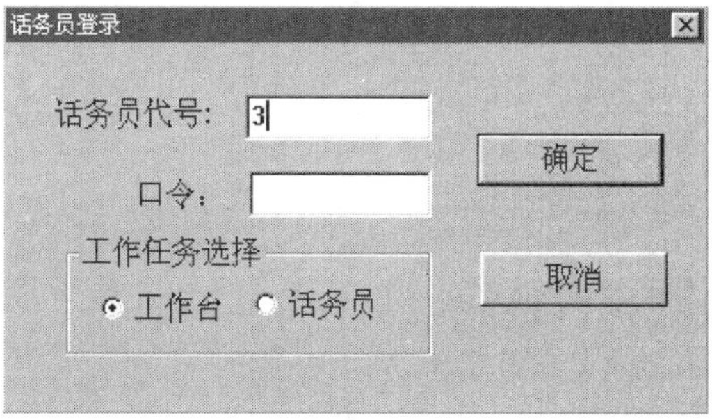

图 5-66 登录界面

如图 5-66 所示，在“话务员代号”处键入自己的工作代号，“工作任务选择”选项表示可选择按哪种方式进行工作，话务员在登录后选择“话务员”选项。输入完成后，按“确定”进入工作界面。登录成功后将会出现如图 5-67 所示的工作界面(如果无法登录时，请和维护员联系)。

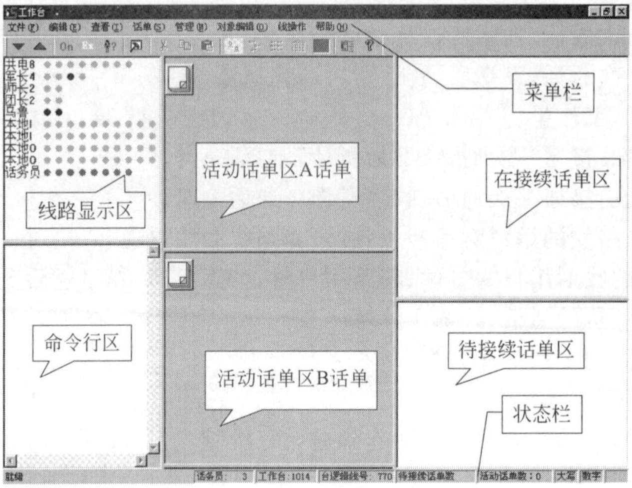

图 5-67　工作界面

1. 长途台

(1)电话记录接转

当显示“113”呼入时：

①去话(本地用户要外局电话)：立即应答：“您好，请问您要哪？您贵姓？”，话单记录完毕报代号；叫出收话所预告“××(地名)要您××单位或××号码”，收话用户接通后，引导双方用户“请讲话”，通话完毕及时撤线。工作界面如图 5-68 所示。

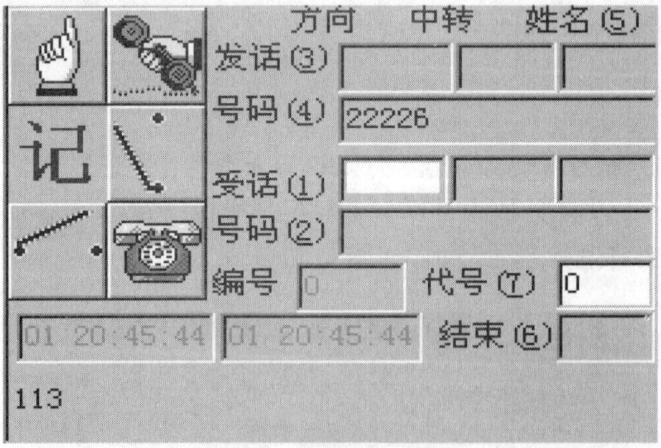

图 5-68　去话工作界面

a. 出差人员记录长途电话时：“您好，您要哪？贵姓？住几号房间?”话单记录完毕报代号；

b. 用户重复记录时：“您已记录过了，不用再记”；

c. 用户错要记录时：“您要错了或请您要××台”。

d. 用户记录超过通话范围时:“对不起,您记录的电话超过范围,不能受理”。

②转话:对方所呼叫时,及时应答“您好,记录,您要哪?”,话单记录完毕报代号;叫出收话所预告“××(地名)要您××单位或××号码”,收话用户接通后,引导双方用户“请讲话”;通话完毕及时撤线。工作界面如图 5-69 所示。

a. 如果收话用户无人接听或占线要询问用户:“您要的电话没人接(或占线),您还要哪儿? 或给您接××号码可以吗? 或请稍等一会儿再给您接”。

b. 已经叫出收话用户,因发话用户情况有变化:“对不起,这个电话先不要了”。

c. 因用户的请求超出范围时:“对不起,不能受理这项业务(或请您向××电话所联系)”。

d. 用户反映电话接转慢时:“对不起,接慢了”。

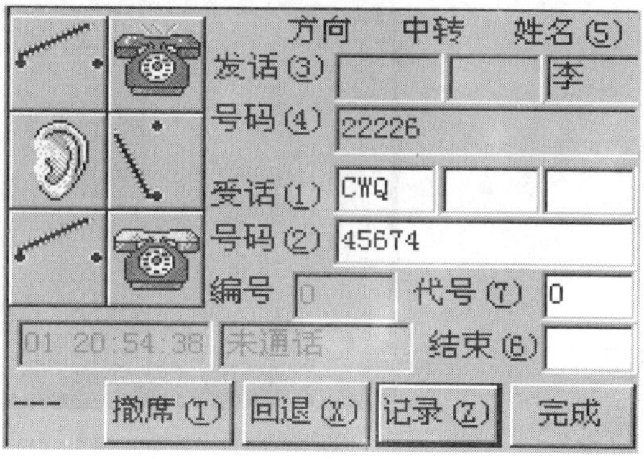

图 5-69 转话工作界面

③来话(外局要本地电话):叫出收话用户确认并预告:“您是××号吗? ××(地名)给您来电话,请讲话”,通话完毕及时撤线。工作界面如图 5-70 所示。

图 5-70 来话工作界面

(2)“117”应急通话:立接制通话立即接转

①屏幕显示“117”应急通话,迅速应答“您好,“117”应急台,请问您要哪里? 您贵姓?”通话票记录完毕报代号,叫出收话所或转话所预告:“117 应急电话,要您××单位或××号码”接通收话用户确认“您是××电话吗,××(地名)“117”应急电话”,引导双方用户“请讲话”。如图 5-71 所示。

②接转“117”通话必须做到“三及时一清晰”,即应答及时(不大于 5 s)、接通及时(不大于 60 s)、撤线及时(不大于 5 s)、语音清晰。

③电话接转中需要时可中断其他正常通话(应向用户简要说明情况)确保紧急通话接通。

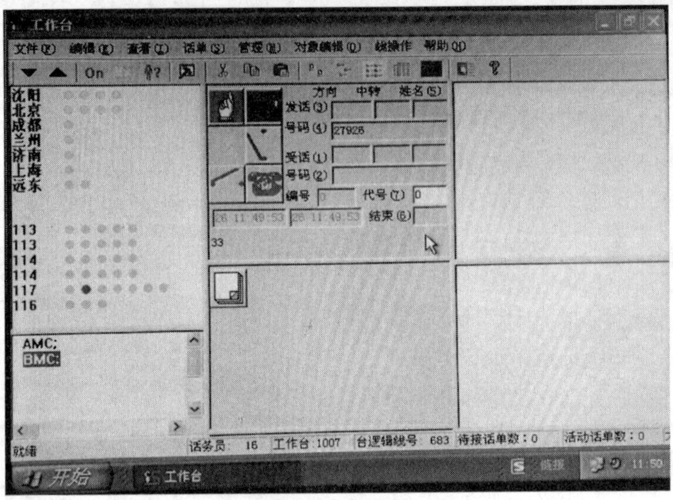

图 5-71　工作界面

④通话期间应适时溜线，掌握话路质量和用户要求，发现问题及时处理。通话完毕及时撤线。

⑤接通完毕及时填写“117”应急通信登记簿和工作日志。

⑥为保持“117”应急台良好的运用状态，每日指定专人检查试验，并做好记录。

⑦话务员应熟记有权使用“117”通话的单位、领导姓名、电话号码，掌握管内各车站公里标。救援抢险期间，电话所值机人员要掌握救援现场地点和现场电话号码。“117”使用范围见表 5-14。

2. 查号台

查号台查询，屏幕显示 114 呼入时，立即应答“您好，请问您要查哪里？”

(1)用户说清所要查询的单位，话务员报“请稍等”，输入正确的查询代码，使用语音或人工报出号码。如图 5-72 所示。

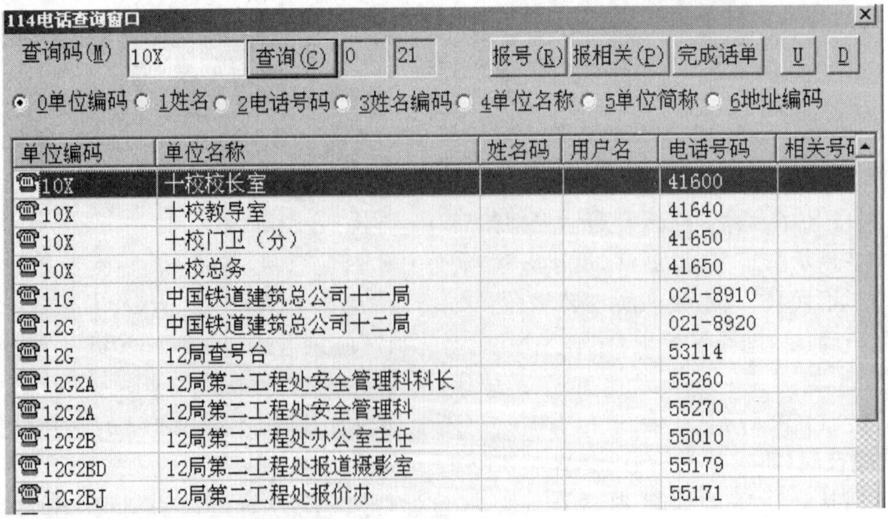

图 5-72　工作界面

(2)用户因着急情绪激动时话务员要有耐心："您别着急，有什么需要帮忙请讲"；

(3)用户所要查询的单位名称不准确或说不清具体名称时，要引导用户："您是想查询××单位吗？给您一个××单位的电话您问一下，不行您再联系我们"，使用语音或人工报出号码；

(4)用户所要查询的单位名称不全时："请您告诉我这个单位的全称好吗？或对不起，请您讲详细一点"；

(5)话务员没有听清用户查询哪里："对不起，我没听清，请您重复一遍"；

(6)因查询时间较长时："对不起，让您久等了"；

(7)当用户所查询的电话没有登记时："对不起，您要查询的号码没在我台登记"；

(8)当用户所查询的电话是本所范围外的号码时："请您向××所查询"；

(9)用户反查号码按有关规定灵活处理；

(10)当用户指出查询工作中的问题时："感谢您对我们工作的帮助"。

(二)通话票处理方法和记号规定

1. 发、收话所接通，因收话用户叫不出，发话用户同意取消，按接通处理，计算接通次数，记号为 A。如图 5-73 所示。

2. 发、收话所接通，因发话用户不在，按接通处理，计算接通次数，记号为 B。如图 5-74 所示。

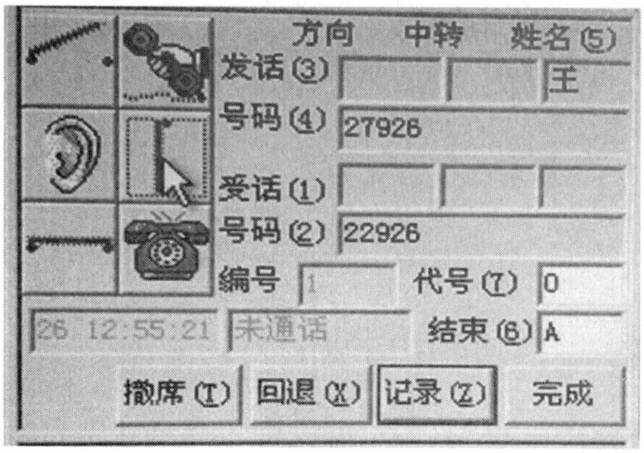

图 5-73 A 记号图

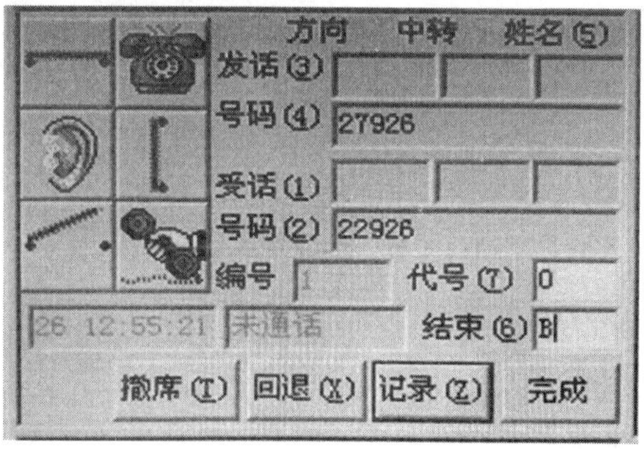

图 5-74 B 记号图

3. 用长途半自动接通的通话，按接通处理，计算接通次数，记号为 C。如图 5-75 所示。

4. 超限通话，按接通处理，计算接通次数，记号为 D。如图 5-76 所示。

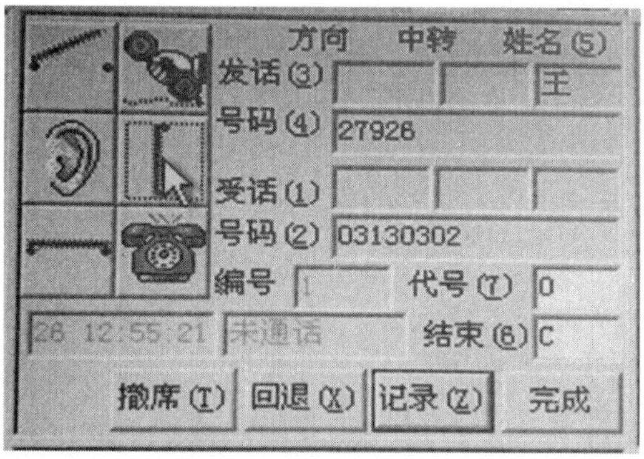

图 5-75 C 记号图

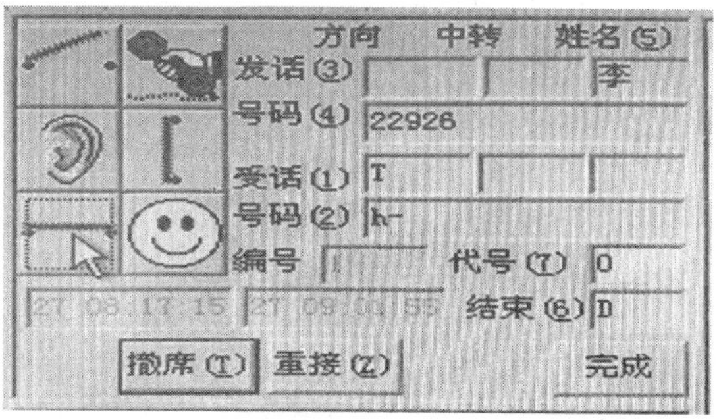

图 5-76 D 记号图

5. 用户主动取消和重复记录，按作废处理，记号为 E。如图 5-77 所示。

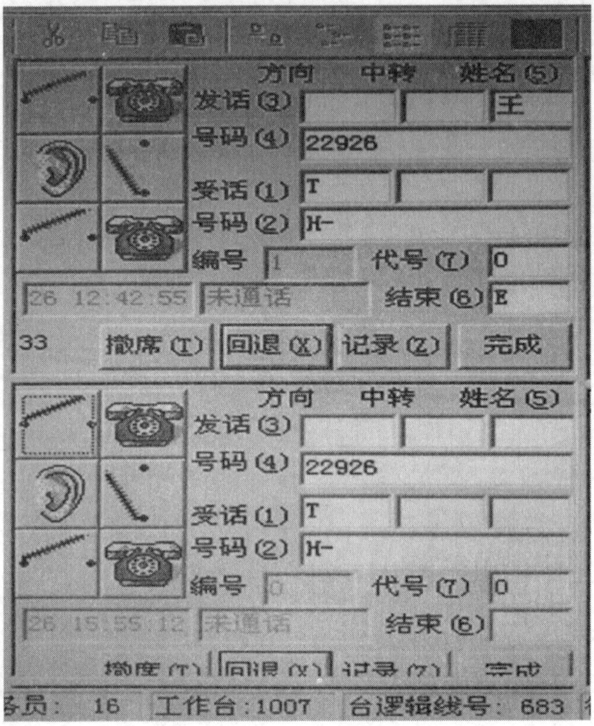

图 5-77　E 记号图

注：填记各种记号时，应注明处理时间和代号。

（三）各类资料保管期限

电话业务报告(年)，保管期限 10 年，铁路局在每年 1 月 20 日前向铁路局通信技术中心提出前一年的报告，各基层单位向铁路局提报时间由各局自行规定，本报表可兼做季报(季报保管期限为 3 年)；

报话差错、错情、不良反应统计簿，保管期限 3 年，使用完后次年起计算；

报话设备障碍登记簿，保管期限 1 年，使用完后次年起计算；

访问用户意见簿，保管期限 1 年，使用完后次年起计算；

"117"应急通信登记簿保管期限 3 年，使用完后次年起计算。

业务量统计方法：

1. 业务量按照长途接转、查号分别统计

(1)长途接转：电话所每日按话路方向统计长途通话日计表，统计 0 时至 24 时的通话为一天的通话量；

(2)统计跨日的通话，以始话时间为准；

(3)电话所每月在电话班长台调取话务量统计表并妥善保管。

2. 通话次数计算方法

(1)受理次数：每一张通话票计算受理一次。

(2)长途接转次数：

①直达：接通一次通话，发话所计算通话一次；

②转话：接通一次通话，发话所、转话所各计算通话一次；

③来话均不计算工作量；

④长途半自动发：接通一次通话，发话所计算通话一次；

⑤长途半自动收：接通一次通话，收话所计算通话一次；

⑥一条各站、养路线的用户对另一条各站、养路线的用户通话，接通一次计算；

⑦长途通话中的收话用户为各站、养路用户时，计算各站、养路通话次数；

⑧被中断而又补接的通话，按两次计算。

查询次数：查询一次计算一次。

3. 通话时间计算

一次通话的时间是从双方用户答话起到通话完毕时止，补接的通话时间，一律重新计算。

思考题

1. 屏幕显示“117”应急电话时应如何操作？
2. 用户查询本所范围外的电话号码时应怎么做？
3. 长途接转次数是如何计算的？
4. 资料保管期限是如何规定的？
5. 用户所要查询的单位名称不全时话务员应如何做？

第四节 飞鸿 9000 智能电话人工台操作

话务作业是在智能电话人工台上来完成的，因此我们只有在平时的日常工作中熟练掌握常用功能键的使用和操作方法的基础上，才能逐步提高话务工作的水平。

一、应答

当有“113”或“114”呼入时，接续窗口颜色变化，窗口内部显示“113(114)＃×”，并显示出该电话权限与电话号码，窗口底色表示颜色越深级别越高，话务员知道是“113(114)”呼入，便键入相应数字键激活该窗口，如窗口本身是激活状态，即接前塞键“→”，也可以直接按空格键来与用户通话。如有几个“113”或“114”同时呼入的情况，话务员可根据其权限来决定接电话的先后顺序，也可以直接按空格键，此时，程序自动选择接续级别高的呼叫。话务员接通用户后再根据需求进行其他操作。

用户 42926 呼入，屏幕显示“113”呼入，话务员键入空格键或前塞键“→”应答：“您好，113 记录台”，键入回车键屏幕弹出记录界面，根据用户的要求在相应的项目下正确填写相关内容，报代号，键入“Alt”＋“W”存盘，键入“F2”将话票传入相应长途台。如图 5-78 所示。

用户 12345 呼入，屏幕显示“114”呼入，话务员键入空格键或键入“→”键应答：“您好，请问您要查哪里？”用户说明要查询的单位或要求反查电话号码时，话务员键入“F1”键输入相应的微机查号略号进行单位查询或键入 F6 键输入电话号码进行反查，将查询结果用语音报号或人工报号方式进行答复，如图 5-79 所示。

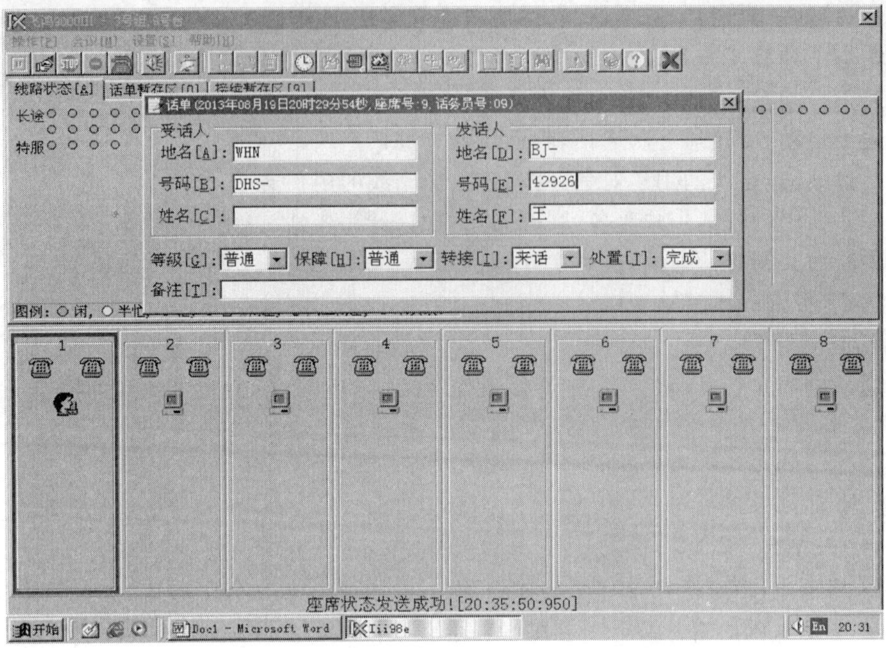

图 5-78 “113”界面

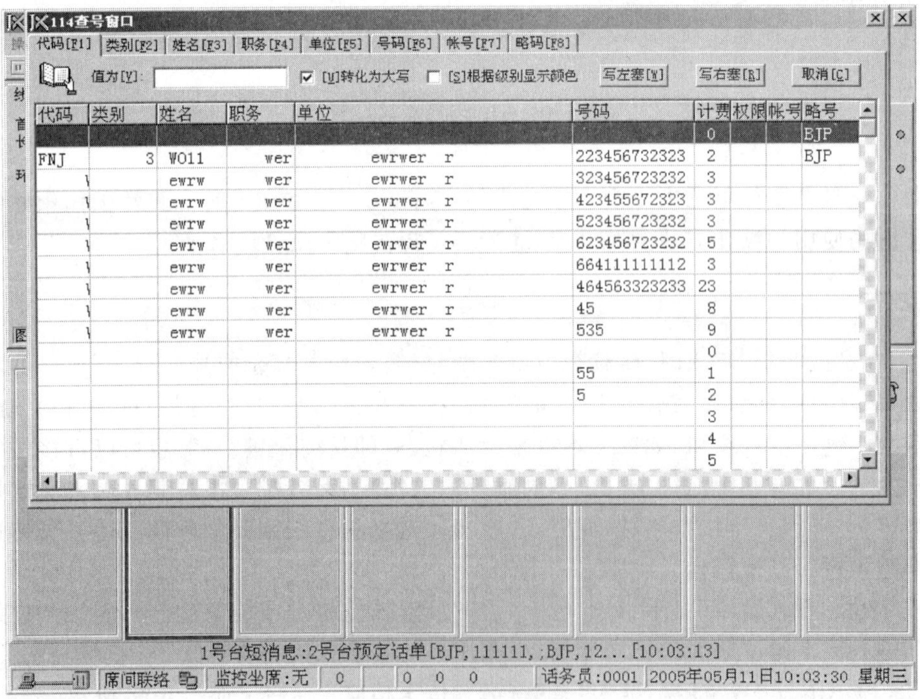

图 5-79 “114”查号界面

二、接转

1. 直达(去话)

发话所接通确认用户后，按“←”键，接后塞，呼叫收话所，收话所接通确认用户后，按“↑”键进入三方通话，话务员引导主叫、被叫用户讲话，键入“+”键计时，按“End”开始始话监听，确认接通无误后键入“↓”键退出三方通话。

当双方用户挂机后，按“Shift”+“F12”将话单传送到班长台，或根据系统设置自动将话票传送至班长台。如图5-80所示。

图5-80 长途直达界面

话务员将话票从话单暂存区调入正处理队列，按“→”键呼叫发话用户并向其预告：“您是××号吗，某同志要的××来了”。键入“←”键呼叫收话所，收话所应答后发话所向其预告：“××(地名)要您××(单位或电话号码)”，收话所接通收话用户后按“↑”键进入三方通话，向收话用户预告：“您是××单位或电话号码吗？××(地名)给您来电话”，发、收话所都应协助引导主、被叫用户“请讲话”，用户讲话后，键入“+”键进行计时并按下“End”键，进行始话监听，确认接通无误后，键入“↓”键退出三方通话或移动光标至其他窗口。

2. 转话

发话所呼入，转话所键入空格键或按“→”键应答，键入“Shift”+“B”输入相关信息进行电话记录，键入“Alt”+“W”键存盘，按“←”键呼叫收话所，确认发、收话用户后，按“↑”键进入三方通话，引导用户讲话，键入“+”键进行计时，按“End”键进行始话监听，键入“↓”键退出三方通话。如图5-81所示。

发话所呼入，转话所键入空格键或按“→”键应答：“您好，您要哪儿?”键入“Shift”+“B”弹出通话票，根据发话所的记录在相关项目位置输入相关相息，报工作代号，键入“Alt”+“W”键存盘，按“←”键呼叫收话所，收话所应答后转话所向其预告：“××(地名)要您××(单位或电话号码)”收话所接通收话用户后，按“↑”键进入三方通话，收话所向收话用户预告：“您是××单位或电话号码吗？××(地名)给您来电话”，发、转、收话所都应协助引导主、被叫用户“请讲话”，用户讲话后，键入“+”键进行计时并按下“End”键，进行始话监听，确认接通无误后，键入

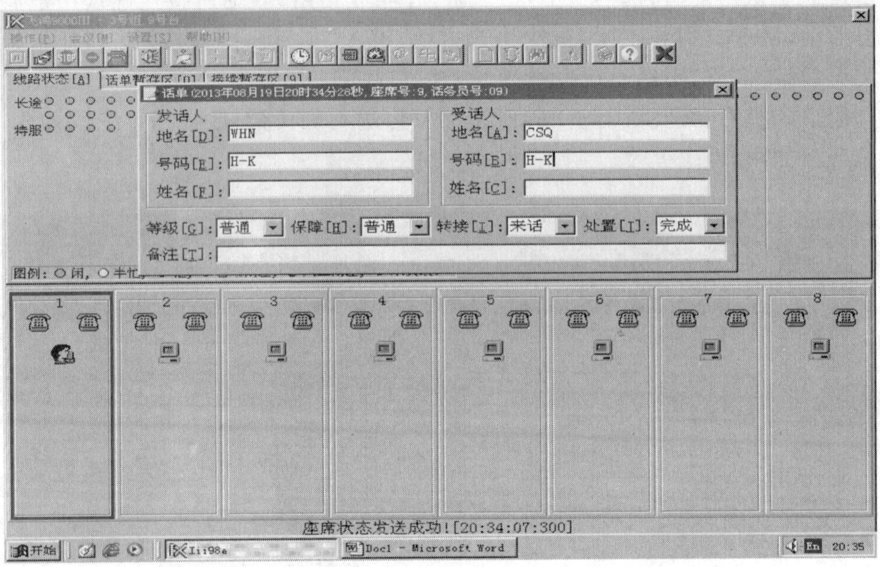

图 5-81　长途接转界面

“↓”退出三方通话或移动光标至其他窗口。

3. 收话(来话)

发、转话所呼入，收话所键入空格键或按“→”键应答：“您好，您要哪儿?”收话所按照发、转话所的要求，键入“Enter”键在输入相关信息，键入“Alt”+“W”键存盘，按“←”键，呼叫收话用户，接通收话用户后，按“↑”键进入三方通话，引导用户讲话，键入“+”键进行计时，按“End”键进行始话监听，键入“↓”键退出三方通话。

举例：发、转话所呼入，收话所键入空格键或按“→”键应答：“您好，您要哪儿?”收话所按照发、转话所的记录要求，键入“Enter”在收话人号码处输入相关信息，(如需查询电话号码，键入“F1”进行相关查询，光标指向查询结果按“Enter”键，注意报电话号码，按“Esc”退出查号界面)，键入“Enter”键，弹出通话票，键入 Alt”+“W”键存盘，按“←”键，呼叫收话用户，接通收话用户按“↑”进入三方通话，收话所向收话用户预告：“您是××(单位)或号码吗? ××(地名)给您来电话了”，发、转、收话所都应协助引导主、被叫用户“请讲话”，用户讲话后，键入“+”键进行计时并按下“End”键，话务员进行始话监听，确认接通无误后，键入“↓”退出三方通话或移动光标至其他窗口。

三、席间联络

为保证工作环境的需求，减少不必要的干扰，话务员在工作中如果需要与其他话务员联系时，可以操作“Alt”+“A”键席间联络，使两座席间实现通话。

例如：3 号座席要求和 1 号座席席联

1. 3 号座席按“Alt”+“A”键，出现座席选择对话框，如图 5-82 所示。

2. 在上面的窗口选择 1 号席记录，确定后，席联请求发送给 1 号座席，1 号座席出现席联。如图 5-83 所示。

3. 在 1 号台点击“是(Y)”接受席联，席联后接续窗口失去语音焦点，主界面工具条表示已经进入席联通话状态。如图 5-84 所示。

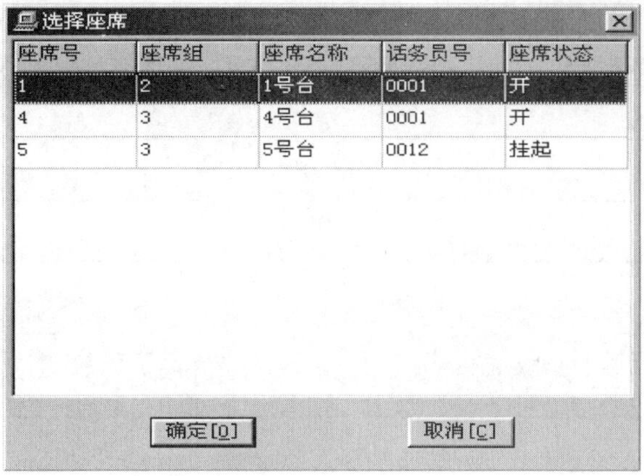

图 5-82　选择座席

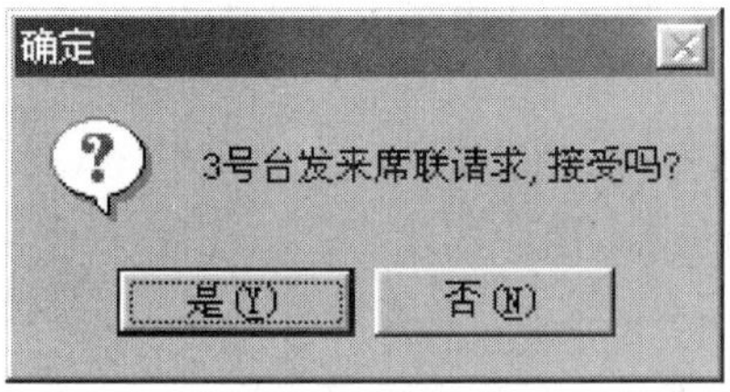

图 5-83　席联请求

图 5-84　席联提示

4. 若想终止席联，再按“Alt”+“A”键，再次出现选择座席窗口，取消该窗口，即可终止席联。

四、智能电话人工会议台(即“117”立接制事故救援台操作)

会议台功能：任意一个话务台都可以在用户需要的情况下，将多个用户(最大值 16 个用户)接入会议电话方式。

两种工作方式：会议方式和通播方式。

(一)十六方会议

话务员可利用会议功能组织十六方会议。通过菜单“会议→十六方会议”，调出“十六方会议”窗口，此界面共有 16 个小接续窗口，每个窗口代表一个用户，激活前 8 个窗口键入相应的数字键，激活后 8 个窗口用“Shift”+“数字键”。

1. 会议方式参加会议的各方用户都可以讲话，也可用于首长举行电话会议。

(1)会议方式的操作步骤：出现十六方会议界面后，可任意激活一个窗口，键入回车键，填写如图 5-85 所示话单，用“Alt”+“W”存盘，键入后塞“←”键，叫通该地电话所。如此往复，将参加会议的所有用户叫出。

(2)键入“F2”，系统提示“确实设置所有窗口为会议方式吗?”，按“回车”确认，即可开始会议。如图 5-86 所示。

(3)话务员可按“Esc”键，消除界面。

(4)如是长途通话，会议结束后，调出界面，激活通话窗口，撤销话单。如此往复，所有窗口清空后，键入“Esc”撤出会议窗口。

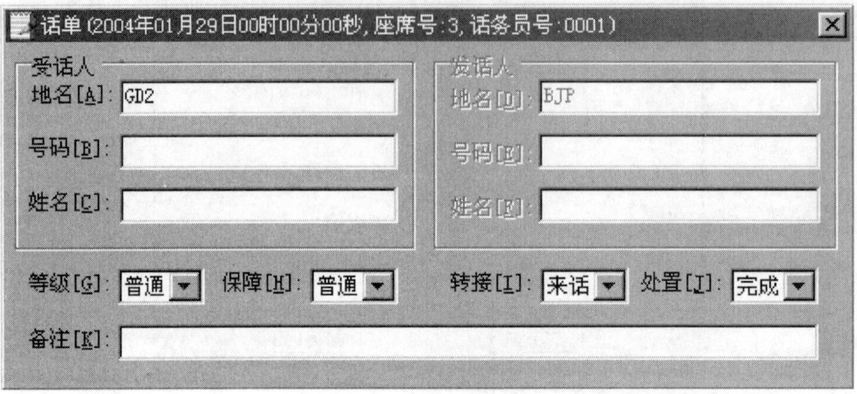

图 5-85　话单输入

2. 通播方式：只有一方用户可以讲话，其他各方只能收听，可用于上级首长发布通知。通播的操作步骤是：

(1)出现会议界面后，可任意激活一个窗口，键入回车键，填写话单，用“Alt”+“W”存盘，键入“←”键，叫通该地电话所。如此往复，将参加通播的所有用户叫出。

(2)将主讲用户的窗口作为当前窗口，再键入“F1”，系统提示“确实设置通播(当前窗口为主讲，其他收听)方式吗?”，如图 5-87 确认，即可开始通播。

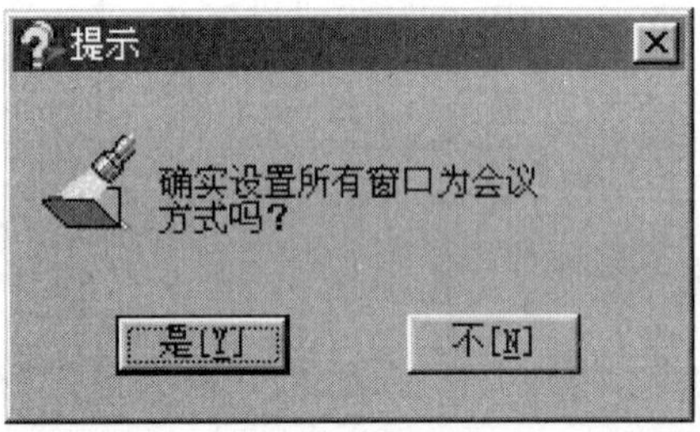

图 5-86　提示界面

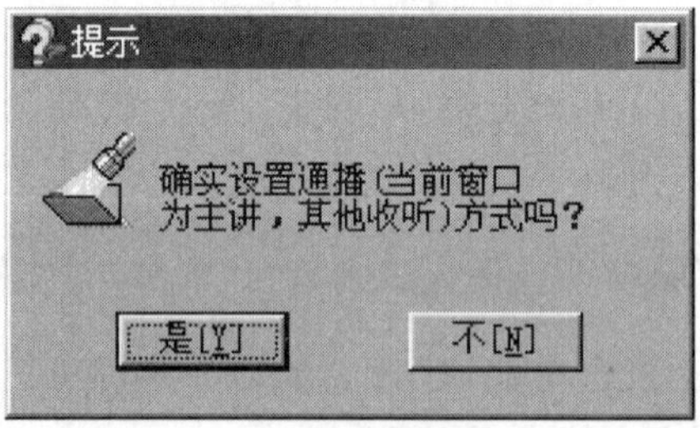

图 5-87　通播

(3)话务员可按“Esc”键，消除会议界面，进行其他操作。

(4)如是长途通话，通播结束后，调出界面，激活通话窗口，销话单。如此往复，所有窗口清空后，键入“Esc”撤出通播窗口。

(二)特殊功能

1. 将发、收话用户加入会议呼入的用户显示在主窗口界面，当他要求加入会议时，话务员键入“Alt”+“T”，将此用户加入到会议窗口，再用“Shift”+“↑”插入会议中。

2. 会议表

若某些参加会议的用户是固定的，可将所有用户的话单填写完毕，保存到磁盘。通过菜单“文件→保存会议表”来操作，出现文件名输入对话框，在输入控件中输入会议表名称，如“Meeting1”，如图 5-88 所示或选择已有的文件名称，进行覆盖，点击“确定”按钮后，将会议表的信息保存到此文件。

注：不要覆盖了系统文件。

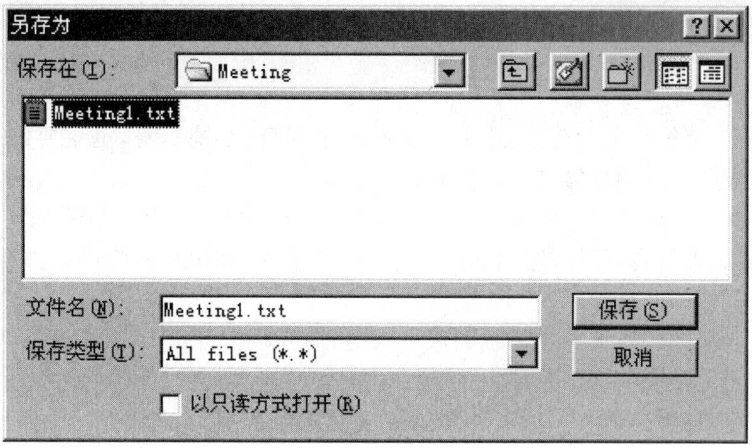

图 5-88　保存会议

若下次举行类似会议，可通过菜单“文件→调入会议表”操作，调用文件输入窗口如图5-89所示，在窗口中输入会议表正确的文件路径和文件名，点击“确定”按钮，将此文件保存的会议表信息调到十六方会议窗口。

图 5-89　调入会议

“保存会议表”和“调入会议表”功能的配合使用，省去了每次逐个填写话单的麻烦，使话务员召开会议十分方便快捷。

注：一套后台设备同时只能组织一个会议。

五、智能电话人工台的故障判断及报修申请

(一)计算机及操作系统故障

1. 故障分析及处理方法

计算机系统故障的查找原则是先软后硬，先外后内。所谓先软后硬就是发现故障后应先从软件上、操作上来分析原因，是否能找到解决办法。软件确实解决不了问题的再从硬件上逐步分析故障原因。所谓先外后内就是发现故障后要仔细观察给出的错误提示、故障现象。如不显示、不通电、反应异常等要看一下电源插好了没有，信号线接好没有等外界易发生故障的地方，然后再检查计算机电源，种种插件等内部器件。

硬件的故障主要是器件、接插件和印刷板的衰老或失效而引起的，软件的故障是由于程序结构发生变化，导致错误。

（1）软件故障

软件故障是一个很复杂的现象，不但要观察程序本身、系统本身，更重要的要看出现什么错误信息，根据错误信息和故障现象才能查出原因。

程序故障：查一查程序本身的编制有没有错误、程序完整不完整、程序的装入方法对不对、程序的运行环境是否符合、程序的操作步骤是否正确、有没有相互影响的软件等，逐一查找和排除。

系统故障：有些软件要求操作系统的版本较高，内存较大，所以首先看一下 Windows 版本是否正确，是不是所要求的操作系统，系统文件是否正确，系统配置 CONFIG. SYS 是否正确，计算机内存的大小是否合适等。如若计算机硬盘不能启动，未出现任何信息即死机，那就是考虑两个引导文件是否出现错误等。

病毒影响：目前计算机病毒对计算机系统影响非常大，它不但影响软件、操作系统运行速度，还影响打印机、显示器等，上午程序运行正常，下午开机后程序不能运行了，或硬盘不能启动了，或打印机不能打印了等这些现象，除考虑上述两种原因外，还要考虑病毒的影响。

（2）硬件故障

硬件故障查找的一般方法是：根据故障现象进行大的分类，在掌握系统的组成及基本原理基础上，根据以往经验，确定几个可疑对象，然后利用下述的具体方法逐项排除，从而找到故障所在。

直接观察法：利用人的感觉器官检查是否过热、烧焦、变形等现象。是否有声音异常、短路、接触不良现象，如果没有任何反应，电流不通，就要看熔断器是否熔断，有关插接头是否松动，是否打火花，元器件有没有生锈、损坏等明显的现象。

分割缩小法：把故障分成大类，然后再分成小类，逐步缩小范围，由大类缩小到某个插板，由插板缩小到某个集成块。

插拔替换：当找出怀疑对象后，用好的器件进行替换来确定故障块，然后再用好的芯片替换怀疑的芯片来确定故障点，这样能找到确切的故障点，问题也就解决了。

静动态测量法：即考虑某一点电平的高低、有无，有时就用静动结合的方法进行查找，不通电时进行测量（使用万用表），通电时再进行测量，比较两次测量结果等来找到细微的变化，从而确定是某一元器件所致。

程序测试：程序测试法可分为自制程序测试和高级诊断测试两种，自制的测试程序当然要有针对性，针对故障的原因和特性，编制能充分体现原因的程序；高级诊断程序是计算机有随机带的故障诊断盘，它能测试到计算机的某一个板子或板子的某一功能块，从而缩小故障范围。

总之，为了排除故障，首先要设法查出产生故障的原因，确切找到故障原因后，排除故障的工作也就做了三分之二。若要正确且迅速地查出故障原因，最主要的是掌握基本原理，多参加实际工作，而且在方法上应从一些简单的检查方法入手，逐步再运用复杂的方法进行检查不论是软件故障还是硬件故障，开始总是判断故障的大致原因，接着压缩故障范围，最后查明确切原因，再去解决。

2. 计算机启动检查

计算机若发生故障，在启动时，计算机将依靠自身的 BIOS 程序进行自检，并给出有关的出错信息，下面对计算机启动时的各种现象进行分析，并给出相应的解决方法。

(1)开机时不通电的处理

当打开计算机电源，工作人员首先要注意指示灯是否亮，若不亮应先关掉电源再按下面的顺序和项目检查：

①各种电缆连接是否正确，插接是否牢固。

②从稳压器到多用插座再到计算机各部位是否均通电。

③计算机和其他设备有些是多道开关，是否全打开，例如：有些主机与显示器是一个开关，有些是各自的开关。

④有关的熔断器是否烧断。

如果以上各项均正确，那有可能是计算机电源的问题，这时可通知维修人员解决。

(2)显示器是否正常

①画面无显示。当无显示时，应看显示器电源指示灯亮不亮，若不亮，检查电源，若亮，调整亮度调节开关，若还不显示，那就是显示器内部的问题了，内部的问题有三种可能，第一种是接触不良，第二种是熔断器熔断，第三种是某部分电路被损坏。

显示器不显示有时还跟显示卡、主板有关系。

②画面有显示。当有显示时，显示是否正常，观察其颜色。另外显示器若上下有规律抖动，则可调整显示器后的调钮，若显示器混乱异常，要立即关掉显示器，这种情况有两种原因，一种是显示器适配卡与显示器不配套，另一种是显示器本身问题，这两种情况应由专业人员来修理。

③当要开电源后，显示器起初显示而后来又不显示了，这往往是有关元器件老化引起的，则要立即停止使用。

(3)硬盘是否正常启动

①当显示器正常显示时，计算机在显示器上显露自检 PST 的过程，最后检查硬盘，当硬盘部分正常时将出现下步提示。

②若出现 FIXED DISK NOT READY 即硬盘部分有问题，可让维修人员去查。若硬盘自检不正常，不能自检而死机，说明引导部分有问题。

3. CMOS 设置引起的故障处理

在系统上的 ROM BIOS 中，保存有系统设置程序。一般有基本系统硬件配置(STANDARD CMOS SETUP)和高级 CMOS 设置，正确设置 CMOS 系统是保证计算机系统正常运行的前提。

CMOS 错误引起的故障在计算机故障中占有相当的比例。有些用户或初学者在没有搞懂 CMOS 参数设置之前，随便进入 SETUP 设置改动某一参数，使机器无法正常运行。重者使计算机系统的硬件损伤，造成不可挽回的损失。常见故障如下：

(1)硬盘类型设置错误

系统可以支持两个物理硬盘 C 和 D。如果计算机不配硬盘，C 和 D 则设为 NOT INSTALLED。如果装一块硬件，则把 D 设为 NOT INSTALLED 。系统 ROM 中保留了 46 种硬盘参数，根据计算机配置的硬盘选择正确的硬盘参数。如果在系统提供的硬盘类型中找不到用户硬盘参数，可以选择类型 47，采用自定义类型。自定义类型主要是把硬盘的柱面、磁头数、扇区数写进去，BIOS 自动计算出硬盘的容量。由于硬盘类型设置不对引起的故障有以下几种：

①如果硬盘无法启动,DOS系统虽已装入硬盘,但无法进入系统。

②硬盘检测通不过。由于所设的参数不符合硬盘的物理结构,所以自检时报错,无法对硬盘分区。

③硬盘内部损伤,造成零磁道损伤,硬盘经常发生数据丢失,读写不正常。时间长了,造成盘体损伤。

(2)高级CMOS设置错误

高级CMOS设置提供了很多选择项。前面已介绍过。这些选择项设置错误,机器虽能正常运不是工作在最佳状态。用户在设置参数没搞清之前,不要随便改变设置。

(3)口令设置错误

用户把CMOS设置中PASSWORD CHECKING OPTION设置成SETUP或ALLWAYS,当计算机启动时,就会向用户索要口令,如果用户不想设口令就键入回车键。但有时无意中设置了口令,无法进入系统。

注:建议CMOS设置在没有厂家技术人员的指导下,请勿改动。

4. 显示器故障处理

(1)无显示

一种可能的原因是视频信号太弱。可调整监视器的辉度,若无效,则可能是无视频信号输入到监视器,可检查监视器的信号电缆是否接触不良或损坏。若不是此原因,则是无视频信号产生说明显示适配器损坏,需检修或更换。

(2)垂直不同步

一般说来通过调整监视器上的垂直同步旋钮,即可使垂直同步。若无效,则说明无垂直同步信号到监视器,需检修或更换显示适配器。

(3)水平不同步

首先调整监视器上的水平同步旋钮,使水平同步。若无效则可能是无水平同步信号,需检修或更换显示适配器。

(4)彩色不好或没有彩色

一种可能是监视器失调,可通过调整监视器的彩色控制来解决。若无效,需检修或更换显示适配器。

(5)开机后黑屏

如果显示器的电源指示灯不亮,检查一下主机及显示器的开关是否打开。如果已经打开,灯仍不亮,请检查电源线及电源插头。如果显示器的电源指示灯亮,并且闪烁,请插紧显示器的信号线接口。

(二)系统常见故障

1. 前台系统常见故障处理

(1)在班长台做过局数据修改后,某些话务台进入后马上退出。

解决方法:

①在正确完成局数据修改后,利用局数据传送功能向所有座席广播所改数据库,使各台上的C:\DHBASE*.DBF文件一致;

②若某些话务台无法进入运行状态,可用软盘将数据从班长台拷贝到话务台。

(2)话务台运行过程中突然不能通话。

解决方法:

①检查话务员线是否中断；

②检查耳机是否损坏；

③检查耳机接线盒是否损坏；

④检查声卡与话务员卡的连线是否损坏；

⑤换话务员板，查是否对应这一路损坏；

⑥换话务员卡试验。

(3)话务员接前、后塞均能正常通话，但一接三方通话后，不能实现三方通话，撤出后，三方才能通话。

解决方法：

①首先查看一下网板是否松动；

②检查一下网板上的8924芯片(每块网板上有三片)是否松动，请压紧芯片，并查看芯片脚是否脱离插槽；

③如三方通话仍不正常，请更换网板。

(4)话务员耳机不通。

解决方法：

①检查一下耳机接线盒上的开关是否打开，音量是否过小；

②如果开关已打开，请用置换法检查一下耳机是否良好；

③用置换法检查一下，耳机接线盒是否良好；

④检查一下后台接线块上的话务员线是否卡好；

⑤用混线的方法检查一下话务员线是否畅通；

⑥打开话务员主机箱，用置换法检查一下话务员卡；

⑦最后，可用置换话务员板的方法来解决问题。

(5)后台运行正常(无故障告警)，班长台告警，前台无法接续。

解决方法：

①首先查看一下网络集线器的工作指示灯是否正常，如工作指示灯不亮，请检查网络集线器的电源及开关；

②如果工作指示灯正常，查看一下网线与集线器的连接是否紧密，以及网线与后台主控板的网卡连接是否紧密；

③如仍不能解决问题，请检查后台主控板的网卡。

(6)如果网络采用同轴电缆连接。

解决方法：

①首先察看同轴电缆两端的网络终结器是否正确、紧密安装；

②沿网线，顺次检查各个连接点，查看是否有松动、脱落现象；

③如仍不能解决问题，请检查各段同轴电缆是否畅通。

(7)统计台统计不出长途日计表、月报表。

解决方法：

①查看C:\dhbase目录中的teledtab. dbf、telemtab. dbf是否是旧的库，如果是需更新，请与公司售后服务人员联系，以获得技术支持；

②如果不是旧版本，说明文件出错，将DHBASE备份中的文件复制到故障座席中的C:\ DHBASE目录中即可；

③查看数据管理中的路由库中的路由与线路库中是否一致，如不一致应对比的更改。

(8)在采用 RJ-45 双绞线的网络中有可能出现某个话务台无法接续，且按"ALT"+"A"联络其他座席时，座席表中所有座席均关闭。

解决方法：

①首先查看一下网线各连接点是否连接紧密；

②检测网卡是否能正常工作；

③如果未改动过软件，请检查前台与网络集线器之间的网线。

2. 后台系统常见故障处理

(1)后台不能正常启动。

解决方法：

①如果主控电源板无电源工作指示灯，请检查空气开关是否打开；

②打开空气开关后，仍不能解决问题，请检查空气开关的输入与输出；

③如果空气开关输入、输出均正常，观察一下主控电源板的面板指示灯是否正常，如有告警，请更换主控电源板；

④如果主控电源板指示正常，则请检查工控机与主网背板之间的连线。

(2)后台两个主控、其中一个做主时，不能实现通播。

解决方法：

①每次使用通播功能时，需先进行复位十方会议电路操作；

②换网板中的 8924 会议芯片。

(3)环路上不了话务台

解决方法：可通过在配线架上加一电话判断是电路板的毛病，如是电路板问题，可采用更新备件的方法解决。

(4)自动用户拨"114"上不了话务台

解决方法：观察是否有数字模块通信告警(如 1 模块)，如没有，则可能与交换机配合有关。

(5)模块通信告警，采用复位该模块的方法进行处理，仍不能正常启动。

解决方法：

①模块号的跳线块是否设置正确，如 5 模块，应设置为 0101；

②模块与主网的 DB15 连接是否有松动；

③如 a，b 均无误，可采用更换模块主控板的方法来判断是否是模控板损坏。

(6)万一出现双机瘫痪的情况，请按以下步骤恢复：

①关闭所有模块电源开关(如有铃流开关，先关铃流开关)；

②关闭双机的电源，此时系统处于全停机状态；

③开左侧主机(80)，大约 30 s 后，开右侧主机(81)；

④如主机开机正常，应为一主一备(网板上第一个灯为红色表示主用，为绿色表示备用)；

⑤开各模块电源开关：先开电源开关，如有铃流开关，待模块运行正常后(指示灯正常闪亮)，再开铃流开关。

(三)故障报修申请

电话所话务员应随时掌握话路的音质音量，发生障碍时，应及时通知维修单位并做好记录。恢复后，经过验收方可使用。

思考题

1. 用户拨叫“114”时，话务员应操作什么键应答？
2. 自动用户拨“114”上不了话务台如何解决？
3. 如何进行故障报修申请及恢复后的操作？
4. 席间联络的功能键是什么？
5. 会议台工作方式有哪两种？

第五节　CTT-2000B 智能电话人工台操作

一般情况下登录后并不能立即工作，需要话务员先进行工作任务选择以确定自己的工作任务。打开“工作任务选择”窗口，选择“可处理服务”中的“114”选项（打勾），确定后即可进入“114”查号的服务工作。如图 5-90 所示。

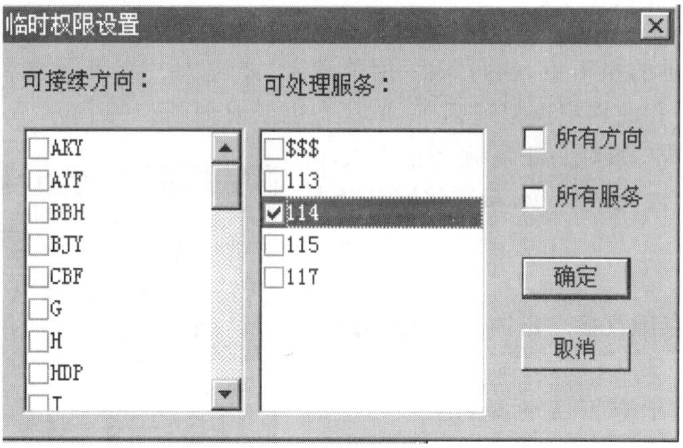

图 5-90　权限设置界面

打开如图 5-90 的工作任务选择窗口，在“可处理服务”中选择“114”服务（或类似的记录服务项），确定后即可进入话单记录服务。

一、查号台话单的应答

话单的应答：选好工作任务后就进入工作状态，话务员即可等待“114”的查询呼入。如果有新呼入，会在活动话单窗口显示一张“114”的查号话单，如图 5-91 所示。如果活动话单窗口已经填满，则会在接续区显示如图 5-92 所示图标。

对话单的操作提供多种操作方式，可用鼠标点击相应按钮完成操作，也可在命令区键入命令完成操作，也可使用快捷键完成基本操作。本系统推荐使用命令行操作方式，以便完成多话单的操作，以后的说明均以命令行操作为主。

1. 话单定位

由于本系统提供两个活动话单窗口，所以首先要对显示在活动话单窗口的话单位置进行定位，两个话单从上至下依次为 A、B。根据话单出现的位置确定话单名称（主语）。如话单出

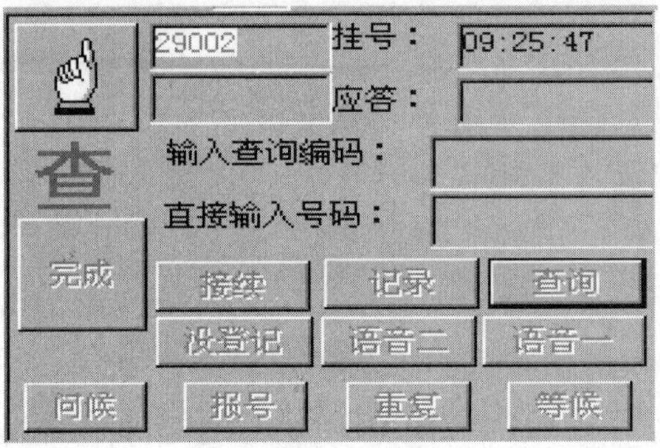

图 5-91　持续区界面

现在第二个窗口，则称为 B 话单。要对这个话单进行操作，命令行的主语就为 B。对于在接续窗口的话单，则用 0～120 的整数表示，其数值在每个小图标的下方显示。

图 5-92　持续区界面

2. 抢单(W)

确定要接的话单的主语后，执行 W—抢单命令，如键入 BW 表示接过 B 话单，话务员将和此用户连接通话，话单状态也变成如图 5-93 所示。W 命令一般可以省略，如对一张新呼入 B 区的话单，键入 B 命令就可以完成操作，系统将默认为是 BW 命令。

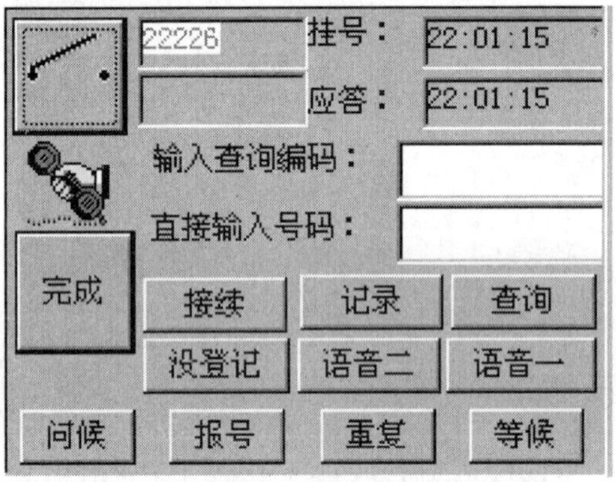

图 5-93　话单状态界面

也可以用鼠标左键直接点击图 5-91 中的完成抢单操作。

还可以用 F3 表示应答 A 话单，F4 表示应答 B 话单。

如图 5-93 所示为查询话单，图 5-94 表示话务员与用户的连接状态，前者为与用户连接，后者为断开。断开并不表示挂掉用户电话，只是断开与用户的连接线路，使用户不能听到话务员的声音。想要同用户通话时，应将开关处在连接状态。连接和断开命令见命令表。

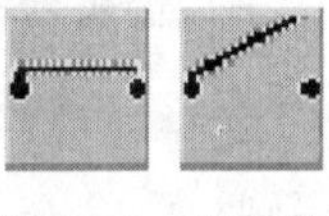

图 5-94　连接状态界面

3. 语音应答

话单上提供 5 个语音应答按钮，依次为："问候"播放"你好"、"报号"报出电话号码、"重复"播放"请重复"、"等候"播放"请稍等"、"没登记"播放"您要的电话没登记"五种应答语音。编号按顺序从 1-5，依次定义为：1—您好请讲话、2—报出电话号码、3—请重复、4—请稍等、5—您要的号码没登记。另外还提供两个扩充语音，"语音一"与"语音二"，供各地提供特殊语音。

例如：要对 B 话单的用户播放"请稍等"语音，"114"的查询命令为 M，则只需在命令行键入：BM4 即能播出"请稍等"语音。也可以用鼠标左键直接点击相应按钮播出语音。

二、记录台

1. 打开如图 5-90 的工作任务选择窗口，在“可处理服务”中选择“113”服务(或类似的记录服务项)，确定后即可进入话单记录服务。如果有新的“113”呼入，会出现如图 5-95 和图 5-96 所示话单，分别显示在活动话单区和在接续区。图 5-95 中的“记”表示是记录话单。

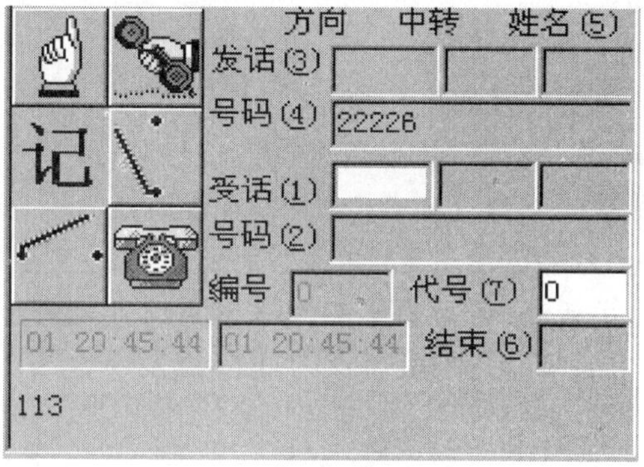

图 5-95　记录话单界面

2. 命令的主语由话单的位置确定(A、B 或数字)，按下“Ctrl”+“Alt”键将光标定位到命令框，如话单在活动话单区的 B 位置，则键入 BW 接过话单。如图 5-96 所示话单则键入 5W 接过话单。其中 5 表示话单代码；22226 表示主叫号码；新呼入表示话单状态。

图 5-96　新呼入界面

图 5-97 中上半部分为用户信息区，下半部分为话单资料区。左侧图标显示用户状态，上面的电话表示用户摘机，下面的电话表示空闲。另外三个图标表示连接开关，闭合的为连接，打开的为不连接。话务员在通话时一定注意开关的状态，只有开关闭合才能和用户通话。右边的白框供话务员填写话单信息，上边为主叫，下边为被叫。

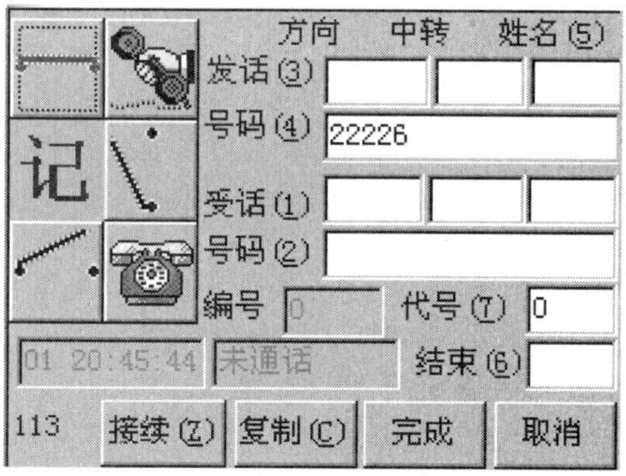

图 5-97　话单界面

3. 各框的内容如文字提示。

“方向”填写长途方向代号，共电单机号码，市话代号等，如是本地用户就空着不填。

“号码”填写电话号码或单位信息。可以是数字、字母和汉字。注意：此栏内不许有空格。

“姓名”填写用户姓名，系统提供百家姓编码，话务员只需敲入编码就会自动填写姓名。

“中转”为对“方向”内容的补充，对于一些无法直达的长途方向，需要进行中转，系统自动识别长途方向，对于无直达线的方向将自动填入中转方向，以后进行话单呼出时直接呼叫中转方向。同时此项也允许话务员直接填写和更改。

“代号”一般用于记录对方话务员代号。

“结束”如果这张话单记录或者呼叫失败，或者用户取消，可在这里填入失败的原因，如A、B、C、D等符号。（按铁标定义）

“编号”该话单在本机的代号。

话单中还有四个按钮，分别实现四个功能：

“接续”此时的话单处于记录状态，并不能直接进行接续，要想实现立接，在记录完话单信息后，需执行此功能。可用鼠标左键直接点击此按钮，或通过命令VP完成。

“复制”一个用户可能会要求记录多张话单，当记完一张话单时执行此功能会将当前话单存入待接续区，并且产生一张新话单，新话单中保留主叫信息，话务员只需填写不同的被叫信息即可对一个用户记录多张话单。话务员可点击此按钮完成这项功能，也可键入命令VR产生新话单。

“完成”当记录完一张话单时执行此功能，系统会保存这张话单并自动送到相应的长途接续台，存放在待接续区内，同时挂断用户。命令VO完成此功能。

“取消”对一张废弃的话单或用户取消的话单，可执行此功能，执行后挂断用户并删除话单。用鼠标点击此按钮或命令VQ完成操作。

4. 记录话单

用命令行可以一次完成被叫所有信息的记录。话单的填写用“。”来表示。可以跟多个参数，M（或*）—长途区代码、N（或+）—电话号码、O—姓名、Q—中转代码等。

例如：一位姓李的同志要记录一张上海（H）的36475，键入如下命令完成记录：

B. B MH N36475 OLI 或 B. B *H +36475 OLI

如要为这位李同志再记录一张北京（P）的74666，则需键入：

BVR

B. B MP N74666 或 B. B *P +74666

如话单记录完成，则键入：

BVO

如取消这张话单，键入：

BVQ

话单记录完成后会自动保存起来并分配到相应的接续台。

三、接转

1. 工作任务选择

接续台要完成记录话单的接续和长途方向呼入的接转，按工作类型可分为来话、去话和转话三种。选择工作任务时要同时选择“可处理服务”与“可处理方向”两项，如图5-90所示，其中“$ $ $”项表示接续服务，故在选择处理方向之前必须选择此项，表明此话务台具备长途接续服务，选中“$ $ $”项后方可再选择长途方向。对于欲选的方向在它之前的方框中打上钩，选定后，所选方向的话单会自动分配到话务台，而未选方向的话单则不会出现在这个台子上。

接续按步骤可分为立接和待接两种。立接话单要求话务员立即对话单进行操作，待接话单先存放在待接续栏，话务员可在需要时提出接续。

2. 接续话单

接续话单如图 5-98 所示，图中的“接”字表示接续话单，手的图标用不同的颜色表示话单级别，由高到低依次为：红、绿、黄、灰（注：级别是班长台定义的）。

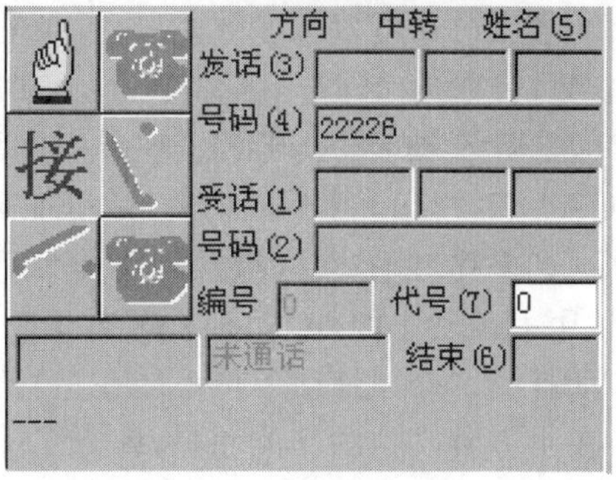

图 5-98　接续话单

确定话单的位置后（定位主语），在命令行键入主语＋W（如 AW、BW）接过话单。话单将会变成图 5-99 和图 5-100 所示。

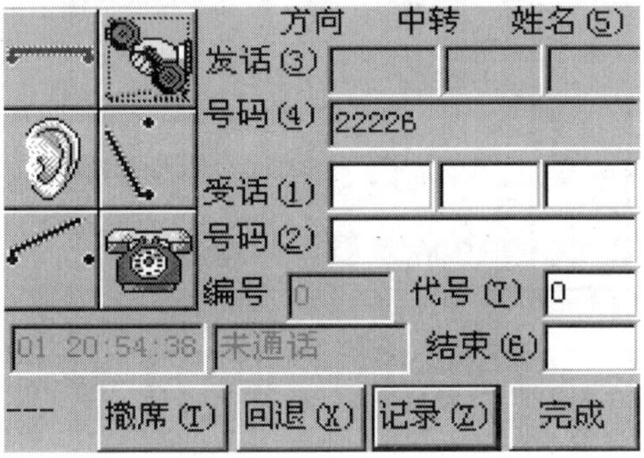

图 5-99　话单界面 1

图 5-100　话单界面 2

图 5-99 为新呼入的接续话单，图 5-100 为从待接续框（记录完成的话单）弹出的话单，区别在于前者的主叫已经存在，呼出被叫即可完成接续，而后者需要呼出主被叫方能完成接续。

话单中有四个功能项，分别是：

“撤席”—连接主被叫并将话单移到在接续话单区。

“回退”—将接续话单放回到待接续话单区。

“记录”——方面指长途呼入非本地用户的接续话单，转为记录话单；另一方面用于对于正在接续（或向对方报记录）的话单，某长途方希望替他接续时，类似于将本话单退回待接续队列，生成一长途方主叫新呼入话单。

“完成”—将话单完成。

3. 接续

接续操作是最常用也是最难掌握的操作。系统同时提供命令行、鼠标和快捷键等多种操作方式，一般要求先掌握命令行的操作。熟悉之后可结合鼠标和快捷键操作以提供接续速度。由于鼠标和快捷键操作便捷容易掌握，这里将不作重点描述。在操作中可将几种操作方式结合起来，以达到最佳的操作方式。

（1）呼出（O）与拆线（Q）

接续话单的主要任务就是完成话单呼出，呼出动作用命令 O 完成。先确定话单的位置，然后确定呼出主叫还是被叫。例如呼出 A 话单的被叫，则命令为 AOB。呼出 B 话单的主叫，则命令为 BOA。

呼出命令可以带参数，可直接填写用户方向(M)和号码(N)。如从 A 话单的被叫呼叫成都(W)方向的 45677，则命令为 AOB　MW　N45677. 此命令将把 W 填入被叫方向区，把 45677 填入被叫号码区。如从 B 话单的主叫直接呼叫本地用户 22226，则命令行为 BOA　N22226. 呼叫成功后，话单如图 5-101 所示。

如果呼出不成功，被呼叫的电话手柄仍呈黄色，如图 5-102 所示。若要挂断电话重新呼叫，用 Q 命令，如 AQB、BQA. 对于呼叫失败的用户，如果话务员不去拆线，系统会在 30 s 内自动挂掉。挂掉前话务员不能在进行呼出操作。针对呼多方功能可使用拆多方命令，多方是指在十方会议中的其他用户，即除了主被叫外的其他用户。每个用户间用"/"分开。如 A 话单是十方话单，命令 AQB/C/D 将挂掉被叫和 C、D 用户。

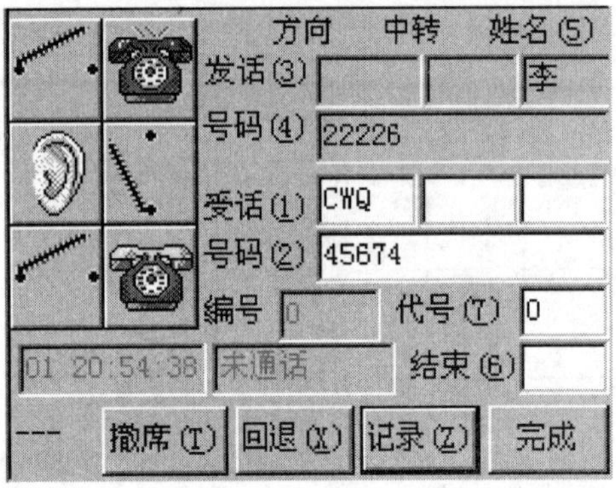

图 5-101　话单界面 3

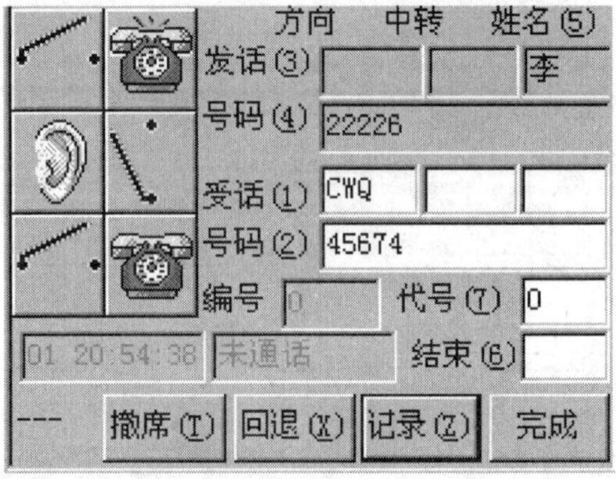

图 5-102　话单界面 4

在鼠标和快捷键操作中，呼出和拆线没有区别。仅根据当前的线路状态决定操作结果。如用鼠标点击被叫电话和按下 F5，若当前话单中的被叫空闲，此操作就表示呼出，若此时被叫已经摘机，此操作就表示拆线。下面所述的连接和断开也是如此。

(2)连接(R)和断开(U)

由于允许同时操作多张话单，故在呼叫用户时并不与被呼叫用户连接，使得话务员可以呼叫用户时和其他用户连接讲话，要想连接到呼叫的用户，需执行连接命令(R)。如执行 ARA 后，话单如图 5-103 所示。比较图 5-101 和图 5-103，前者与主叫的开关断开，此时不能听到用户的振铃声，后者与主叫的开关闭合，此时方能与用户通话。

如要断开和用户的连接开关，则用 U 命令，如执行 AUA 后将回到图 5-101 所示的话单状态。

(3)三方通话(N)

三方通话是指话务员与主、被叫三方连接通话。主被叫用户摘机，话务员要向主被叫双方同时通报。这时需要进入三方通话状态。如让 A 话单进入三方，命令为 AN。这时主被叫的连接开关和主(或被)叫与话务员的连接开关同时闭合。如图 5-104 所示。两个开关将话务员、主叫和被叫连在一起，这时三人中的任何一方讲话其他两方都能听得。

(4)撤席(T)

主被叫用户摘机通话以后，话务员无须再参与其中，这时话务员要从话单中退出，并将话单放在一边。执行撤席命令以后，话单将转到工作界面右上角的在接续话单显示区。如果话务员无须向用户通报，则话务员不必进入三方，可跳过三方通话命令，在呼出主被叫后直接执行撤席命令，系统将自动连接主被叫用户。撤席后的话单如图 5-105 所示，并显示主被叫信息。

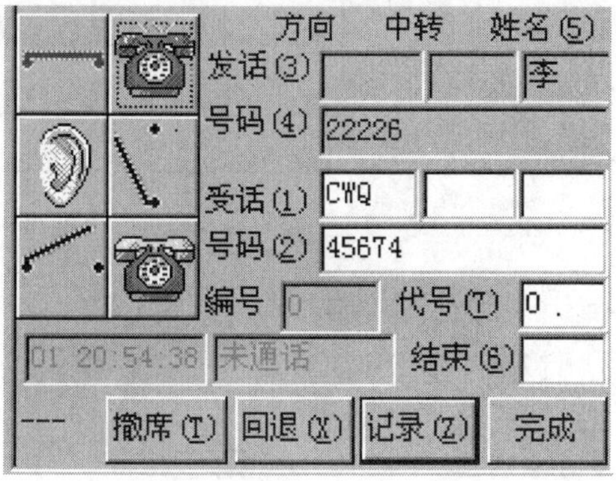

图 5-103 话单界面 5

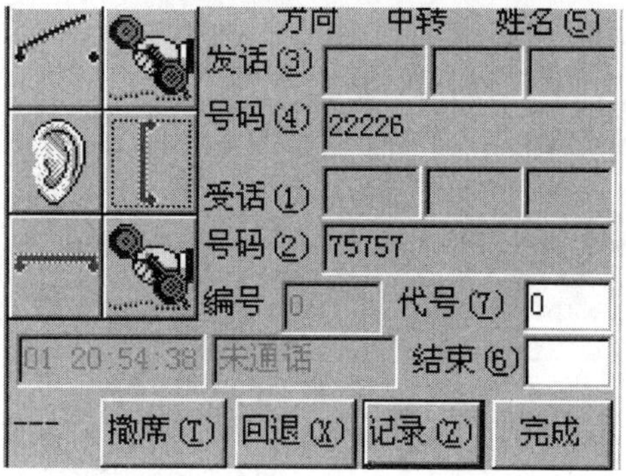

图 5-104 话单界面 6

如图 5-105 所示的仅是用户双方通话时的图标。如撤席后被叫仍未摘机或主叫在未通话时挂机，图标如图 5-106 所示。左侧的方块表示主叫，右侧表示被叫，方块内如是红色表示用户摘机，灰色表示挂机或未摘机。当双方都摘机通话后，图标就变成如图 5-105 所示状态。通话完成自动用户挂机后，图标会变成黄色的电话，并会自动弹到活动话单区。

图 5-105 撤席界面

图 5-106 挂机界面

(5)监听(S)

正在通话的话单如图 5-105 所示，当主被叫同为自动电话时，若双方挂机后话单会自动完成消失。但当有一方为人工线或双方都为人工线时，系统无法检测用户是否讲完话，这时就需要话务员对话单进行监听。系统只允许监听 5 s，5 s 后会送嘟…嘟…的监听通知音。小图标的第一个数字为话单主语，如上图的 O，命令 OS 执行此话单的监听。退出监听用 OUM。

(6)完成话单(V)

通话完成后或不再需要的话单，用命令 V 完成。V 命令可带一些参数。一般通话完成可用参数 O 或者省略，强制完成用参数 Q。

(7)再呼与二次拨号(P)

再呼与二次拨号共同使用命令 P，区别在于所带的参数不同。再呼的参数为 P、二次拨号的参数为 Q。

再呼是指保持线路连接状态，再次向被呼叫用户振铃，一般在呼叫人工线路时经常用到。在话单上用黄色的笑脸来表示呼出人工方向，如对方话所话务员未应答，可通过再呼功能来呼叫对方话所。如图 5-107 所示的话单在 A 位置，则再呼的命令为 APBP，中间的 B 表示被叫，有时自动线路会设成由话务台控制线路拆挂，这时如果自动电话用户挂机并不能真正挂断电话，用户重新拿起电话后仍能和话务员通话。未拆线的电话用黄色电话表示，如图 5-108 所示。由于此时通话线路并未拆掉，如果使用呼出命令就需要先拆掉线路，因此对这种用户也可用再呼命令重新呼叫用户。

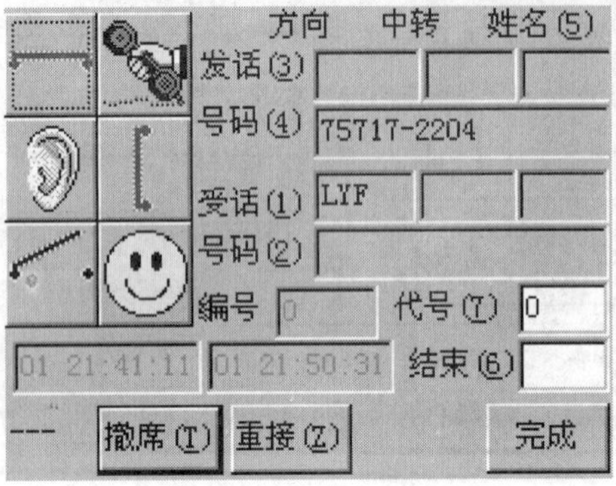

图 5-107 话单界面 7

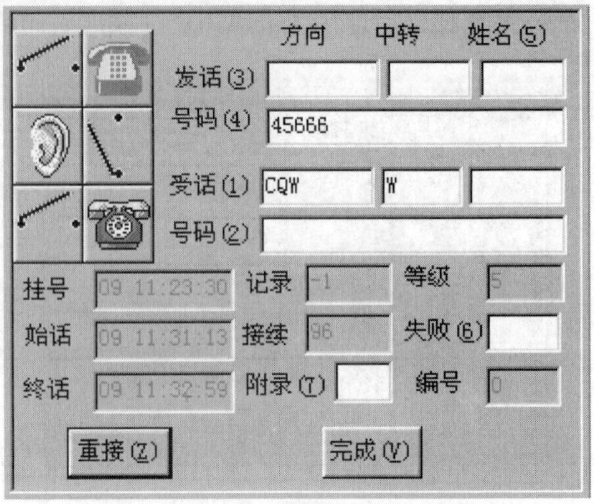

图 5-108 话单界面 8

用鼠标的右键点击黄色的笑脸也完成再呼功能。

有时话务员拨打的电话号码并不是用户，而是电脑话务员，即要求话务员再次拨打分机号码。这时在话单的电话号码处不仅要填写总机号码，还要加上分机号码，两个号码之间用“-”连接。如图 5-107 所示，前面为总机号码，后面为分机号码。首先用命令 O 呼叫总机，如呼叫 A 话单的主叫，则用命令 AOA。当对方总机应答后，再键入命令 APAQ 呼叫分机，中间的 A 表示向主叫送分机号码。

注意图 5-107 中的按钮与一般的接续话票有所不同，有一个“重接”按钮，这是因为这张话票曾经撤席过，即系统已经认为这张话票开始通话，如果要对这张话票重新进行新的接转，此时就须按下此按钮。

(8)察看话单的详细资料(XD)

由于话单的显示空间有限，无法从话单中看到话单的详细资料，系统提供 XD 命令供话务员查阅指定话单的详细资料如图 5-109 所示。资料内容仅供查阅，不能更改。若要关闭窗口，按空格即可。

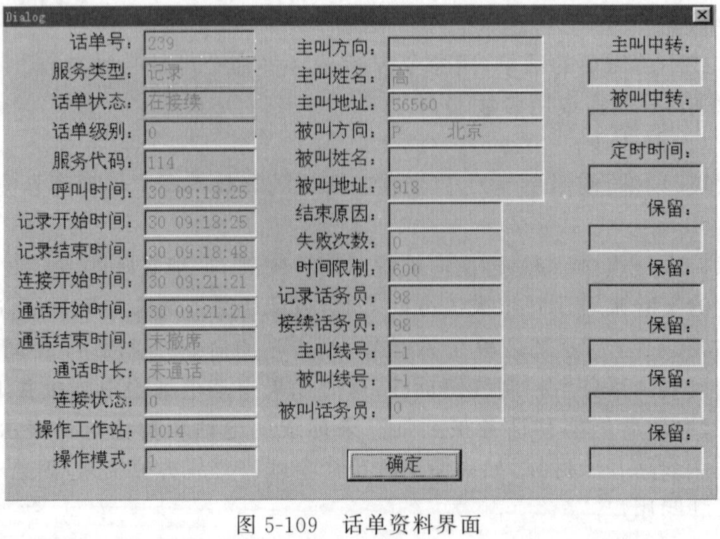

图 5-109 话单资料界面

四、席间通信

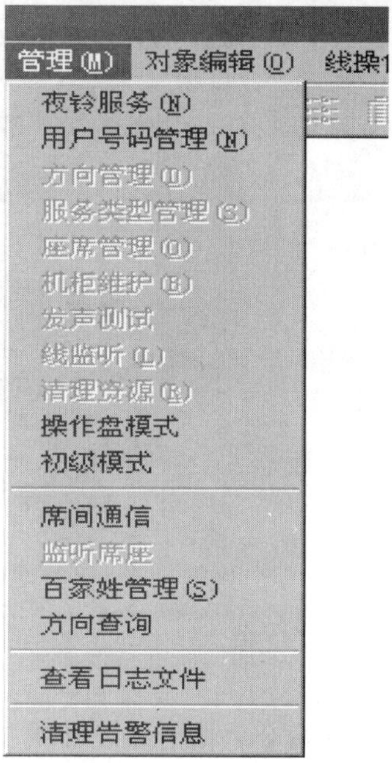

图 5-110　席间通信界面

选择如图 5-110 所示的“席间通信”项，会弹出席间通信窗口。如图 5-111 所示。在左侧的方框内打钩选中欲与通话的话务员代号或工作台号，按下右侧的“通话”按钮就会和选中的话务员通话。同时“通话”按钮变成“断开”按钮，下方的文本条显示所选的工作台状态，如果所选的话务员正在和他人通话，此时就不能和选定的话务员通话了，必须等到话务员空闲下来后，才能进行席间通话。

五、智能电话十方会议

如需召开多方会议，使用命令 XT 或 XM 将话单变成图 5-112 所示的十方会议状态。

此时提供包括主被叫在内的十二方资源。除主被叫用户外，从上到下依次定义为 C、D、E…K、L。其呼叫方式与呼叫主被叫用户相同，如 AOC、AOE。呼叫成功后，用连接命令将用户与已经入会的用户连接，即可使此用户入会。如 ARCA，将 C 用户与 A 用户连接即可使 C 用户入会。也可以用鼠标点击电话下方的小方块，方块中出现红色的对号即表示用户已经入会。将话单完成后界面会自动恢复到一般状态。

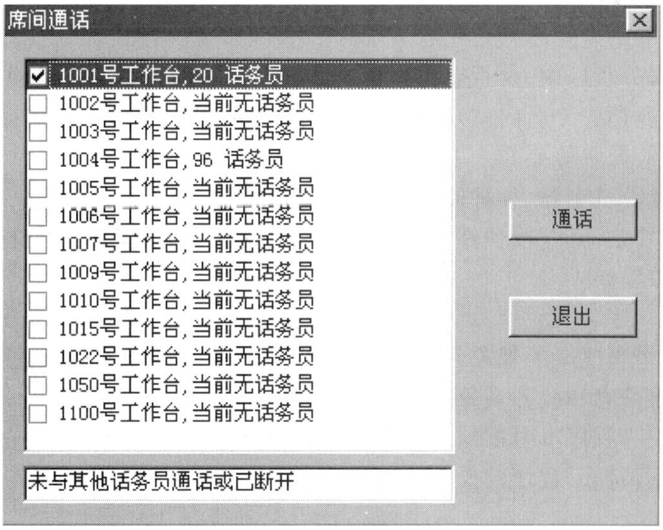

图 5-111　席间通信界面

呼多方(G)：

为了提高话务员呼叫特定用户的速度，系统提供同时在一张话单上呼叫多个用户的命令，系统自动识别命令把话单转换为十方话单，同时完成多个用户的填写和呼叫。每个用户的号码用“/”分隔。如：AG　N78466/N67438/MW/N87589。

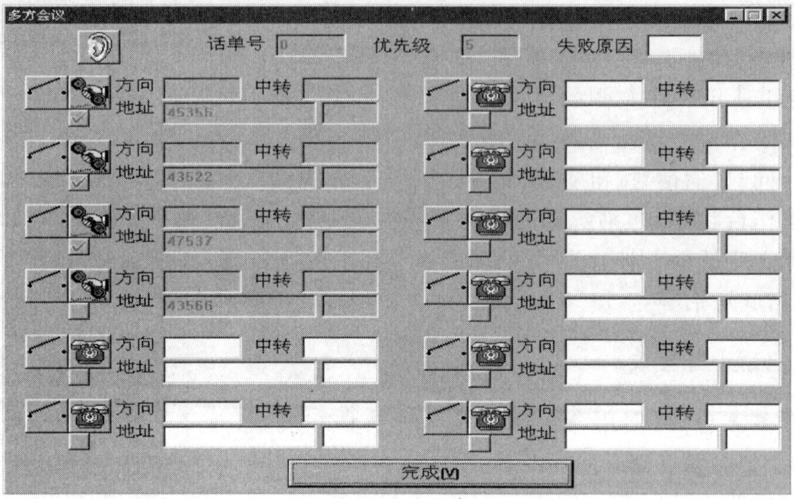

图 5-112　十方会议界面

此命令将同时完成呼叫 78466、67438、W 和 87589 四个用户，但这个命令只能在十方会议的话单中使用。

六、智能电话人工台的故障判断及报修申请

(一)计算机及操作系统故障

1. 故障分析及处理方法

计算机系统故障的查找原则是先软后硬，先外后内。所谓先软后硬就是发现故障后应先从软件上、操作上来分析原因，是否能找到解决办法。软件确实解决不了问题的再从硬件上逐步分析故障原因。所谓先外后内就是发现故障后要仔细观察给出的错误提示、故障现象。如不显示、不通电、反应异常等要看一下电源插好了没有，信号线接好没有等外界易发生故障的地方，然后再检查计算机电源，种种插件等内部器件。

硬件的故障主要是器件、接插件和印刷板的衰老或失效而引起的，软件的故障是由于程序结构发生变化，导致错误。

(1)软件故障

软件故障是一个很复杂的现象，不但要观察程序本身、系统本身，更重要的要看出现什么错误信息，根据错误信息和故障现象才能查出原因。

程序故障：查一查程序本身的编制有没有错误、程序完整不完整、程序的装入方法对不对、程序的运行环境是否符合、程序的操作步骤是否正确、有没有相互影响的软件等，逐一查找和排除。

系统故障：有些软件要求操作系统的版本较高，内存较大，所以首先看一下 Windows 版本是否正确，是不是所要求的操作系统，系统文件是否正确，系统配置 CONFIG. SYS 是否正确，计算机内存的大小是否合适等。例如，若计算机硬盘不能启动，未出现任何信息即死机，那就是考虑两个引导文件是否出现错误等。

病毒影响：目前计算机病毒对计算机系统影响非常大，它不但影响软件、操作系统运行速度，还影响打印机、显示器等，上午程序运行正常，下午开机后程序不能运行了，或硬盘不能启动了,或打印机不能打印了等这些现象,除考虑上述两种原因外,还要考虑病毒的影响。

(2)硬件故障

硬件故障查找的一般方法是:根据故障现象进行大的分类,在掌握系统的组成及基本原理基础上,根据以往经验,确定几个可疑对象,然后利用下述的具体方法逐项排除,从而找到故障所在。

直接观察法:利用人的感觉器官检查是否过热、烧焦、变形等现象。是否有声音异常、短路、接触不良现象?如果没有任何反应,电流不通,就要看保险丝是否熔断?有关插接头是否松动?打火花?元器件有没有生锈、损坏等明显的现象。

分割缩小法:把故障分成大类,然后再分成小类,逐步缩小范围,由大类缩小到某个插板,由插板缩小到某个集成块。

插拔替换:当找出怀疑对象后,用好的器件进行替换来确定故障块,然后再用好的芯片替换怀疑的芯片来确定故障点,这样能找到确切的故障点,问题也就解决了。

静动态测量法:即考虑某一点电平的高低,有无,有时就用静动结合的方法进行查找,不通电时进行测量(使用万用表),通电时再进行测量,比较两次测量结果等来找到细微的变化,从而确定是某一元器件所致。

程序测试:程序测试法可分为自制程序测试和高级诊断测试两种,自制的测试程序当然要有针对性,针对故障的原因和特性,编制能充分体现原因的程序;高级诊断程序是计算机有随机带的故障诊断盘,它能测试到计算机的某一个板子或板子的某一功能块,从而缩小故障范围。

总之,为了排除故障,首先要设法查出产生故障的原因,确切找到故障原因后,排除故障的工作也就做了三分之二。若要正确且迅速地查出故障原因,最主要的是掌握基本原理,多参加实际工作,而且在方法上应从一些简单的检查方法入手,逐步再运用复杂的方法进行检查不论是软件故障还是硬件故障,开始总是判断故障的大致原因,接着压缩故障范围,最后查明确切原因,再去解决。

2. 计算机启动检查

计算机若发生故障,在启动时,计算机将依靠自身的 BIOS 程序进行自检,并给出有关的出错信息,下面对计算机启动时的各种现象进行分析,并给出相应的解决方法。

(1)开机时不通电的处理

当打开计算机电源,工作人员首先要注意指示灯是否亮,若不亮应先关掉电源再按下面的顺序和项目检查:

①各种电缆连接是否正确,插接是否牢固。

②从稳压器到多用插座再到计算机各部位是否均通电。

③计算机和其他设备有些是多道开关,是否全打开,如有些主机与显示器是一个开关,有些是各自的开关。

④有关的熔断器是否烧断。

如果以上各项均正确,那有可能是计算机电源的问题,这时可通知维修人员解决。

(2)显示器是否正常

①画面无显示。当无显示时,应看显示器电源指示灯亮不亮,若不亮,检查电源,若亮,调整亮度调节开关,若还不显示,那就是显示器内部的问题了,内部的问题有三种可能,第一种是

接触不良,第二种是保险丝熔断,第三种是某部分电路被损坏。

显示器不显示有时还跟显示卡、主板有关系。

②画面有显示。当有显示时,显示是否正常,观察其颜色。另外显示器若上下有规律抖动,则可调整显示器后的调钮,若显示器混乱异常,要立即关掉显示器,这种情况有两种原因,一种是显示器适配卡与显示器不配套,另一种是显示器本身问题,这两种情况应由专业人员来修理。

③当要开电源后,显示器起初显示而后来又不显示了,这往往是有关元器件老化引起的,则要立即停止使用。

(3)硬盘是否正常启动

①当显示器正常显示时,计算机在显示器上显露自检 PST 的过程,最后检查硬盘,当硬盘部分正常时将出现下步提示。

②若出现 FIXED DISK NOT READY 即硬盘部分有问题,可让维修人员去查。若硬盘自检不正常,不能自检而死机,说明引导部分有问题。

3. CMOS 设置引起的故障处理

在系统上的 ROM BIOS 中,保存有系统设置程序。一般有基本系统硬件配置(STANDARD CMOS SETUP)和高级 CMOS 设置,正确设置 CMOS 系统是保证计算机系统正常运行的前提。

CMOS 错误引起的故障在计算机故障中占有相当的比例。有些用户或初学者在没有搞懂 CMOS 参数设置之前,随便进入 SETUP 设置改动某一参数,使机器无法正常运行。重者使计算机系统的硬件损伤,造成不可挽回的损失。常见故障如下:

(1)硬盘类型设置错误

系统可以支持两个物理硬盘 C 和 D。如果计算机不配硬盘,C 和 D 则设为 NOT INSTALLED。如果装一块硬件,则把 D 设为 NOT INSTALLED 。系统 ROM 中保留了 46 种硬盘参数,根据计算机配置的硬盘选择正确的硬盘参数。如果在系统提供的硬盘类型中找不到用户硬盘参数,可以选择类型 47,采用自定义类型。自定义类型主要是把硬盘的柱面、磁头数、扇区数写进去,BIOS 自动计算出硬盘的容量。由于硬盘类型设置不对引起的故障有以下几种:

①如果硬盘无法启动,DOS 系统虽已装入硬盘,但无法进入系统。

②硬盘检测通不过。由于所设的参数不符合硬盘的物理结构,所以自检时报错,无法对硬盘分区。

③硬盘内部损伤,造成零磁道损伤,硬盘经常发生数据丢失,读写不正常。时间长了,造成盘体损伤。

(2)高级 CMOS 设置错误

高级 CMOS 设置提供了很多选择项。前面已介绍过。这些选择项设置错误,机器虽能正常运不是工作在最佳状态。用户在设置参数没搞清之前,不要随便改变设置。

(3)口令设置错误

用户把 CMOS 设置中 PASSWORD CHECKING OPTION 置成 SETUP 或 ALLWAYS,当计算机启动时,就会向用户索要口令,如果用户不想设口令就键入回车键。但有时无意中设置了口令,无法进入系统。

注:建议 CMOS 设置在没有厂家技术人员的指导下,请勿改动。

4. 显示器故障处理

(1)无显示

一种可能的原因是视频信号太弱。可调整监视器的辉度,若无效,则可能是无视频信号输入到监视器,可检查监视器的信号电缆是否接触不良或损坏。若不是此原因,则是无视频信号产生说明显示适配器损坏,需检修或更换。

(2)垂直不同步

一般说来通过调整监视器上的垂直同步旋钮,即可使垂直同步。若无效,则说明无垂直同步信号到监视器,需检修或更换显示适配器。

(3)水平不同步

首先调整监视器上的水平同步旋钮,使水平同步。若无效则可能是无水平 同步信号,需检修或更换显示适配器。

(4)彩色不好或没有彩色

一种可能是监视器失调,可通过调整监视器的彩色控制来解决。若无效,需检修或更换显示适配器。

(5)开机后黑屏

如果显示器的电源指示灯不亮,检查一下主机及显示器的开关是否打开。如果已经打开,灯仍不亮,请检查电源线及电源插头。如果显示器的电源指示灯亮,并且闪烁,请插紧显示器的信号线接口。

(二)故障报修申请

电话所话务员应随时掌握话路的音质音量,发生障碍时,应及时通知维修单位并做好记录。恢复后,经过验收方可使用。

思考题

1. 用户拨叫“114”时,话务员应操作什么键应答?
2. 话单上有几个语音应答按钮?分别是什么?
3. 什么是席间通信?
4. 会议台是如何组织电话会议的?
5. 开机后黑屏如何操作?

复习思考题(根据实际使用机型答题)

1. 受理电报后,应在报头栏填记哪些内容?
2. 各级监察、稽查、审计人员出差执行公务需拍发电报时电报所如何办理?
3. 报路故障短期不能恢复时,电报员应怎样处理?
4. 电报的投递时限是如何规定的?
5. 收到并转或转交的电报应如何办理?
6. 如何办理话传投递?
7. 传真电报传送完后要做哪些工作?
8. 使用 CTT2010SW-T 报所终端录入电报时,保存按钮的作用是什么?

9. CTT2010SW 电报通信系统增加了什么常用设备?

10. 通话时间如何计算?

11. 用户所查电话没有登记时,话务员应如何操作?

12. 请写出各铁路局局尾代字。

13. 话务台运行过程中突然不能通话时的解决方法有哪些?

14. 话务员基本要求是什么?

15. 什么情况下使用席间联络?

第六章 相 关 技 能

第一节 报话业务管理

铁路报话工作实行铁路总公司(以下简称:总公司)、铁路局、通信(电务)段三级管理。各铁路局、通信(电务)段应设报话专兼职管理人员,负责报话业务管理工作,监督检查报话业务工作质量。电报所、电话所设置应与铁路经营管理、运输组织和站段布局相适应。电报所、电话所的设立及布局调整由铁路局业务主管部门商劳资部门按照管理权限批准。涉及国际电报业务的,还应征得外事部门同意。

一、管理职责

(一)总公司电报管理人员管理职责

铁路总公司运输局电务部是报话业务主管部门,依据部门职责,主要负责以下工作。

1. 提出铁路报话业务发展规划和报话业务管理规章,监督检查执行情况,指导全路报话业务工作;

2. 拟订铁路报话技术装备标准;

3. 参与制定铁路报话员国家职业技能标准;

4. 组织全路报话网络组网和网络调整工作;

5. 组织编制铁路电报站名略号和铁路总公司所属单位统称语、通电略号、投递范围,组织编制全路电话号码簿;

6. 指导开展报话业务培训,组织总公司报话业务职业技能竞赛。

(二)北京铁路通信技术中心电报管理人员管理职责

北京铁路通信技术中心(以下简称通信中心)在总公司运输局电务部领导下,协助开展报话业务管理,主要承担以下工作。

1. 监督检查铁路报话相关规章制度的执行和落实情况,对服务质量及设备质量进行抽查;

2. 承担铁路电报站名略号和总公司所属单位统称语、通电略号、投递范围等技术业务资料的编制、修订和总公司电报系统数据库管理工作,承担全路电话号码数据库管理和全路电话号码簿编制工作;

3. 协助铁路总公司开展报话业务培训;

4. 组织开展全路报话网路活动;

5. 负责全路报话业务年度统计分析工作,向铁路总公司提出年度重点工作和业务质量提高措施、建议;

6. 组织分析长途电话流量流向,提出干线话路、转话径路调整建议。

(三)铁路局电报管理人员管理职责

铁路局电务处是铁路局报话业务的主管部门,主要负责以下工作。

1. 贯彻铁路总公司有关报话业务管理规章和技术标准，结合本局实际制定细化措施或补充规定；

2. 组织开展全局报话业务工作，制定本局报话重点工作计划，监督检查报话业务服务质量；

3. 根据铁路总公司部署和铁路局管内生产组织、经营管理需要，优化管内报话所生产布局，提出调整建议；

4. 编制、修订管内所属单位统称语、通电略号、投递范围，负责铁路局电报系统数据库的管理，承担管内电话号码库管理和电话号码簿编制工作；

5. 负责管内非铁路单位电报收发业务申请审批，组织签订服务协议；负责管内用户电报终端的设置审批和管理，组织制定管内用户电报终端的操作、使用和管理等制度；

6. 组织分析管内长途电话流量流向，制定管内转话径路方案，提出铁路局至铁路总公司长途话路、转话径路调整建议；

7. 组织制定报话业务作业标准，指导铁路局报话业务培训和职业技能竞赛，开展报话网路交流学习活动，提高报话服务质量；

8. 负责报话业务年度统计分析工作，掌握各项指标完成情况，提出报话服务质量改进措施。

（四）通信（电务）段电报管理人员管理职责

通信（电务）段报话管理主要工作。

1. 贯彻落实铁路总公司、铁路局报话管理规章，建立健全岗位责任制度，组织开展全段报话工作，准确、迅速传递电报、接转电话，优质、高效地完成报话通信任务；

2. 根据上级布置的重点工作，制定本段报话工作计划，按时提出月、季、年度工作总结和统计报告；

3. 组织分析管内长途电话流量流向，提出话路调整建议；

4. 组织开展报话所间劳动竞赛，检查报话服务质量，总结推广先进经验，提高报话工作质量；

5. 按照国家职业技能标准和报话作业标准的要求，组织报话人员和用户电报终端使用人员的技术业务学习培训；

6. 开展报话网路活动，组织报话所访问用户、邻所，征求意见，改进工作，不断提高服务质量；

7. 承担非铁路单位电报业务服务协议签订工作；

8. 建立管内电话号码台账，及时更新号码数据；

9. 掌握管内电报所业务范围和投递单位变化情况，及时上报上级主管部门；

10. 处理用户申告并及时向用户反馈。

二、管理制度

各级管理部门应加强电报、电话业务管理，深入实际调查研究，听取用户意见，根据质量管理要求，定期分析安全生产情况，采取措施，不断提高电报、电话服务质量。要经常对报话员进行安全保密教育，明确树立全心全意为用户服务的观点、“质量第一”的观点、全程全网的观点，不断改善服务态度，积极做好本职工作。

建立健全安全保密、质量管理、交接班、访问用户、竞赛评比等各项制度，充分发挥工管员的作用，努力做到分工清、责任明、不出错、不延误、不泄密、不损坏设备。

（一）安全保密制度

遵守通信保密和通信纪律是做好报话工作的根本保证，是报话人员应具备的职业道德。各级报话部门必须经常进行通信保密教育、增强报话人员的保密观念，自觉遵守通信纪律，确保通信机密。

报话通信人员必须遵守下列规定。

1. 报务员不得私编电报、符号、密语、密码；

2. 话务员值机时应使用普通话和标准工作用语；

3. 严禁话务员在机上进行私人谈话、窃听电话；

4. 非报话通信人员不得擅自动用设备；

5. 不得在报话终端上使用与工作无关的存储介质，不得进行与工作无关的操作，不得擅自调整网络接口；

6. 值机时要加强协作，严禁争执或从事与工作无关的事情；

7. 不得在公共场所、私人通信中谈论工作情况，不得与无关人员谈论工作情况，不得带引无关人员进入工作间；

8. 妥善保管各种原始资料和文电并按规定定期销毁。

对于通信保密与信息安全取得显著成绩的单位和个人，铁路局应给予表彰和奖励；对于因失、泄密或违反通信保密纪律与信息安全制度造成损失的，铁路局应视情节轻重给予处理。

（二）质量管理制度

电报：

1. 树立质量第一的思想，认真执行作业标准，坚持自检、互检、总检制度，防止错办。

2. 主任（工长）或质量检查员定期抽查报务员优质电报、标准发报、电报时限完成情况。

3. 夜班人员负责检查一天发、收电报的处理情况，统计及填写资料是否正确。

电话：

1. 树立质量第一的思想，认真执行作业标准，接通确认，防止出错。

2. 主任（工长）或质量检查员，应定期对值台话务员优质电话、电话接转效率和长途电话时限完成情况进行抽查。

（三）交接班制度

电报：

1. 接班人员要提前到所，交接时认真听取主任（工长）传达事项；

2. 实行对口交接。

交接内容：报路、设备、安全生产、业务变更、待处理的电报和已发电报原稿，待处理的电报逐封点清。

3. 交接班时，动作迅速，交班清、接班明，双方在交接班簿上签字。

电话：

1. 接班人员要提前到所，交接时认真听取主任（工长）传达事项，注意电话号码的变更情况；

2. 实行对口交接。

交接内容：话路运用情况，安全生产、业务号码变更情况及其他需要交接的事项；交接班时，动作迅速，交班清，接班明，双方在交接班簿上签字。

(四)访问用户制度

1. 报话通信人员要不断提高为用户服务的意识,制定走访制度,定期走访用户,了解用户需求,征求用户意见,做好回访记录,对用户提出的意见要有回复,不断提高服务质量。

2. 报话所每年定期走访管内用户两次(上半年、下半年各一次)。

3. 每年春运、暑运、防洪期及特殊时期对重点用户进行走(话)访。

4. 主任(工长)对访问中用户提出的问题主动与用户沟通,及时解决工作中存在的问题。

(五)竞赛评比制度

各级电务部门应组织报话人员学习技术业务,必须达到铁路报话员国家职业技能标准要求,经过技术考核,合格后方可持证上岗。

1. 按规定评比条件,按时总结提出评比资料。

2. 主任(工长)负责组织班与班和个人间的评比。

三、基础管理

(一)电报

电报所应备有下列有效、完整的业务资料:

1. 铁路总公司、铁路局有关电报业务规章制度文件和管理文电;

2. 铁路电报站名略号、铁路电报统称语通电略号及各电报所投递范围、标准电码本、局属单位统称语通电略号表;

3. 电报作业标准、本所投递范围表、发报印鉴登记表、新华字典、列车时刻表;

4. 全国铁路客、货运站名示意图。

电报所应配备电报终端、传真机、复印机、扫描仪、录音电话及秒表、计算器、文件柜、材料柜等,根据投递需要配备交通工具。

(二)电话

电话所应备有下列有效、完整的业务资料:

1. 铁路总公司、铁路局有关电话业务规章制度文件和管理文电;

2. 电话作业标准、转话径路、接转范围;

3. 电话号码簿(表)及电话号码台账;

4. 长途电话用户通话种类;

5. 有权使用“117”“115”的用户姓名、职务、电话号码及本地区事故救援指挥中心的电话号码;

6. 管内各铁路营业线车站公里标和车站运转室电话号码;

7. 区间通话柱公里标和应急事故线自动电话号码表;

8. 重点防洪区段公里标和联系方式;

9. 全国铁路客、货运站名示意图。

电话所应配备计算机、打印机、录音监听设备、秒表、计算器、文件柜、材料柜等。

四、质量管理

(一)电报

电报各级管理机构和各电报所要建立健全质量管理制度,以预防为主,加强质量管理和作业过程中的检查,把好电报质量关。

电报所应随时掌握电报设备运用情况,发生障碍时,应及时通知维修单位处理并做好记录，修复完毕经试验良好方可使用。

电报所在办理电报过程中，应采取自检、互检、总检，防止错、漏、丢报，检查人员应签字或盖章。

1. 发报应检查各收报单位是否在收报所投递范围内；

2. 收报应检查收报单位是否在本报所投递范围内，收报单位名称是否与投递单位名称相符；

3. 其他有无错漏之处。

根据质量管理要求，认真填写各项工作记录，定期分析安全、生产情况，采取措施，提高工作效率和服务水平。

电报标准发报率和优质电报率质量标准和计算方法应符合以下规定：

标准发报率≥99%；

优质电报率≥95%。

电报质量标准和计算方法见表 6-1。

表 6-1 电报质量标准和计算方法

<table>
<tr><th>顺号</th><th colspan="2">项目</th><th>条　件</th><th>计 算 方 法</th></tr>
<tr><td>1</td><td colspan="2">差错</td><td>由于办报上的错误，造成直接经济损失和社会影响，计算电报差错</td><td>1. 一封电报只统计一件差错或错情；
2. 电报差错、错情，一律按发现日期统计</td></tr>
<tr><td>2</td><td colspan="2">错情</td><td>由于办报上的错误，造成错漏发、收、译、投，经用户反映，计算电报错情</td><td>造成差错、错情，由直接责任者负责。传真电报根据通报记录判明责任，对于不能判明责任的，双方各计算一件</td></tr>
<tr><td rowspan="2">3</td><td rowspan="2">标准发报</td><td>电报终端</td><td>指导行正确、报头完整、收报单位明确、报文无误、有标点符号，符合发报译电格式</td><td rowspan="2">计算公式：
$标准发报率=\frac{总封数-非标准报封数}{总封数}\times 100\%$</td></tr>
<tr><td>传真扫描</td><td>报头完整、报面整洁、端正清晰、编页正确</td></tr>
<tr><td rowspan="2">4</td><td rowspan="2">优质电报</td><td>电报终端</td><td>格式标准、字体清晰、填改字体正确、印鉴端正清楚、日期正确</td><td rowspan="2">计算公式：
$优质电报率=\frac{总封数-非优质报封数}{总封数}\times 100\%$</td></tr>
<tr><td>传真扫描</td><td>报头完整、报面整洁、端正清晰、编页正确、印鉴端正清楚、日期正确</td></tr>
</table>

发报时限、收报投递时限和效率指标应符合以下规定。

电报时限见表 6-2。

表 6-2 电报时限

顺号	项目	发报时限	收报投递时限	总时限
1	特提(TT)	1 h	1 h	2 h
2	特急(TJ)	1.5 h	2.5 h	4 h
3	加急(JJ)	1.5 h	6.5 h	8 h
4	平急(PJ)	2 h	22 h	24 h
5	限时(X)	原则按照 1.5 h 办理	限时时间－1.5 h	按用户要求办理，原则上不小于 4 h
6	列车(L)	发报不超过 1 h	随到随投	列车到达之前送达
7	国际(G 或 C)	1.5 h	2.5 h(转报)	4 h(出口)

其中：

1. 发报。自受理时间起，至拍发结束交换机或电报终端给出收据的时间止(有公电的为公电结束时间)计算发报时限。

2. 收报投递。自接收到电报的时间起，至用户收到的时间止计算收报投递时限。

效率指标：电报时限率≥95%。

电报时限率=(总封数－超限报封数)/总封数×100%

电报时限率的计算不考虑任何客观因素，如有超时，按照发报和收报投递时限分清发报所和收报所责任。

(二)电话

电话各级管理机构和各电话所要建立健全质量管理制度，以预防为主，加强质量管理和作业过程中的检查，把好电话质量关。

根据质量管理要求，认真填写原始记录，定期分析安全、生产情况，采取措施，提高电话质量和服务水平。

电话所要随时掌握话路的音质音量，发生障碍时，应及时通知维修单位处理并做好记录，修复完毕经试验良好方可使用。

电话服务质量标准和计算方法应符合以下规定。

电话优质率≥95%

电话服务质量标准和计算方法如表 6-3 所示。

表 6-3　电话服务质量标准和计算方法

顺号	指标			计算方法
	项目		条件	
1	不良反映		由于电话接转工作上的错误及违反值台纪律，服务态度不好，用语不当，经用户反映，情况属实者，计算电话不良反映	1. 造成不良反映，由直接责任者负责 2. 对不能判明责任的，有关人员各计算一件
2	优质电话	记录接转	1. 服务热心，态度和蔼 2. 使用工作用语 3. 记录正确、清楚、项目完整 4. 长途接撤正确 5. 预告清楚、正确、适时、彻底	1. 每次记录接转时，有下列情况之一者，计算为非优质记录接转： (1)态度生硬 (2)未使用工作用语 (3)通话票记错、记载项目不全 (4)发现错、漏接，错、漏撤的电话 (5)未做预告或不彻底，不适时 2. 抽查方法：监听设备考查 3. 每月对每位话务员抽查不少于 10 次 4. 计算公式： 记录接转优质率=优质次数/抽查总次数×100%
		查询	1. 服务热心，态度和蔼 2. 使用工作用语 3. 报号准确、清楚	1. 有下列情况之一者，计算非优质查询： (1)态度生硬 (2)未使用工作用语 (3)报错号码等信息 (4)用户未听清就撤线 2. 抽查方法：监听设备考查 3. 每月对每位话务员抽查不少于 10 次 4. 计算公式： 查询优质率=优质次数/抽查总次数×100%

电话时限率≥95%，电话时限率计算方法如表 6-4 所示。

表 6-4 电话时限率计算方法

<table>
<tr><th rowspan="2">顺号</th><th colspan="3">指标</th><th rowspan="2">计算方法</th></tr>
<tr><th colspan="2">项目</th><th>条件</th></tr>
<tr><td rowspan="2">1</td><td rowspan="2">电话记录接转效率</td><td>应答</td><td>应答、记录迅速</td><td>应答:从用户(或对方所)呼叫到本所应答,每次不超过 12 s</td></tr>
<tr><td>响应</td><td>操作迅速准确</td><td>1. 记录操作:从用户记录开始到报出代号,每张通话票不超过 12 s
2. 查询(报号):从用户询问完了到开始报号,每次不超过 10 s
3. 接转:从呼叫对方电话所沟通完毕至呼叫用户电话(第一声回铃音),每次不超过 12 s
4. 抽查方法:监听设备考查
5. 每月对每位话务员抽查不少于 10 次
6. 计算公式:
平均秒数=抽查总秒数/抽查总次数</td></tr>
<tr><td>2</td><td colspan="2">记录接转时限</td><td>从用户记录电话时间起到双方用户答话时间止,直达通话为 10 min,转话为 20 min,经过两个及两个以上转话所时为 30 min</td><td>1. 以长途电话时限作为话路运用分析和接转效率的评价指标
2. 计算时限不考虑任何客观因素
3. 计算公式:
长途电话时限率=(应接通次数-超限次数)/(受理次数-废票次数)×100%
注:受理次数-废票次数,即为应接通次数</td></tr>
</table>

五、统计报告

(一)铁路电报业务报告填写的规定

1. 电报业务报告为年报,兼做季报时,应注明×季度电报业务季报或×季度“国际”电报业务季报;

2. 报务员数量应按报告期末数统计;

3. 通信(电务)段、铁路局填报时,根据各电报所、通信(电务)段的报告,填写各电报所的各项数字后,并做出段、铁路局的合计;

4. 电报所的增减,应在附注栏内注明增减日期;

5. 电报业务统计周期为每月 26 日 0 时至次月 25 日 24 时。

(二)铁路电话业务报告填写的规定

1. 电话业务报告为年报,兼做季报时,应注明×季度电话业务季报;

2. 话务员数量应按期末的现状统计;

3. 通信(电务)段、铁路局填报时,根据各电话所、通信(电务)段的报告,填写各电话所的各项数字后,并做出段、铁路局的合计;

4. 电话所的增减,应在附注栏内注明增减日期;

5. 电话业务统计周期为每月 26 日 0 时至次月 25 日 24 时。

六、服务质量管理

铁路电报、电话工作必须坚持用户至上、质量第一的方针,坚持全心全意为用户服务的宗旨,以准确、迅速、保密、畅通为目标,为用户提供优质、高效的报话服务。

1. 用户申告

用户对其交发或收到的电报、记录或接听的电话，认为存在缺失、错误或延误的，有权向相关报话所或报话所上级主管部门提出书面或口头申告。

2. 申告处理

用户申告实行首问负责制。不论是书面或口头申告，接到用户申告的报话所均应立即处理。非本所发生的问题应牵头和协调有关报话所给予处理，并在五日内向用户反馈处理结果。用户申告时，报话所应在《报话差错、错情、不良反映统计簿》进行登记。

报话所收到上级主管部门转来的用户申告，应及时查明原因答复用户，并及时将相关情况和处理结果向上级主管部门报告。

对于重点用户的申告以及影响重要业务的用户申告，由报话所主任(工长)负责组织处理，并及时向上级主管部门报告。

各所处理申告事项，必须指定专人负责，及时处理，使申告人得到满意答复。

各级主管部门有监督所属各所正确及时处理申告的责任，并适时进行通报。确属主观责任的，应按问题性质给予适当处理。

七、数据库管理

(一)电报系统数据库

电报信息管理系统由铁路电报站名略号、所名略号、统称语通电略号及各电报所投递范围数据库组成。

铁路总公司级电报系统数据库集中管理全路站名略号、所名略号、总公司所属单位统称语通电略号和全路各电报所投递范围数据，铁路局级电报系统数据库管理局属单位统称语通电略号。

(二)电话号码数据库

电话所应指定专人负责电话号码管理工作，接到电话拆、装、移或单位名称变更通知时，根据用户需求，录入114查号台的，有关部门应及时下工单到电话所，电话所在接到有关部门的工单后，及时补充、修改号码资料，做到号码齐全准确。日常工作中发现号码资料与用户名称不符时，应及时向有关部门反映。

电话号码数据库由电务部门会同有关单位(部门)每年核实一次，保证电话号码数据库的完整性、准确性。

八、应急预案

应急预案应针对各级各类可能发生的事故和所有危险源制定专项应急预案和现场处置方案，并明确各个过程中有关人员的职责。应急预案分为综合应急预案和专项应急预案。

综合应急预案是从总体上阐述事故的应急方针、政策，应急组织结构及相关应急职责，应急行动、措施和保障等基本要求和程序，是应对各类事故的综合性文件。

专项应急预案是针对具体的事故类别、危险源和应急保障而制定的计划或方案，是综合应急预案的组成部分，应按照应急预案的程序和要求组织制定，并作为综合应急预案的附件。专项应急预案应制定明确的程序和具体的应急措施。

日常工作中，各报话所有可能会遇到设备故障、天气恶劣等紧急情况，各报话所要做好安全预想工作，以防患于未然，制定既符合本所工作情况又能应对突发事件的应急预案。

思考题

1. 质量管理制度内容是什么？
2. 交接班制度的内容是什么？
3. 安全保密制度的内容是什么？
4. 访问用户制度内容是什么？
5. 竞赛评比制度内容是什么？

第二节 网路活动

报话网路活动要贯彻落实铁路总公司有关报话管理规章，监督检查规章执行情况，按照网路架构，组织开展全程全网的质量检查工作，提出服务质量改进措施建议。通过网路活动，增进相互了解，加强沟通协调，促进联劳协作。

一、网路组织构成

根据全路报话业务及报话网路构成，由铁路总公司、各铁路局分别组织全路和各铁路局管内的报话网路活动。

铁路总公司报话所承担全路报话网路活动组织工作。铁路总公司报话网路活动是在铁路总公司运输局电务部的领导下，由北京铁路通信技术中心负责，各铁路局参加。铁路总公司报话网路调度工作由铁路总公司报话所报话所主任(工长)负责。

各铁路局报话所负责组织铁路局管内报话网路活动。各铁路局报话网路活动是在铁路局电务处的领导下，由各通信(电务)段负责，各电报、电话所参加。各铁路局报话网路调度工作由各铁路局报话所主任(工长)负责。

二、各级网路组的基本任务

1. 制定网路活动实施计划，组织开展网路活动；
2. 每半年向上级网路组提出网路简报和改进工作的建议；
3. 掌握网路工作的日常情况，做好组织协调工作，处理网路工作中存在的问题；
4. 抽查报话工作质量，了解各报话所的通信纪律，贯彻落实规章制度、服务质量等情况，发现问题及时提出整改措施；
5. 完成领导交办的其他工作。

思考题

1. 网络活动的意义是什么？
2. 网路组织如何设置？
3. 由哪个部门承担全路电报网路活动的组织工作？
4. 由哪个部门承担全路电话网路活动的组织工作？
5. 各级网路组的基本任务是什么？

复习思考题

1. 全路报话工作实行哪三级管理?
2. 新设和撤销电报所、电话所由哪级批准?
3. 电报所应建立健全哪些制度?
4. 报话员必须严守哪些通纪律和保密事项?
5. 电报所应备有哪些正确、完整的业务资料?
6. 电话所应备有哪些正确、完整的业务资料?
7. 接到用户申告应如何处理?
8. 电报系统数据库由哪几部分构成?
9. 对电话号码数据库管理有哪些要求?
10. 什么是综合应急预案?

附录一
铁路站名略号局尾代字

序　号	各铁路局	站名略号第Ⅲ项	局尾代字
1	哈尔滨铁路局	哈尔滨	B X
2	沈阳铁路局	沈阳	T L D
3	北京铁路局	北京	P
4	太原铁路局	太原	V
5	呼和浩特铁路局	呼和浩特	C
6	郑州铁路局	郑州	F
7	武汉铁路局	武汉	N
8	西安铁路局	西安	Y
9	济南铁路局	济南	K
10	上海铁路局	上海	H U
11	南昌铁路局	南昌	G S
12	广州铁路局	广州	Q A
13	南宁铁路局	南宁	Z
14	成都铁路局	成都	W E
15	昆明铁路局	昆明	M
16	兰州铁路局	兰州	J
17	乌鲁木齐铁路局	乌鲁木齐	R
18	青藏铁路公司	青藏	O

备注:局尾代字预留 I。

附录二
通报用语、电报终端机命令语(字)及附注略号

一、通报用语

BT	报头	R	日期
D	倒数	S	是
DB	电报	SF	受理时分
DJ	电报等级	SW	收报单位
DW	电文	TBO	通播
FB	发报所	XO	电报号码
FW	发报单位	XZ	寻找
FZ	附注	Y	页
GAI	请改为	YH	以后
GB	改报	YQ	以前
H	行	Z	字
QG	请	ZJ	增加
QX	取消	ZS	词数(组数)

二、电报终端机命令语(字)

1. 命令语(字)

SYSY	试验	HDGL	核对冠流
TFTF	停发	SFTJ	收发统计
CFCF	重发	GNSJ	给您收据
QFQF	请发	GDGD	公电
JSJS	拒收		

2. 状态语(字)

ZDHC	指导行错	BTHC	报头行错
BWHC	报文行错	CBYC	此报有错
ZSYC	词数(组数)有错		

三、附注略号

XS	限定时间到达	CH	重号
GR	隔日		

附录三
常用四码 2000 组

一	二	三	四	五	六	七	八	九	十
0001	0059	0005	0934	0063	0362	0003	0360	0046	0577
甲	乙	丙	丁	你	站	发	我	到	行
3946	0044	0014	0002	0132	4541	4099	2053	0451	5887
李	票	运	单	车	辆	枕	木	轨	道
2621	4384	6663	0830	6508	6538	2650	2606	6510	6670
衡	收	入	检	查	薄	厚	槽	钢	板
5899	2392	0354	2914	2686	5631	0624	2864	6921	2647
红	白	松	季	度	末	并	且	上	下
4767	4101	2646	1323	1653	2608	1629	0011	0006	0007
货	了	望	解	决	通	知	基	建	掌
6303	0055	2598	6043	0414	6639	4249	1015	1696	2222
午	握	情	况	安	全	普	电	柱	材
0582	2259	1906	0400	1344	0356	2528	7193	2691	2624
料	铁	路	局	办	事	处	关	门	对
2436	6993	6424	1444	6586	0057	5710	7070	7024	1417
于	根	据	互	相	零	担	协	助	包
0060	2704	2207	0062	4161	7190	2137	0588	0504	0545
括	劳	动	危	险	公	里	厘	米	中
2161	0525	0520	0604	7145	0361	6849	0622	4717	0022
心	超	限	影	响	技	术	组	织	措
1800	6389	7098	1758	0742	2111	2611	4809	4930	2238
施	困	难	尺	寸	学	习	生	产	完
2457	0938	7181	1439	1407	1331	5045	3932	3934	1346
成	任	务	反	映	负	责	更	换	水
2052	0117	0523	0646	2503	6298	6307	2577	2255	3055
泥	准	备	命	令	招	待	所	仓	库
3136	0402	0271	0730	0109	2156	1769	2076	0221	1655
交	流	会	议	必	须	由	需	要	档
0074	3177	2585	6231	1801	7312	3945	7194	6008	2909

案	杂	什	费	无	法	干	部	为	此
2714	7177	0087	6316	2477	3127	1626	6752	3634	2974
丢	失	委	托	地	区	效	率	恢	复
0016	1136	1201	2094	0966	0575	2400	3764	1863	1788
出	入	倒	装	卸	空	后	净	重	使
0427	0354	0227	5944	0609	4500	0683	0403	6850	0169
用	配	件	代	表	保	证	书	临	修
3938	6792	0115	0108	5903	0202	6086	2579	5259	0208
左	右	侧	宽	山	洞	岔	线	启	封
1563	0671	0258	1401	1472	3159	1479	4848	0796	1409
尚	未	专	列	计	划	同	志	特	急
1424	2607	1413	0441	6060	0439	0681	1807	3676	1838
抓	紧	标	记	锅	炉	营	业	签	订
2119	4868	2871	6068	6938	3619	3602	2814	4687	6057
宿	舍	家	属	届	时	大	小	多	少
1372	5287	1367	1466	1447	2514	1129	1420	1122	1421
前	后	迅	速	谅	悉	服	从	往	来
0467	0683	6598	6643	6156	1885	2591	1783	1766	0171
核	示	节	约	立	即	规	章	制	定
2702	4355	4634	4766	4539	0613	6016	4545	0455	1353
分	离	冻	结	初	步	种	类	别	利
0433	4418	0408	4814	0443	2975	4429	7352	0446	0448
废	广	播	方	向	另	外	煤	台	司
1683	1639	2330	2455	0686	0659	1120	3561	0669	0674
磅	员	统	筹	归	口	各	级	领	导
4319	0765	4827	4693	2981	0656	0677	4787	7325	1418
帆	布	扁	弹	簧	王	物	品	年	终
1581	1580	2078	1734	4679	3769	3670	0756	1628	4807
平	均	土	石	拒	绝	维	持	按	排
1627	0971	0960	4258	2147	4815	4850	2170	2174	2226
倍	增	因	而	华	东	西	瓜	北	京
0223	1073	0936	5079	5478	2639	6007	3900	0554	0079
值	班	赶	快	丈	量	不	足	第	几
0237	3803	6385	1816	0004	6852	0008	6398	4574	0415
个	姓	名	研	究	鱼	螺	栓	拴	尾
0020	1198	0682	4282	4496	7625	5828	2633	2165	1442
精	神	腐	蚀	工	作	位	置	截	止
4737	4377	5201	5793	1562	0155	0143	4999	2066	2972

停	至	继	续	确	系	问	题	预	算
0255	5267	4949	4958	4292	4762	0795	7344	7315	4615
给	予	调	拨	付	款	再	次	正	当
4822	0056	6148	2328	0102	2949	0375	2945	2973	3981
供	应	脚	手	架	紫	铜	棒	轴	瓦
0180	2019	5183	2087	2665	4793	6894	2761	6519	3907
火	箱	考	虑	参	加	南	昌	今	将
3499	4630	5072	1982	0639	0502	0589	2490	0093	1412
介	绍	主	体	缺	乏	仍	然	死	亡
0094	4801	0031	7555	4972	0040	0095	3544	2984	0072
他	们	份	子	企	图	队	伍	减	压
0100	0226	0118	1311	0120	0956	7130	0124	8096	1090
伐	休	息	估	验	低	边	是	现	但
0127	0128	1873	0131	7526	0144	6708	2508	3807	0141
在	颁	布	住	宅	刘	何	剩	余	致
0961	7317	1580	0145	1341	0491	0149	0476	0151	5268
敬	例	如	以	便	依	靠	催	促	信
2417	0173	1172	0110	0189	0181	7237	0275	0191	0207
贷	暂	借	假	期	传	达	债	权	轻
6313	2548	0234	0250	2601	0278	6671	0280	2938	6535
伤	仪	器	半	价	赔	偿	储	存	优
0281	0308	0892	0584	0116	6341	0326	0328	1317	0327
质	补	充	兄	弟	元	月	允	许	避
6347	5943	0339	0338	1717	0337	2588	0336	6079	6699
免	昆	明	光	胚	毛	坏	先	进	两
0346	2492	2494	0342	5162	3029	0999	0341	6651	0357
项	目	录	焦	化	厂	直	径	室	内
7309	4158	6922	3542	0553	0617	4160	1777	1358	0355
刀	具	其	它	兵	役	总	共	冷	却
0430	0367	0366	1338	0365	1763	4920	0364	0397	0606
冶	炼	冲	突	冰	盐	凭	祥	亦	可
0396	3550	0394	4499	0393	7770	0417	4382	0076	0668
凹	型	迫	切	周	刊	否	则	刚	才
0425	0992	6612	0434	0719	0436	0694	0463	0474	2088
创	造	救	济	力	争	形	势	日	勤
0482	6644	2405	3444	0500	3630	1748	0528	2480	0530
请	勿	都	匀	勾	贝	汇	报	万	盛
6153	0543	6757	0542	0551	6296	0565	1032	8001	4141

格	式	承	德	升	降	卡	片	印	刷
2706	1709	2110	1795	0581	7100	0595	3651	0603	0456
卷	扬	机	原	始	去	掉	凡	享	受
0608	2254	2623	0626	1193	0637	2220	0416	0078	0649
取	消	良	好	涉	及	又	叉	蒙	古
0648	3194	5328	1170	3195	0644	0642	0643	5536	0657
召	开	只	有	呼	叫	吉	林	落	叶
0664	7030	0662	2589	0729	0663	0679	2651	5507	0673
履	历	簿	桥	吊	转	告	呈	文	吴
1462	2980	4689	2890	0680	6567	0707	0701	2429	0702
吕	唐	彻	底	添	乘	清	理	柴	油
0712	0781	1796	1646	3240	0042	3237	3810	2693	3111
政	治	输	送	国	际	联	络	津	贴
2398	3112	6551	6623	0948	7139	5114	4820	3160	6317
金	额	采	购	买	卖	资	源	丰	富
6855	7345	6846	6356	6314	6344	6327	3293	0023	1381
洽	号	志	详	细	冬	夏	妥	善	吨
3174	5714	1807	6116	4798	0392	1115	1185	0810	0903
数	返	回	涨	圈	牢	固	党	团	围
2422	6604	0932	3360	0946	3666	0942	8093	0957	0953
永	久	咸	阳	哈	尔	滨	销	售	商
3057	0036	0752	7122	0761	1422	3453	6906	0786	0794
墙	垟	校	址	麻	贷	郭	坑	斜	坡
8259	8213	2699	0968	7802	6313	6753	0977	2438	0980
城	市	埋	设	堆	积	坚	强	礼	堂
1004	1579	1003	6080	1018	4480	1017	1730	4409	1016
培	训	执	照	农	场	堵	塞	沽	塘
1014	6064	1013	3564	6593	1034	1035	1049	3114	1048
打	涂	抹	铅	块	填	写	能	够	蚌
2092	3205	2130	6884	1040	1050	1400	5174	1124	5732
昼	夜	间	太	差	天	气	套	管	奖
2521	1123	7035	1132	1567	1131	3049	1152	4619	1162
励	男	女	姚	姜	威	胁	字	样	钻
0536	3948	1166	1202	1203	1218	5178	1316	2876	9449
孔	宋	孟	孙	波	守	卫	宣	言	宁
1313	1345	1322	1327	3134	1343	5898	1357	6056	1337
旅	客	适	宜	容	纳	病	害	邮	寄
2464	1356	6624	1355	1369	4780	4016	1364	6755	1376

审	批	果	实	监	察	宝	鸡	放	射
1399	2106	2654	1395	4148	1390	1405	7741	2397	1410
性	寻	找	尖	端	居	民	展	览	馆
1840	1416	2109	1423	4551	1446	3046	1455	6031	7419
携	带	郑	州	已	经	轮	并	铣	床
2377	1601	6774	1558	1571	4842	6544	1629	6897	1643
软	席	硬	座	坐	延	误	牛	羊	猪
6516	1598	4289	1654	0976	1693	6137	3662	5017	3727
肉	牵	引	千	斤	甩	挂	注	意	沿
5131	3677	1714	0578	2443	3943	2171	3137	1942	3116
途	海	河	港	沈	杨	支	撑	故	障
6634	3189	3109	3263	3088	2799	2388	2300	2399	7140
教	育	敞	棚	桌	椅	玻	璃	玉	田
2403	5148	2412	2766	2715	2783	3788	3863	3768	3944
村	张	店	纪	律	徐	英	思	想	函
2625	1728	1648	4764	1774	1776	5391	1835	1927	0428
称	悬	殊	或	者	房	屋	户	头	扣
4468	2038	2992	2057	5074	2075	1450	2073	7333	2099
留	锤	把	折	断	投	递	拆	散	拖
3966	6925	2116	2124	2451	2121	6677	2135	2414	2151
拉	挖	掘	挑	选	指	挥	摘	钩	采
2139	2177	2228	2176	6693	2172	2264	2298	6869	6846
暖	探	亲	顷	接	推	迟	提	高	遥
2541	2232	6024	7308	2234	2236	6688	2251	7559	6674
控	插	销	改	变	援	朝	搜	集	搬
2235	2252	6906	2395	6239	2266	2600	2282	7162	2289
迁	破	损	碰	撞	撤	除	越	过	翻
6692	4275	2275	4314	2326	2327	7110	6390	6665	5064
斗	顶	闸	鲜	活	新	旧	旁	观	易
2435	7307	7037	7639	3172	2450	5283	2460	6034	2496
燃	早	晨	每	旬	曲	柳	最	近	朱
3595	2483	2525	3020	2484	2575	2692	2584	6602	2612
杜	曾	曹	帐	本	杉	条	摇	连	杆
2629	2582	2580	1600	2609	2619	2742	2280	6647	2616
污	染	株	洲	棉	花	阴	极	橡	胶
3064	2676	2701	3166	2758	5363	7113	2817	2895	5231
横	梁	武	汉	段	长	比	较	汽	笛
2897	2733	2976	3352	3008	7022	3024	6525	3086	4564

改	扩	牡	丹	江	恳	求	沉	没	洗
2395	2368	3665	0030	3068	2017	3061	3089	3093	3156
罐	派	遣	浦	镇	深	井	泵	勘	测
4984	3175	6680	3184	6966	3234	0064	3119	0522	3261
枢	纽	漆	皮	满	载	滚	珠	炸	药
2873	4781	3344	4122	3341	6528	3340	3796	3498	5522
灰	色	熔	焊	热	得	很	财	贸	警
3500	5331	3579	3549	3583	1779	1771	6299	6319	6226
惕	爱	护	黑	豆	贯	澈	距	离	非
1912	1947	6233	7815	6258	6306	3400	6415	4418	7236
常	退	还	顺	册	状	态	昨	晚	胡
1603	6622	6703	7311	0374	3692	1966	2506	2519	5170
罗	卜	庆	祝	驻	矿	烟	酒	医	院
5012	0592	1987	4376	7465	4349	3533	6794	6829	7108
阀	门	合	闭	镀	锌	迁	回	怕	湿
7042	7024	0678	7028	6947	6854	6596	0932	1830	3440
缩	短	抗	旱	搅	拌	硫	酸	硝	会
4799	4252	2123	2487	2383	2142	4288	6808	4285	9932
泛	滥	汪	洋	遵	义	隔	壁	牙	齿
3131	3448	3076	3152	6690	5030	7133	1084	3660	7876
珍	贵	黄	蓝	瓷	瓶	渗	漏	泄	申
3791	6311	7806	5663	3911	3910	3334	3345	3118	3947
述	世	界	毕	竟	省	略	疗	养	浅
6615	0013	3954	3968	4544	4164	3970	4070	7402	3239
绿	的	皇	姑	屯	锁	盒	盘	点	被
4845	4104	4106	1196	1470	6956	4139	4149	7820	5926
盗	认	识	碴	渣	磨	耗	县	社	纯
4142	6126	6221	4329	3257	4333	5088	4905	4357	4783
碱	严	禁	春	秋	秩	序	远	程	草
4354	0917	4391	2504	4428	4442	1645	6678	4453	5430
稿	穿	钉	儿	童	竞	赛	等	候	裂
4473	4502	6857	0334	4547	4552	6357	4583	0230	5933
纹	绳	索	操	纵	群	众	声	音	卧
4773	4939	4792	2347	4912	5028	5883	5116	7299	5257
铺	自	己	铝	芯	苫	盖	莫	斯	科
6917	5261	1569	6986	5361	5390	5556	5459	2448	4430
蔬	菜	颗	粒	面	粉	葛	董	蔡	蒋
5600	5475	7341	4721	7240	4720	5514	5516	5591	5592

贾	贺	赵	盈	亏	饮	食	看	见	圆
6328	6320	6392	4134	5719	7390	7380	4170	6015	0955
角	感	觉	讨	论	附	注	评	语	考
6037	1949	6030	6062	6158	7096	3137	6097	6133	5072
试	说	话	讲	谈	功	课	滇	黔	跨
6107	6141	6114	6199	6151	0501	6143	3329	7816	6421
渡	船	身	拥	军	掀	起	凸	透	镜
3256	5307	6500	2340	6511	2216	6386	0424	6631	6975
循	环	陈	陶	陆	史	刑	邵	郝	邓
1789	3883	7115	7118	7120	0670	0438	6730	6787	6772
郎	邱	邹	野	鸭	双	针	银	钱	锡
6745	6726	6760	6851	7700	7175	6859	6892	6929	6932
锭	鉴	定	辽	阔	阻	挡	衬	衣	雨
6928	7003	1353	6697	7059	7091	2346	6000	5902	7183
雪	冯	马	袁	苗	至	页	停	顿	巨
7185	7458	7456	5913	5379	5267	7306	0255	7319	1565
风	雷	鸣	吃	饭	香	蕉	筋	骨	龙
7364	7191	7686	0676	7391	7449	5604	4585	7539	7893
凤	鹰	潭	呎	吋	听	之	希	健	康
7685	7751	3389	8125	8120	8126	0037	1585	0256	1660
恶	劣	钥	匙	呆	滞	吸	尘	就	餐
1921	0503	7011	0555	0714	3333	0705	1057	1432	7404
摄	氏	欧	姆	喷	嘴	整	洁	淞	沪
2378	3044	2962	1191	0899	0878	2419	3381	3247	3337
杭	温	泉	洪	汛	坍	塌	蒸	溜	塔
2635	3306	3123	3163	3065	0973	1042	5544	3296	1044
夫	妇	踏	夹	舌	楚	雄	荣	誉	模
1133	1244	6431	1140	5286	2806	7160	2837	6235	2875
楞	桂	树	拐	肘	混	淆	烧	炭	球
2807	2710	2885	2145	5136	3236	3216	3599	3516	3808
鞋	什	么	甘	肃	怀	疑	疏	忽	浆
7256	0087	8010	3927	5126	2037	3992	3990	1824	3364
砌	真	象	扳	押	抽	着	眼	佐	佑
4265	4176	6272	2104	2131	2132	4192	4190	0146	0147
家	俱	佰	亿	兆	剥	削	剪	刨	刮
1367	0215	0184	0310	0340	0475	0465	0477	0442	0450
割	裸	庄	妨	碍	仿	做	兼	职	典
0480	5953	8369	1186	4293	0119	0254	0369	5120	0368

范	六	千	匹	勇	胜	倘	若	克	俭
5400	0362	0578	0572	0516	0524	0229	5387	0344	0313
凶	猛	虽	系	苯	剂	乳	俞	云	伯
0423	3718	7173	4762	0058	0495	0050	0205	0061	0130
佟	仁	亮	侯	仲	仙	垃	圾	筑	堤
0157	0088	0081	0186	0112	0103	0998	0969	4591	1029
和	咱	阅	读	坏	味	耳	闻	绥	佳
0735	0749	7048	6236	0975	0724	5101	5113	4840	0163
奉	劝	呢	含	磷	喜	欢	帽	冠	吵
1144	0538	0716	0698	4340	0823	2970	1604	0385	0703
旗	帜	也	乱	些	凉	凝	占	佛	亭
2475	1615	0048	0052	0067	0404	0413	0594	0154	0080
宇	宙	私	刻	冒	寒	捉	兔	蚌	埠
1342	1352	4424	0466	0379	1383	2191	0347	5732	1009
叠	伞	彭	孝	宗	窗	帘	谨	慎	询
0655	0270	1756	1321	1350	4514	1588	6210	1957	6104
偷	窃	毡	毯	矛	盾	笔	筒	粮	谷
0262	4537	3030	3034	4243	4163	4581	4592	9037	6253
纺	纱	好	吗	唱	吧	齐	青	良	尹
4791	4784	1170	0834	0788	0721	7871	7230	5328	1438
振	飞	岳	忠	恩	崔	恒	宏	师	景
2182	7378	1471	1813	1869	1508	1854	1347	1596	2529
昭	韩	宪	泰	击	败	灭	敌	官	宫
2507	7281	2009	3141	2345	2408	3319	2420	1351	1362
寺	庙	贰	百	亩	福	桔	辛	苦	彩
1408	1680	6310	4102	3965	4395	2720	6580	5388	1752
扇	慢	抄	柄	与	桶	帅	臣	兴	追
2082	1976	2113	2671	5280	2729	1596	5256	5281	6620
战	友	秦	炳	森	恭	答	繁	简	错
2069	0645	4440	3521	2773	1872	4594	4907	4675	6934
编	密	桃	梨	枣	蜜	蜂	抬	拿	移
4882	1378	2711	2746	2764	5778	5762	2127	2169	4448
走	访	认	喇	叭	潘	秀	敏	殷	奇
6382	6078	6126	0812	0665	3382	4423	2404	3009	1142
央	谢	栋	伟	肥	皂	变	蛋	捆	扎
1135	6200	2767	0251	5142	4103	6239	5751	2190	2089
泣	滑	钨	丝	首	捷	残	迹	苏	儒
3135	3323	7005	4828	7445	2212	2995	6619	5685	0320

彬	顾	俊	庭	笼	士	奎	串	伏	捣
1755	7357	0193	1656	4705	1102	1145	0025	0126	2281
碎	粗	砂	防	毒	陕	晋	境	堡	铪
4295	4723	4263	7089	3021	7104	2516	1064	1027	9933
亚	仔	仕	伊	伙	伸	似	佩	仑	侵
0068	0098	0099	0122	0129	0135	0138	0160	0178	0187
俟	伦	偏	厢	倾	歪	仅	判	究	删
0203	0243	0252	1666	0282	2977	0284	0445	0350	0444
刹	劈	撬	匈	博	卞	叁	肆	柒	捌
0458	0490	2334	0546	0590	0593	0638	5127	2675	2193
玖	拾	乾	坤	垂	犯	罪	坪	墩	缶
3773	2168	0051	0981	0987	3690	4997	0988	1076	4970
缸	坛	肩	背	壹	兑	嘉	嗣	坠	墨
4971	1086	5144	5154	1105	0345	0857	0843	1071	1075
潮	湖	构	枪	替	朋	棍	棕	某	邀
3390	3275	2845	2847	2583	2590	2760	2762	2673	6700
这	诗	词	岐	魏	芝	芬	鲁	茂	茹
6638	6108	6101	1477	7614	5347	5358	7627	5399	5423
虫	葱	蒜	蒲	席	讫	托	莲	蓬	抢
5722	5523	5537	5543	1598	6066	2094	5571	5570	2293
译	肚	痛	脑	胸	腹	肝	肺	脱	胎
6230	5137	4027	5207	5172	5215	5139	5151	5192	5158
梢	枝	揭	摧	灾	砡	遭	罚	搞	艺
2744	2655	2263	2301	3506	3926	6685	5000	2269	5669
租	盲	疫	皆	盟	禽	笼	竹	稍	登
4436	4159	4004	4105	4145	4419	4705	4554	4455	4098
卷	折	星	晶	斌	琴	摔	毁	缴	械
0608	2124	2502	2533	2430	3830	2292	3014	4945	2750
患	秤	盼	符	策	厅	殿	糖	糕	绞
1891	4439	4162	4569	4595	1689	3013	4743	4741	4819
绑	稻	糠	砖	缝	绸	缎	粘	糊	股
4834	4470	4749	4331	4911	4846	4876	4724	4739	5140
畅	忙	巡	瓜	爬	牌	楼	血	霉	您
2545	1811	1559	3900	3632	3654	2869	5877	7199	1849
怎	忿	惟	恐	岸	舶	航	舟	虎	怨
1827	1825	1919	1858	1489	5306	5300	5297	5706	1841
赴	宾	美	眉	脸	峡	岩	峰	础	梅
6384	6333	5019	4168	5245	1499	1484	1496	4342	2734

府	栈	窄	池	胃	炎	擅	岗	崇	薛
1650	2770	4504	3069	5152	3508	2343	1511	1504	5641
耀	柑	汁	轧	锻	耐	晒	睡	虚	暑
5069	2674	3059	6509	6939	5082	2488	4204	5711	2540
署	肯	举	臂	游	郊	贡	献	跑	跳
5002	5146	5282	5242	3266	6738	6300	3759	6410	6426
艰	舒	耿	族	父	母	柏	桐	桑	智
5329	5289	5105	2469	3637	3018	2672	2717	2718	2535
辉	陷	阵	撤	捞	驾	驶	驰	钟	泽
6540	7119	7109	2320	2318	7468	7471	7459	6988	3419
敢	娄	寅	尊	尼	幕	屡	拔	屑	浸
2413	1236	1377	1415	1441	1612	1459	2149	1454	3190
液	束	聂	贤	杰	贮	蓄	牲	畜	异
3210	2631	5119	6343	2638	6308	5552	3673	3964	8381
痕	赤	羽	邻	帮	那	锦	遗	弃	尿
4024	6375	5038	6775	1620	6719	6930	6695	2757	1443
素	层	幸	峨	嵋	帚	涤	逾	违	逆
4790	1461	1630	1494	1520	1590	3321	6661	6672	6627
逃	逐	渐	荒	芜	督	辖	辅	授	纤
6625	6632	3362	5435	5617	4206	6561	6534	2219	4960
缆	乡	街	微	征	币	朽	帝	抵	绕
4968	6763	5894	1792	1767	1578	2615	1593	2107	4935
综	迹	灯	罩	扭	般	迎	迭	缓	诊
4844	6619	3597	4996	2100	5301	6601	6613	4883	6085
诚	让	谭	绵	绪	颜	祖	禹	韦	震
6134	6245	6223	4875	4872	7346	4371	4416	7279	7201
纲	腊	脂	戴	湘	欲	扒	杆	浮	萍
4854	5198	5176	2071	3276	2948	2091	2616	3187	5493
淀	幅	秒	笨	筐	燥	爆	暗	摆	抱
3244	1607	4432	4570	4590	3604	3615	2542	2369	2128
歉	黎	烈	疆	戚	墅	堰	箍	筛	鹅
2959	7812	3525	3984	2058	1065	1037	4611	4652	7709
绒	翟	贞	铭	耽	耕	显	著	讯	绩
4823	5049	6297	6900	5104	5087	7359	5511	6061	4921
瞭	视	频	触	鸟	窝	芦	钧	酉	葡
4229	6018	7340	6051	7680	4519	5684	6874	6788	5515
萄	茶	麦	荷	霞	稀	隙	间	鼓	鸿
5426	5420	7796	5440	7209	4449	7138	7035	7849	7703

鹤	腾	阿	阜	鹿	革	靴	鼠	颈	聚
7729	7506	7093	7079	7773	7245	7247	7857	7338	5112
醇	铵	钾	愿	随	护	陵	轰	隆	誓
6815	6941	6905	1959	7151	6233	7117	6575	7127	6129
释	豫	韶	菠	葫	蚕	茧	籽	凿	隧
6847	6276	7300	5474	5519	5729	4942	4750	7020	7143
纷	薪	藉	胀	脏	径	跌	辗	磺	尝
4788	5647	5659	5195	5253	1777	6407	6558	4337	0863
芋	芒	赫	键	魁	倪	君	惠	乔	凯
5341	5345	6378	6943	7608	0242	0689	1920	0829	0418
寿	刁	廷	彰	仇	勉	卿	同	句	搭
1108	0431	1694	1757	0092	0517	0615	0681	0658	2290
垛	既	像	弓	弧	弦	胺	氧	升	垫
1000	2478	0288	1712	1721	1720	5143	8638	0581	1067
倡	析	柜	寓	樊	乐	桩	廖	壤	坊
0235	2649	2681	1384	2868	2867	2866	1675	1099	0972
拍	浪	抛	壶	努	劲	涵	洛	淮	域
2143	3186	2141	1106	0505	0513	3211	3157	3232	1008
溶	氯	汞	孩	弱	刃	毫	烦	嘱	卢
3310	3048	3074	1326	1726	0432	3032	3565	0928	4151
益	徽	独	码	由	乌	圣	滤	沥	纠
4135	1798	3747	4316	3945	3527	5110	3459	3468	4763
尽	累	腿	袜	裤	褥	烤	旦	阎	肇
4147	4797	5217	5920	5974	5970	3628	2481	7051	5128
辰	抚	缘	趟	鞍	钳	锈	锋	锯	锹
6591	2329	4878	6396	7254	6883	6907	6912	6920	6942
镐	镍	锰	氢	矽	硅	坩	埚	钣	
6964	6996	7021	8641	8928	8944	0984	8241	9934	

附录四
常用站名略号

车站名称	站名略号	车站名称	站名略号
安康	AKY	达州	RXW
安康东	ADY	大成	DCT
安阳	AYF	大官屯	DTT
白城	BCT	大连	DLT
白羊墅	VYP	大庆	DZX
蚌埠	BBH	大庆东	LFX
蚌埠东	BOH	大庆西	RHX
包头	BTC	大石桥	DQT
包头北	BBC	大同	DTV
包头东	BDC	大新	DEV
宝鸡	BJY	丹东	DUT
宝鸡东	BDY	德州	DZP
保定	BDP	防城港	FEZ
北京	BJP	丰台	FTP
北京北	VAP	丰台西	FXP
北京东	BOP	福州	FZS
北京南	VNP	阜新南	FXD
北京西	BXP	阜阳	FYH
本溪	BXT	阜阳北	FEH
滨江	BJB	富拉尔基	FRX
长春	CCT	甘井子	GIT
长沙	CSQ	赣州	GZG
长沙南	CWQ	艮山门	GSH
长治北	CBF	古冶	GYP
潮汕	CBQ	广元	GYW
成都	CDW	广州	GZQ
成都北	CJW	广州东	GGQ
成都东	ICW	广州南	IZQ
承德	CDP	广州西	GXQ

续上表

车站名称	站名略号	车站名称	站名略号
贵港	GGZ	江岸	JAN
贵阳	GIW	江村	JCQ
贵阳北	KQW	焦作北	JBF
贵阳南	GNW	介休	JXV
桂林	GLZ	金华	JBH
桂林北	GBZ	金州	JZT
哈尔滨东	VBB	锦州	JZD
哈尔滨南	VNB	晋城北	JEF
哈尔滨西	VAB	静海	JHP
海拉尔	HRX	九江	JJG
邯郸	HDP	喀什	KSR
汉口	HKN	开封	KFF
汉西	HXN	开封北	KBF
杭州	HZH	口泉	KQV
杭州东	HGH	昆明	KMM
杭州南	XHH	昆明东	KDM
合肥	HFH	昆明南	KOM
合肥南	ENH	拉萨	LAO
何家湾	HJH	来宾	UBZ
菏泽	HIK	来宾北	UYZ
鹤岗	HGB	来舟	LZS
衡水	HSP	兰考南	LUF
衡阳	HYQ	兰州	LZJ
衡阳北	HKQ	兰州北	LCJ
呼和浩特	HHC	兰州西	LAJ
呼和浩特东	NDC	黎塘	LTZ
湖东	HUV	临汾	LFV
怀化	HHQ	灵山	LNT
淮南西	HPH	柳州	LZZ
鸡西	JXB	柳州东	LDZ
吉林	JLL	柳州南	LNZ
济南	JNK	六盘水	UMW
济南西	JGK	龙川北	UBQ
加格达奇	JGX	娄底南	UOQ
佳木斯	JMB	洛阳	LYF
嘉峪关	JGJ	洛阳东	LDF

续上表

车站名称	站名略号	车站名称	站名略号
洛阳龙门	LLF	泉州	QYS
满洲里	MLX	日照	RZK
梅河口	MHL	三间房	SFX
绵阳	MYW	三门峡南	SCF
绵阳北	MAW	沙城	SCP
牡丹江	MDB	山海关	SHD
南岔	NCB	汕尾	OGQ
南昌	NCG	商丘	SQF
南充北	NCE	商丘南	SIF
南关岭	NLT	上海	SHH
南京	NJH	上海虹桥	AOH
南京东	NDH	上海南	SNH
南京南	NKH	上海西	SXH
南京西	NIH	深圳	SZQ
南宁	NNZ	深圳北	IOQ
南宁东	NFZ	沈阳	SYT
南宁南	NUZ	沈阳东	SDT
南翔	NXH	石家庄	SJP
南星桥	NQH	石家庄南	ONP
南阳	NFF	石景山南	SRP
内江	NJW	石嘴山	QQJ
宁波	NGH	双鸭山	SSB
宁波北	HWH	四平	SPT
平顶山东	PDN	苏家屯	SXT
萍乡	PXG	苏州	SZH
莆田	PTS	苏州西	OUH
圃田西	ZDF	绥德	ODY
浦口	PKH	绥化	SHB
七台河	QTB	台州	TZH
齐齐哈尔	QHX	太原	TYV
齐齐哈尔南	QNB	太原北	TBV
乔司	QAH	太原东	TDV
秦皇岛	QTP	太原南	TNV
秦皇岛东	QOV	太原西	TXV
秦皇岛南	QNP	唐山	TSP
青岛	QDK	塘沽	TGP
青岛北	QHK	天津	TJP

续上表

车站名称	站名略号	车站名称	站名略号
天津西	TXP	徐州北	XDH
天水	TSJ	徐州东	KVH
通化	THL	徐州西	XEH
通辽	TLD	许昌	XCF
铜川南	TNY	烟台	YAK
图们	TML	阳泉	AQP
万州北	WZE	宜昌东	HAN
威海	WKK	义乌	YWH
潍坊	WFK	银川	YIJ
温州	RZH	鹰潭南	ANG
乌鲁木齐	WAR	迎水桥	YQJ
乌鲁木齐南	WMR	颖川堡	YCJ
芜湖	WHH	永州	AZQ
芜湖东	WOH	榆次	YCV
武昌	WCN	玉林	YLZ
武昌东	WDN	玉门沟	YMV
武昌南	WNN	裕国	OXT
武汉	WHN	原平	YPV
武汉北	WZN	月山	YBF
武威南	WWJ	运城	YNV
西安	XAY	湛江	ZJZ
西安北	EAY	张家口	ZKP
西安东	XDY	漳州	ZUS
西安西	XXY	镇江	ZJH
西宁	XNO	郑州	ZZF
厦门	XMS	郑州北	ZBF
香坊	XFB	郑州东	ZAF
襄阳	XFN	郑州南	ZNF
襄阳北	XBN	重庆	CQW
襄阳东	XWN	重庆北	CYW
向塘	XTG	重庆西	CXW
新丰镇	XFY	株洲	ZZQ
新乡	XXF	株洲北	ZBQ
新余	XUG	驻马店	ZDN
信阳	XUN	淄博	ZBK
邢台	XTP	哈尔滨	HBB
徐州	XCH	岳阳	YYQ

附录五
常用记录略号

车站	H-	货运处安全科	HA
编辑	BI	工务大修段	GXD-
车辆调度	EO	工务调度	GO
车辆段	ED-	公安段	ND-
车辆工厂	EC-	公安段值班室	ND-ZA
车务段	CD-	供电段	GDD-
车务段	CWD-	罐调	OO
车站车号室	H-CH	援外接待站	YH-
车站广播室	H-GB	货场	HC-
车站货运室	H-H	货车车辆段	HCD-
车站军代表	H-JP	货调	HO
车站客运计划室	H-KH	机车厂	JC-
车站客运室	H-K	机调	JO
车站行李房	H-XL	机务段调度	JD-O
车站站调	H-AO	救援列车	JYL
乘警队	CJU-	军代表	JP
乘务室	CUS	车辆调度	EO
党委	DV	车辆段	ED-
党校办公	DX-B	车辆工厂	EC-
党支部	BV	车务段	CD-
党总支	ZV	车务段	CWD-
地区党委	QV	车站车号室	H-CH
电务调度	DO	车站广播室	H-GB
电务段	DD-	车站货运室	H-H
电务段段长	DDG-	车站军代表	H-JP
电子所	DZS-	车站客运计划室	H-KH
动车段	DCD-	车站客运室	H-K
房建段	FJD-	车站行李房	H-XL
工程处	GC-	车站站调	H-AO
工程队	GCU-	乘警队	CJU-

续上表

车站	H-	货运处安全科	HA
乘务室	CUS	客车厂技术科	KC-J
党委	DV	客车车辆段	KCD-
党校办公	DX-B	客调	KO
党支部	BV	客调主任	KO ZR
党总支	ZV	客运段	KD-
地区党委	QV	老战士协会	LX
电务调度	DO	列检所	LCS-
电务段	DD-	派出所(公安所)	NS-
电务段段长	DDG-	篷调	BO
电子所	DZS-	票调	PO
动车段	DCD-	汽车队	QCU-
房建段	FJD-	人事处	R
工程处	GC-	施工调度	SO
工程队	GCU-	特调	TO
工务大修段	GXD-	特调主任	TO ZR
工务调度	GO	通号公司	TXM-
公安段	ND-	通信段值班室	TXD-ZA
公安段值班室	ND-ZA	团委	TV
供电段	GDD-	维管段	WGD-
罐调	OO	线路大修队	XLU-
援外接待站	YH-	刑警支队	XJU-
货场	HC-	行调	XO
货车车辆段	HCD-	站调	AO
货调	HO	直属党委	SV
机车厂	JC-	中心防疫站	ZFH-
机调	JO	主任	ZR
机务段调度	JD-O	总工程师	ZG
救援列车	JYL	总工会	ZH
军代表	JP	总会计师	ZK
军运调度	NO	综合段	ZHD-

附录六
长途电话区号及拨叫方法

（注："*"表示专网号码）

地区	专网区号	公网区号	公网拨叫专网	公网拨叫专网查号台
总公司	021	010	518+*****	51840114
北京	021	010	518+*****	51820114
张家口	0226	0313	790(791)+****	51851161(7903114 本地)
承德	0225	0314	762+****	51851161(7624114 本地)
沙城	0226	0313	795+6****	51851161(7903114 本地)
宣化	0226	0313	796+7****	51851161(7903114 本地)
下花园	0226	0313	793+2****	51851161(7903114 本地)
密云	0220	010	5143+后****	51820114
怀柔北	0227	010	51431(51433)+后***	51851161
廊坊	0229	0316	7909+后***	51820114
天津	023	022	261+*****	02226180114
沧州	023	0317	79+*****	02226180114
唐山	023	0315	72+*****	02226180114
秦皇岛	023	0335	79+*****	02226180114
丰润	023	0315	77+*****	02226180114
塘沽	023	022	606+*****	02226180114
石家庄	025	0311	879(876)(809)+*****	031187927961
衡水	025	0318	791+后****	031187927961
保定	025	0312	790(793)(794)+后 4 位	031187927961
邯郸	025	0310	74+*****	031187927961
邢台	025	0319	730(821)+后 4 位	031187927961
太原	027	0351	26(22)+*****	03512620114
榆次	027	0354	32+*****	03512620114
原平	027	0350	85+*****	03512620114
晋中	027	0354	32(35)+*****	03512620114
忻州	027	0350	86+*****	03512620114
临汾	028	0357	33+*****	03512620114
侯马	028	0357	35+*****	03512620114

续上表

地区	专网区号	公网区号	公网拨叫专网	公网拨叫专网查号台
运城	028	0359	86＋＊＊＊＊＊	03512620114
霍州	028	0357	33(35)＋＊＊＊＊＊	03512620114
大同	029	0352	71(72)＋＊＊＊＊＊	03512620114
朔州	029	0349	40＋＊＊＊＊＊	03512620114
呼和浩特	081	0471	22＋＊＊＊＊＊	047195105114
集宁	0202	0474	22＋＊＊＊＊＊	047195105114
包头	0209	0472	22＋＊＊＊＊＊	047195105114
临河	0200	0478	22＋＊＊＊＊＊	047195105114
锡林浩特	0203	0479	22＋＊＊＊＊＊	047195105114
大板	0204	0476	22＋＊＊＊＊＊	047195105114
哈尔滨	033	0451	864＋＊＊＊＊＊	045196114
北安	0382	0456	26＋＊＊＊＊＊	045196114
绥化	0382	0455	29＋＊＊＊＊＊	045196114
伊春	0384	0458	89＋＊＊＊＊＊	045196114
齐齐哈尔	035	0452	29＋＊＊＊＊＊	045196114
安达	035	0455	26＋＊＊＊＊＊	045196114
大庆	035	0459	26＋＊＊＊＊＊	045196114
加格达奇	035	0457	89＋＊＊＊＊＊	045196114
泰来	035	0452	29＋＊＊＊＊＊	045196114
牡丹江	0386	0453	88＋＊＊＊＊＊	045196114
鸡西	0389	0467	81＋＊＊＊＊＊	045196114
佳木斯	0384	0454	89＋＊＊＊＊＊	045196114
海拉尔	0305	0470	22＋＊＊＊＊＊	045196114
伊图里河	0305	0470	22＋＊＊＊＊＊	045196114
七台河	0386	0464	29＋＊＊＊＊＊	045196114
沈阳	031	024	620＋＊＊＊＊＊	02462020114
铁岭	0321	024	742(743)(744)(747)(748)＋＊＊＊＊＊	02462020114
鞍山	0323	0412	56＋＊＊＊＊＊	02462020114
抚顺	0320	024	525(585)＋＊＊＊＊＊	02462020114
丹东	0341	0415	20(65)＋＊＊＊＊＊	02462020114
白城	0360	0436	61＋＊＊＊＊＊	04366110114
松原	0360	0438	611＋后4位	04366110114
长春	0324	0431	817(861)(869)＋＊＊＊＊＊	043186120114
四平	0325	0434	61＋＊＊＊＊＊	043186120114
大连	0344	0411	628＋＊＊＊＊＊	041162831114

续上表

地区	专网区号	公网区号	公网拨叫专网	公网拨叫专网查号台
营口	0343	0417	218+＊＊＊＊＊	041162831114
锦州	039	0416	25(26)(27)+＊＊＊＊＊	04162564114
盘锦	0349	0427	660+＊＊＊＊	04162564114
朝阳	0347	0421	257(660)+＊＊＊＊	04216620114
葫芦岛	039	0429	27+＊＊＊＊＊	04162564114
山海关	0340	0335	79+＊＊＊＊＊	03357944114
通辽	0365	0475	22+＊＊＊＊＊	04752200114
阜新	0361	0418	55+＊＊＊＊＊	04185566114
赤峰	0364	0476	222+＊＊＊＊	04752200114
吉林	037	0432	661+＊＊＊＊＊	043266110114
延吉	0345	0433	6111+后3位	043266110114
图们	0345	0433	61+＊＊＊＊＊	043266110114
通化	0328	0435	61+＊＊＊＊＊	04356120114
辽源	0328	0437	611+后4位	043266110114
白山市	0328	0439	6114+后3位	043266110114
郑州	053	0371	569(672)(673)(682)+＊＊＊＊＊	037168230114
许昌	053	0374	25(80)(84)(85)(88)+＊＊＊＊＊	037168230114
开封	0523	0371	2257+后4位,22595+后3位	037122570114
新乡	0525	0373	21+＊＊＊＊＊	03732123114
长治	0527	0355	58+＊＊＊＊＊	03555833114
洛阳	059	0379	2184(6204)+后4位	03792720114
三门峡	059	0398	256(258)(259)+后4位	03982580161
宝丰	0528	0375	257+后4位	0375712114
南阳	0529	0377	6308(6506)(6510)(6881)(6882)+＊＊＊＊	0377967114
西安	055	029	820(821)(823)(831)+＊＊＊＊＊	02982345114
宝鸡	017	0917	27(28)(29)(38)+＊＊＊＊＊	02982345114
略阳	0546	0916	284(283)+＊＊＊＊	02982345114
阎良	0543	029	821(328)+＊＊＊＊＊	02982345114
安康	0548	0915	20(23)+＊＊＊＊＊	02982345114
延安	0541	0911	263(264)(262)(261)(241)+后4位	02982345114
武汉	051	027	511+＊＊＊＊＊	02750701114
麻城	0460	0713	210+＊＊＊＊	02750701114
襄樊	015	0710	30+＊＊＊＊＊	02750701114
宜昌	015	0717	60+＊＊＊＊＊	02750701114
荆门	015	0724	60+＊＊＊＊＊	02750701114

续上表

地区	专网区号	公网区号	公网拨叫专网	公网拨叫专网查号台
信阳	0522	0376	68＋＊＊＊＊＊	02750701114
漯河	0521	0395	596＋＊＊＊＊＊	02750701114
济南	043	0531	824＋＊＊＊＊＊	053195105114
兖州	0401	0537	34/39＋＊＊＊＊＊	053195105114
泰山	0404	0538	219＋＊＊＊＊＊	053195105114
济宁	0401	0537	39＋＊＊＊＊＊	053195105114
临沂	0403	0539	296＋＊＊＊＊	053195105114
日照	0403	0633	396＋＊＊＊＊	053195105114
莱芜	0404	0634	624＋＊＊＊＊	053195105114
菏泽	0409	0530	398＋＊＊＊＊	053195105114
青岛	0406	0532	829＋＊＊＊＊＊	053195105114
烟台	0406	0535	29＋＊＊＊＊＊	053195105114
莱阳	0406	0535	29＋＊＊＊＊＊	053195105114
淄博	0407	0533	25＋＊＊＊＊＊	053195105114
潍坊	0408	0536	297＋＊＊＊＊	053195105114
徐州	045	0516	839＋＊＊＊＊＊	051683924114
连云港	045	0518	50＋＊＊＊＊＊	051683924114
上海	041	021	512＋＊＊＊＊＊	02151225114
南京	049	025	858＋＊＊＊＊＊	051683924114
苏州	0421	0512	670＋＊＊＊＊＊	051683924114
昆山	0421	0512	570＋＊＊＊＊＊	051683924114
镇江	049	0511	853＋＊＊＊＊＊	051683924114
常州	049	0519	850＋＊＊＊＊＊	051683924114
蚌埠	0481	0552	39＋＊＊＊＊＊	
合肥	0482	0551	621＋＊＊＊＊＊	
阜阳	0484	0558	24＋＊＊＊＊＊	
黄山	0489	0559	211＋后 4 位	
芜湖	0489	0553	28＋＊＊＊＊＊	
马鞍山	0489	0555	2514＋后 3 位	
铜陵	0489	0562	2124＋后 3 位	
宣城	0489	0563	211＋后 4 位	
宁国	0489	0563	216＋后 4 位	
绩溪	0489	0563	231＋后 4 位	
杭州	047	0571	567＋＊＊＊＊＊	
嘉兴	047	0573	836＋＊＊＊＊＊	
金华	0420	0579	849＋＊＊＊＊＊	

续上表

地区	专网区号	公网区号	公网拨叫专网	公网拨叫专网查号台
南昌	018	0791	70＋＊＊＊＊＊	079187020114
上饶	0463	0793	70＋＊＊＊＊＊	079187020114
鹰潭	0464	0701	70＋＊＊＊＊＊	079187020114
新余	0465	0790	702＋＊＊＊＊	079187020114
赣州	0467	0797	702＋＊＊＊＊	079187020114
景德镇	0462	0798	702＋＊＊＊＊	079187020114
萍乡	0466	0799	702＋＊＊＊＊	079187020114
福州	0441	0591	870＋＊＊＊＊＊	079187020114
厦门	0442	0592	38＋＊＊＊＊＊	079187020114
泉州	0446	0595	2264＋＊＊＊＊	079187020114
广州	057	020	613＋＊＊＊＊＊	02061323114
东莞	057	0769	862＋＊＊＊＊＊	02061323114
肇庆	057	0758	61＋＊＊＊＊＊	02061323114
汕头	0582	0754	863＋＊＊＊＊＊	02061323114
梅州	0582	0753	61＋＊＊＊＊＊	02061323114
韶关	0581	0751	61＋＊＊＊＊＊	02061323114
深圳	057	0755	613＋＊＊＊＊＊	02061323114
惠州	0582	0752	58＋＊＊＊＊＊	02061323114
海南	0589	0898	316＋＊＊＊＊＊	02061323114
长沙	0585	0731	826＋＊＊＊＊＊	073182620114
株洲	0586	0731	226＋＊＊＊＊＊	073182620114
衡阳	0580	0734	25＋＊＊＊＊＊	073182620114
岳阳	0585	0730	32＋＊＊＊＊＊	073182620114
娄底	0587	0738	65＋＊＊＊＊＊	073182620114
郴州	0583	0735	75＋＊＊＊＊＊	073182620114
怀化	0560	0745	21＋＊＊＊＊＊	073182620114
张家界	0560	0744	21＋＊＊＊＊＊	073182620114
柳州	013	0772	39＋＊＊＊＊＊	07712721114
桂林	013	0773	21＋＊＊＊＊＊	07712721114
金城江	013	0778	25＋＊＊＊＊＊	07712721114
南宁	069	0771	22(27)＋＊＊＊＊＊	07712721114
百色	069	0776	26＋＊＊＊＊＊	07712721114
黎塘	069	0771	59＋＊＊＊＊＊	07712721114
玉林	0148	0775	31＋＊＊＊＊＊	07712721114
贵港	0148	0775	29＋＊＊＊＊＊	07712721114
茂名	0148	0668	65＋＊＊＊＊＊	07712721114

续上表

地区	专网区号	公网区号	公网拨叫专网	公网拨叫专网查号台
成都	061	028	864＋* * * * *	02886430114
德阳	061	0838	8590＋后 4 位	02886430114
资阳	061	028	240＋* * * * *	02886430114
西昌	060	0834	86＋* * * * *	08348621114
攀枝花	060	0812	63＋* * * * *	08348621114
内江	0646	0832	831＋* * * *	08328314114
广元	0621	0839	55＋* * * * *	08395562114
绵阳	0621	0816	61＋* * * * *	08395562114
江油	0621	0816	61＋* * * * *	08395562114
峨眉	0622	0833	51＋* * * * *	08335160114
燕岗	0622	0833	51＋* * * *	08335160114
重庆	063	023	616(618)(643)(616)(613) (646)(647)＋* * * * *	02361644114
广安	063	0826	830＋后 4 位	02361644114
达州	063	0818	5315＋后 3 位	02361644114
贵阳	065	0851	881(882)(883)(884)＋* * * * *	08518100114
遵义	065	0851	231＋* * * * *	08518100114
凯里	0642	0855	381＋* * * *	08518100114
都匀	0643	0854	492＋* * * *	08518100114
六盘水	0644	0858	210＋* * * *	08518100114
安顺	06449	0851	3220＋* * * *	08518100114
昆明	067	0871	661＋* * * * *	087166100114
宜良	067	0871	661＋* * * * *	087166100114
曲靖	0666	0874	61＋* * * * *	087166100114
开远	0660	0873	31＋* * * * *	087166100114
楚雄	0668	0878	61＋* * * * *	087166100114
兰州	071	0931	49(29)＋* * * * *	093196114 或 09314931114
银川	0720	0951	39＋* * * * *	09513926114
石嘴山	0720	0952	39＋* * * * *	093196114 或 09314931114
平凉	0723	0933	597(598)＋* * * *	09513926114
白银	0722	0943	598＋* * * *	093196114 或 09314931114
天水	0726	0938	49＋* * * * *	093196114 或 09314931114
定西	0726	0932	59＋* * * * *	093196114 或 09314931114
张掖	0748	0936	597＋* * * *	093196114 或 09314931114
武威	0749	0935	59＋* * * * *	093196114 或 09314931114
嘉峪关	0740	0937	597＋* * * *	093196114 或 09314931114

续上表

地区	专网区号	公网区号	公网拨叫专网	公网拨叫专网查号台
酒泉	0740	0937	592＋＊＊＊＊	093196114 或 09314931114
敦煌	0740	0937	595＋＊＊＊＊	093196114 或 09314931114
乌鲁木齐	073	0991	79＋＊＊＊＊＊	099196114
哈密	077	0902	71＋＊＊＊＊＊	099196114
库尔勒	0767	0996	86＋＊＊＊＊＊	099196114
阿克苏	0768	0997	66＋＊＊＊＊＊	099196114
喀什	0768	0998	56＋＊＊＊＊＊	099196114
霍尔果斯	0764	0999	77＋＊＊＊＊＊	099196114
奎屯	0764	0992	73＋＊＊＊＊＊	099196114
青藏公司(西宁)	075	0971	71＋＊＊＊＊＊	097196114
格尔木	0743	0979	72＋＊＊＊＊＊	097996114

说明：1. 格内标有“Z”字样者，为两地直达话路；
2. 空白格表示由铁路总公司电话所中转；
3. 格内标有地名的，表示由该地电话所中转。

	1 总公司	2 哈尔滨	3 沈阳	4 北京	5 天津	6 石家庄	7 太原	8 呼和	9 郑州	10 武汉	11 西安	12 济南	13 上海	14 徐州	15 杭州	16 蚌埠	17 南昌	18 广州	19 长沙	20 南宁	21 成都	22 昆明	23 兰州	24 银川	25 乌鲁木齐
1 总公司																									
2 哈尔滨	Z																								
3 沈阳	Z	Z																							
4 北京	Z		Z																						
5 天津	北京	北京	北京	Z																					
6 石家庄	北京	北京	北京	Z	北京																				
7 太原	Z			Z	北京	北京																			
8 呼和	Z			Z	北京	北京	Z																		
9 郑州	Z		Z	Z	北京	北京	Z																		
10 武汉	Z			Z	北京	北京			Z																
11 西安	Z						Z		Z	Z															
12 济南	Z	Z	Z	Z	北京	北京			Z		Z														
13 上海	Z	Z	Z						Z	Z	Z	Z													
14 徐州	Z	上海	上海						Z	上海	上海	Z	Z												
15 杭州	Z	上海	上海							上海	上海	上海	Z	Z											
16 蚌埠	Z	上海	上海							上海	上海	上海	Z	Z	Z										
17 南昌	Z								Z	Z	Z		Z	Z	Z	Z									
18 广州	Z		Z							Z			Z	上海	Z	上海	Z								
19 长沙	Z		广州							广州			Z	上海	上海	上海	Z	Z							
20 南宁	Z								Z	Z			Z	上海	上海	上海	Z	Z	Z						
21 成都	Z	Z	Z						Z	Z	Z		Z	上海	上海	上海		Z	Z	Z					
22 昆明	Z																			Z	Z				
23 兰州	Z	Z	Z					Z	Z		Z		Z	上海	上海	上海		Z			Z				
24 银川	兰州	兰州	兰州	兰州	兰州	兰州	兰州	Z	兰州	兰州	兰州	兰州	兰州	兰州	兰州	兰州	兰州	兰州	兰州	兰州	兰州	兰州	Z		
25 乌鲁木齐	Z										Z										Z		Z	兰州	
26 青藏公司	Z										Z												Z	兰州	